新编21世纪国际经济与贸易系列教材

国际贸易结算与融资

双语版

Settlement and Finance of International Trade

程祖伟　韩玉军　娄　钰　编著

中国人民大学出版社
·北京·

前　言

《国际贸易结算与融资》本次修订的主要创新之处是，同时出版了中英文双语版教材和中文版教材两种不同版本的教材。此外，我们也把第三版教材中仍存在的一些不足之处做了新的提高和完善。其中改动较大的几处分别是：（1）对于各种票据和单据的不同形式的抬头及其相应流通性的介绍，变得更加系统、简明和便于掌握；（2）对第二章第四节中的“二、我国《票据法》第五章‘涉外票据的法律适用’”做了较为深入的介绍；（3）把第三章第一节“二、UCP600有关单据的一些重要规定”中的原“1. 关于付款条件单据化的规定”改写成了“1. UCP600 关于付款条件单据化的规定和信用证项下的制单两原则”，注重了信用证项下的制单两原则问题；（4）对各种单据内容的介绍做了较大改进，更加详细明确，更易于掌握和应用，并在第四版的附录单据中新增了三个单据示样（分别是“单据示样 2：银行本票”、“单据示样 3：美元支票”和“单据示样 12：境外汇款申请书”）；（5）把原第八章第一节“一、保付代理”中的“4. 出口保理业务内容的分类”改写成了“4. 出口保理业务内容的三种常见类型”，不但充实了对出口保理业务内容的介绍，而且使有关内容更显条理清晰，更易于理解和掌握。

本次再版还纠正了第三版第五章中内容设置的三个不当之处——把第五章第三节中“五、几种特殊的信用证”大标题下的 7、8、9 三个小标题下的文字分别做了如下改动：（1）把“7. 备用信用证”标题下的文字整体删除了（因为这部分内容跟后面第六章中的内容重复）；（2）把“8. 软条款信用证”标题下的文字整体后移到了第五章第六节二、2. 中的“（5）关于软条款信用证”标题之下（其中文字略有修改）；（3）把“9. SWIFT 信用证”标题下的文字整体后移到第五章第四节“二、跟单信用证的格式和内容”中的“3. 银行电开信用证的 SWIFT 标准电文”标题之下（其中内容有前后位置的调整以及部分文字的修改）。

本次再版中英文双语版教材的英文部分主要由娄钰副教授执笔，韩玉军教授审定。

编著者

2018 年 3 月

目 录

第一章

国际结算概述

学习目标

1. 掌握国际结算的概念和种类；
2. 了解国际结算学科的构成、主要研究对象和课题；
3. 了解国际贸易结算方式的发展过程，掌握当前国际贸易结算业务的特点；
4. 了解历史上的国际结算制度和当前的国际结算体制；
5. 掌握国际汇兑的概念及其与国际结算的关系。

重点与难点

重点：国际结算、国际贸易结算与非贸易结算的概念，当前国际贸易结算业务的特点，以及当前的国际结算体制等。

难点：分清国际有形贸易结算、贸易附加费用结算与非贸易结算等。

第一节　国际结算的概念

一、国际结算

国家间由于各种经济交易/交往而产生的以一定货币形式表现的债权债务，通过一定支付手段和支付方式进行偿付和清偿的行为，叫做国际结算（international settlements）。

不同国家的个人、单位、企业、公司或政府当事人之间，因为商品买卖、提供服务、金融交易、无偿捐款或赠款等会产生以一定货币形式表现的债权债务。

这些债权债务的偿付，有以外币现金为支付手段的，也有以外币支付凭证（非现金）为支付手段的（这里，又有自由外汇和记账外汇之分），其中，后者需通过银行来进行，有着汇款、托收和信用证等不同的支付方式。另外，由于这些债权债务往往表现为一种多边关系，所以在非现金支付情况下，还常常采取多边清算的办法来完成清偿。

国际结算可按照引起跨国货币支付的原因作以下分类：

1. 贸易结算类

国际贸易结算是指有形贸易（各种进、出口货物贸易）的国际结算。这里所谓的有形贸易，包括了所有的商品贸易方式，不仅包括货物所有权的交易（买卖），还包括货物使用权的交易（租赁）。狭义来说，是专指货物贸易本身的结算；广义来说，则还可以包括货物贸易从属费用的结算（即运输、保险等种种贸易附加费用的结算）以及贸易信贷的结算。

2. 非贸易结算类

非贸易国际结算是指货物交易以外的所有经济交易/交往的结算。

（1）无形贸易结算类：指国际旅游、出国留学、劳务输出、国际技术转让、国际工程承包，以及交通、运输、通信、货物保险和收账服务等国际服务交易的结算（显然，这里包含了贸易服务费用的结算在内）。

（2）金融交易结算类：指国际外汇买卖、对外投资和对外筹资等的结算（显然，这里包含了贸易信贷的结算在内）。

（3）无偿转移结算类：指国外亲友赠款、国际捐赠款和移民携款等的结算。

（4）其他：如参加国际展销、展览等的结算。

二、国际结算学科

国际结算学科是一门研究国际结算的历史、现状和未来发展趋势中规律性内容的应用经济学科，分为宏观国际结算和微观国际结算两个组成部分。宏观国际结算研究的是总体的（全球性或全局性的）国际结算活动；微观国际结算研究的是具体的国际结算活动。

1. 宏观国际结算的研究对象和主要课题

（1）研究对象：国际经济交易或交往中以货币表现的债权债务关系；国际结算的总体状况；国际结算的制度和体系等等。

（2）主要课题：国际经济交往中以货币表现的债权债务关系的发生原因和规模；国际结算制度和体系的作用、历史演变和发展趋势；国际结算制度和体系与国际货币制度和体系之间的关系；国际结算的制度和结算手段及方式之间的关系；国际结算制度和体系对一国国际收支和国际地位的影响等等。

2. 微观国际结算的研究对象和主要课题

（1）研究对象：国际结算的支付工具和支付方式；结算方式与融资及信贷方式的关系；新型的结算—融资服务业务等等。

（2）主要课题：国际结算的安全问题、效率问题、成本问题；相关融资及信贷的风险问题、方便问题、成本问题；新型的结算—融资服务业务的利弊问题等等。

从国际结算的微观学科角度来看，贸易结算在整个国际结算中始终占据最重要的地位。这是因为贸易结算业务在所有结算业务中最为复杂，几乎使用到当前所有的结算工具、支付方式和结算服务业务，并且贸易从属费用的结算又关系到无形贸易结算和金融交易结算，涉及了微观国际结算学科的几乎所有研究对象和研究课题，所以它自然成为微观国际结算学科的最重要研究种类。

从交易量来看，无论是笔数还是金额，贸易结算都曾长期在国际结算中占据首要地位，但是，自进入 20 世纪 80 年代以来，世界上大量闲置资金的出现，促使国际投资和金融投机迅猛发展，无贸易背景的纯粹金融交易量迅速增加。迄今，国际金融交易量已远远超过了商品交易量，前者的交易金额常数十倍于后者，已成为国际结算业务量中的魁首。不过，金融交易结算业务的复杂性有限，所涉及的结算工具和支付方式也有限，从微观国际结算学科的角度来看，它仍不如贸易结算显得重要。

微观国际结算是整个国际结算的基础，其结算手段和方式决定着宏观国际结算的制度和体系，但反过来，宏观国际结算的制度和体系又在很大程度上制约和影响着微观国际结算的手段和方式。本书将以介绍微观国际结算（尤其是其实务知识）为主要内容。

第二节　国际贸易结算的发展与现状

一、国际贸易结算方式的五个发展阶段

国际结算最早源自国家间的商品买卖，也就是说，是国际贸易导致了国际结算的发生。按照国际结算的定义，我们将更早期的不以货币为中介的简单易货贸易排除在外，从而可以把国际结算方式的发展和演变大致归纳为以下五个阶段：

1. 早期的现金结算

早期的国际贸易多为现金结算，各国商人大都采用黄金、白银和铸币等作为支付手段，但是大量现金的携带和远途运送极不安全——可能遭遇天灾人祸；而且现金结算效率低——资金占用时间长，周转慢，搬运、清点和辨伪十分麻烦；成本又高——需要运费，还得承担潜在的利息损失。随着国际贸易的发展，贸易的规模和区域不断扩大，现金结算方式就逐渐被淘汰。（虽然迄今仍有少量小规模国际贸易在采用现金交易，但其主要是由于一些国家和地区的市场经济发展不成熟而产生的暂时现象，而且从现代国际贸易的总体来看，现金交易所占比重已微不足道。）

2. 支付票据化的兴起

早在古希腊和古罗马时代，欧洲就已出现作为债权凭证的字据，它是后来出现的各种票据的早期雏形，但是这中间经历了一个漫长的历史过程。到公元 12 世纪，当时地中海沿岸国家的通商通航已相当发达，开始出现一些汇兑商通过发行“汇票”（bill of exchange）来从事类似于现代银行的国际汇兑业务，商人们可以在甲国用甲国货币向汇兑商换取汇票，再拿到乙国向该汇兑商在乙国的分支机构或代理人换取乙国货币，从而这种汇票可以作为国际结算的支付工具而得到广泛使用。再到 16—17 世纪，这种汇票的形式与流转程序已相当完善，欧洲商人间的国际贸易结算也多以汇票作为支付手段了，支付票据化逐步取代了现金结算。

3. 交易单据化的兴起

进入 18 世纪以后，随着国际贸易的进一步发展，商人们不再自己运送货物，而是委托船东运送货物，为了减少风险，又向保险商投保，这样，商业、航运业和保险业就逐步分化成三个独立的行业。行业分化导致了贸易条件的细分以及物权和履约单据化的兴起，CIF、FOB 等价格术语逐渐形成，提单、保险单等商业单据也相继问世。有的单据如海运提单，既代表着物权（货物所有权），又代表着履约（按期交货），有着双重功能；有的单

据如保险单、发票、品质证书、装箱单或重量/体积证书等，则仅仅是履约证明。物权和履约的单据化导致了交易单据化的蓬勃兴起，确立了卖方交单、买方付款的单据交易原则，同时，这也为以后银行信用加入国际贸易结算业务中来创造了条件。

4. 银行信用加入国际结算业务中来

到19世纪末20世纪初，交单付款的单据交易方式已相当完善，再由于贸易规模不断扩大导致商人们的贸易资金严重不足，融资需求日渐迫切，终于使得银行加入国际结算业务中来，并最终成为国际结算的业务中枢。银行信用的加入，给各方都带来了诸多好处。对于银行来说，为商人们提供国际汇兑和单据交易服务以及相关的贸易融资，是一项利润丰厚而又相对安全的业务。对于商人们来说，以银行为中介的国际结算业务体系更有着支付安全、结算效率高、结算成本低和利于融资等众多好处。此后的国际贸易结算业务出现了结算和融资信贷相结合的新特点，并且提单和保单也渐次演变成可转让的物权凭证和保险证明。这一切又进一步大大促进了国际贸易的发展。

5. 新型国际结算—融资服务业务的兴起

近二十年来，随着科学技术和社会生产力的发展，卖方市场向买方市场转变，国际贸易中的竞争日趋激烈，这不仅表现在价格和质量方面，而且表现在贸易方式和结算方式方面。赊账交易和商业信用结算方式在贸易中所占比重有日渐扩大的趋势，同时，商业信贷的规模和期限也有日益扩大和延长的趋势，为此，出口商们迫切需要金融业为之提供能满足这些新需要的新型国际结算—融资服务业务。在此背景下，为出口商提供的中短期账款的收账和融资服务（现代保理）、中长期票据的无追索权融资服务（包买票据）以及被拖欠账款的追索服务（追账服务）等新型金融业务迅速兴起，国际贸易的结算方式又步入了一个新的发展阶段。

二、当前国际贸易结算业务的特点

经济全球化和区域经济一体化的时代潮流促使国际贸易以高于世界经济的增长速度快速发展，贸易结算的业务量随之飞速增长。同时，当前的国际贸易结算业务还呈现出一些重要的特点，归纳起来主要有以下五点。

1. 银行成为当代国际结算业务的中枢

在长期的国际结算业务实践中，世界各国的银行之间、总行与分行之间、分行与分行之间、代理行与代理行之间，逐步形成了一个完善的印鉴密押识别系统和高效的资金转移账户网络，商人们通过这一庞大的遍布全世界的银行系统进行国际汇兑、单据交易和资金融通，既方便快捷又安全可靠，这一切自然而然地使银行最终成为国际结算业务的中枢，这是当代国际贸易结算业务的一大特征。

2. 贸易结算与融资信贷相结合

当初，商人们的融资需求就是促使银行加入国际结算业务中来的重要原因，所以，自从银行加入国际结算业务领域之后，结算与融资信贷相结合就成为一大发展趋势。特别是第二次世界大战以后，卖方信贷、买方信贷、混合信贷和福费廷等出口信贷的新形式先后出现并得到了长足发展，至今，结算与融资信贷相结合也已成为当代国际贸易结算业务的一大特征。

3. 传统结算方式正面临新的变革

由于国际贸易中的市场竞争日趋激烈，经济全球化和区域经济一体化的发展势头十分迅猛，使得赊账交易和商业信用支付方式在贸易和结算中的地位日益重要，与之配套或为之服务的现代保理、包买票据和追账服务等业务迅速兴起，它们与传统的商业信用结算方式相结合，正在促成结算方式的新变革，这是当代国际贸易结算业务的另一大特征。

4. 结算货币多元化

第二次世界大战结束以后，起初的二十几年曾是美元为全球性轴心货币的一统天下；进入 20 世纪 70 年代以后，随着布雷顿森林体系的崩溃和浮动汇率制的兴起，美元在国际结算中的地位大大削弱，特别是自 80 年代后期以来，日元和德国马克的国际地位迅速提高。尽管大部分国际结算业务仍使用美元，但使用日元和德国马克的比重在日益增大，开始形成一个以美元为主导、以日元和德国马克为辅的“三极通货”时代，并且与此同时还有使用其他货币诸如瑞士法郎、法国法郎、英镑、荷兰盾、瑞典克朗、挪威克朗、丹麦克朗、新加坡元、港元等作为结算货币的。不过这一时代，由于日元、德国马克等货币的影响力相对较弱，美元仍拥有唯我独尊的通货霸权地位。可是美元的霸主地位将被逐步打破。自 1999 年 1 月 1 日欧元启动后，德国马克以及其他欧盟国家的货币逐步退出流通，又出现了一个欧元区，这削弱了美元在国际结算中的霸权地位。但由于当前欧元区面临主权债务危机的极大困扰，日元的国际化尚待时日（随着日本开放其金融市场，日元的国际化和作为亚洲地区轴心通货的问题已开始被提上议事日程，但要想真正实现这一目标尚待时日，而且困难重重），所以，在当前的国际结算中，仍然是一个以美元为主，以欧元、日元等其他一些货币为辅的时代。但总而言之，结算货币多元化已不失为当代国际贸易结算业务的又一重大特征。

5. 结算业务的电子化和网络化趋势

随着计算机网络和通信技术的迅猛发展，“电子数据交换”（electronic data interchange，EDI）以其快速高效、低成本和相对安全等优点已被经济发达国家普遍采用，结算业务的电子化和网络化发展迅猛。

1970 年，美国纽约率先建立了一个美元电脑联机支付系统，叫做“清算所银行同业支付系统”（Clearing House Interbank Payments System，CHIPS）。这是一个由会员银行和特约会员银行组成的协会内部的电脑联机支付系统，纽约清算所的 12 家会员是其会员银行，特约会员银行则由其会员银行的联行及特约往来银行组成。

1973 年，由欧洲和北美的一些银行发起成立了一个“环球银行金融电信协会”（Society for Worldwide Interbank Financial Telecommunication，SWIFT）。该协会建立了一个国际性的银行资金电脑联机支付系统（简称 SWIFT 系统），其总部设在布鲁塞尔，有三个作业中心，分别设在比利时、荷兰和美国。该协会到 2007 年 6 月为止已扩展到 207 个国家，有 8 100 多家会员金融机构（我国的中国银行、中国工商银行和中国农业银行等也已相继加入该协会）。SWIFT 系统对收发电信规定了一整套标准化格式，可用以处理各种国际汇兑业务和美元、英镑、日元、德国马克等多种货币的清偿业务，并每天 24 小时不间断地提供服务。

1984 年，英国伦敦也建立了一个英镑电脑联机支付系统，叫做“清算所自动支付系统”（Clearing House Automated Payments System，CHAPS）。此外，德国、日本、法国、加拿大和中国香港等国家和地区也先后分别建立了德国马克电脑联机支付系统、日元电脑联机支付系统、法国法郎电脑联机支付系统、加元电脑联机支付系统和港元电脑联机支付系统等等。

总而言之，结算业务的电子化和网络化趋势十分强劲，也已成为当代国际贸易结算业务的一个重大新特征。只是在用电脑联网处理单据方面尚存在“签字”等难以解决的法律问题，不然的话，如果能找到解决此类问题的良策，则国际结算的理论和实务更将发生根本性的变革。

第三节　国际结算制度与国际结算体制

人们通常所说的国际结算体系既可以指国际结算的制度体系，也可以指其业务体系，而本节所说的国际结算体制则是专指国际结算的制度体系而言。所谓国际结算制度，是指在一定国际货币体系下，用以制约国际结算的外汇管制制度和国际清算制度的统称。显然，国际货币体系是决定国际结算体制的基础；并且，国际结算制度是由外汇制度和清算制度两个密切相关的制度共同构成的。

一、外汇制度和清算制度

1. 外汇制度

外汇制度是一国对偿付国家间债权债务的外汇管制方面的规定。

（1）自由外汇制度。指允许自由买卖外汇及进行国际支付的外汇制度。

1）金本位货币制下的自由外汇制度。有以下基本内容：①黄金、外汇自由买卖；②黄金、外汇自由输出入；③国际性的黄金、外汇自由市场。

2）当代的自由外汇制度。随着黄金的非货币化，当代的完全自由外汇制度的内容亦应相应改变，包括：①外汇自由买卖；②外汇自由输出入；③国际性的外汇自由市场。

3）当代的有限自由外汇制度。基本内容为：①外汇在经常项目下可兑换；②外汇在经常项目下可输出入；③国际性的外汇自由市场。

（2）记账外汇制度。记账外汇制度是指一国对其他缔约国（另一缔约国/缔约集团的其他成员国）的债权作为记账外汇只能用来偿还其对后者的债务，不经批准，不能用于兑换任何货币，也不能向缔约国以外的国家办理支付的记账外汇制度安排。

记账外汇制度有双边性记账外汇制度和多边性记账外汇制度之分，其中前者是指两个国家之间的双边支付协定下的记账外汇制度，后者是指多个国家之间的多边支付协定下的记账外汇制度。

除了上述外汇制度以外，对于国家间债权债务的偿付，还有一种全球性的记账储备资产制度，即国际货币基金组织（International Monetary Fund，IMF）的特别提款权（special drawing right，SDR）制度，会员国在IMF的特别提款权只是一种特殊的账面资产，一种全球性的记账储备资产，它不能由私人企业持有或直接用于贸易或非贸易的支付，而只能由会员国政府持有，用以归还IMF贷款或偿付国际收支赤字。

2. 清算制度

清算制度即国际清算制度，是对偿付国家间债权债务的银行间清偿方式的规定。

所谓国际清算，是指不同国家的银行之间因国际汇兑或信贷业务而引起的债权债务通过票据清算所/指定清算机构进行集中清偿的行为。有两种基本的国际清算方式，一种是双边清算方式，另一种是多边清算方式。

(1) 双边清算制度：是把两个国家双边性的银行间记账外汇债权债务集中到一起进行双边清偿的清算制度。它有以下基本内容：1) 两国政府签订双边清算协定；2) 缔约双方各自指定一个清算机构（一般由各国的中央银行负责组织实施）并开立清算账户；3) 约定清算货币；4) 规定清算范围和支付方式；5) 规定信用摆动额及清算账户差额（年终/月底）处理办法。

(2) 多边清算制度：是把多个国家的银行间外汇债权债务集中到少数几个国际金融中心的票据清算所或指定的清算机构进行多边清偿的清算制度。它依清算外汇性质的不同而有两种不同类型。

一是自由外汇的多边清算制度：指将多个国家银行间的自由外汇债权债务集中到少数几个国际金融中心的票据清算所进行清算的制度。这样，多边自由外汇债权债务经过相互抵消之后，只有少数的差额需要通过实际支付自由外汇来结清，从而可以大大提高结算效率和降低结算成本。它有以下基本内容：1) 建立一个银行间的国际性协会；2) 确定清算货币（可以只限于一种货币，也可以是多种货币）；3) 确定清算银行及作业中心；4) 一般会员银行在清算货币的清算银行开立账户；5) 规定清算业务的规则和规范。

二是记账外汇的多边清算制度：指将缔约集团内各国银行间的多边记账外汇债权债务集中到指定的清算机构进行清算的制度。这样，缔约集团内国家的多边记账外汇债权债务经过相互抵消之后，只有少数的差额需要通过实际支付来结清，同样可以提高结算效率和降低结算成本。它有以下基本内容：1) 缔约国政府签订记账外汇多边清算协定；2) 缔约各方指定一个总清算机构并与各国的清算机构互开清算账户；3) 约定清算货币（既可以以某缔约国货币为计价清算货币，也可以以某一特定记账单位为计价清算货币）；4) 规定清算范围、支付方式和清算程序；5) 规定信用摆动额及清算账户差额（年终/月底）处理办法。

此外，还有以特别提款权为记账外汇的多边清算制度，这里不再赘述。虽然从经济效率的角度来看，多边清算方式要优于双边清算方式，但前者有时会受制于一些国家自由外汇的匮乏或国际货币秩序的一时混乱而难以实施，在外汇短缺的国家或国际货币秩序陷于混乱的时期，人们就不得不退而求其次。

二、历史上的国际结算制度

外汇制度和清算制度的不同组合会形成不同的国际结算制度，历史上曾经先后出现过自由的多边结算制度、管制的双边结算制度、管制的多边结算制度和有限自由的多边结算制度等不同的具体国际结算制度，并且还常常出现两种或多种结算制度同时并存的局面。实际上，当前现存的国际结算体制，就是一个多种国际结算制度混合并存的多元化国际结算体制。

1. 自由的多边结算制度

自由的多边结算制度是自由外汇制度和多边清算制度的有机结合，主要是指全球性自由多边结算制度。该种制度产生于19世纪末20世纪初的资本主义自由竞争时期，以固定汇率的金本位国际货币体系为其基础，并随着金本位制的崩溃而消亡。另外，还有一种区域性自由多边结算制度，指当前欧盟集团内部的结算制度，即以欧元为本位货币的区域性自由多边结算制度。

2. 管制的双边结算制度

管制的双边结算制度是记账外汇制度和双边清算制度的有机结合，它产生于第一次世界大战爆发后的资本主义垄断竞争时期。第一次世界大战期间，国际金本位制宣告崩溃，战后各国勉强恢复的国际金汇兑本位制又在1929—1931年的世界性经济危机中土崩瓦解，各国政府纷纷加强外汇管制，国际货币秩序陷于一片混乱，自由的多边结算制度赖以存在的基础被彻底破坏，在这种背景下，管制的双边结算制度应运而生。直至第二次世界大战以后，由于新的国际货币体系——布雷顿森林体系的建立和国际收支危机的缓和，西方各国又逐步放松外汇管制，从而管制的双边结算才在西方国家之间不断减少并最终消失。我国在20世纪五六十年代记账贸易曾占到70%，特别是对东欧国家的贸易几乎全部为记账式的双边结算。改革开放以来，我国的记账贸易比重开始下降，尤其是进入20世纪90年代以来，随着我国外汇储备的不断增加和国际政治、经济局势，特别是东欧地区局势的变化，我国的记账贸易比重急速下降，目前只和少数几个国家间还保留着微不足道的双边记账贸易。不过，由于一些发展中国家外汇短缺的现象仍将长期存在，所以，管制的双边结算制度将作为自由的或有限自由的多边结算制度的必要补充而在一个较长的时期内继续存在。

3. 管制的多边结算制度

(1) 区域性管制的多边结算制度。

区域性管制的多边结算制度是记账外汇制度和区域性管制的多边清算制度有机结合而形成的一种结算制度。

区域性管制的多边结算制度典型的如1950年7月成立的欧洲支付同盟（European Payment Union，EPU），参加国为欧洲经济合作组织成员国，以设在瑞士巴塞尔的国际清算银行（Bank of International Settlement，BIS，成立于1930年5月）作为清算机构，清算货币为欧洲支付同盟的记账单位（规定每一记账单位的含金量与美元相等）。对于西方国家来说，虽然这种多边结算的支付同盟比起前期的双边结算制是一种进步，也曾一度在西欧国家间的国际结算中占据主导地位，但其毕竟仍是严厉外汇管制的产物，随着多数成员国的货币实行自由兑换，该支付同盟遂于1958年年底宣告解体。之后，作为一种过渡，在西方国家之间又一度出现了一种自由的多边结算制和管制的多边结算制并存，而以前者为主的局面，后者作为前者的补充，表现在代替原欧洲支付同盟而生效的欧洲货币协定（European Monetary Agreement，EMA）。后来，由于这一协定发挥的作用不大，亦于1972年年底宣布终止。此后，在西方发达国家之间，区域性管制的多边结算连同记账贸易一道都淡出了西方历史舞台。

另一典型的区域性管制的多边结算制度，是经济互助委员会（Council for Mutual Economic Assistance，CMEA，成立于1949年1月）在其前期的双边结算基础上，于1963年10月签订的多边清算协定，参加国以东欧国家为主体，再加上蒙古、古巴和越南等国，以设在莫斯科的国际经济合作银行为清算机构，清算货币为记账卢布（规定它与苏联国内流通的卢布等值）。随着20世纪80年代以来东欧演变和苏联解体，经互会这一组织不复存在，其多边清算协定自然也随之失效。此后，区域性管制的多边结算制度就基本退出了世界历史舞台。

(2) 全球性管制的多边结算制度。

还有一种特别的全球性的IMF特别提款权的结算制度，是记账外汇制度和全球性管制的多边清算制度有机结合而形成的一种结算制度。这里，会员国在IMF的特别提款权只是一种特殊的账面资产、一种全球性的多边“记账储备资产”，它不能由私人企业持有或直接用于贸易或非贸易的支付，而只能由会员国政府持有，用以归还IMF贷款或偿付国际收支赤字。如前所述，随着国际政治、经济局势的发展，区域性管制的多边结算制度逐步退出了世界历史舞台；但经济全球化的趋势和国际金融危机风潮的频繁发生，又使得加强IMF对国际收支和国际金融的协调能力和监控力度成为必要，因而IMF的特别提款权还会长期存在下去，并继续得到加强，IMF特别提款权的多边结算制亦将会作为自由的或有限自由的多边结算制度的有益补充而得以长期存在。

4. 有限自由的多边结算制度

有限自由的多边结算制度是有限自由外汇制度和多边清算制度的有机结合，它产生于现代。经济全球化和区域经济一体化的时代潮流要求世界各国开放市场，但现实的情况是，尚有许多发展中国家因外汇短缺而不能完全开放其国内市场或囿于经济实力而一时不能全面开放其资本市场，因此，作为一种折中或过渡，首先在一定范围内实现贸易自由化就成为当前世界经济的主要潮流，于是产生了区域性有限自由的多边结算制度和全球性有限自由的多边结算制度。前者如北美自由贸易区内部的区域性结算制度，后者如世界贸易组织成员之间的全球性结算制度。显然，这种有限自由的多边结算制度将在一个较长的时期内占据主导地位。

三、当前多元化的国际结算体制

由于世界政治经济的结构与格局的变化，以及黄金非货币化和美元地位的不断削弱，当前的国际货币体系已演变成一种多元化的格局，在其基础上形成的国际结算体制也自然演变成一种多元化格局的混合体制，即在全球范围内推行有限自由的多边结算制并辅以IMF特别提款权的多边结算制，在一些国际集团内部实行自由的多边结算制或有限自由的多边结算制，在某些国家之间实行管制的双边结算制，多种结算制度同时并存，这就是当前多元化的国际结算体制。

其基本特征是，外汇自由与程度不同的外汇管制并存，以有限的外汇自由为主；多边清算与双边清算共存，以多边清算为主。

由于国际贸易和投资自由化的大趋势，以及现代通信技术在国际结算中的广泛应用，国际结算体制未来发展的长远趋势则是向着全球一体化的自由的多边结算制度方向发展。

第四节　国际汇兑的概念

一、国际汇兑的含义

这里说的是国际汇兑（international exchange）的动态概念，指国家间为结清债权、债务而通过国内外银行进行的货币兑换，以及货币支付凭证与资金的收付、传递或调拨及清算等业务行为。

二、国际汇兑的分类

国际汇兑可依其汇付工具传递方向与资金流向的异同分为顺汇和逆汇两种基本方式。

1. 顺汇

顺汇（remittance）是由债务人主动将款项交付给本国银行，委托其使用某种汇付工具，支付一定货币金额给国外债权人的汇兑方式，其汇付工具有信函（作信汇）、电报/电传（作电汇）和银行汇票（作票汇）三种，无论使用何种汇付工具，其传递方向总是与资金流向一致。本书第四章中将讲到的汇款支付方式要用到国际汇兑的顺汇方式。

2. 逆汇

逆汇（reverse remittance）是由债权人提交票据，委托本国银行向国外债务人收取一定货币金额的汇兑方式，其支付工具（票据）的传递方向总是与资金流向相反。本书第四章中将讲到的托收和信用证支付方式都要用到国际汇兑的逆汇方式。

三、国际汇兑与国际结算的关系

如前所述，现代的国际汇兑业务实际上就是国家间以银行为中介的货币兑换、资金偿付和清偿业务。严格来说，它只是现代国际结算业务（我们不妨把现金结算排除在现代国际结算的概念范畴之外）中的资金与金融单据业务部分，而不包括其中的商业单据业务部分。比如，在国际贸易结算业务的支付方式中，除汇款支付方式以外，托收和信用证支付方式中通常都包含有以银行为中介进行单据交易的业务内容，这部分业务当然属于国际贸易结算的概念范畴，但并不属于国际汇兑的概念范畴。因而，应当注意不要把国际汇兑和国际结算不加区分地混为一谈，虽然在一定意义上，可以认为国际汇兑业务是现代国际结算业务的核心业务，但它们毕竟仍是两个不同的概念，应予以科学区分，需要正确理解和把握二者之间的关系。

关键术语

国际结算	国际贸易结算	宏观国际结算	微观国际结算
支付方式	SWIFT	国际结算制度	外汇制度
自由的多边结算制度	管制的多边结算制度	特别提款权	国际汇兑
顺汇	逆汇		

思考题

1. 什么是国际结算？什么是国际贸易结算？举例说明贸易附加费用的结算范畴。
2. 宏观、微观国际结算学科的研究对象和主要课题各是什么？
3. 为什么说从微观国际结算学科的角度来看，贸易结算要比金融交易结算显得更为重要？

4. 简述国际结算方式的发展阶段。
5. 当前的国际贸易结算业务有何特点？
6. 银行加入国际结算业务中来对进出口商有何好处？
7. 什么是外汇制度？什么是国际清算和国际清算制度？
8. 什么是自由的多边结算制度？什么是管制的多边结算制度？
9. 什么是当前多元化的混合国际结算体制？它有何基本特征？
10. 什么是国际汇兑（动态概念）？什么是顺汇？什么是逆汇？
11. 国际汇兑（动态概念）与国际结算有什么关系？

第二章

国际结算中的票据

学习目标

1. 掌握票据的性质与功能以及汇票、本票和支票的使用；

2. 按照两大票据法系统，熟悉汇票记载的形式要项及其必要记载项目、汇票的重要当事人、重要的票据行为及其法律效力；

3. 了解本票、支票与汇票的不同点。

重点与难点

重点：票据的基本性质和基本功能；票据的基本当事人、流通当事人以及各种持票人概念；汇票上的形式要项；有关汇票的各种票据行为，汇票的融资与汇票的种类；本票的种类及其与汇票的基本区别；支票的种类及其与汇票的基本区别等。

难点：流通转让性的概念；票据的基本当事人、流通当事人以及各种持票人概念；汇票上的必要记载项目以及其他重要附加记载；背书、承兑、付款、拒付、追索等票据行为。

第一节　票据概述

一、票据的概念

狭义票据（instruments）专指以支付金钱为目的且可以流通转让的书面支付凭证——由出票人签名或签章于其上，无条件地约定由自己或另一人支付一定货币金额给持票人的可以流通转让的货币证券（negotiable monetary securities）。狭义票据依其基本属性的不同可分为汇票、本票和支票三大类。广义票据（commercial paper）则是指一切短期商业权利凭据——表明某人拥有不在其实际占有下的一定商品或金钱的索取权的各种商品证券（goods securities，如提单、仓单等）和货币证券（monetary securities）的统称。其中，货币证券指短期有价证券，包括可流通转让的汇票、本票、支票，以及半流通和非流通的保单、活期存单、短期存单、国库券和短期债券等。而所谓有价证券（securities）则是一切商品证券、货币证券和资本证券（capital securities）的统称。其中，资本证券指中长期有价证券，如股票、中长期债券等。

我们下面着重介绍狭义票据。

二、有价证券权利转让的性质

有价证券的权利转让有衡平转让性和流通转让性两种基本的不同法律属性。

1. 衡平转让

对于衡平转让（equity transfer）来说，其后手持票人的权利不优于前手，受到前手权利缺陷的制约和影响，具体又有过户转让性和交付转让性两种不同的转让属性。

（1）过户转让。

过户转让（assignment transfer）具有以下特性：

①必须以书面形式转让，并由转让人签字或签章。

②必须书面通知原债务人或在债务人处登记过户；若未将转让事实通知原债务人或在债务人处登记过户，则受让人不能获得受让证券的全部法律权利，不能以自己的名义向原债务人提出索偿或诉讼。

③受让人获得的证券权利受其前手权利缺陷的影响。

必须进行过户转让的有价证券，被称做非流通证券（non-negotiable securities），如股票的转让、人寿保险单的转让、保付代理债权的转让等等都具有过户转让性。

（2）交付转让。

交付转让（delivery transfer）具有以下特性：

①可以通过单纯交付或背书交付实施转让。

②不必通知原债务人；受让人获得受让证券的全部法律权利，可以用自己的名义向任何债务人提出索偿或诉讼。

③受让人获得的证券权利受其前手权利缺陷的影响。

可以进行交付转让的有价证券，被称做准流通证券（quasi-negotiable securities）或半流通证券（semi-negotiable securities），如海运提单的转让、运输保单的转让等等通常具有交付转让性。

2. 流通转让

对于流通转让（negotiation transfer）来说，其后手持票人的权利优于前手，不受前手权利缺陷的制约和影响，具有以下特性：

①可以通过背书交付或单纯交付实施转让。

②不必通知原债务人；受让人获得受让证券的全部法律权利，可以以自己的名义向任何债务人提出索偿或诉讼。

③正当受让人获得的证券权利优于其前手，不受前手权利缺陷的影响。

可以进行流通转让的有价证券，被称做完全流通证券，简称流通证券，如狭义票据的转让通常具有流通转让性。但是，如果票据出票人已在票据上记载了不可流通或不得转让，则该票据受让人的票据权利将不优于前手，而且不能以自己的名义向原债务人提出索偿或诉讼。

与衡平转让相比，流通转让的根本优点在于保护票据受让人的权利不受其前手权利缺陷的影响，以利于流通。

比如，A欠B 100元，而B原来曾欠C 30元未还。按照民法原则，如果这时A向B出具一张以B为债权人、C为付款人的字据，则无论是B自己凭字据去向C索款，还是B将此100元债权转让给D后再由D凭字据向C索款，C都可以先冲抵B的30元欠款而仅付70元（如果是D去索款，C也可以采取将其对B的30元债权转让给D的办法来冲抵）。

但是，按照票据法原则，如果这时A向B出具的是一张以B为债权人、C为付款人的票据而非普通字据，则情况就不同了。只要票据受让人D是正当持票人（这意味着D事先并不知道B对C有权利缺陷），C就必须向D足额付款，而不能以B的权利缺陷来对抗D的票据权利——这保障了票据受让人不必耗费精力去事先了解转让人有无权利缺陷而善意受让票据，使得票据能够广为接受，得以方便流通。

三、票据的基本性质

1. 货币性

票据是一种以支付金钱为目的的货币证券。票据上的权利记载必须以金钱表示，并以支付一定的货币金额为最终目的；但票据不是货币本身，而是建立在信用基础上的货币支付凭证。

2. 设权性

票据持有人的票据权利是由票据的设权行为所创立，那些以承担发生在票据上的一定债权债务为权利和义务的票据记载行为就是票据设权行为。出票行为则是一种最根本的票据设权行为。出票不是为了证明已经存在的权利，而是为了创设可以凭票要求支付一定货币金额的请求权，这种票据权利一旦创立，即与创设该权利的背景相分离而成为一种独立的只以票据本身为凭据的索偿权利。

3. 文义性

票据当事人的权利与义务，完全取决于票据自身记载文义的法律效力，而与票据记载以外的任何约定及协议无关。

4. 流通性

指票据的后手持票人的票据权利优于前手，不受前手权利缺陷的制约和影响。一般来说，除非票据上记载有“不得流通”（not negotiable）或“不得转让”（not transferable）等字样，以及用其他形式的记载表明了不可流通或转让的意旨，持票人均有权将票据作流通性转让。

5. 无因性

票据的成立与否以及票据当事人的权利与义务均不受票据原因的影响。所谓票据原因，是指产生票据上的债权债务和权利义务关系的原因，如票据出票人和付款人之间产生资金关系的原因、票据出票人和收款人之间或票据转让人和受让人之间产生对价关系的原因等等。无因性原则可以保障票据受让人无须调查票据原因究竟为何及其真实性，只要票据记载合格，他就能取得票据文义载明的权利，从而有利于票据的流通转让。值得注意的是，我国现行《票据法》鉴于我国当前商业欺诈和金融欺诈时有发生的社会背景而在其第十条中规定，“票据的签发、取得和转让，应当遵循诚实信用的原则，具有真实的交易关系和债权债务关系。”显然这一规定是与票据的无因性原理相悖的，不利于票据的流通，并且不利于我国加入 WTO 以后的司法实践与国际接轨，有待改革。

6. 要式性

票据具有记载形式的要式性，即票据的书面记载必须符合法定的形式和必要条件，其必要项目的记载必须齐全，而且要符合法定的形式规范。使票据记载的形式简明规范、文义确切无歧义，这也是为了便于票据的流通转让。

7. 提示性

票据债权人在行使其付款请求权或追索权请求票据付款人或债务人履行票据义务时，必须提示票据，且须在票据法规定的时限内作提示。不过，持票人丧失票据或未在规定时限内及时提示，也还有一些补救措施，但他须承担由此而造成的损失。

8. 返还性

票据的付款人在付款的同时，必须要求持票人在票据上作收讫签名后交还票据。票据一经正当付款即被付款人注销而退出流通，因而票据只能在其效期内流通，在作为流通工具时有其时间上的局限性。

在票据的基本原理中，最重要的是流通性、无因性和要式性三大原理，其中流通性又是最为基础的原理，无因性和要式性都是取决于流通性或服务于流通性的。

票据原理是制定票据法的理论依据。正是票据的出现开创了“单据化”的先河，票据的基本原理也被人们在商业单据（commercial documents，如提单、保险单等等）法规上广为借鉴，甚至信用证规则也在一定程度上借鉴了票据原理。所以说，票据原理是国际结算这门学科的基石，有关票据的基本理论则是国际结算学科的主要基础理论之一。

案例 2—1

万达房地产有限责任公司从丽德贸易进出口公司购进 2 000 吨水泥，总价款 50 万元。水泥运抵后，万达房地产有限责任公司为丽德贸易进出口公司签发了一张以万达房地产有限责任公司为出票人和付款人、以丽德贸易进出口公司为收款人，三个月后到期的商业承兑汇票。一个月后，丽德贸易进出口公司从吉祥有限责任公司购进木材一批，总价款 45.5 万元。丽德贸易进出口公司就把万达房地产有限责任公司开的汇票背书转让给吉祥有限责任公司，余下的 4.5 万元用支票方式支付完毕。

后来，万达房地产有限责任公司发现 2 000 吨水泥中有一半质量不合格，双方发生纠纷。汇票到期时，吉祥有限责任公司把汇票提交万达房地产有限责任公司要求付款，万达房地产有限责任公司拒绝付款，理由是丽德贸易进出口公司供应的水泥不合格，不同意付款。

问题： 万达房地产有限责任公司是否可以拒绝付款？

分析： 票据行为的特征之一是票据行为的无因性，票据是无因证券。

票据的无因性是指，票据关系虽然需要基于一定的原因关系才能成立，但是票据关系一经成立，就与产生或转让票据的原因关系相分离，两者各自独立。原因关系是否存在和有效，对票据关系不发生影响，票据债权人只要持有票据即可行使票据权利。票据债务人不得以原因关系无效为由对善意的持票人进行抗辩。但如果当事人是以欺诈、盗窃、胁迫手段取得票据的，不得享有票据权利。

本案中，丽德贸易进出口公司与万达房地产有限责任公司之间的水泥购销关系是本案汇票的原因关系。汇票开出后，万达房地产有限责任公司就与票据持有人产生了票据关系。付款后票据关系消灭，原因关系不消灭，万达房地产有限责任公司仍可根据原因关系的瑕疵请求丽德贸易进出口公司赔偿损失。

四、票据的基本功能

1. 结算支付工具

在现代国际结算中，非现金结算占据着统治地位，而票据则是非现金结算中基本的信用支付工具，这是票据的首要功能。以银行为中介，以票据为手段进行支付，只需在银行转账即可，解决了现金支付费时、费力、成本高、效率低、风险大等问题。而且以票据作为支付手段，不仅可以实现单边支付，还可以实现多边支付；不仅可以进行一次性支付，也可以背书转让进行多次支付。

然而，由于票据本身并无价值，它能够被接受并流通，是基于票据关系形成的信用基础。通常支付票据是指以金融机构为付款人，在见票时无条件付款的票据，如支票；信用票据是指票据的持票人在票据到期日之前，因信赖出票人的信用而接受的票据，如接下来讲述的汇票和本票。

2. 融资信贷工具

有些票据还可以用做融资信贷工具，不仅那些远期商业汇票和远期商业本票本来就兼有融资信贷工具的功能，而且实务中还有专门的单独用做融资信贷工具的融资汇票。

3. 流通工具

票据通常具有流通转让性，可以作为代替现金的流通工具用来做押汇、押款或贴现等在市场上流通，有着扩大市场流通手段和减少使用现金的作用。

除了上述三项基本功能外，票据有时还可以用做抵销债务的工具。比如，A 国 A 商向 B 国 B 商购买了 1 万美元的商品，同时 B 国 B 商又向 A 国 C 商购买了 1 万美元的商品，这时就可以利用汇票来作为抵销债务的工具，而避免同时要由 A 国 A 商向 B 国 B 商汇付 1 万美元，B 国 B 商又要向 A 国 C 商汇付 1 万美元的双重麻烦；也就是说，这时可以由 B 国 B 商出具一张以 A 国 A 商为付款人、C 商为收款人的 1 万美元汇票寄给 A 国 C 商，让后者凭此汇票直接去向其本国 A 商索偿就可以了。由此可见，如果能够恰当地利用票据来作为支付和抵销债务的工具，还可以有效地降低国际结算的成本和提高结算效率。

需要注意的是，尽管票据的应用十分广泛，但票据并非货币，并不具有法定货币依法强制流通的性质。在支付结算活动中，票据的应用与流通依据的是当事人的交易状况、当事人在票据上的权利与义务以及相关票据法规。

五、国际票据的有关法律体系

国际上的票据法大致可归类为两大法系，一类是以“英国票据法”为代表的“英美法系”，另一类是以“日内瓦统一法”为代表的欧洲“大陆法系”。

1. 英美法系

其代表是英国《1882年票据法》（Bills of Exchange Act，1882），规定了汇票和本票法，并将支票包括在汇票之内（到1957年，又另定了《支票法》，共八条，以作为对《1882年票据法》的一种补充）。

美国没有单行的票据法，只是在美国《1952年统一商法典》（Uniform Commercial Code，1952）的第三编“商业票据”中以英国票据法为蓝本加以发展，制定了有关票据的法规。

英美法系票据法的结构主体是围绕各当事人的权利义务规定其必备的法律条件，一些英联邦成员国，如加拿大、澳大利亚、印度等国的票据法均属于英美法系。

2. 大陆法系

其代表是《1930年日内瓦汇票和本票统一法公约》（Convention Providing a Uniform Law for Bills of Exchange and Promissory Notes signed at Geneva，1930）和《1931年日内瓦支票统一法公约》（Convention Providing a Uniform Law for Cheques signed at Geneva，1931），通常将其一并统称为“日内瓦统一法”。由当时的国际联盟主持在日内瓦达成，以欧洲大陆国家为主体以及日本和一些拉美国家等26国签署了这一票据法公约，所以这些国家的票据法都是在这一公约的基础上制定而成的。大陆法系票据法的结构主体是围绕各种不同的票据行为规定其必备的法定形式及程序。由于英美两国未加入这一公约，所以它未能成为世界统一的票据法。

联合国国际贸易法委员会曾想要消除两个法系的差异，从20世纪70年代开始拟订有关国际票据的统一法规，又在1979年至1987年期间作过几次修改，制定了《国际汇票和国际本票公约草案》（Draft Convention on International Bills of Exchange and International Promissory Notes）和《国际支票公约草案》（Draft Convention on International Cheques）。前者于1986年7月在联合国国际贸易法委员会第十九届会议上审议，于1988年12月正式签订。但迄今为止，因批准参加这个公约的国家太少而尚未能生效实施。

3. 我国票据法

我国于1995年5月10日由第八届全国人大常委会第十三次会议通过颁布了我国的第一部票据法——《中华人民共和国票据法》，并于1996年1月1日起正式生效实施。为与国际接轨，我国票据法在兼顾我国实际情况的前提下，主要借鉴了大陆法系的结构主体——围绕各种不同的票据行为规定其必备的法律形式及程序。2004年8月28日第十届全国人大常委会第十一次会议又通过了《关于修改〈中华人民共和国票据法〉的决定》，对我国票据法进行了修改，删去第七十五条，并对条款顺序做了重新调整，全文共分七章一百一十条。由于我国票据法主要是针对国内使用的票据，有不少与西方票据法不同的规则，因此，为了便于票据的国际流通和对外开放，在我国票据法中特设专章（《中华人民共和国票据法》第五章“涉外票据的法律适用”，详见本章第四节）作了具体规定。

我们下面在介绍有关票据的实务知识时，将把重点放在英国票据法、日内瓦统一法和我国票据法的有关部分；为叙述方便起见，我们有时会把英国票据法和日内瓦统一法统称为西方票据法。

六、票据的各种当事人及持票人概念

这里介绍的主要是汇票、本票和支票所共有的重要当事人。

1. 票据的基本当事人

票据的基本当事人（immediate parties）一般有三个，即出票人、收款人（受款人）和付款人（受票人）。

（1）出票人（drawer）。

指签发票据的人，一般来说，他是票据的主债务人。本票的出票人有时又被称做制票人（maker）。

（2）收款人/受款人（payee）。

又称票据的抬头人，指出票人交付票据指定其收取票款的人，一般来说，他是票据的主债权人。

（3）付款人/受票人（drawee）。

指汇票或支票的出票人命令或委托其接受票据并支付票款的人（因为本票是由出票人本人承诺付款，故本票只有前两个基本当事人，而不再有付款人之说）。一般来说，汇票和支票的付款人并非票据的债务人，并无必定付款及亲自付款的义务，因此，他既可以拒付，也可以另外指定担当付款人来执行付款。但是，如果付款人承兑了汇票或保付了支票，他就承担了必须按期付款的责任，并转化成为该票据的首要主债务人，此后，出票人就退居从主债务人的地位。

2. 票据的流通当事人

票据的流通当事人（remote parties）指票据在出票完成之后的流通中产生的当事人。

（1）转让人（transferor）和受让人（transferee）。

票据所有人将其票据所有权（债权）转让给他人的行为，叫做票据转让，其中，前者叫转让人，后者叫受让人。这里，按照票据转让时转让人是否作签名或签章背书，可将票据转让分为背书转让和无背书转让两种不同的转让形式（因而，票据的转让人又有背书转让人和无背书转让人之分）。

（2）背书人（endorser/indorser）和被背书人（endorsee/indorsee）。

通过在票据背面签名或签章将票据转让给他人的转让行为，叫做背书转让，并称这一转让人为背书转让人，简称背书人。在作背书转让时，按照转让人在背书时是否记载了受让人名称，又可将背书转让分为记名转让和不记名转让两种不同的转让形式。如果背书转让人在作背书时记载了票据受让人名称，则又称这一被记名人为被背书记名受让人，简称被背书人。

虽然票据的转让多是背书转让，但也有一些票据［如“执票来人”（bearer）抬头的票据、“空白背书”（blank endorsement）的票据等］可以不经背书而流通转让。一般来说，无论是记名背书、不记名背书还是无背书转让，其正当受让人的票据权利均优于前手。

票据还可以连续转让，不但无背书转让可以连续进行，而且背书转让也可以连续进行，原来的第一个被背书人可以在票据上再加背书而再次转让票据，成为第二背书人（这时，其前手背书人成为第一背书人）；而第二背书人的后手（第二被背书人）还可以再次作背书转让票据而成为第三背书人；依此类推。

3. 票据的各种持票人概念

持票人（holder）泛指一切以合法债权人身份占有票据的人（及其代理人），如占有票据的收款人、占有票据的被背书人或空白背书受让人以及合法占有来人（bearer）抬头票据的人等。广义来说，持票人还包括作了清偿后占有票据的参加付款人，以及因被追索而作了清偿的背书人或担保人等。

（1）对价持票人（holder for value）。

指其本人或其前手在取得票据时付出过适当代价的持票人。这里所谓“对价”（value），是指任何足以支持一项简单合约的票据双方当事人认可的相对应代价（可以是货币，也可以是货物、劳务等等）。票据的收款人或流通受让人以及其他一些依法无偿取得票据的持票人都可能成为对价持票人（对价持票人未必是亲自付过对价的，比如，税收、继承、赠与等依法无偿取得票据的持票人，只要其前手已付出过对价，也可以成为对价持票人）。但要注意，“已收汇票”（指以出票人自己或其未付过对价的代理人为收款人的汇票）的收款人是不可能成为对价持票人的。

（2）善意持票人（bona fide holder）。

①他必须是可流通票据债权的受让人或流通当事人（从而，汇票的收款人即便其已经付出过对价，也不能取得善意持票人的资格）；②他取得的票据必须票面完整、合格并且未过期；③他必须是善意取得票据（他在取得票据时并不知道该票据曾被退票或其任何前手有权利缺陷，也没有任何其他恶意）。

（3）正当持票人（holder in due course）。

依日内瓦统一法，善意的对价持票人即为正当持票人；但依英国票据法和我国票据法，正当持票人不但必须是善意的对价持票人，而且必须亲自付出过对价。

正当持票人的票据权利优于前手——他的票据权利不受其任何前手权利缺陷的影响，即他拥有不受对抗的票据权利。但按照英国票据法和我国票据法，对于非自己付出过对价的善意持票人来说，其票据权利只能与其直接前手衡平（若其直接前手的权利有缺陷，则他也一样）。

第二节　汇　票

一、汇票的定义

1. 英国票据法的定义

汇票是出票人签发的，开致另一人，要求后者即期、定期或在可以确定的将来时间，向某一特定人、其指定人或执票来人支付一定货币金额的无条件书面命令。

2. 日内瓦统一法的定义

汇票是具备下列要项的票据：（1）“汇票”字样；（2）无条件支付命令；（3）付款人和付款地点（未记载付款地点时，可以以付款人营业场所、住所或经常居住地为付款地）；（4）付款期限（未记载付款期限时，视为见票即付）；（5）出票地点和日期（未记载出票地点时，可以以出票人的营业场所、住所或经常居住地为出票地）；（6）出票人（名称和签字）；（7）一定货币金额；（8）收款人名称。

3. 我国票据法的定义

汇票是出票人签发的，委托付款人在见票时或者在指定日期无条件支付确定的金额给收款人或者持票人的票据。

二、汇票记载的形式要项及其必要记载项目

所谓形式要项，是指汇票上的要式化记载项目。其中有一些项目是汇票上必不可少的，也有一些项目是可以省略或可有可无的，不同的票据法对此有着不同的规定[①]，但无论如何，出票人签字/签章（“签章”是我国票据法特有的规定，指“签名、盖章或者签名加盖章”，它相当于西方票据法中的“签字”）总是汇票上一个最重要的必不可少的项目。

1. “汇票”字样*

其英文表达可以是 Bill of Exchange、Exchange 或 Draft 等，日内瓦统一法和我国票据法均认为它是汇票的必要记载项目，这是为了便于把汇票跟本票、支票严格区分开来，以免混淆。但英国票据法并不把“汇票”字样作为汇票的必要记载项目，并且还规定，如果一张票据的付款人和出票人是同一个人或付款人是杜撰的或是无支付能力的人，则持票人有权选择将该票据作为汇票还是本票处理；同时规定，以银行为付款人的即期汇票就是支票等等。可见，依英国票据法，要确定一张票据的本质属性，不在于其有无“汇票”字样，而在于其具体内容。

2. 出票地点

对于国际票据来说，国际惯例是采用“行为地法律”原则，所以，国际票据的成立与否，应以其出票地法律来衡量。但一般票据法都认为，出票人未注明出票地点（issuing place）的汇票仍然有效，此时，可以以出票人名称中所附地址作为出票地，不然，就以出票人的营业场所、住所或经常居住地作为出票地（而不论该票据是否真的在当地签发）。另外，英国票据法还特别规定，对于未记载出票地的汇票，取得汇票的收款人还有权根据需要依法自行加列出票地，并且这一记载对于其后手受让人将具有法律效力（这是为了保护后手的权益）。

3. 出票日期*

汇票的出票日期（issuing date）有三个重要作用：

（1）决定出票人的行为能力。比如，出票人在出票时已处于破产或清算状态，则其当时所出票据将无效，因为他当时属于“丧失行为能力人”，自然也丧失了出票权。

（2）决定付款到期日。对于出票后定期汇票来说，必须知道出票日期，才能确定付款到期日。

（3）决定汇票的有效期。汇票的有效期是从出票日起算的。

日内瓦统一法和我国票据法都认为出票日期是汇票的必要项目。但英国票据法认为，出票人未注明出票日期的汇票仍然有效；并且，取得汇票的收款人还有权自行加上出票日期，这一出票日期对于其后手受让人将具有法律效力（这也是为了保护后手的权益）。

4. 付款期限

付款期限（tenor）又称付款时间（time of payment）或付款到期日（maturity）。一

① 归纳起来，按照英国票据法，汇票有五个必要项目（后文中加** 号者）；而日内瓦统一法和我国票据法一样，除了上述五个必要项目外，又添加了两个必要项目（带* 号者）。

般票据法都认为，付款期限并非汇票的必要记载项目，凡是未注明付款期限的汇票一律作为即期汇票处理。日内瓦统一法和我国票据法都规定了以下四种付款期限：

（1）即期（at sight/on demand/on presentation）。

这种期限的汇票被称为即期汇票（sight/demand draft），无须承兑，持票人提示汇票的当天即为付款到期日。

（2）见票后定期（at a fixed period after sight）。

这种期限的汇票属于“远期汇票”（time/usance/term draft）中的一种，必须由持票人先期向付款人提示要求承兑，以明确后者的付款责任，并确定付款到期日。

（3）出票后定期（at a fixed period after the issuing date）。

这种期限的汇票是另一种远期汇票，一般也须由持票人先期向付款人提示要求承兑，以明确后者的付款责任。

（4）定日（at a fixed date）。

这种期限的汇票是另一种远期汇票，一般也须由持票人先期向付款人提示要求承兑，以明确后者的付款责任。

各国票据法规定的付款期限都与上述四种付款期限大同小异，英国票据法也规定有上述前三种付款期限，但无“定日付款”的期限规定，而另有一种“于某一将来必然发生事件后定期付款”的期限规定，这种期限的汇票自然也是一种远期汇票，一般也须由持票人先期向付款人提示要求承兑，以明确后者的付款责任。

此外，美国票据法中则规定有如下一种付款期限，在实务中也常见。

（5）延期付款（deferred payment）。

即于某一说明日期后定期付款。具体说来可以是：1）提单（签发）日/交单日/其他特定日后定期付款（payable at a fixed period after the date of bill of lading/presentation of documents/other specified date）；2）汇票注明日期后定期付款（payable at a fixed period after stated date）。为了从汇票票面上即可明确看出付款到期日，出票人通常会在汇票上加注提单日/交单日的具体日期，这实际上相当于把 1）转变成了 2）。这种期限的汇票显然也是一种远期汇票，一般也须由持票人先期向付款人提示要求承兑，以明确后者的付款责任。（在实务处理上其实是可以避免在汇票上出现这种不符合日内瓦统一法和我国票据法的付款期限的，只需把汇票的出票日期填写成具体的提单日/交单日，同时再规定付款期限为出票后定期就可以了。）

关于付款到期日的算法，应根据汇票文义和国际惯例。一般的国际惯例是：1）算尾不算头；2）月为日历月；3）半月按 15 天计算；4）先算整月，后算半月；5）节假日顺延。

同时还要注意汇票文义，虽然按照国际惯例，付款到期日的计算应是“算尾不算头”，其相应的英文表达是“at... after...”，但有时也会碰到汇票上记载的到期日算法不合国际惯例的情形，比如要求“算尾又算头”，其英文表达为“at... from...”，它的付款到期日要比前者早一天。尽管国际惯例是“算尾不算头”，但只要后者的特殊要求不违背付款地法规，付款人还是应当按照汇票文义予以执行。

［例 2—1］　试判定下列汇票的付款到期日：

①规定付款期限为“at 60 days after sight”的汇票，若其承兑日为当年 11 月 2 日，

则其付款到期日应为次年 1 月 1 日，因 1 月 1 日正逢节假日，故到期日需顺延至其后的第一个营业日。如果将本例付款期限中的“after”改为“from”，而其他条件保持不变，则其付款到期日应相应变成当年 12 月 31 日。

②规定付款期限为“at one month after 30th Jan.”的汇票，其付款到期日应为当年 2 月28/29 日。如果将本例付款期限中的“one month”改为“two months”，而其他条件保持不变，则其付款到期日应相应变成当年 3 月 30 日。

③规定付款期限为“at three and a half months after 15th Feb.”的汇票，其付款到期日应为当年 5 月 30 日。如果将本例付款期限中的“15th Feb.”改为“18th April”，而其他条件保持不变，则其付款到期日应相应变成当年 8 月 2 日。

5. 无条件的支付命令/委托**

无条件的支付命令（unconditional order to pay）/委托是汇票上支付文句中的必要记载，是一般票据法都要求的必须记载项目。这里含有两层基本要义：(1) 英文的支付文句必须用“祈使句”（尤其应避免使用虚拟语气）；(2) 支付命令/委托必须是无条件的，否则将导致整个汇票无效。

[例 2—2] 下列文句是否为“无条件支付命令”？

①“Pay to C Co. or order the sum of US dollars one thousand only.”（支付 C 公司或其指定人金额壹仟美元整。）

该文句是有效的。

②“Pay to C Co. or order the sum of US dollars one thousand only provided that the goods they supply are up to the standard of the contract.”（若 C 公司提供的货物与合同相符，则支付壹仟美元整。）

该文句是无效的，因其中有要求货物与合同相符的付款前提条件。

③“Pay from No. ×account of D Co. with you to C Co. or order the sum of US dollars one thousand only.”（从 D 公司在你行的×账户支付 C 公司或其指定人金额壹仟美元整。）

该文句也是无效的，因其中含有必须从指定的资金账户中出钱的前提条件，但被指定账户有可能金额不足甚至根本没钱。

④“Pay to C Co. or order the sum of US dollars one thousand only and debit the same to No. ×account of D Co. with you.”（支付 C 公司或其指定人金额壹仟美元整并将此金额借记 D 公司在你行的×账户。）

该文句是有效的，因为其支付命令实际上是无条件的，只是附带指明了支付后可借记的账户。

注意：有时出票人还会在支付命令语句中加列诸如付一不付二条款、对价条款、托收条款等附加记载（详见下文），只要这些附加记载没有破坏支付语句为“无条件支付命令”的本质，就仍然是有效的。

6. 收款人**

收款人（payee）通常是汇票上支付文句中的必要记载项目，也是大多数票据法都要求的必须记载项目，通常被称为汇票的抬头人。该项记载必须有一定的确定性——如果抬头中有记名，则应写一个完整准确的全称（必要时还应附带地址）。

可以有限制性记名抬头、指示性记名抬头和无记名抬头三种不同的抬头形式，分别决定着汇票的不同流通性。

（1）限制性抬头（restrictive order）。又称限制性记名抬头（payee recorded the name restrictively），实务中常见的英文写法有以下三种不同形式：

“Pay to C Co. only”（仅付C公司）。

“Pay to C Co. not transferable/negotiable”（支付C公司，不可转让）。

“Pay to C Co.”（支付C公司），并在汇票正面另印有“not transferable/negotiable”字样。

一般来说，限制性抬头汇票的出票人只对收款人负责，若收款人背书转让该汇票，则其后手的票据权利不优于收款人。

（2）指示性抬头（demonstrative order）。又称指示性记名抬头（payee recorded the name or the name and “order” the word），实务中常见的英文写法也有以下三种不同形式：

“Pay to the order of C Co.”（支付C公司的指定人）。

“Pay to C Co. or order”（支付C公司或其指定人）。

“Pay to C Co.”（支付C公司），并在汇票正面没有“not transferable/negotiable”字样。

指示性抬头汇票为自由流通证券，但收款人转让时必须作背书。

（3）无记名抬头（payee recorded bearer or in blank）。

包括执票来人抬头（payable to bearer）或空白抬头（payee in blank），其中前者为英国票据法所独有，实务中常见的英文写法有以下两种不同形式：

“Pay to bearer”（支付执票来人）。

“Pay to C Co. or bearer”（支付C公司或执票来人）。

另外又有些国家的票据法允许汇票不记载收款人，被称为空白抬头汇票。执票来人抬头汇票和空白抬头汇票都是可以无背书交付转让的自由流通证券。

汇票的收款人（payee）可以是出票人（drawer）自己或其代理人，可称之为“己收汇票”，这在国际贸易中也较常见。

7. 确定的货币金额**

确定的货币金额（certain in monetary amount）更是汇票上支付文句中的必要记载项目，也是一般票据法都要求的必须记载项目。货币金额的记载，必须有支付货币的确定名称和确定金额。这里所谓“确定”金额，是指汇票的任何当事人按照汇票文义来计算应付金额时，都应能得到同样的结果，而不会发生歧义。

（1）基本记载。

如“Pay to... the sum of US dollars one thousand only.”（支付……金额壹仟美元整。）这显然是有效记载。

（2）附加有利息记载。

1）汇票的付款金额附带利息记载的效力：应服从出票地法律。

按照英国票据法利息记载是允许的，但若利息记载的金额不确定，则该汇票无效。

按照日内瓦统一法，唯有即期汇票和见票后定期汇票可由出票人加列利息记载；如果利息记载的金额不确定或者是其他付款期限的汇票带有利息记载，则一律视作该利息记载无效，但汇票仍可有效。

我国票据法对利息记载无明确规定，但一般来说，只要汇票金额确定，就有效；如果利息记载的金额不确定，则该利息记载无效而汇票仍可有效。

2）付款计息期限的算法：应根据汇票文义。

［例 2—3］ 试判断下列利息记载的有效性：

①“Pay to... the sum of US dollars one thousand plus interest.”（支付……金额壹仟美元加利息。）这里的金额记载是不确定的，因为其利息无法计算。依英国票据法该汇票无效；依日内瓦统一法和我国票据法，该利息记载无效而汇票仍可有效。

②“Pay to... the sum of US dollars one thousand plus interest at 6% p. a.”（支付……金额壹仟美元并按年率 6%计息。）这里的金额记载还是不确定的，因为其计息期限无法确定。依英国票据法该汇票无效；依日内瓦统一法和我国票据法，该利息记载无效而汇票仍可有效。

③“Pay to... the sum of US dollars one thousand plus interest at 6% p. a. from the date hereof to the date payment.”（支付……金额壹仟美元并按年率 6%从出票日起算至付款日止计息。）这里的金额记载是确定的，从而有效。不过，这里应当注意的是，按照本例的汇票文义，“from... to...”意味着计息期限是“算头又算尾”的。

（3）附加有货币兑换记载。

1）汇票支付文句带货币兑换记载的效力：一般来说，只要这一记载不影响到支付货币和金额的确定性，出票就有效。如果这一要求又不违背付款地法规，付款人就应予以执行。

2）付款汇率的算法：可根据汇票文义及国际惯例。

［例 2—4］ 试判断下列货币兑换记载的有效性：

①“Pay to... the sum of US dollars one thousand only converted into Sterling equivalent at the prevailing rate of exchange in New York.”（支付……相当于金额壹仟美元的按纽约当时汇率折换成的等值英镑。）这里的金额记载是确定的，从而有效。

②“Pay to... the sum of US dollars one thousand only converted into Sterling equivalent.”（支付……相当于金额壹仟美元折换成的等值英镑。）这里虽然没有付款汇率的记载，但根据国际惯例，只需按付款地在付款日的通行汇率来折算即可，所以其付款金额也是确定的，从而也有效。

（4）附加有分期付款记载。

唯有英国票据法认为汇票上可以有分期付款记载，但若其分期付款记载的文义不确定，则汇票无效。由于分期付款记载实质上是把付款金额和付款期限两个要项混合在一起，既不利于汇票文义的简明确切，又不利于汇票的流通（通常分期付款汇票是不可流通的），所以，日内瓦统一法和我国票据法均不承认分期付款汇票的有效性。其实，实务中出票人完全可以用分别开几张不同付款期限汇票的办法来解决分期付款的问题。

［例 2—5］ 试判断下列分期付款记载的有效性：

①“Pay to...the sum of US dollars one thousand only by installments.”（支付……金额壹仟美元分期付款。）这里的分期付款记载过于笼统，文义不确切，从而汇票无效。

②“Pay to... the sum of US dollars one thousand only by ten equal consecutive monthly installments.”（支付……金额壹仟美元按十个月等额连续地分期付款。）这里的分期付款记载文义确切，从而按英国票据法有效。

汇票金额通常用文字大写金额（amount in words）和数字小写金额（amount in figures）

分别表明。我国票据法中强调此要求，而西方票据法虽然大多并未强调要求同时有大、小写金额，但在实务中人们仍习惯于同时记载大、小写金额。如果大、小写金额不一致，英国票据法和日内瓦统一法均规定以大写金额为准（日内瓦统一法还进一步规定，如果一张汇票上有多处大写金额而又不一致时，以最小的金额为准）；我国票据法则规定该汇票无效。其实无论如何，在实务处理中，遇到这种情况，最好还是将这种票据退回出票人令其更改。

在审核票据金额时，还应特别注意有无错别字，比如英文中把“three”错写成“tree”之类的错误是容易出现而又不易发现的，应特别加以小心防范。

8. 付款地点

汇票上的付款地点（place of payment）记载按照行为地法律原则，汇票的承兑、付款等行为都适用付款地法律，所以，明确“付款地”是具有重要法律意义的。但一般票据法都认为，付款地并非汇票的必要记载项目，凡是汇票未注明付款地的，如果付款人名称中附有地址，就以该地作为付款地；不然，就以付款人的营业场所、住所或经常居住地为付款地。

9. 付款人**

汇票上的付款人（drawee）记载，也是一般票据法都要求的必须记载项目，一般在汇票的左下方，英文是一个以“To...”开头的文句。付款人就是受票人，也应当有必要的确定性——要有付款人完整准确的全称，有时还须加记其详细地址（比如以某地的一家银行为付款人，而该行在当地有两个或多个分支机构时，就尤为必要）。

汇票的付款人可以是出票人自己（包括两者是同一法人实体的两家分支机构的情况），这时称之为己付汇票/对己汇票。如前所述，英国票据法规定，对于“己付汇票”，持票人有权选择将其作为汇票还是本票处理。另外，英国票据法还允许一张汇票被开给两个或多个并列付款人（可以是 To B and B′，但不允许 To B or B′，因为后者有不确定性）——此时，任何一个付款人都必须对全部债务负责，无主次之分。

10. 出票人**

出票人签字/签章（signature of the drawer）是所有票据法都要求的必须记载项目，而且是汇票上最重要的记载项目，一般在汇票的右下方。票据法是根据出票人在票据上的签字/签章来确定他的票据责任的，出票人在票据上签字/签章表明他/她承认自己的债务，并将按票据上记载的事项承担票据责任的意向。

当出票人委托其法定代表在票据上签字/签章时，则必须在票据上表明其代表关系。也就是说，代表公司或单位作出票签字/签章时，必须在个人签字/签章前加列其所代表公司或单位的名称全称（如 For A Co. 或 On behalf of A Co. 或 For and on behalf of A Co. 或 Per pro. A Co. 等）及其所在地，以及签字/签章人在公司或单位所担任的职务，我国票据法规定还必须加盖法定公章。例如：

For A Co. , New York

Signature

(Manager)

无出票人签字/签章、伪造出票人签字/签章，以及无行为能力人或限制行为能力人作为出票人签字/签章的票据，均视为无效票据。

对于“缺项票据”①，按照西方的票据法，得到授权而取得缺项票据的收款人可以根据授权填写补齐所缺记载，使之成为合格票据；但我国票据法不允许出票人签发缺项票据。

不过，持票人因票据记载事项欠缺而丧失票据权利的，仍可享有民事权利，可以请求出票人返还其与未支付票据金额相当的利益（未必是金钱）。

三、出票人常在汇票上加列的其他附加记载

票据法通常还允许汇票的各种当事人——出票人、持票人以及其他有关当事人——在汇票上作一些“基本要项”以外的其他记载，但是这些额外记载必须不违背行为地票据法的规定，否则会导致汇票不成立（比如出票人加上付款条件的记载）或者是该记载无效（比如背书人加上付款条件的记载）。我们这里暂时只介绍出票人常在汇票上作的其他一些附加记载，至于其他汇票当事人在出票行为完成以后的转让、承兑、担保等行为过程中在汇票上所作的记载项目将留待以后再在适当地方分别讲解。

1. 汇票编号

汇票编号（number of bill）指出票人的汇票流水作业编号，这是为便于查索而作的附加记载。

2. 出票条款

出票条款（drawn clause）是一个表明汇票的出票缘由的文句（注意，它并非付款条件）。比如，在信用证支付方式下出具的汇票上往往会加注在某信用证项下出票的文句，例如“Drawn under B Bank L/C No. ×Dated...”（在B银行×号信用证项下出票，开证日期……）

3. 付一不付二条款

对于成套汇票（汇票有时是一套两张），通常须在第一张汇票的支付文句中加记诸如“pay this First Exchange（Second of the same being unpaid）to...”［支付此第一张汇票（第二张相同内容者不付）给……］之类的内容；同时还须在第二张汇票上记载“付二不付一”的相应内容。

4. 借记账户条款

在银行的票汇业务中，汇出行（银行汇票的出票人）还常在汇票付款人条款的后面加列该汇票款项支付后的借记账户（clause debited account）。例如：

To：B Bank，New York

Pay against this draft，to debit of our No. ×account with you.

其中的B银行是汇入行（银行汇票的付款人）。

当商业汇票的付款人被指定为汇票债务人的开户行时，出票人也可以在支付命令语句中附带说明付款人在执行支付命令后可借记的账户（参见［例2—2］中的④）。

5. 担当付款人条款

商业汇票的付款人通常是公司商号而非银行，为便于收付款起见，出票人可事先与付款人约定一家该付款人的往来银行来代理执行付款，称之为担当付款人（clause the person designated as payer），出票时可在付款人记载后面加列担当付款人。例如：

To：B Co. Ltd.，New York. Payable by B* Bank，New York.

---

① 指出票人在出票时已作了签字/签章，但必要项目记载不全的票据。

其中的 B* 银行就是担当付款人。

6. 预备付款人条款

出票人还可以在付款人记载后面加列一个预备付款人（clause the referee in case of need），预备着在遇到付款人退票时，持票人可以向后者请求参加承兑/参加付款（如果未遭到付款人退票，预备付款人可备而不用）。例如：

To：B Co.，16×××Street，London.

In case of need refer to

B* Co.，108×××Street，London.

其中的 B* 公司就是预备付款人。

注意，持票人必须首先向“付款人”请求承兑/付款，遭退票后，才可以向“预备付款人”请求其参加承兑/参加付款，这与前述的英国票据法允许同时开列多个（无主次之分的）并列付款人的情况是有所不同的。

7. 对价条款

在汇票的收款人已向出票人付过对价的情况下（比如议付信用证项下出具的汇票就常以议付行为收款人），出票人通常会在汇票的支付文句后面再加记一条对价条款（value clause）。例如：

Pay to the order of C Bank the sum of

say US dollars one thousand only***************************

For value received

其中的收款人 C 银行就是已付对价的汇票债权人。

8. 托收条款

在托收支付方式下出具的汇票常常会加列托收条款，即在汇票的支付文句中列明被委托收款银行（bank designated as payee）及贷记账户（credited account），并在支付文句的后面再加记一条托收条款（collection clause）。例如：

... pay to the order of C* Bank for No. ×account of us the sum of

say US dollars one thousand only***************************

For collection

其中的“us”（我们）是指出票人，也是该汇票的收款人（托收项下出具的汇票多为己收汇票），C* 银行则是被委托收款的银行（注意，它并非该汇票的收款人，而是受收款人委托代为收款的人，它还有权进一步委托付款人所在地的银行作为代收行来执行收款），×号账户则是收款人在 C* 银行开立的账户（依据文义，这里是要求 C* 银行收妥该款项后贷记此账户）。

9. 承兑提示条款

远期汇票一般需要作承兑提示，尤其是“见票后定期付款”汇票必须作承兑提示（presentment for acceptance required）；但对于“出票后定期付款”或“定日付款”汇票则不一定要作承兑提示，所以后两种汇票的出票人有时会加列“acceptance required”（必须承兑）或“acceptance prohibited”（不得承兑）之类的记载。

10. 提示期限条款

有时，出票人还会在汇票上加列对提示期限（limit of time for presentment）的特别要求（延长或缩短了票据法原定的提示效期），如在远期汇票上加列“Presentment for acceptance required before 16th April”（必须在4月16日之前作承兑提示）或“Presentment for acceptance required after 31st May”（必须在5月31日之后作承兑提示）之类的记载，以及在即期汇票上加列“Presentment for payment required before 30 days after the date hereof”（必须在出票后30天之前作付款提示）之类的记载。

11. 免作拒绝证书条款

一般来说，当汇票遭拒付时，持票人需要作成拒绝证书以便追索。但出票人有时会在汇票上加列免作拒绝证书条款，如加列“protest waived”（放弃拒绝证书）或“retour sans frais”（免除费用）之类的记载。一般来说，出票人的这种免责记载，对出票人的所有后手背书人也都有效。

12. 免作拒付通知条款

一般来说，当汇票遭拒付时，持票人还需要及时向其前手发出拒付通知以便追索。但出票人有时还会在汇票上加列免作拒付通知条款，如加列“notice of dishonor excused”（免作拒付通知）之类的记载。一般来说，出票人的这种免责记载，也是对出票人的所有后手背书人都有效的。

13. 免于追索条款

一般来说，出票人作为汇票的主债务人，当汇票遭拒付时，必然会受到追索。但出票人有时会在汇票上加列诸如“without recourse to drawer”（对出票人无追索权）或“without recourse to us”（对我们无追索权）之类的免于追索条款(clause without recourse)。关于出票人的免于追索记载的法律效力：

（1）英国票据法认为，出票人可以用此记载来免除其汇票被拒绝承兑以及拒绝付款时受追索的责任。

（2）日内瓦统一法认为，出票人可以用此记载来免除其汇票被拒绝承兑时受追索的责任，但不能免除其汇票被拒绝付款时受追索的责任。

（3）我国《票据法》第二十四条规定，“汇票上可以记载本法规定事项以外的其他出票事项，但是该记载事项不具有汇票上的效力。”

并且，出票人的免于追索记载最多对其自己有效（当出票地法律认可这一记载时才有效，否则该记载对出票人也无效），对于其后手背书人来说，如果后者没有在背书时另外加记对于自己免于追索的条款，或者是背书人虽然也特别加记了对于自己的免于追索条款，但背书地法律不认可这种免责记载，则持票人仍可向他们追索。

14. 不得流通/不得转让条款

一般来说，汇票是可以流通转让的，但有时出票人会在汇票上加列诸如“not negotiable”（不得流通）或“not transferable”（不得转让）等记载。对于前者，票据受让人的权利将不优于前手；而对于后者，票据受让人更无权直接以自己的名义向出票人提出索偿或诉讼。

汇票示样，参见单据示样1：信用证项下的跟单汇票。①

四、有关汇票的票据行为

所谓票据行为（behavior about instruments）有广义和狭义之分。狭义的票据行为是

① 单据示样请见书末的附录。

指记载并承担发生票据上的一定债务关系的要式化操作行为（必须要有票据记载），包括出票、背书转让、背书质押、承兑、保证、参加承兑等行为。其中，出票是主票据行为；其他行为都是以出票行为所开立的票据为基础而衍生出来的，因此被称为附属票据行为。广义的票据行为则涵盖了导致票据上的权利义务产生、变更或消灭以及行使票据权利义务的一切要式化操作行为。除了上面已经提到过的票据行为以外，还包括（执票来人抬头/空白背书汇票的）无背书转让、背书托收、提示、付款、拒付/退票（包括拒绝承兑和拒绝付款）、参加付款、追索等行为。

我们已知广义的“票据行为”概念涵盖了所有票据（包括汇票、本票和支票）的有关操作行为。本节下面先介绍所有与汇票有关的票据行为，虽然其中多数票据行为是三种票据所共有的，但也有少数票据行为只是汇票所独有的。

1. 出票

出票（issue）适用出票地法律。出票行为是指出票人签字/签章，写成汇票，表明其承担票据债务的意旨，并将汇票交付给收款人。

出票的“交付”（delivery）有“亲自交付”（own delivery）和“推定交付”（constructive delivery）之分，其中的推定交付又包括出票人派人送交或邮寄给收款人，以及出票人交付收款人时，收款人请出票人暂时代为保管（办理一定的代保管手续，汇票已是收款人的财产）等多种方式。汇票的出票行为在完成交付之前是不生效和可以撤销的，而一旦完成交付之后就正式生效并不可撤销了。

一般出票（不考虑附加记载）的效力：

（1）对于出票人。一般来说，承担了债务责任，成为汇票的主债务人。ⅰ. 担保承兑和担保付款；ⅱ. 对完全的票据债务负责；ⅲ. 当汇票遭拒付时，可向其追索。

（2）对于付款人。ⅰ. 得到了付款权/承兑及付款权；ⅱ. 同时又有拒绝付款权/拒绝承兑权（即他并无必须付款/承兑的责任）。注意，付款人并非汇票的债务人，但付款人一旦对远期汇票执行了承兑，他就承担了付款责任，并转化成汇票的第一主债务人。

（3）对于收款人。一般来说，取得了债权，成为持票人（holder）。ⅰ. 有向付款人请求付款/承兑及付款的请求权；ⅱ. 汇票遭拒付时向出票人的追索权；ⅲ. 依法转让汇票的转让权。

对于出票人另作有免于追索或其他特别记载的情况，参见本节第三目的有关内容。

2. 背书

背书（endorsement/indorsement）适用背书地法律。背书行为是指持票人在汇票背面签字/签章，写成背书，表明其转让汇票权利/托收票款/设定质押的意旨，并将汇票交付给受让人/受托人/质押人。

背书的目的可以是票据转让，也可以是票款托收，还可以是票据质押。并且，背书记载一般写在汇票背面，但也可以写在粘单上，此时粘单与汇票粘接处必须加上粘单上的第一背书人的骑缝签字/签章。另外，背书的交付类似于出票的交付，同样有亲自交付和推定交付之分。汇票的背书行为在完成交付之前也是不生效和可以撤销的，而在完成交付之后就正式生效并不可撤销了。

一般来说，背书记载的基本要项有：背书目的，受让人/受托人/质押人，背书日期，背书人名称和签字/签章等。西方票据法认为，唯有背书人签字是必不可少的背书记载项目；但我国票据法认为，除了背书人签章是必不可少的背书记载项目以外，受让人/受托人/质押人记载亦不可省略。而背书未记载日期的，可视该背书为汇票到期日前所作；背书未记载地点的，可视该背书人的营业地/经常居住地为背书地。

背书一般有如下种类：

(1) 转让背书 (endorsement for transfer/negotiation)。

持票人在汇票背面签字/签章，写成背书，表明其转让票据权利的意旨，并将汇票交付给受让人。人们通常将背书转让行为简称背书行为，并将转让背书的转让人和被记名人（如果受让人被记名的话）分别简称为背书人和被背书人。

1) 转让背书的抬头。

与出票的抬头相类似，也有三种不同性质的转让背书抬头，决定着被背书汇票的不同流通性。

①限制性记名背书 (endorsee recorded the name restrictively for transfer/negotiation)。实务中常见的英文写法有以下三种：

"Pay to E Co. only"（仅付 E 公司）。

"Pay to E Co. not transferable/negotiable"（支付 E 公司，不可转让/不可流通）。

"Pay to E Co. not to order"（支付 E 公司，不得付给其指定人）。

一般来说，作限制性背书的背书人只对其被背书人负责。若该被背书人又转让汇票的话，则其后手的票据权利不优于该被背书人。

②指示性记名背书 (endorsee recorded the name or the name and "order" the word for transfer/negotiation)。通常也有以下三种常见的英文写法：

ⅰ. "Pay to the order of E Co."（支付 E 公司的指定人）。

ⅱ. "Pay to E Co. or order"（支付 E 公司或其指定人）。

ⅲ. "Pay to E Co."（支付 E 公司）。

作这种背书后的汇票可以自由流通，但必须由被背书人作背书转让。

③无记名背书 (endorsee in blank for transfer/negotiation)。又称空白背书，指背书人在作背书转让时，只在汇票背面签字/签章，而不记载受让人（但我国票据法不允许作空白背书）。

作这种背书后的汇票不但可以自由流通，而且汇票的受让人可以无背书转让。

西方票据法认为，转让背书的必要记载项目只有一个——背书人签字，其余皆可省略；但我国票据法规定，在作转让背书时，除了必须记载背书人签章以外，受让人记载亦不可省略（即不允许作空白背书）。

按照西方票据法，指示性抬头汇票的持票人作空白背书后就将其转变成了来人汇票。另外，空白背书汇票的持票人除可以作无背书交付转让以外，还可以自行在原背书的空白抬头处添上自己的名称，将其转变成记名背书，之后再作背书转让，甚至还可以作无背书记名转让，直接在原背书的空白抬头处填上后手受让人的名称来转让汇票（这时，因该持票人并非背书人——未在汇票上留下签字/签章，从而既不会成为该汇票的债务人，又不必对其前手签字/签章的真实性和汇票的有效性负责，也不会受到追索；这一切均由其前手背书人直接对后来加填上的被背书人负责，因而这里的关键是受让人如何确认直接前手背书人签字/签章的真实有效性）。

2) 转让背书的效力（不考虑后述的附加记载时）。

①对于背书人。一般来说，他从汇票的原债权人转变成为汇票的从债务人。i. 他将票据权利转让给了被背书人；ii. 以从债务人的身份向后手承担完全的票据债务（向后手担保承兑和付款，并对完全的票据债务负责。当汇票遭拒付时，持票人可向其追索，但其只是从债务人，通常是在票据的主债务人即承兑人和出票人均拒付时才会遭到追索）；iii. 向后手担保其直接前手签字/签章的真实性和汇票的有效性（此后，即使其前手的签字/签章不实或汇票无效，背书人也必须向其后手对该债务负责）。

②对于被背书人。一般来说，他取得了债权，成为持票人。i. 有向付款人请求付款/承兑及付款的请求权；ii. 汇票遭拒付时向出票人及前手的追索权；iii. 依法转让汇票的转让权。

但"回头背书"(back endorsement)——指汇票上的原债务人（如出票人、前手背书人等）又成为被背书人的背书——的被背书人对其原来的后手无追索权，其票据权利也不优于原来的后手。另外，诸如部分背书（将汇票金额的一部分转让的背书）或分割背书（将汇票金额分别转让给两人以上的背书）等背书行为则均为无效的背书行为。

3）转让背书的附加记载。

背书人在作转让背书时，有时会加列一些其他记载。例如：

①对价条款。背书人在作转让背书时可在其抬头文句的后面加上一个对价文句，如"For value received"（已收对价）。

②托收条款。如果被背书人要求委托其开户行代为收款，这时背书人在作成背书时可在抬头文句中加列其委托收款银行及其在该行的贷记账户号。例如：

Pay to the order of E* Bank, London for No. × account of E Co., London
For C Co., New York
Signature
(Manager)

就是一个带有托收条款的记名背书，其中 E 公司为被背书人，E* 银行则是被委托收款的银行（注意，后者并非该背书的被背书人，而是受被背书人委托代为收款的人，他也有权再进一步委托付款人所在地的银行作为代收行来执行收款），×号账户则是被背书人在 E* 银行开立的账户（依据文义，这里是要求 E* 银行收妥该款项后贷记此账户）。

③转让条件。出票时的支付命令/委托必须是无条件的，但转让背书是允许记载附加条件的，只是这里的附加条件仅对该背书人和被背书人有约束力，对于汇票的其他当事人来说，该附加条件无效（其背书转让行为仍然有效）。实际上，带有附加条件的背书意味着只有当条件完成时，背书人方可将汇票交付给被背书人；不然，这一附加条件就会不起作用（因为其他当事人是无须理会这一记载的）。例如：

Pay to E Co., London on delivery of B/L.
on May 17, 20××
For C Co., New York
Signature
(Manager)

就是一个带有附加条件记载的记名背书，其中 C 公司为背书人，E 公司为被背书人，要求提交海运提单是附加的汇票转让条件。

④预备付款人。背书人在作成背书时也有权加列预备付款人。例如：

Pay to E Co. only
In case of need refer to B* Co.，London
For C Co.，New York
Signature
(Manager)

就是一个带有预备付款人的限制性背书，其中C公司为背书人，E公司为被背书人，B*公司为该背书人加列的预备付款人。

⑤必须作承兑提示以及对提示期限要求之类的记载。背书人在作成背书时也有权加列必须作承兑提示以及对提示期限要求之类的记载，但这些记载必须不与出票记载相矛盾，否则，该记载无效而背书本身仍有效。

⑥免作拒绝证书及免作拒付通知等记载。背书人在作成背书时也有权加列种种免责记载，这些免责记载仅对该背书人有效。

⑦免于追索记载。一般票据法都承认背书人的“without recourse”（免于追索）记载可以使得该背书人彻底免于追索（这是作为从债务人的背书人的债务责任次于作为主债务人的出票人的责任的表现之一）；但也有个别国家或地区（比如中国台湾）的票据法认为，背书人的这一记载并不能使其完全免责——只能使他免除担保承兑责任，而不能使他免除担保付款的责任。

(2) 托收背书（endorsement for collection）。

持票人在汇票背面签字/签章，写成背书，表明其托收票款的意旨，并将汇票交付给受托人。当持票人想要委托自己的往来银行代为收款时，该持票人可以自己作托收背书来委托银行代为收款；对于限制性抬头或限制性背书的汇票仍可以作托收背书，并且托收背书汇票的受托人还可以再作托收背书。人们通常将托收背书的背书人和被背书人简称为托收人和受托人。

1) 托收背书的抬头。

托收背书一般有两种不同形式的抬头：

①记名托收背书（agent recorded name for collection）。例如：

Pay to the order of A Bank，London for No. ×account of us.
For C Co.，New York
Signature
(Manager)

其中，A银行为托收的被记名人（受委托的代理人，agent）。

②无记名托收背书（agent in blank for collection）。又称空白托收背书。例如：

For collection pay to any Bank.
For C Co.，New York
Signature
(Manager)

其中，未记载具体的被委托银行，相当于空白托收背书。

西方票据法认为，托收背书的必要记载项目有两个，背书人签字和托收意旨；但我国票据法除了要求托收背书中必须记载背书人签章和托收意旨外，还不允许作空白托收背书，即还要求必须记载受托人名称。[当然，托收背书也可以带一些附加记载，比如，"Prior indorsements guaranteed"（保证前手背书真实）等等的记载，但这里不再赘述。]

2）通常托收背书的效力。

①对于托收人（客户委托人，client）。一般来说，他完成托收背书后仍为该票据的所有权人，当托收票据遭拒付时，i. 他拥有追索权；ii. 得到受托人及时通知的权利。

②对于受托人（受委托的代理人，agent）。一般来说，他取得汇票后成为收款代理人（但他并非持票人）。i. 可代替委托人向付款人请求付款/承兑及付款；ii. 遭拒付时应及时通知委托人，并保管好汇票听候委托人指示处理。

(3) 质押背书（endorsement for pledge）。

持票人在汇票背面签字/签章，写成背书，表明其质押票据的意旨，并将汇票交付给质押人。人们通常将质押背书的背书人和被背书人简称为被质押人和质押人。

西方票据法认为，质押背书的必要记载项目有两个，背书人签字和质押意旨；但我国票据法除了要求质押背书中必须记载背书人签章和质押意旨外，还不允许作空白质押背书，即还要求必须记载质押人名称。

质押背书的效力：在质押期内，被质押人仍是该汇票的所有权人，而质押人并非该票据的所有权人；但若被质押人不能按期收回票款以偿还质押贷款，则质押人可以依法实现其"质权"（lien）而成为正当持票人，并可以以自身名义行使追索权。

虽然质押背书本身并非流通转让行为，却是一种"潜在的"流通行为——当被质押人（背书人）不能按期赎回其被抵押的汇票时，质押人（被背书人）可依法行使"质权"，从而在实际上存在着最终的变相转让可能性。显然，对于被背书人来说，质押背书下获得的票据权利弱于转让背书下获得的票据权利。

案例 2—2

江阴某电镀厂与江阴某散热器公司有着长期的业务往来。2008 年 8 月双方结算电镀加工费时，散热器公司给付电镀厂一张银行承兑汇票，价值 10 万元，该银行承兑汇票的付款银行为外地一家信用合作联社。银行承兑汇票到期后，电镀厂委托自己的开户行代为收款，却遭到该信用合作联社的拒绝，理由为票据上第一被背书人有误。原来，散热器公司在给付汇票时，由于会计的粗心，将背书栏第一栏中江阴某电镀厂中的"江阴"两字写成了"江荫"，导致该信用合作联社认为背书不连续，拒绝付款。后散热器公司出具证明，证明该错误是由于其公司的会计人员在填写时的笔误造成的，电镀厂享有该票据权利。但是信用合作联社仍然以相同理由拒绝给付，电镀厂遂将散热器公司及该信用合作联社告上法庭，要求二被告支付其 10 万元及相关利息，并承担案件的诉讼费用。

问题：信用合作联社拒付是否合理？为什么？

分析：承办法官审理认为，根据《票据法》第 27 条的规定，"背书是指在票据背面或者粘单上记载有关事项并签章的票据行为"，可以看出，背书包括"记载有关事项"和"签章"两个行为，票据的背书是否连续，与签章有关。

日前，经过江苏江阴法院的调解，双方当事人最终达成调解协议，由银行于一周内支付原告10万元，而原告放弃对该银行的其他诉讼请求。

3. 提示

提示（presentment/presentation）适用付款地法律。提示行为是持票人向付款人出示汇票要求承兑或者向执行付款人（付款人/承兑人/担当付款人）出示汇票要求付款等行为的统称。

（1）承兑提示（presentment for acceptance）。

指远期汇票的持票人向付款人出示汇票要求承兑的行为。

凡是需要承兑的远期汇票，不论其有无指定担当付款人，均须向付款人作承兑提示。作承兑提示一般有两种不同方式：ⅰ. 直接向付款人提示；ⅱ. 通过邮寄向付款人提示。

（2）付款提示（presentment for payment）。

指即期/远期汇票的持票人向执行付款人（付款人/承兑人/担当付款人）出示汇票要求付款的行为。

凡是指定有担当付款人的即期或远期汇票，一律应向担当付款人作付款提示；未指定担当付款人的即期或远期汇票，则应向付款人作付款提示。

1）作付款提示的三种不同方式：ⅰ. 直接向执行付款人（付款人/承兑人/担当付款人）提示；ⅱ. 通过邮寄向执行付款人提示；ⅲ. 通过清算银行和票据清算所作付款提示。

2）关于提示效期的规定：

①对于即期汇票付款提示/远期汇票承兑提示的效期。

ⅰ. 依英国票据法，必须在合理时间内（实务中一般认为不能超过半年）作付款/承兑提示。

ⅱ. 依日内瓦统一法，必须自出票日起算一年内（当然，还必须在汇票文义规定的效期内）作（付款/承兑）提示。

ⅲ. 依我国票据法，即期/见票后定期汇票，必须自出票日起算一个月内作付款/承兑提示；定日/出票后定期付款汇票则只需在到期日前作承兑提示即可。

②对于远期汇票的付款提示效期。

ⅰ. 依英国票据法，必须在付款到期日当天作付款提示。

ⅱ. 依日内瓦统一法，必须在付款到期日及以后的两个营业日内作付款提示。

ⅲ. 依我国票据法，必须在付款到期日起算10日内作付款提示。

持票人未在规定效期内提示票据者，就丧失了对前手的追索权；但他对票据的主债务人（承兑人和出票人）仍在一定期限内拥有“票据权利”：一是远期汇票的承兑人对持票人负有票据责任的期限：依英国票据法，是从承兑日起算六年内；依日内瓦统一法，是从承诺付款到期日起算三年内；依我国票据法，是从票据付款到期日起算两年内。二是即期汇票/远期汇票的出票人对持票人负有票据责任的期限：依英国票据法，是从出票日起算六年内；依日内瓦统一法，是从出票日起算三年内；依我国票据法，是从出票日起算两年内。

持票人的“票据权利”在上述期限内不行使将归于消灭。但持票人因超过票据权利时效而丧失“票据权利”的，仍享有“民事权利”，仍可以请求出票人返还其与未支付的票据金额相当的利益（未必是金钱）。

4. 承兑

承兑（acceptance）适用付款地法律。承兑行为是指远期汇票的付款人在汇票正面签字/签章，写成承兑，表明其同意按出票人的命令/委托到期付款的意旨，并将汇票重新交付给持票人。

承兑的交付也有“实际交付”（actual delivery）和“推定交付”（constructive delivery）之分。后者是指承兑人交付给持票人一个（某日已作承兑的）承兑通知书（而将原汇票留存）。国际银行业的惯例是，180天以内（含180天）的远期汇票承兑后不退还持票人，而只以书面方式通知承兑。

对于成套远期汇票，付款人只能承兑首先提示的那一张（其余的不再承兑），到期日只能凭已作承兑的那张汇票付款。承兑行为有所谓普通承兑和保留性承兑两种。

（1）普通承兑（general acceptance）。

指无附加的修改汇票文义的保留性付款记载的承兑。

1）普通承兑记载的基本要项。包括“accepted（承兑）”字样，承兑日期，承兑人名称和签字/签章等。

西方票据法认为，只有承兑人签字是承兑时的必要记载，其他记载项目均可省略；但我国票据法认为，除了承兑人签章以外，“承兑”字样也是承兑时的必要记载项目。

此外，由于见票后定期付款的汇票如果没有承兑日期记载就难以确定付款到期日，所以各票据法又特别对无承兑日期记载做出了一些规定：ⅰ. 依日内瓦统一法，持票人应就此作成拒绝证书来证明承兑日期，不然，将以法定提示承兑期限的最后一天（即出票日的次年同日）作为承兑日；ⅱ. 依英国票据法，持票人可以自行填入承兑日期（即使这一日期系错填，汇票一旦转让出去，对于其后手正当持票人来说即为真实日期，并且其他各当事人也都受此日期约束）；ⅲ. 依我国票据法，将以付款人收到提示承兑汇票日起算的第三天（即付款人向持票人签发的收到提示承兑汇票回单上记载的提示承兑日期起算的第三天）作为承兑日。

2）普通承兑的效力。

①对于承兑人。一般来说，他承诺了付款责任，成为票据的主债务人，对票据的文义负责，承诺了票据的有效性（此后，承兑人不得再以任何理由来否认汇票的效力）和到期足额付款。

②对于出票人。退居于从主债务人的地位。

③对于持票人。得到了付款人的付款承诺而使其债权更加确定。（这也使得持票人易于转让/贴现票据。）

3）普通承兑的附加记载。

付款人在作承兑时，可以加列担当付款人记载。由伦敦的商号或银行承兑的汇票通常要经由其往来的清算银行执行付款。例如：

ACCEPTED
payable at the B* Bank London
March 3，20××
For B Co.，London

其中 B* 银行就是加列的担当付款银行，B 公司则为承兑人。

此外，为方便起见，承兑人还常在汇票右上角加列付款到期日记载。

(2) 保留性承兑（qualified acceptance）。

指附加有修改汇票文义的保留性付款承诺的承兑，又称限制性承兑，是以明白的条款改变汇票原来的文义。较常见的有以下四种不同形式的保留性承兑。

1) 有条件承兑（conditional acceptance）。例如：

ACCEPTED
payable on delivery of B/L
For B Co., New York

其中就加列了须提交海运提单作为付款条件。在远期付款交单的托收支付方式下，这属于正常的付款条件。按照西方票据法，这是可以接受的保留性承兑（这通常意味着承兑人是在收到持票人提交的提单后才予以承兑）。但如果承兑时加列的付款条件与贸易合同不符，有条件承兑就不可接受了。

2) 部分承兑（partial acceptance）。如对于票面金额为 1 000 美元的汇票，在承兑时又特别加列承兑金额仅为 500 美元。例如：

ACCEPTED
payable for the amount of US dollars 500.00 only
For B Bank, New York

就属于部分承兑。

3) 限定付款地点承兑（local acceptance）。例如：

ACCEPTED
payable at the B* Bank New York and there only
For B Co., New York

其中 B* 银行不但是加列的担当付款银行，而且其后的"and there only"还限定了只能由该行付款（此例中如果去掉"and there only"字样，就成为普通承兑了）。

4) 修改付款期限承兑（qualified acceptance as to time）。如对于出票后 3 个月付款的汇票，在承兑时又特别加列付款期限为出票后 6 个月。例如：

ACCEPTED
payable at 6 months after the issuing date
For B Co., New York

就属于修改付款期限承兑。

对于保留性承兑，持票人至少应就其违约之处按拒绝承兑处理。比如，对于"部分承兑"，持票人可以将未承兑金额作成拒绝证书，并及时通知其前手（以便将来追索）。而我国票据法则规定，付款人承兑汇票，不得附有条件；承兑附有条件的，视为拒绝承兑。

承兑的时效如下：

①持票人在承兑提示的效期内作承兑提示时，付款人作成承兑的时限：i. 依英国票据法，付款人应在习惯时间内（within customary time），通常是指提示日的下一个营业日营业时间终了之前，作成承兑；ii. 依日内瓦统一法，付款人应在第一次提示后到次日第二次

提示时作成承兑；ⅲ. 依我国票据法，付款人应自提示日起算 3 日内作成承兑。若付款人未在上述规定时限内作成承兑，持票人亦应按拒绝承兑处理。

②汇票可以被事先承兑，即在出票人签字之前或必要记载项目不完整的情况下被承兑。

③汇票可以在超过承兑提示期限后被承兑。

④汇票还可以在被拒绝承兑后被承兑。对于见票后定期付款汇票，当其曾遭拒绝承兑而退票后又被承兑时，持票人有权要求将首次向受票人提示汇票之日作为承兑日（若遭拒绝，持票人可以就此作成拒绝证书按拒付处理）。

5. 付款

付款（payment）适用付款地法律。付款行为是指持票人向付款人/承兑人/担当付款人作付款提示时，后者按汇票文义履行付款义务，向持票人支付票款并收回汇票注销归档。

对应于三种不同的付款提示方式，相应地有三种不同的付款方式：①持票人直接向执行付款人作付款提示时，执行付款人可凭票支付现金或转账付款给持票人，同时令持票人在汇票背面签字/签章表明其已收取票款（必要时，还可将持票人的身份证件的名称、编号记在汇票背面，并令持票人再出具一份收据），并收回汇票归档注销；②持票人通过托收银行邮寄汇票向执行付款人作付款提示时，执行付款人可以作转账付款，将票款贷记托收行相关账户，同时收回汇票归档注销；③持票人通过托收银行由票据清算所作付款提示时，执行付款人也可以作转账付款，将票款贷记托收行在清算银行的相关账户，同时收回汇票归档注销。

（1）正当付款（payment in due course）。

指执行付款人（付款人/承兑人/担当付款人）善意地合理履行其付款责任。所谓正当付款，具有以下三层含义：ⅰ. 应在到期日或到期日以后付款，而不是在到期日之前付款。ⅱ. 应付款给合法持票人：须验明付款提示人的身份不虚，并审核背书的连续性。ⅲ. 应是善意付款：执行付款人应按照行业惯例利用专业信息而未曾了解到持票人有何权利缺陷。

1）正当付款的效力。

在汇票的执行付款人作正当付款之后，原持票人的债权和全部票据债务人的债务都因此而归于消灭，汇票也因此而注销（discharge）。

2）正当付款的付款时效。

①持票人在汇票到期后按规定作付款提示时，执行付款人完成付款的时限：ⅰ. 依日内瓦统一法和我国票据法，执行付款人必须于提示付款当日内足额付款；ⅱ. 依英国票据法，执行付款人必须于习惯时间内，通常是指提示付款日的下一个营业日营业时间终了之前足额付款。

②汇票可以在超过付款提示期限后被付款。

③汇票还可以在被拒绝付款后被付款。

如果执行付款人未能在规定时限内完成付款，则持票人应按拒绝付款处理。

（2）部分付款（partial payment）。

指执行付款人只付给持票人部分票款，在汇票上注明已付金额并向持票人收取已付票款的收据，再将汇票退还持票人。

对于部分付款，持票人至少应对未付金额部分按拒付处理。各国票据法对于部分付款行为的规定有所不同：ⅰ. 依日内瓦统一法，持票人不得拒绝接受部分付款，否则他将丧失对本可得到的付款部分的追索权；ⅱ. 依英国票据法，持票人可以选择接受或不接受部分付款（人们一般总是选择接受）；ⅲ. 但我国票据法则强调必须足额付款，即不允许作部分付款。

（3）付款的审查事项。

付款人及其代理付款人付款时，一般来讲只对汇票进行书面审查，即审查汇票的法定事项是否齐备，对汇票产生的原因不予审查。在汇票背书转让时，应当审查汇票背书的连续，并审查提示付款人的合法身份证明或者有效证件。付款人及其代理付款人以恶意或者有重大过失付款的，应当自行承担责任。

持票人在获得付款时，应当在汇票上签收，并将汇票交给付款人。持票人委托银行收款的，受委托的银行应将代收的汇票金额转入持票人账户，这也视同签收。关于持票人委托的收款银行的责任，限于按照汇票上记载事项将汇票金额转入持票人账户。付款人委托的付款银行的责任，限于按照汇票上的记载事项从付款人账户支付汇票金额。付款人依法足额付款后，全体汇票债务人的责任解除。付款人及其代理付款人以恶意或者有重大过失付款的，应当自行承担责任。

6. 拒付/退票

拒付/退票（dishonor）适用付款地法律。拒付/退票行为是拒绝承兑或拒绝付款的统称，持票人按票据法的规定行事却得不到承兑或得不到付款，就是遭到拒付/退票了。

（1）拒付（拒绝承兑/拒绝付款）的表现形式。

①付款人/执行付款人明确表示拒绝承兑/拒绝付款（因自身原因或出票人信誉不佳、与出票人发生商业纠纷等原因）或仅作保留性承兑/仅作部分付款；

②付款人/执行付款人未在作成承兑/付款时限内完成承兑/付款；

③付款人/执行付款人破产或丧失行为能力（如因违法而被责令停止业务活动、死亡或患重病等等）；

④付款人/执行付款人纯属虚构或隐匿不见。

（2）拒绝证书（protest）。

拒绝证书是持票人已按规定行使票据权利但未获结果的书面证明。

1）拒绝证书的作用。

它是持票人得以保留追索权的必要凭据。一般来说，国际汇票遭拒付时，持票人必须作成拒绝证书（但出票人在汇票上有免作拒绝证书记载者例外），以备追索。

2）拒绝证书的作成方法。

各国票据法的规定有所不同。

ⅰ. 英国票据法的规定。持票人遭拒付时应请求当地公证人出面作成拒绝证书，即将汇票交由当地公证人向付款人或执行付款人再作提示，仍遭拒付时，由公证人按规定作成拒绝证书，连同汇票交还持票人。如果当地没有公证人，也可由法院出面作成拒绝证书；或者，由当地知名人士出面在两个见证人面前作成拒绝证书。

ⅱ. 日内瓦统一法的规定。类似于英国票据法，但对于付款人破产或出票人破产等情况，均允许以法院的有关司法文书来代替拒绝证书。

ⅲ. 我国票据法的规定。对于付款人或执行付款人明确表示拒付的情况，付款人或执行付款人必须出具拒绝证明或退票理由书，否则应承担由此产生的民事责任；对于付款人或执行付款人未在规定时间内作成承兑或付款，以及纯属虚构或隐匿不见等情况，持票人可依法取得有关证明；对于付款人或执行付款人破产或丧失行为能力的情况，持票人可依法取得人民法院的有关司法文书或有关行政主管部门的处罚决定文书。在我国，必要时可由法院公证处出面作成拒绝证书。

3）拒绝证书的作成时限。

ⅰ. 英国票据法的规定。必须在拒付日的下一个营业日内作成拒绝证书；但也可以先由公证人在汇票上作“录证”（noting），以延迟作成正式的拒绝证书。

ⅱ. 日内瓦统一法的规定。对于即期汇票的拒绝付款证书或远期汇票的拒绝承兑证书，必须在拒付日的下一个营业日内作成；对于远期汇票的拒绝付款证书，必须在付款到期日之后的两个营业日内作成。

ⅲ. 我国票据法的规定。我国票据法没有对此时限的明确规定。

4）作成拒绝证书的费用负担。

一般来说，持票人可在追索时向前手收取此项费用；但对于出票人有免作拒绝证书记载的汇票，持票人在向其追索时无须拒绝证书，也不能向其收取此项费用；对于只是某个背书人有免作拒绝证书记载的汇票，则对该背书人追索时无须拒绝证书，也不能向他收取此项费用，但持票人仍可向出票人或其他前手背书人收取此项费用。

（3）拒付通知（notice of dishonor）。

拒付通知是在汇票遭拒付时，持票人及背书人将遭拒付的事实通知前手及出票人的行为。

1）拒付通知的作用。

可以使前手再与拒付人进行协商或做好清偿准备；是持票人顺利行使追索权的又一必要前提。一般来说，汇票遭拒付时，持票人乃至其前手背书人为了保留自己的追索权或再追索权，必须向自己的前手发出拒付通知。但对于出票人及/或某个背书人有免作拒付通知记载的汇票，可以不对出票人及/或该背书人作拒付通知，而其他未通知到的前手债务人则仍可因未得到拒付通知而免于追索。

2）拒付通知的对象。

持票人可以直接向出票人及若干前手或全体前手发出拒付通知（具体向哪些前手直接作拒付通知，应视持票人可能直接向哪些前手追索而定）；接到拒付通知的前手应再通知其再前手（他具体再通知哪些再前手，亦视其将来可能直接向哪些再前手作再追索而定）。

拒付通知应当是书面的，其中应记明被拒付汇票的主要记载事项，明确说明该汇票已被拒绝承兑或是拒绝付款。

3）发出拒付通知的时限。

ⅰ. 英国票据法的规定。如果前手在同一地，则持票人最迟应在退票日的次日内通知到；如果前手在异地，则持票人最迟应在退票日的次日内发出通知。前手们在接到通知后的再通知，亦应遵循上述时限。

ⅱ. 日内瓦统一法的规定。持票人应当在拒绝证书作成日起算 4 日内向前手发出通知；前手们的再通知则应自收到通知之日起算 2 日内向其再前手发出。

ⅲ. 我国票据法的规定。持票人应当自收到被拒绝承兑或者被拒绝付款的有关证明之日起算 3 日内向前手发出通知；前手们的再通知亦应自收到通知之日起算 3 日内向其再前手发出。

4）拒付通知的费用负担。

与拒绝证书的费用负担相类似。

7. 追索

追索（recourse）适用付款地法律及被追索人所在地法律。追索行为是指汇票遭拒付后，持票人要求出票人、前手背书人或其他汇票债务人（如保证人、参加承兑人等）清偿汇票金额及有关费用的行为。持票人所拥有的这种权利叫做“追索权”（right of recourse）。广义的追索则还包括被追索人作清偿后的再追索在内。

当汇票遭拒付时，应首先向前手追索，未果时再向法院起诉前手债务人，因为法院诉讼毕竟是一件费时、费力又费钱的事。

（1）持票人取得追索权的必备条件。

在其持有合格票据的前提下，尚须具备以下条件：

①在法定时限内向付款人/执行付款人作了承兑提示/付款提示。并且在汇票记载有预备付款人时，日内瓦统一法规定，还必须向预备付款人作参加承兑/参加付款提示；英国票据法规定，持票人可自由决定是否再向预备付款人作“参加提示”；我国票据法则无预备付款人之说。这里特别应注意守时，比如若因延误提示而恰逢付款人破产，就会造成原本可以避免的损失（如果能在付款人破产之前按时提示，也许不会被拒付），所以一般票据法都规定，延误提示者将丧失追索权。

②在法定时限内作成拒绝证书。在汇票要求作拒绝证书时，英国票据法和日内瓦统一法均规定，连未及时作成拒绝证书的持票人也将丧失追索权；但我国票据法对于作成拒绝证书的时限无明确规定。

③在法定时限内作出拒付通知。在汇票要求作拒付通知时，英国票据法规定，连未及时通知前手者也将丧失追索权；日内瓦统一法和我国票据法则规定，未能及时通知者仍有追索权，但其将承担由此而对前手或出票人造成损失的赔偿责任（赔偿的金额以不超过汇票金额为限）。

持票人因缺乏拒付通知或拒绝证书或误时而丧失“追索权”的，他对票据的主债务人（承兑人/出票人）仍在一定期限内拥有“票据权利”。

（2）保留追索权的期限。

①英国票据法的规定。与民法上的请求权相同，自债权成立日起算 6 年。其中所谓“债权成立日”，对于承兑人是承兑日，对于其他债务人是出票日。

②日内瓦统一法的规定。持票人对于承兑人的追索权，是自付款到期日起算 3 年；持票人对于前手及出票人的追索权，是自拒绝证书作成日/付款到期日（在免作拒绝证书时）起算 1 年；清偿持票人对于前手及出票人的再追索权，是自清偿日起算 6 个月。

③我国票据法的规定。持票人对于出票人和承兑人的票据权利，即期汇票/远期汇票是自出票日起算 2 年/自付款到期日起算 2 年；持票人对于前手从债务人的追索权，是自被拒付之日起算 6 个月；清偿持票人对于前手从债务人的再追索权，是自清偿日或者被提起诉讼之日起算 3 个月。

作成拒绝承兑证书后，无须待付款到期日再作付款提示，也无须再作拒绝付款证书，即可行使追索权。持票人因超过票据权利时效而丧失“票据权利”的，仍享有“民事权利”，可以请求出票人或承兑人返还其与未支付的票据金额相当的利益。

(3) 持票人可追索的对象。

一般来说，债务人责任的先后顺序是，承兑人、出票人、第一背书人、第二背书人、第三背书人，等等，但持票人也可以不按照汇票债务人的先后顺序，对其中任何一人、数人或全体行使追索权。不过，持票人一般多是首先向出票人追索，未果时再向其他债务人追索。

(4) 追索的清偿金额。

计算方法为：票面金额 ＋ 迟付利息（－早付利息）＋拒绝证书、拒付通知等有关费用。

(5) 清偿与再追索。

当汇票遭拒付后，汇票的债务人受到持票人追索而偿付追索金额或参加付款人为被参加付款人偿付追索金额的行为，称做清偿；当汇票债务人被追索而作清偿或参加付款人为被参加付款人作清偿后，他们就成为“清偿持票人”，可再向其前手债务人要求再清偿其所清偿金额及新的利息与费用，称做再追索。

8. 保证

保证（guarantee/aval）适用保证地法律（英国票据法不认可保证行为）。保证行为是指非汇票债务人在汇票上签字/签章，写成保证，表明其为某债务人（出票人/背书人/承兑人/参加承兑人）的债务予以偿付担保的意旨，并将汇票交还给持票人的行为。之后他就成为保证人（该汇票的一个新的债务人），而被其担保的债务人则成为被保证人。

注意，被保证人必须是汇票的债务人，因而，付款人是没有资格成为被保证人的，因为他并非汇票的债务人。

(1) 保证记载的基本要项。

包括“aval/guaranteed”（保证）字样、被保证人名称、保证日期、保证人名称和签字/签章等。可记在汇票正面或粘单上；若记在粘单上，则粘接处应由保证人加骑缝签字/签章。例如：

AVAL
for acceptor
July 23，20××
For F Bank，London

就是一个以承兑人为被保证人、以F银行为保证人的保证记载。

依日内瓦统一法，保证人签字是必不可少的保证记载，其余皆可省略；但依我国票据法，保证人签章和保证字样都是必不可少的保证记载。保证人未记载保证日期时，以出票日期作为保证日期。保证人未记载被保证人时，已承兑远期汇票以承兑人作为被保证人，即期汇票和未承兑远期汇票则以出票人作为被保证人。

日内瓦统一法允许作部分保证（指对汇票金额的一部分作保证）；我国票据法则不允许作部分保证。

（2）保证的目的。

利用他人（高资信者）的偿付担保，以加强汇票受让人的债权保证，使汇票便于流通。

（3）保证的效力。

1）对于保证人。

ⅰ. 依日内瓦统一法，保证人与被保证人同责，保证人为汇票的主债务人担保时，成为并列主债务人；为汇票的从债务人担保时，成为并列从债务人。第一，在汇票记载合格时，即使被保证人的债务因持票人的汇票以外手续不齐（比如，跟单汇票缺乏单据）而无效，保证人仍要对该汇票的债务负责（这样规定的目的是便于跟单汇票脱离单据而单独贴现和流通）。第二，在实务中，若银行作为保证人为汇票的主债务人（即期汇票的出票人或远期汇票的承兑人）提供保证，则将直接承担汇票到期向持票人付款的责任；若保证人是为汇票的从债务人（包括已承兑汇票的出票人）提供担保，则将承担汇票到期持票人不获付款时的清偿责任（参加付款或被追索）。

ⅱ. 依我国票据法，保证人承担与被保证人的连带责任，成为汇票的从债务人（被保证人的连带责任人）。第一，除被保证人的债务因汇票记载事项欠缺而无效外，对汇票的债务负责。第二，当汇票到期持票人不获付款时，承担被追索清偿的责任。

2）对于汇票的原债务人。

被保证人及其前手的原债务人地位均保持不变，但被保证人的信用得到加强。

3）对于经保证汇票的受让人。

被保证人的信用又得到保证人的付款/清偿承诺而使其后手的债权更加确定（这也便于他再转让/贴现票据）。

9. 参加承兑

参加承兑（acceptance for honor）适用付款地法律（我国票据法不认可参加承兑行为）。参加承兑行为是指远期汇票遭拒绝承兑后，持票人已取得拒绝承兑证书但尚未行使追索权之前，有参加承兑资格人在得到持票人同意情形下，于汇票上签字，表明其承诺在汇票到期而原执行付款人又拒绝付款时为被参加承兑人参加付款的意旨，并将汇票重新交付给持票人的行为。

所谓“有参加承兑资格人”，依英国票据法，只允许汇票原债务人以外的其他人（如预备付款人）参加承兑，而且，无论任何人要求参加承兑，持票人均可以不接受；依日内瓦统一法，允许汇票付款人和担当付款人以外的任何其他人（如预备付款人、保证人、背书人以及出票人等）参加承兑，而且当预备付款人要求参加承兑时，持票人必须同意（此外的其他人要求参加承兑，持票人都可以不接受）。

（1）参加承兑记载的基本要项。

包括“Accepted supra Protest/Accepted for Honor”（参加承兑）字样、被参加承兑人、参加承兑日期、参加承兑人名称和签字等。可记在汇票正面或粘单上；若记在粘单上，则粘接处应由参加承兑人加骑缝签字。例如：

Accepted for honor of drawer
on June 9，20××
For B Bank，New York

就是一个以B银行为参加承兑人、出票人为被参加承兑人的参加承兑记载。

依西方票据法，唯有参加承兑人签字是参加承兑的必要记载，其余皆可省略。如果未记载被参加承兑人，一般以出票人为被参加承兑人；但预备付款人参加承兑时，则以指定其为预备付款人者为当然的被参加承兑人；而保证人参加承兑时，则以被保证人作为当然的被参加承兑人。

（2）参加承兑的目的。

维护汇票债务人的信用；阻止持票人在汇票到期前进行追索。

（3）参加承兑的时限。

持票人已取得拒绝承兑证书之后但尚未行使追索权之前。

（4）参加承兑通知。

参加承兑人于参加承兑后，须将其参加承兑的事实通知给被参加承兑人，时限一般为自参加承兑日起算两日内发出通知（未通知或未及时通知的后果类似于拒付通知的相应规定）。当有人参加承兑时，持票人无须再向前手作拒绝承兑通知；但接到参加承兑通知的被参加承兑人，则须向其前手作拒绝承兑通知，以便将来追索。

（5）参加承兑的效力。

1）对于参加承兑人。承诺了汇票到期时参加付款，成为汇票的“首要”从债务人（当汇票付款到期日原执行付款人又拒绝付款时，持票人可首先向其请求清偿），对被参加承兑人及其后手向持票人负责。

2）对于汇票的原债务人。被参加承兑人及其前手的原债务人地位均保持不变，但被参加承兑人的信用得到维护。

3）对于持票人。在汇票到期前不再能追索，但得到了参加承兑人的参加付款承诺（在汇票付款到期日，持票人仍应先向原执行付款人作付款提示，若遭到拒绝付款，则应再次依法及时作成拒绝付款证书后，才能向参加承兑人请求清偿）。

（6）被参加承兑的见票后定期付款汇票的付款到期日算法。

从拒绝承兑证书作成日起算。而其他远期汇票的付款到期日仍是按照汇票原定日期。

10. 参加付款

参加付款（payment for honor）适用付款地法律（我国票据法也不认可参加付款行为）。参加付款行为是指汇票到期遭拒绝付款后，持票人已取得拒绝付款证书但尚未行使追索权之前，或汇票遭拒绝承兑后，持票人已作成拒绝承兑证书并依法拒绝他人参加承兑，但尚未行使追索权之前，有参加付款资格人为被参加付款人作清偿，并履行参加付款手续的行为。

所谓“有参加付款资格人”，依西方票据法是指除付款人及担当付款人以外的任何人都可以参加付款（如果远期汇票原已有参加承兑人，则其是当然的参加付款资格人）。

持票人必须接受有参加付款资格人的参加付款，否则他将丧失对本来可以解除债务者的追索权；当两人或两人以上竞相参加付款时，能免除最多债务人者有优先权。

实际上，汇票的原债务人参加付款与其遭追索而作清偿并无多少实质性差别，二者之间的主要区别在于，前者债务人显得较为主动，而后者债务人显得较为被动。

（1）参加付款的手续。

①要求持票人交出汇票及拒绝付款证书，并出具清偿收据。

②依日内瓦统一法，参加付款人须在汇票正面记载参加付款的事实及被参加付款人；依英国票据法，参加付款人须另外作一个参加付款的“证言”（declaration），说明偿付目的及被参加付款人，并由公证人在其上作因被参加付款人拒付而参加付款的公证。

如果未记载被参加付款人，一般以出票人为被参加付款人；但预备付款人参加付款时，则以指定其为预备付款人者为当然的被参加付款人；而参加承兑人/保证人参加付款时，则以被参加承兑人/被保证人作为当然的被参加付款人。

（2）参加付款的目的。

维护票据债务人的信用；阻止持票人追索。

（3）参加付款的时限。

依英国票据法，是持票人作成拒绝付款证书之后但尚未行使追索权之前；依日内瓦统一法，是法定的作成拒绝证书时限的次日之内。

虽然一般来说，参加付款通常发生在付款到期日之后，但如果远期汇票被拒绝承兑，而持票人又可以拒绝参加承兑而只接受参加付款，参加付款就有可能发生在远期汇票的付款到期日之前。

（4）参加付款通知。

参加付款人于参加付款后须将其参加付款的事实通知被参加付款人，时限一般为自参加付款日起算两日内发出通知（未通知或未及时通知的后果类似于拒付通知的相应规定）。当有人参加付款时，持票人无须再作拒绝付款通知；但接到参加付款通知的被参加付款人，则须向其前手作拒绝付款通知，以便将来追索。

（5）参加付款的清偿金额。

计算方法为：票款金额＋迟付利息（－早付利息）＋拒绝证书及其他有关费用。

（6）参加付款的效力。

1）对于参加付款人。成为清偿持票人，取得向被参加付款人及其前手的追索权。

2）对于汇票的债务人。承兑人（如果有的话）、被参加付款人及其前手的原债务人地位均保持不变，而被参加付款人的后手从债务人的汇票债务得以解除。

3）对于原持票人。其汇票权利归于消灭。

11. 意外丧失汇票的保全手续

适用付款地法律。持票人意外丧失汇票时，因为票据是“提示性证券”，所以丧失票据也就丧失了“票据权利”；但这时失票人仍拥有“民事权利”——对债务人的有一定交易背景的债权仍存在。如果汇票系丢失、劫失、骗失等，则持票人需要及时采取以下行动以保全票据权利：

①及时挂失止付。汇票丧失，失票人应当及时通知票据的执行付款人挂失止付，而收到挂失止付通知时尚未付款的执行付款人，应予暂停支付。

②及时向法院/公证处申请公告。汇票丧失，失票人应当依法及时向法院/公证处申请公告，因为即使失票人已向付款人作出挂失止付通知，付款人也只能是暂停支付，须由法院/公证处依法发出公告（确定所丧失汇票失效或暂时冻结），方能有效确定原丧失汇票的止付。而且，申请公告必须及时。比如，我国票据法规定，应当在汇票丧失后不迟于通知挂失止付后3日内申请公告。

③必要时（比如汇票被骗失）还应及时向法院提起诉讼。

然后，失票人可凭公告和保证书（保证若发生重付，由自己负责赔偿）向汇票债务人补办新的汇票，但这必须发生在原汇票尚未被支付之前。

注意，如果汇票系“灭失”，则与上述丢失、劫失、骗失等有所不同，汇票灭失无须挂失止付，而只需与出票人或其他债务人协商补开新的汇票。当然，必要时失票人也须向债务人出具保证书，保证若发生重付，则由自己负责赔偿。

五、汇票融资

1. 汇票的贴现和再贴现

（1）汇票的贴现（discount）。

持票人将已经承兑的未到期汇票转让给银行/贴现公司以换取现款，后者按一定贴现率从票面金额中预先扣除贴现息，履行贴进汇票手续后将汇票现值净款付给持票人，并保留追索权，这种金融交易称做汇票贴现。

这里所谓“履行贴进汇票手续”，一般是由原持票人（被贴现人）作背书转让（以贴现人为被背书人）。

贴现率一般用“年率”表示，但在计算贴息时，一般须将其折合成“日率”来计算，而不同货币一年折合的天数则可能有所不同。比如，美元一般是按一年折合 360 天来计算的；而英镑则一般是按一年折合 365 天来计算的。

（2）汇票的再贴现（rediscount）。

汇票的贴现人向本国中央银行出售他所贴进的未到期汇票，称为再贴现。当银行/贴现公司因一时资金紧张，等不到原贴进汇票的到期日而急于用款时，可以向本国中央银行要求再贴现其持有的未到期汇票，以解燃眉之急。但只有高信用的汇票才有资格作再贴现。比如，英国规定只有经过本国一流银行/承兑公司承兑和本国一流银行/贴现公司贴现的汇票，才具备再贴现的条件。

实际上，汇票的贴现也是很讲究信用身价的。信用身价高的汇票贴息率就低；信用身价低的汇票贴息率就高。有些信用身价极低的纯商业信用汇票则难以得到贴现。

2. 汇票的信用身价

（1）看汇票主要债务人（出票人、承兑人及保证人）的资信状况。若汇票经过承兑或保证，并且汇票上的这些重要债务人均有良好资信，就有较高的信用身价（其中尤以承兑人或保证人的资信最为重要）。

（2）看汇票的出票条款。一般认为，在信用证项下出具的汇票，因其有正常的贸易背景，如果又能得到银行承兑，则具有较高的信用身价。

3. 开展汇票贴现业务的好处

（1）对于银行来说。①有高资信人的承兑/保证，并且还有追索权，比较安全，优于一般的贴息贷款；②一般的贴息贷款要受信贷规模约束，而票据贴现则不受信贷规模约束，并且在资金紧张时还可以作再贴现，从而在资金运用上拥有较大的灵活性。

（2）对于商人来说。①贴现比一般信贷更容易实现，而且手续也较简单；②贴现比一般信贷成本低。贴现息比一般信贷利息低，而且有些信用贷款还要求将一部分贷款留存在贷款银行作无息/低息存款。

4. 汇票融资的手段

常用的手段是融通（英国票据法特别为此做了详细立法，其他国家的票据法也都不同程度地认可票据融通行为）和保证（但它不容于英国票据法）。

（1）用融通（accommodation）手段进行汇票融资。

指出票人邀请高资信的非债务人做汇票的付款人未取得对价而以承兑人身份在远期汇票上签字/签章，从而借用他人名义来提高汇票的信用身价以便贴现的行为。这种汇票被称做融通汇票；其中，未取得对价而应邀在融通汇票上签字/签章者叫做融通人，得到被融通汇票的出票人叫做被融通人。实务中常见的融通汇票多是专门作为融资信贷工具而单独出具的“融资汇票”（finance bills），但在卖方远期信用证项下出具的融通汇票例外，因为后者往往是跟单汇票，不是单纯的融资信贷工具，而兼有结算支付工具的功能。

融通人在进行融通时，除了向被融通人收取融通费（如承兑费）外，通常还要向被融通人要求一定的质押品（比如已装运在途货物的海运提单，注意，这并不是收取对价）。一般来说，融资汇票的融通人并不垫付资金，被融通人有义务在融资汇票到期前预先将足额票款交付给融通人，以备后者按期向贴现人（持票人）偿付，否则，融通人可拒付该融资汇票，而让持票人去向被融通人追索。若持票人向被融通人追索时得到了清偿，则该融资汇票即被解除了责任；若持票人向被融通人追索时未能得到清偿，则他还可以回过头来强制融通人清偿，因为后者作为汇票的承兑人是承担有主债务人责任的。当然，如果融资汇票的融通人又兼任贴现人，情况会有所不同，持票人兼承兑人的双重身份使得他除了向被融通人（出票人）追索以外别无他途。

要想利用融通手段做汇票融资，欲融资人须事先与银行/承兑公司订立一个融通协议，由后者给前者一个承兑信用额度（credit limits for acceptance），规定在一定时期内允许为前者承兑融通汇票的总金额，然后，被融通人才可以在规定期限和限额内，根据自己实际交易的融资需要逐笔向融通人申请融通。

利用融通汇票进行融资时，融资人除要承担融通费（承兑费）和贴现息以外，有时还要承担汇票印花税。因为有些国家，比如英国，对汇票实施印花税（一般由出票人承担，并非专对融通汇票，而是针对一切汇票），并且国际汇票在英国也须按国内汇票的一半贴印花（因此，外国对英贸易时，常常以不出汇票的办法来合理避税，降低贸易成本）。

英国票据法专门对融通行为做了详细规定。美国联邦储备银行亦允许其会员银行为具有国际贸易背景的汇票作承兑融通，并允许其自行贴现；日内瓦统一法和我国票据法也不同程度地认可票据融通行为。

（2）用保证手段进行汇票融资。

指汇票的原有债务人（欲融资人）邀请高资信的非债务人在汇票上签字/签章为自己作偿付保证，从而利用他人资信来提高汇票的信用身价以便贴现的行为。其中前者是被保证人，后者是保证人。

保证人为票据作保证时，除了向被保证人收取担保费外，通常还要向被保证人要求一定的押金或抵押品（注意，这也不是收取对价）。

日内瓦统一法和我国票据法都特别为保证行为做了专门立法；但英国票据法不认可保证行为。

5. 汇票的承兑和贴现市场

承兑和贴现市场是短期资金融通市场的重要组成部分。在伦敦，参与该市场活动的主体是17家商人银行（经营承兑公司业务，它们都是承兑公司委员会会员）、12家贴现公司（经营短期票据贴现业务，它们都是贴现市场公会会员，经营贴现的票据包括汇票、国库券、短期债券和大额存款单等）和英格兰银行（经营再贴现业务），另外还有一些商业银行参与该市场活动。在纽约，参与该市场活动的主要是票据经纪人、票据商、商业银行和美国联邦储备银行。我国银行也已开始为一些大公司做承兑和贴现贷款业务。承兑和贴现贷款业务虽然有点类似于贴息贷款，但又优于一般的贴息贷款。因为，一方面，银行在为远期汇票承兑之时并不需要垫付资金；另一方面，银行在为已承兑远期汇票做贴现贷款期间当遇到资金紧张时可以向中央银行作再贴现，而一般的贴息贷款则无此便利。

六、汇票的主要分类

可以按照汇票的不同特征，从不同的角度来对国际汇票作以下分类。

1. 按汇票的抬头分类

可分为限制性记名汇票（bill of payee recorded the name restrictively）、指示性记名汇票（bill of payee recorded the name or the name and “or order” the words）和无记名汇票（bill of payee recorded bearer or in blank）。

2. 按汇票是否附有物权提单分类

可分为光票（clean bill）和跟单汇票（documentary bill）。前者是指不附有代表物权的货运提单的汇票；后者是指附有代表物权的货运提单的汇票。银行汇票一般为光票，而商业汇票多是跟单汇票（但后者有时也用光票）。

3. 按汇票出票人身份的不同分类

可分为银行汇票（bank draft）和商业汇票/商号汇票（commercial bill/trader's bill）。前者是指由银行签发的汇票，其付款人必定也是银行；后者是指由商人签发的汇票，其付款人既可以是银行，也可以是商人。在国际贸易结算中，商业汇票使用较多，托收和信用证支付方式都使用商业汇票，只有汇款支付方式有时使用银行汇票。

4. 按汇票付款期限的不同分类

可分为即期汇票（sight bill/demand draft）和远期汇票（time bill/usance bill），前者是提示或见票时立即付款的汇票；后者是出票/见票后一定期限或将来某个特定日期付款的汇票。银行汇票必定为即期汇票，而商业汇票既可以是即期汇票，也可以是远期汇票。

5. 按汇票承兑人身份的不同分类

可分为银行承兑汇票（bank's acceptance bill）和商号承兑汇票（trader's acceptance bill），前者是指由银行承兑的远期汇票，以银行信用为基础；后者是指由商号或个人承兑的远期汇票，以商业信用为基础。银行承兑汇票具有较高的信用身价，是一种良好的融资信贷工具。实际上还有另外一种远期汇票——无承兑远期汇票（unaccepted usance bill），指没有被承兑的远期汇票。

国际汇票的基本分类关系见图2-1。

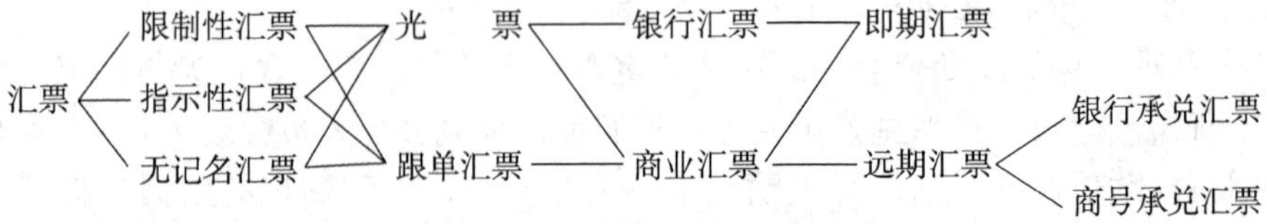

图 2－1　国际汇票的基本分类关系

票据的伪造、变造与抗辩

票据的伪造广义来看是指一切假冒他人名义所做的票据行为，如假冒出票人的名义而签发票据，假冒承兑人的名义而承兑票据，假冒背书人的名义而做背书等，均为票据的伪造。票据的伪造狭义来看则专指出票的伪造和所有对于票据上签名的伪造。前者指假冒他人名义而作出票伪造行为；后者指假冒他人名义而作出票伪造行为以外的其他票据签名伪造行为。

由于被伪造的人并没有在票据上签名，所以不负任何票据责任；伪造人没有在票据上签上自己的真名，也不负票据责任，但在刑事上构成伪造有价证券罪，在民事上构成侵权行为，应受到法律的制裁。

票据的变造是指无变更权限的人擅自变更票据上除签名以外的他人记载事项的一种行为，如变更金额、到期日、付款地等。

票据的抗辩是指票据债务人出于某种原因提出抗辩以阻止债权人行使债权权利的行为，可分为对物的抗辩和对人的抗辩。前者基于票据本身的内容而产生，如票据缺乏必要事项、票据属于伪造、票据未到期或时效已过等；后者是对特定的票据债权人的抗辩行为，如A以B未依约交货而拒绝B的提示付款等。债务人可以用抗辩这种手段保护自己，防止债权人滥签票据，但这种抗辩理由必须是正当的。

第三节　本票与支票

一、本票

1. 本票的定义

(1) 英国票据法中的定义。

本票 (promissory note) 是制票人向另一人签发的，保证自己即期、定期或在可以确定的将来时间，向某一特定人、其指定人或执票来人支付一定货币金额的无条件书面承诺。

(2) 日内瓦统一法中的定义。

本票是具备下列要项的票据：1) “本票”字样；2) 无条件支付承诺；3) 收款人；4) 制票人（名称和签字）；5) 出票地点和日期（未记载出票地点时，可以以出票人营业场所、住所或经常居住地为出票地）；6) 付款期限（未记载付款期限时，视为见票即付）；

7）一定货币金额；8）付款地点（未记载付款地点时，可以以出票地为付款地）。

（3）我国票据法中的定义。

本票是出票人签发的，承诺自己在见票时无条件支付确定的金额给收款人或者持票人的票据。并言明，“本法所称本票是指银行本票”。这主要是因为，一方面，我国仍处于经济体制转轨时期，信用基础尚不十分稳固，人们对票据的法律意识和信用观念还不强，而且金融领域的诈骗等违法活动也十分猖獗，本票的广泛推行和使用还需要一个过程；另一方面，本票具有创设信用的功能，如不加以必要的限制，可能助长信用膨胀，不利于货币当局调控货币发行量和国家宏观经济政策的有效性。

2. 本票的主要分类

按照本票的不同特征，可以从不同的角度来对国际本票作以下分类。

（1）按本票的抬头分类。

可分为单纯记名本票（note of payee recorded the name only）、指示性记名本票（note of payee recorded name and “to order”）和无记名本票（note of payee recorded bearer or in blank）。

记名本票是指本票的出票人在收款人栏目中注明了收款人姓名的本票。鉴于我国信用体制尚未完全建立，我国票据法规定，本票必须记载收款人名称，否则本票无效，即我国票据法只认可这种记名本票。

指示性本票是指本票的出票人在收款人栏目中记载了收款人姓名以及“凭指示或其指定人”字样的本票；持票人须通过背书才可以转让这种本票。但我国票据法不认可此种本票。

无记名本票是指本票出票人在收款人栏目中空白或仅记“付来人”字样的本票。这种本票的持票人在转让票据权利时，不用背书，仅凭交付即可完成转让。此种本票风险较大，我国票据法更不予认可。

（2）按本票出票人身份的不同分类。

可分为银行本票（bank note）和商业本票（commercial note）。

1）银行本票：指商户申请由银行签发的本票（银行本票必定是记名的，包括旅行支票在实质上也可归属为一种定额的银行本票）。

2）商业本票：又称商号本票（trader's note），指直接由商户签发的本票。

（3）按本票付款期限的不同分类。

可分为即期本票（sight note/demand note）和远期本票（time note/usance note）。

1）即期本票：指提示或见票时立即付款的汇票。

2）远期本票：指出票/见票后一定期限或将来某个特定日期付款的本票。为避免银行乱发远期本票，我国《票据法》在第78条特别规定，“本票自出票日起，付款期限最长不得超过2个月”。

此外，本票还可以按其他一些特征来分类，这里不再赘述。国际本票的基本分类关系如图2-2所示。

本票示样，参见单据示样2：银行本票。

3. 本票与汇票的主要不同

（1）本票只有两个基本当事人（出票人和收款人，没有付款人）；而汇票则有三个基

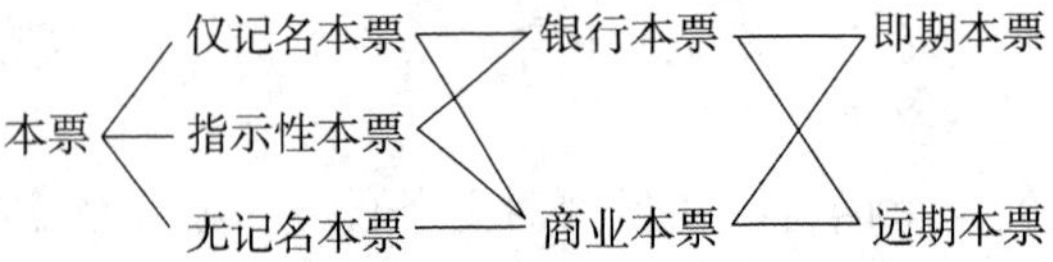

图 2-2　国际本票的基本分类关系

本当事人（出票人、付款人和收款人）。

（2）本票是制票人自己无条件付款的承诺；而汇票则是出票人要求付款人无条件付款的命令/委托。

（3）本票的出票人是绝对的主债务人；而远期汇票一旦经付款人承兑之后，承兑人就成为主债务人，出票人则转为从主债务人。

（4）本票无须承兑；而远期汇票通常要经过承兑（并且可能被作保留性承兑，甚至被拒绝承兑，而且西方票据法中对于远期汇票还有参加承兑之说）。

对于“见票后定期付款”的本票（我国票据法不允许这种本票）有一种“见票”行为，这是指见票后定期付款本票的持票人向出票人作见票提示，后者在本票正面签字/签章并加注日期，以确定付款到期日的行为。注意，本票的“见票”和汇票的“承兑”有着质的不同。

（5）依英国票据法，本票（包括国际本票在内）遭拒付时，持票人无须作成拒绝证书即可向前手追索（但日内瓦统一法和我国票据法无此专门的免责规定）；而国际汇票遭拒付时，持票人一般须作成拒绝证书才能向前手追索。

（6）本票没有参加付款；而依西方票据法，汇票有参加付款之说。

（7）本票只能开出一张（一式一份）；而汇票可以开出一套（一式两份或数份）。

除了上述基本区别以外，本票和汇票还有其他一些不同之处。比如，在英文中，本票称做 note，而汇票称做 bill；本票的签发人称做 maker，而汇票的签发人称做 drawer（但在中文中一般将他们统称为出票人），等等。

此外，票据法中对于背书、保证、付款和追索等“汇票行为”的其他规定一般仍适用于“本票行为”。

英国票据法规定，对于已付汇票，持票人有权选择将其作为汇票还是本票处理。但显然，将已付汇票作为本票处理对持票人更为有利。

案例 2—3

我国北方某城市的一家企业于 2011 年年底到银行咨询能否以持有的由美国加利福尼亚州东海银行出具的一张银行外汇本票为质押办理人民币贷款。经了解，原来是美国的××贸易公司愿意将这张银行本票出借给该市的某企业，作为该企业向当地银行贷款 1 000万元人民币的质押，一旦成功，该企业应向××贸易公司支付价值 40 万美元的人民币供其使用，而且双方订有经律师事务所见证的协议书影印件。银行工作人员鉴于该本票金额巨大，且双方当事人对该项协议感到疑点颇多，于是按照银行惯例致电东海银行查询。很快，出票行东海银行回电称该行从未签发过该项本票，并建议向警方报案。

分析：诈骗分子美国的××贸易公司冒充美国加利福尼亚州东海银行出具银行本票，并将其借给我国某企业，企业以此为质押办理人民币贷款业务，美国的××贸易公司从中渔利。

通常，这类诈骗活动中的作案人员都很熟悉银行业务和国际贸易流程，了解不同银行的银行本票样式。本案中，为了增强可信度，诈骗分子还专门出示了律师事务所见证协议书影印件，但这份经见证的协议书很可能也是假的。因此，对银行的工作人员来说，凡是涉及金额较大的票据，必须严格把关，向海外出票行进行查证，不能因对方提供了律师事务所的见证协议书影印件而放松警惕，一时的疏忽大意可能招致惨重的损失。

二、支票

1. 支票的定义

(1) 英国票据法的定义。

简单地说，支票（cheque/check）是以（出票人的开户）银行为付款人的即期汇票；详细地说，支票是储户签发的，委托办理支票存款业务的银行向某一特定人、其指定人或执票来人支付一定货币金额的无条件书面命令。

(2) 日内瓦统一法的定义。

支票是具备下列要项的票据：1）“支票”字样；2）无条件支付命令；3）付款银行（名称和地点）；4）出票人（名称和签字）；5）出票日期和地点；6）“即期”字样（未记载“即期”字样时，仍视为见票即付）；7）一定货币金额；8）收款人（出票人可以在支票上记载自己为收款人）。另外，日内瓦统一法对于支票还另有一特别说明条款：支票的付款银行必须是拥有出票人支票账户的开户行。

(3) 我国票据法的定义。

支票是出票人签发的、委托办理支票存款业务的银行或者其他金融机构在见票时无条件支付确定的金额给收款人或者持票人的票据。

2. 关于缺项支票和支票的效期

(1) 缺项支票。

支票上未记载金额、收款人的，可以经出票人授权，由持票人补记；支票上未记载付款地的，付款银行的营业场所即为付款地；支票上未记载出票地的，出票人的营业场所、住所或者经常居住地即为出票地。

(2) 支票的效期。

1）依日内瓦统一法。

ⅰ. 支票的提示限期：国内支票是自出票日起算 8 日内；洲内支票是自出票日起算 20 日内；国际跨洲支票是自出票日起算 70 日内。

ⅱ. 支票的追索限期：从上述提示到期日起算 6 个月内。

2）依英国票据法。

执行银行即期汇票效期的有关规定。

3）依我国票据法。

ⅰ. 支票的提示限期：当地支票的持票人应当自出票日起 10 日内提示付款；异地使用的支票，其提示付款的期限由中国人民银行另行规定。

ⅱ. 支票的追索限期：同汇票的相应规定。

一般来说，非保付支票的持票人在超过支票的提示期限后作付款提示，付款银行仍可以依法照付或拒付（拒付时，持票人在支票的追索效期内仍拥有追索权）。

如果持票人未在支票的提示期限内作付款提示而致使出票人蒙受损失（比如因为提示误期，恰遇付款银行倒闭），则将由持票人赔偿这一损失。

3. 关于支票的拒付和止付

（1）支票的合理拒付/退票。

指付款银行对不符合付款条件的支票拒付/退票的行为。其可能的原因主要有，支票为空头支票（指出票人账户存款不足）；持票人提示付款误期（指超过了提示限期，但有时也可照付）；支票未到期（指“后签”了出票日期的支票，但也可不予理会而照付）；支票的背书不连续；支票的签字/签章不符；支票的必要记载不符合规定；支票缺损严重（缺损了必要记载）；必要记载有涂改需出票人再作确认；依法奉命止付等。

一般来说，国际支票遭拒付时，持票人亦应及时向其前手及出票人发出拒付通知（避免他们因未能及时得到通知而蒙受损失），并及时作成拒绝证书，以保留自己的追索权。

（2）支票的止付（stop payment of check）。

这里所谓的支票止付是指出票人向付款银行发出书面通知，要求后者对某张已出支票（须明示支票编号、日期、金额和收款人名称等要项）或丢失空白支票停止支付的行为。注意，它不同于持票人对于丧失支票的挂失止付行为。

日内瓦统一法不允许出票人在已出支票的提示期限内止付支票，只允许其在支票的提示期限后止付支票。

英国票据法允许出票人在已出支票的提示期限内止付支票，但必须在付款银行收到由出票人签字的书面止付通知后，止付才能正式成立（如果客户先用电话通知，也必须随后送交书面证实书，止付才能正式成立）。

我国票据法对于出票人的止付支票行为无此类详细规定。

特别提醒，若持票人丧失支票，则仍应如前面“汇票行为”中所述的那样采取“挂失止付”的保全手续，但支票的挂失止付与汇票的挂失止付略有不同。依英国票据法，支票的持票人在向付款银行发出挂失止付通知时，应立即与出票人取得联系，再由后者发出书面止付通知，止付即可正式成立，而无须再向法院/公证处申请公告；依我国票据法，现金支票丧失后可以挂失止付，转账支票丧失后不得挂失止付。

4. 支票的主要分类

按照支票的不同特征，可以从不同的角度来对国际支票作以下分类。

（1）按支票的抬头分类。

可分为记名支票（check of payee recorded the name）和无记名支票（check of payee recorded bearer or in blank）。

1）记名支票：是在支票的收款人栏目写明收款人单位名称或个人姓名的支票。取款时须经由收款人签章方可支取，可以背书转让。我国票据法只认可记名支票，但允许得到出票人授权的持票人自己补填收款人栏目。

2）无记名支票：又称空白支票，支票上不记载收款人姓名，只写“付来人”字样或收款人栏目空白。此项支票取款时无须经由收款人签章（但必须有出票人的签章），并可直接凭交付转让。但我国票据法不认可无记名支票。

（2）按支票出票人身份的不同分类。

可分为银行支票（bank check）和商业支票（trader's check）。

1）银行支票：由银行签发的支票。银行替顾客办理票汇业务时，除使用银行汇票外，有时（当汇出行在汇入行开立有相应的支票账户之时）也可以签发银行支票。

2）商业支票：由商号或个人签发的支票。

（3）按支票是否可以支取现金分类。

可分为现金/非划线支票和转账/划线支票。

1）现金支票/非划线支票（open check/uncrossed check）：指可以支取现金（cash）的支票。现金支票的收款人必须是个人或出票人本单位（不能是其他的单位）。

2）转账支票/划线支票（crossed check）：指只能通过银行转账收款的支票。西方国家把转账支票称为“划线支票”，它是由在支票正面划两条横向平行线而得名；我国则是要求必须分别制作特制的现金支票和转账支票，在现金支票或转账支票正面各自记载有“现金”或“转账”字样。

①普通转账支票/普通划线支票（general crossed check）：指不记载收款银行名称的转账/划线支票，持票人可以通过任何一家银行代为收款。

②特别转账支票/特别划线支票（special crossed check）：指记载有收款银行名称的转账/划线支票，持票人必须通过支票指定的收款银行代为收款。

依英国票据法，ⅰ. 一张支票上只能有一条特别划线，并且划线中只能记载一个指定收款银行，但持票人可以在该划线中再加记一个代理收款银行；ⅱ. 在普通支票正面横向写上一个指定收款银行名称即可作为特别划线，而不一定要划横线。

依日内瓦统一法，允许一张支票上最多可以有两条特别划线，但每一条划线中只能记载一个银行名称，并且其中只能有一个是指定收款银行，另一个应是由持票人委托的代理收款银行。

依我国票据法，转账支票的持票人可以通过背书委托其往来银行代理收款。

此外，按照西方票据法，ⅰ. 对于出票人出具的非划线支票，持票人可以通过划线或加记“转账”字样而将其转化成划线/转账支票；ⅱ. 对于出票人出具的非划线支票或普通划线支票，持票人又可以通过加记收款银行而将其转变成特别划线支票，并且可以加记“不可流通”（Not Negotiable）字样。

国际支票的基本分类关系如图 2－3 所示。

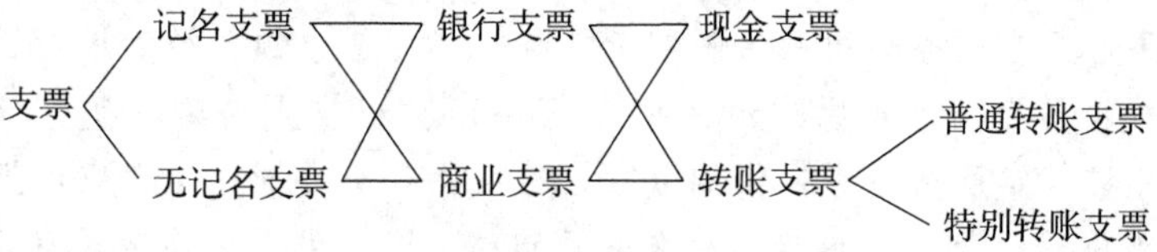

图 2－3　国际支票的基本分类关系

（4）一种特殊支票——保付支票。

保付支票（certified check）是由付款银行在支票正面记载“保付”（certified）字样并签字（表明其在支票提示时一定付款的意旨）的支票。

英国票据法、日内瓦统一法和我国票据法都没有支票保付的规定。但《美国统一商法典》有支票保付的规定，并规定，支票一经保付，保付银行就成为该支票的主债务人（类似于汇票承兑人的责任），甚至持票人在支票的提示限期后（但须在支票权利的有效期内）作付款提示，保付银行仍有付款责任。

另外，日本票据法也有支票保付的规定，但它规定，保付银行只在支票的提示限期内保证付款。

一般来说，支票的付款银行对支票加保付时，应同时将相应票款从出票人账户转入一个专户，以备付款。

支票示样，参见单据示样3：美元支票。

5. 支票与汇票的主要不同

（1）支票的出票人与付款人之间必须先有资金关系，其付款人只能是银行；而汇票的出票人与付款人之间未必先有资金关系，其付款人可以不是银行。

（2）支票只能是即期付款，无须承兑（只是有时支票的开户行可予以保付）；汇票可以是即期付款或远期付款，远期汇票通常需要经过承兑（有时还有参加承兑和参加付款等）。

（3）支票有划线、止付等行为；汇票则无此类行为。

（4）支票逾期提示，大多不会遭拒付，即便遭拒付持票人仍可向任何前手债务人追索；汇票逾期提示则很可能遭拒付，并会因此而丧失对前手从债务人的追索权。

（5）支票只能开出一张（一式一份）；汇票可以开出一套（一式两份或数份）。

此外，票据法关于出票、背书、付款和追索等“汇票行为”的其他规定，一般仍适用于“支票行为”。

案例2—4

2011年7月5日，服务公司为偿付A公司货款，签发了金额为人民币3 800元的中国农业银行上海分行的转账支票一张（号码为IXIII0547631），未记载收款人名称就将支票交给了A公司。7月7日，有人持该支票到被告B企业购买材料，此时，该转账支票的大小写金额均为人民币73 800元，并且未有任何背书。被告B企业收下支票当日，在背书人与被背书人栏内盖下自己的印章作为背书，再以持票人身份将支票交给中国农业银行甲支行某营业部，由该营业部于当日从原告服务公司银行账户上划走人民币73 800元，转入被告B企业账户。同年8月初，原告服务公司与开户行对账时，发现账上存款短缺70 000元，经双方核查，发现该转账支票金额与存根不同，已被更改。

经协商无果，原告服务公司向法院起诉，称转账支票金额已被涂改，请求确定该票据无效，并判令被告B企业承担原告经济损失73 800元；支票金额有明显涂改痕迹，被告中国农业银行未按规定严格审查，错划款项，造成原告经济损失，也应承担责任。

被告B企业辩称：收下支票后经财务人员审核，没有发现有涂改或可疑之处，又是通过银行按正常途径收款的，自己无责任。被告中国农业银行辩称：银行对转账支票的审核手续为印鉴是否相符、日期是否有效以及大小写金额是否一致，经审核，该三要素符合。发生存根与原件不一致的情况，责任不在银行。

问题：本案中应由谁承担责任？

分析：

（1）票据变造和票据伪造虽同为不法行为，但发生的效果却有不同。票据变造的，变造之前的签章人就原记载事项负责，变造之后的签章人对变造后的记载事项负责。

在转账支票被更改前，出票人服务公司已在该转账支票上有效签章，因此它应对转账支票上原记载的金额 3 800 元负法律责任，所以服务公司负有 3 800 元的责任。

（2）所谓背书连续，是指在票据转让中，转让票据的背书人与受让票据的被背书人在汇票上的签章依次前后衔接。

B 公司所持有的支票没有连续背书，是为无效支票，应偿还原告 73 800 元，同时可以从服务公司得到 3 800 元。本案转账支票因其金额被更改而无效，故而，本案被告持票人 B 公司基于该无效票据而取得票据上的利益是没有法律依据的，它应返还因无效票据而取得的利益。

第四节　各种票据的基本功能和我国涉外票据的法律适用

一、汇票、本票及支票的基本功能

1. 汇票的基本功能

（1）银行汇票：可作为结算工具和流通工具。常用于银行做国际票汇业务。

（2）商业汇票：可作为结算工具、流通工具兼融资信贷工具。常用于国际贸易业务。

2. 本票的基本功能

（1）银行本票：主要作为结算工具和流通工具。可用于（无支票存款账户的）顾客进行大宗购买时作为结算支付工具，以避免其携带大量现金的不便与风险。

（2）商业本票：可作为结算工具、流通工具兼融资信贷工具。主要用于实力雄厚的大公司进行大宗购买时作为分期付款的结算支付兼融资信贷工具。但我国票据法目前不允许企业出具商业本票。

3. 支票的基本功能

（1）银行支票：可作为结算工具和流通工具。多用于银行做国内票汇业务。

（2）商业支票：主要作为结算工具和流通工具（除有时允许小额透支外，一般不能兼作信贷工具）。多用于国内支付，有时也用于非贸易或小额贸易的国际支付。

二、我国涉外票据的法律适用

1. 涉外票据的含义

涉外票据，也称为国际票据，是指在票据关系上具有一定涉外因素的票据。根据我国票据法的规定，涉外票据是指出票、背书、承兑、保证、付款等行为中，既有发生在中华人民共和国境内又有发生在中华人民共和国境外的票据。

2. 涉外票据的法律适用原则

(1) 我国缔结或参加的国际条约优先适用原则。

国际条约(international treaties)是国际法主体之间以国际法为准则而订立的确立其相互权利和义务的书面协议。为了体现国际条约的崇高地位，大多数国家的法律都规定优先适用国际条约。我国《票据法》规定，“中华人民共和国缔结或者参加的国际条约同本法有不同规定的，适用国际条约的规定。但是，中华人民共和国声明保留的条款除外。”目前，国际上由有关国家签订并正式生效的关于票据的国际条约主要有《汇票、本票统一法公约》《解决汇票、本票若干法律冲突公约》《汇票、本票印花税公约》《支票统一法公约》《解决支票若干法律冲突公约》《支票印花税公约》。我国尚未加入上述公约，目前不受上述公约约束。但是上述公约的有关原则已为我国票据实践活动所借鉴。

(2) 国际惯例补充适用原则。

国际惯例是世界各个国家在长期的国际交往中，经反复实践形成的为大多数国家普遍认可或者被采用的不成文的行为规范。国际惯例本身不是法律，不具有法律的强制执行力，只有经当事国认可才对该国具有约束力。在复杂的国际交往中，由于国际票据关系的复杂性，仅靠票据法和我国缔结或者参加的国际条约不可能解决涉外票据关系中的所有复杂问题，因此，我国票据法规定，中华人民共和国缔结或者参加的国际条约没有规定的，可以适用国际惯例。

3. 我国票据法涉外票据法律适用的具体规定

在优先适用国际条约和国际惯例补充适用原则的基础上，我国票据法对我国涉外票据的法律适用作出了具体的规定。

(1) 票据债务人的民事行为能力的法律适用。

票据债务人的民事行为能力是指票据债务人独立进行民事活动，享受权利、承担义务与责任的能力。票据债务人的民事行为能力，事关其票据行为是否有效、票据是否有效的重大问题。因此，票据债务人的民事行为能力的法律适用，对涉外票据适用的准据法意义重大。我国票据法规定，对于完全民事行为的票据债务人而言，他的民事行为能力，适用其本国法律；对于依照其本国法律为无民事行为能力人或者为限制民事行为能力人而依照行为地法律为完全行为能力的当事人，适用行为地法律。

(2) 票据行为的法律适用。

根据各国票据法的规定，对票据的出票、背书、承兑、保证、提示、付款、追索和保全等基本票据行为的有效性，完全取决于票据当事人是否遵守了其行为地法。当然，对行为地的理解各国法律可能有所不同。我国票据法根据场所支配行为法则，对于我国涉外票据行为的法律适用作出了具体的规定：

1) 汇票、本票出票时的记载事项，适用出票地法律。支票出票时的记载事项，适用出票地法律，经当事人协议，也可以适用付款地法律。

2) 票据的背书、承兑、付款和保证行为，适用行为地法律。

3) 票据追索权的行使期限，适用出票地法律。

4) 票据的提示期限、有关拒绝证明的方式、出具拒绝证明的期限，适用付款地法律。

5) 票据丧失时，失票人请求保全票据权利的程序，适用付款地法律。

关键术语

票据	流通性	无因性	要式性	对价持票人
善意持票人	正当持票人	汇票	本票	支票
票据行为	出票	背书	提示	承兑
保证	付款	拒付（或退票）	拒绝证书	拒付通知
参加承兑	参加付款	票据伪造	票据变造	票据抗辩
融通	融资汇票	承兑信用额度		

思考题

1. 票据有哪些基本属性？其中哪几个是最重要的属性？它们各有何具体含义？
2. 英美法系和大陆法系票据法的主体结构有何不同？
3. 按照不同票据法，汇票有哪些必要记载项目？
4. 国际汇票、本票和支票各有哪些重要种类？
5. 汇票有哪些票据行为？分别应该注意哪些事项？
6. 简述本票与汇票的主要不同。
7. 简述支票与汇票的主要不同。

第三章

国际结算中的单据

学习目标

1. 掌握发票、提单、保单、原产地证书等单据的基本知识；

2. 了解 UCP600 关于单据的重要规定，能根据一份具体的信用证来判定所要求的单据及其条件，并进行审单。

重点与难点

重点：UCP600 关于单据的要求；基本商业发票；提单，保单；装箱单、重量单、体积/尺码单、检验证书、产地证书等。

难点：基本商业发票的常见种类；海运提单和联合运输提单的货权控制；基本运输保险单据的分类关系。

第一节　单据概述

一、单据的概念

1. 广义的单据

广义的单据概念是泛指国际结算中使用的所有商业及公务证明文据（商业单据）与资金支付凭据（金融单据）。其中的商业单据（commercial documents）则是狭义的单据，指国际贸易结算中使用的代表货物、履约及公务证明等的各种商业及公务证明文据，人们常将商业单据简称为“单据”（documents）；而金融单据（financial documents）则是指国际结算中使用的跟单汇票、本票、支票及付款收据等各种资金支付凭据。

2. 狭义的单据

狭义的单据专指商业单据（常简称单据），包括基本商业单据、附属商业单据和官方单据三种。

（1）基本商业单据（basic commercial documents）。

指国际贸易结算中必须提供的最基本的商业单据，通常有基本商业发票、基本运输单据和基本保险单据。

（2）附属商业单据（additional commercial documents）。

指基本商业单据以外的、进口商要求出口商在结算中特别提供的其他一些说明货物情况和履约情况的单据（如装箱单、尺码单、重量/体积证书、检验证书及附属性商业发票等等）。

（3）官方单据（official documents）。

指进口国官方要求出口商在结算中特别提供的报关单据（如海关发票、领事发票、产地证、检疫证、出口许可证及船公司证明等等）。

此外，在上述商业单据和官方单据之外，还有其他一些不需要出口商在结算中提供的非基本商业单据，如先期签订的托运单、代办托运人签发的运输单据、代办保险人签发的暂保单等等。

二、UCP600 有关单据的一些重要规定

1. UCP600 关于付款条件单据化的规定和信用证项下的制单两原则

信用证结算方式要求实现付款条件单据化，其付款条件是提交与信用证规定相符的单据。UCP600 第 5 条规定，银行处理的是单据，而不是单据可能涉及的货物、服务或履约行为。

这首先意味着，信用证中规定的付款条件必须单据化，即必须具体指示需提交何种单据来表明该条件已得到满足（比如，信用证中有要求“受益人必须在装船后 2 天内将装船细节电告开证申请人”的条款，就必须明确指示受益人在交单时需要提交这一装船通知的电传副本来表明该条件已得到满足）；其次还意味着，对于所需提交单据的指示还必须完整明确，明确规定所需提交单据的种类名称、正本还是副本及其份数等。

因为单据在信用证实践中至关重要，信用证项下的交易对单据制作的要求也最为严格，所以把握以下信用证项下制单两原则至关重要：

（1）单证一致原则。

所谓单证一致是指受益人所提供的信用证项下的所有单据要严格符合信用证的要求，或者说，受益人制作和提供的所有单据，应该与信用证对单据的要求完全吻合，没有矛盾。

要做到单证一致，开证行必须合理审慎地审核单据，以确保受益人提交的单据的种类、内容和份数甚至文字措辞等与信用证的规定完全一致（按照 UCP600 的描述是“不得矛盾”），否则，开证行将拒绝付款。

首先，受益人提交的单据的种类必须符合信用证的要求，否则，开证行将置之不理。

UCP600 第 14 条 g 款规定，对于受益人提交的非信用证所要求的单据银行将不予理会，并可退回给交单人。UCP600 第 14 条 h 款又规定，如果信用证含有一项条件，但未规定用以表明该条件得到满足的单据，银行将视为未作规定并不予理会。

其次，单据的内容必须符合信用证的要求。根据 UCP600 的规定，单据的内容和信用证相符，不能单纯理解为对信用证文句的照抄照搬，应根据情况进行处理。例如，信用证规定“BENEFICIARY'S CERTIFICATE CERTIFYING THAT ONE SET OF NON-NEGOTIABLE DOCUMENTS INCLUDING FULL SET OF ORIGINAL BILLS OF

LADING HAVE BEEN SENT TO APPLICANT BY AIR COURIER SERVICE WITHIN 3 DAYS AFTER SHIPMENT”。在制作单据时，就不能机械地照抄照搬。

最后，受益人所提交单据的份数也应该满足信用证的要求。如果信用证使用诸如“一式两份”（in duplicate）、“两份”（in two copies）、“两套”（in two fold）等用语要求提交多份单据，则提交至少一份正本，其余使用副本即可满足要求。

（2）单单一致和单内一致原则。

单单一致和单内一致是指受益人提交的信用证下的各种单据之间和每个单据内部，除了符合信用证条款外，必须严格保持文义一致，不能存在任何矛盾和歧义。信用证要求其受益人提交的单据通常有提单、产地证、汇票、发票、保险单、商检证书、检验证书、受益人证明等。

2. UCP600 关于单据制作的一些重要规定

（1）关于单据上签字的规定。

在过去的传统业务中，正本单据通常需要制单人签字/签章，以便识别真伪和确定签字/签章人的责任。由于近几十年来国际贸易业务量激增，手签单据已成为银行、船公司等机构扩大业务的障碍，再加上技术进步，所以现在关于单据签字的规定已大大放宽。UCP600 第 3 条中明确规定：单据签字可以手签，也可以用签样印制、穿孔签字、盖章、符号表示或其他任何机械或电子证实方法来处理。同时，UCP600 第 18 条 a 款中还规定：商业发票无须签字。但在实务中，若信用证中明确要求提供“签字的商业发票”，则仍须按照信用证的具体规定办理。

（2）关于单据正、副本的规定。

传统的商业单据制作方法是打字机打印加复写纸复写，并以打字机直接打印出的那一份作为正本（original），复写纸复写的都作为副本（copy）。现在由于技术进步，已允许用复写、影印、自动处理或电脑处理等多种方法来制作商业单据，但对于用后几种方法制作的正本单据必须标明“original”（正本）字样，方可作为正本单据使用。

UCP600 第 17 条中明确规定：银行应将任何带有看似出单人的原始签名、标记、印戳或标签的单据视为正本单据，除非单据本身表明其非正本［比如加注有“copy”（副本）字样］。除非单据本身另有说明，在以下情况下，银行也将其视为正本单据：i. 单据看似由出单人手写、打字、穿孔或盖章；或者 ii. 单据看似使用出单人的原始信纸出具；或者 iii. 单据声明其为正本单据，除非该声明看似不适用于提交的单据。

如果信用证要求提交单据的副本，提交正本或副本均可；如果信用证使用诸如“一式两份”“两份”“两套”等用语要求提交多份单据，则提交至少一份正本，其余使用副本即可满足要求，除非单据本身另有要求。

（3）关于单据的出单日的规定。

一般来说，所有单据上都应打出制单日期。而且在一般情况下，受益人所提交单据的签发日期要晚于信用证的开证日期。但由于国际贸易方式很多，转售和三角贸易也是常见的，所以有时会出现在信用证开立之前，运输单据、产地证、检验证书等有关单据已经签发的可能。所以 UCP600 明确规定：除非信用证另有规定，否则银行将接受出单日期早于信用证开证日期的单据，但单据必须在信用证和本惯例规定的期限内提交。

3. UCP600 关于单据的交单日及交单方法的一些重要规定

任何信用证都必须规定一个交单的有效日期及其地点。UCP600 第 6 条 d 款明确规定：信用证必须规定一个交单的截止日。规定的承付或议付的截止日将被视为交单的截止日；可在其处兑用信用证的银行所在地即为交单地点；可在任一银行兑用的信用证其交单地点为任一银行所在地；除规定的交单地点外，开证行所在地也是交单地点。

在议付信用证项下，受益人只需在信用证规定期限内向指定议付行交单，则议付行可以在寄给开证行的议付通知书上注明：相符单据是在信用证规定效期内交到我行。这时，即便议付通知书的日期超出了信用证的有效期，开证行也无权再以“迟期议付”为由而予以拒付。

第二节　发　票

发票（invoice）是指国际贸易中出口商向进口商及进口国政府开立的各种关于交易商品的价目及履约说明的书面清单的统称，它可分为基本商业发票、附属商业发票（前两者又统称商业发票）和官方发票三大类。

一、基本商业发票

基本商业发票（basic commercial invoice）又称正式发票（formal invoice）或装运发票（shipping invoice），是出口商向进口商开立的正式用于结算的关于装运货物名称、数量和价格等的价目及履约说明的书面总清单，常简称发票。基本商业发票是全部商业单据中的核心单据。

1. 基本商业发票的主要作用（包括发票的正本和副本）

（1）交易证明。在整套单据中，正式发票是出口商自己出具的详细说明发货及履约情况的书面凭证，是最重要的履约证明。发票上的内容应当符合贸易合同的要求并具有真实性，做到“单约一致”“单货一致”。

（2）记账凭证。世界各国的工商企业都是凭正式发票记账的，正式发票上通常都详列了所装运货物价目的计算明细。

（3）报关完税的凭证。世界上大多数国家的海关是依正式发票中的货物、价格和产地等记载来确定税率和税额的。

（4）代替汇票。在与计征汇票印花税的国家进行贸易时，常常为合理避税而不使用汇票，这时可用正式发票来代替汇票作为货款支付凭证。

（5）索赔依据。由于正式发票上详列了所装运货物的价目，所以万一发生货损时，正式发票是受损方向责任方索赔时的主要凭据之一。

2. 基本商业发票的常见种类

（1）收讫发票和未收讫发票。

按发票货款是否已收讫分类，可分为收讫发票和未收讫发票。

1）收讫发票（receipt invoice）：指注明价款已收讫的正式发票。比如，加注有“Value received under L/C No. ×，October 5，20××，issued by C Bank”（价款已在 C

银行于20××年10月5日开立的信用证项下收讫）文句的正式发票就是收讫发票。

2）未收讫发票（unpaid invoice）：指未记载价款已收讫的正式发票。这是实务中较常见的正式发票。

（2）普通发票、证实发票、领事认证发票和联合发票。

按发票上的附加记载分类，可分为普通发票、证实发票、领事认证发票和联合发票。

1）普通发票（general invoice）：指没有特别的附加记载（“收讫”记载除外）的正式发票。也是最常见的正式发票。

2）证实发票（certified invoice）：指出口商或出口国商会特别在发票上加注有保证发票内容真实无误文句的正式发票。比如，加注有“We hereby certify that the contents of this invoice are true and correct”（我们特此保证该发票内容真实无误）文句的正式发票就是证实发票，在这种证实发票上不能再有“E. &O. E.”（Errors and Omissions Excepted，有错当纠）之类的字样。

证实发票又可分为宣誓发票（sworn invoice）和签证发票（visaed invoice）两种。其中前者是指由出口商自己签署其证实文句的证实发票；后者是指由出口国商会（在我国可以是贸促会）签署其证实文句的证实发票。

3）领事认证发票（consular legalized invoice）：指经过进口国驻出口国领事认证的正式发票。有些进口国要求出口商将正式发票经过该国领事认证，以审核价格防止倾销以及核实货物原产地等。

4）联合发票（combined invoice）：指联合反映有其他单据（如保险单、包装单或重量单、产地声明、出口许可等）内容的正式发票。显然，联合发票不仅具有正式发票的作用，而且代替了其所联合的单据，但它们仅在信用证明确允许的特殊情况下使用，特别是联合保险发票仅限于我国内地与港澳地区的贸易结算中使用。

基本商业发票（正式装运发票）的分类关系如图3-1所示。

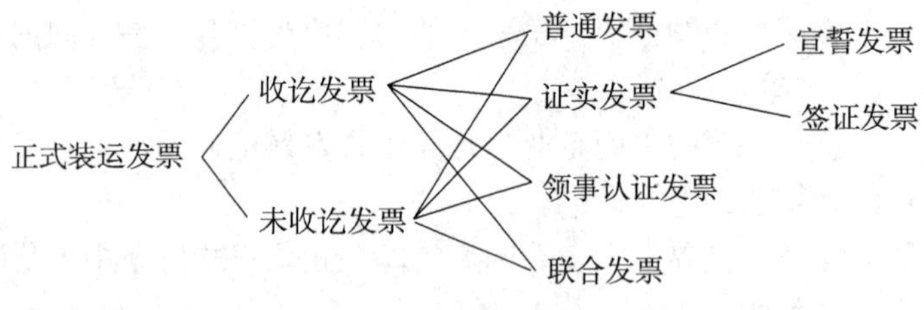

图3-1 基本商业发票分类

3. 基本商业发票的主要内容

目前，正式发票的格式并不固定，不同国家的不同企业各有自己的格式，发票的内容则更是随贸易内容的不同而各不相同，但其所包含的基本内容（项目）却是大同小异。一般来说，可以将正式发票分解为首文和本文两个组成部分。

（1）首文（heading）。

主要是对于该发票自身及其当事人的说明部分，其基本内容有：

1）“发票”字样。通常是用“invoice”（发票）字样，个别也有用“commercial invoice”（商业发票）字样的，一般是事先印就在空白发票上的。

2）发票的开立人（issuer）。即出口商（贸易合同卖方）的英文名称与地址，一般也是事先印就在空白发票上的，有时还带有该出口商的电传、电挂、电话号码以及 E-mail 地址。但要注意，在信用证项下的发票，除非信用证另有规定，这一名称与地址必须与信用证受益人的严格一致。

3）发票编号与开立日期（no. and date）。出口商对于自己开立的每一份发票都应有一个业务编号和开立日期，以便查索。日期可以即时填写，发票编号则可以事先印制在发票上。在信用证项下的发票，除非信用证另有规定，通常允许发票的开立日期早于信用证的开证日期，但不允许其开立日期迟于信用证的有效期。

4）发票的抬头（to）。即进口商（贸易合同买方）的英文名称与地址，可根据具体的贸易合同即时填写。在信用证项下的发票，除非信用证另有规定，这一名称与地址必须与信用证申请人的严格一致。

5）有关贸易合同的编号与开立日期（S/C no.）。指有关贸易合同的开立日期及卖方对该合同的编号（必要时还须将买方对该合同的不同编号分别注明，以便核对），这需要即时填写。

6）有关信用证的编号、开证日期和开证行（L/C no.）。在信用证项下的发票，必须根据具体的信用证即时填写此项内容。在非信用证项下的发票上可以无此项内容或无须填写此项内容。

7）装运地和目的地（transport details）。对于正式发票来说，首文中还应有装运货物的装运地和目的地等记载。

8）支付条款（terms of payment）。信用证项下的发票须填此条款，比如，“由××银行开立公开议付信用证”。

（2）本文（body）。

是对于履约情况的说明部分，主要是说明货物和货价，均须根据具体情况即时填写，其基本内容有：

1）装运的唛头与货号（marks & numbers）。即货物的“装运标志”（shipping mark）与装运货号（numbers）。如系散装货而无唛头，则应填写“N/M”（即 No Marks 的简写）。唛头一般为文字唛头，因为如果唛头为图文唛头，则很难将其表示在商业发票中。

2）装运货物与其包装数量及种类的描述（numbers and kind of package，and description of goods）。即对装运货物的名称与规格及其包装数量及种类的描述。当装运的货物经过包装时，发票上还须记载包装的性质（如箱、袋、桶等等）与包装货物的毛、净重；装运的货物未经过包装时，发票上可以无此项内容或不填写此项内容。在信用证项下的发票，这一记载必须与信用证上规定的记载严格一致，做到一字不差。而此外的其他单据上对货物的描述则可以只记载其统称（general terms），但也不得与发票和信用证上的相应记载发生矛盾。

3）装运货物的数量（quantity）。货物数量的计量方法有两大类，一类是以长度、重量、容积等度量衡单位来计量的（其相应的计量单位分别如米、吨、加仑）；另一类则是以个体或包装等件数单位来计量的（其计量单位有箱、袋、桶等等）。在信用证项下的发票，除非信用证另有规定，则以度量衡单位来计量的货物，允许其发票上记载的数量比信用证有 5%的增减，而以个体或包装等件数单位来计量的货物，不允许其发票上记载的数量比信用证有任何增减；但如果信用证上对货物数量的记载有“about”（大约）、“circa”（大约）或其他类似词语，则无论以何种计量单位来计量的货物，均允许其发票上记载的数量比信用证有10%的增减。另外，如果信用证规定有不允许分批装运条款，发票上记载的货物数量必须同一批发运。

4）装运货物的单价与发票金额（unit price and amount）。此栏目中主要应有以下几项内容：

①货物单价及价格条件（unit price）。包括货物的具体单价及其价格条件比如“CIF SYDNEY”（悉尼港到岸价）、“FOB SHANGHAI”（上海港离岸价）等等。要注意在信用证项下的发票，除非信用证另有规定，则发票上记载的货物单价必须与信用证严格一致；如果信用证上的货物单价记载有“about”（大约）、“circa”（大约）或其他类似词语，则允许其发票上记载的单价比信用证有10%的增减。

②发票金额（amount and total）。包括分项金额（amount）和总计金额（total）。在信用证项下的发票，除非信用证另有规定，银行可以接受其金额超过信用证金额的发票，但在信用证项下的付款金额不得超过信用证规定的金额。如果信用证要求汇票，则该汇票金额绝对不得超过信用证规定的金额（否则必遭拒付）；而对于发票金额超过信用证规定金额的部分，如果也是应收货款（而非“暗佣”或“暗扣”），则只能采取另外再出一张汇票做光票托收等办法来处理。

③佣金或折扣（commission or discount）。如果贸易合同规定有“明佣”（commission）或“明扣”（discount），则发票上也应予以明确记载；如果没有明佣和明扣，则发票上就无须此项记载了（即便有暗佣或暗扣，亦是不应记载的）。在信用证项下的发票，应注意此项记载还必须符合信用证的要求。佣金（无论明佣还是暗佣）及暗扣跟明扣相比在性质上是有区别的，前两者是被计入货价的，而明扣则是不计入货价的。比如在计算保险费或税金时，要事先从发票金额中扣除明扣，而佣金和暗扣则被包含在货价之内。

对于信用证项下的发票来说，如果信用证要求分割列出运费、保险费和FOB价，则应在发票上分别加以记载；如果信用证还要求宣誓发票/签证发票/领事认证发票/联合发票以及其他发票事项，亦应一一照办。

最后，发票可以无签字/签章；但若信用证要求发票签字/签章，则必须由信用证受益人的代表权人签字/签章。

一般来说，缮制发票的原则是真实无误：必须做到“单货一致、单约一致”；对于信用证项下的发票则还须做到“单证一致、单单一致和单内一致”。对于正本发票必须加注“original”（正本）字样，通常无须签字/签章；但如果是信用证项下发票被要求签字/签章，则还须签字/签章；若信用证规定了所要求的发票份数，则亦应足够，不可短少。

发票示样，参见单据示样4：信用证项下的商业发票。

二、附属商业发票

附属商业发票（additional commercial invoice）又称非正式发票（informal invoice），是指国际贸易中进口商特别要求出口商出具的各种非装运发票（non-shipping invoice）。

1. 形式发票

形式发票（proforma invoice）又称预开发票，是卖方在收到正式订单之前或装运货物之前预先向买方报价的一种形式，它不是正式发票，通常记载有“proforma”（形式）字样。进口商可依据形式发票向出口商发出正式订单、申请开立信用证及预付货款等；在实行外汇或贸易管制的国家，进口商还须凭形式发票向本国主管当局申请外汇及进口许可证等。形式发票在投标、预付等贸易中普遍使用，在交单付款或货到付款等贸易中也有使用。这种发票在和非洲和南美的交易中时有运用。

2. 寄售发票

寄售发票（consignment invoice）是寄售贸易中使用的、卖方向买方开立的给其作为定价依据的装运货物价目清单。该价目是供寄售进口商根据寄售协议来确定货物售价时参考的。当然，在一定意义上也可以把寄售发票当作一种特殊的形式发票（预开发票）来看待——它们都属于预先开立的非正式发票；但寄售发票毕竟不同于一般的形式发票——一般的形式发票总是在装运货物之前预先开立的非正式发票，而寄售发票则是在装运货物之时或之后开立的非正式发票。

3. 样品发票

样品发票（sample invoice）是出口商向进口商寄送样品时给后者出具的价目清单。小额样品多属赠送性质，所以样品发票一般是供进口商报关（许多国家对小额样品进口是免税的）和采购参考用的。

4. 厂商发票

厂商发票（manufacturer's invoice）又称制造商发票，是指由出口商品的制造厂商开给出口商的正式售货发票。进口商有时会要求出口商提供其出口商品的制造商发票（副本），以了解所进口商品的生产国国内售价，核查有无倾销倾向。

三、官方发票

官方发票（invoice claimed by the government）是指国际贸易中进口国政府特别要求出口商提供的关于交易商品情况的一些特定格式的报关发票，如海关发票、领事发票等。

1. 海关发票

海关发票（customs invoice）是进口国海关当局规定的进口报关必须提供的特定格式的发票，由出口商填制后提供给进口商凭以报关。主要是美国和一些英联邦成员国海关有此规定，不同国家对其格式的规定有所不同。

(1) 海关发票内容的特点。

海关发票要求详列货物的价格构成，即必须分别注明货物的离岸价、外包装费、内陆运费、内陆运输保险费、港口费用、海洋运费、海运保险费、佣金等等。常要求注明货物的国内市场价，还要求注明货物的原产地，并要求出口商有代表权人的亲笔签名，有时还要求另有见证人（witness）的签字证明。

(2) 海关发票的作用。

1) 进口报关估税的依据。进口国海关以海关发票中的价格构成作为对进口货物估税的依据。

2) 核定原产地以确定税率。进口国海关对于进口货物的不同原产地常实行差别税率政策。

3）核实有无倾销。进口国海关审核海关发票中的出口国市场价格以确定有无倾销及凭以征收反倾销税。

4）作为海关统计的依据。

2. 领事发票

领事发票（consular invoice）是一种进口国驻出口国领事馆制定的特定格式发票，由出口商填写并经领事签字证实后提供给进口商凭以办理报关手续。有些进口国特别要求出口商提供领事发票，它与前述的基本商业发票中提到过的领事认证发票有所不同，不是直接在普通商业发票上附加领事签证，而是在商业发票之外另行单独出具的特定格式发票，其作用主要是为了核实原产地和有无倾销等。一般来说，办理领事发票的额外费用要由进口商承担。

第三节　海洋运输单据

海洋运输单据（ocean/marine documents）是国际贸易中用以证明货物经过海洋运输情况的书面文件。依国际惯例，必须是以承运人/联合运输商或其代理人身份签发的、证明货物已装上运输工具或已由其接管的运输单据才是结算中可接受的海洋运输单据（我们称之为基本运输单据）；而先期签订的托运单以及以代办托运人身份签发的运输单据都不是结算中可接受的海洋运输单据（我们称之为非基本运输单据，而且它们连附属性商业单据都不是）。以下主要介绍海洋运输单据。

一、海运提单

海运提单（ocean/marine bill of lading，ocean/marine B/L）是一种钩至钩或港至港海洋运输货物单据，是由海洋运输承运人或其代理人签发给托运人的，用以证明海洋运输合同和货物已由承运人或其代理人接管或装运，以及承运人或其代理人将负责把货物运抵目的港并保证凭提单交付货物的物权单据及证明单据。

1. 海运提单的属性与作用

非直接记名海运提单是物权凭证，通常具有准流通性（其实在广义的海运提单中还包括有不可转让的直接记名提单，但我们这里指的是可转让的非直接记名海运提单），承运人只对自己的运输段负责，而作为承运代理人的运输行则须对运输全程负责。正本提单的作用如下：

（1）运输合同的证明。承运人或其代理人和托运人之间的权利义务关系是由他们之间签订的运输合同所确定的。提单并非运输合同本身（运输合同是指先期签订的托运单），但可以作为运输合同的证明。因为实践中承运人和托运人之间未必先期签订正式的运输合同，有时甚至仅以口头达成托运协议，而将提单背面印就的条款视为承托双方共同接受的运输合同条款，这时提单便成为承托双方运输合同的证明（但要注意，这时的承运方必须签发全式提单，因为跟全式提单具有同等法律效力的简式提单的背面通常没有印就或只有不完整的运输契约条款）。

（2）货物收据。提单是确认承运人或其代理人已收到提单上所记载货物的证据。在正常情况下，承运人或其代理人须对提单上的货物描述负责（注意，承运人或其代理人只是对“装船提单”上的货物描述负责）。

对于托运人来说，提单只是初步证据，当承运人有相反的证据时，可以推翻提单上的货物描述；但对于善意受让人来说，提单就是终结性证据，承运人须向善意持单人交出符合提单上描述的货物，而不能对后者就提单上的记载提出抗辩。

（3）可以准流通的物权凭证及报关凭证。正本海运提单代表着货物的所有权，它是凭以提取货物的物权凭证。控制提单就等于控制了货物，转让提单就等于转让了货物所有权。

注意：ⅰ. 只有指示性抬头和无记名抬头的正本提单才可以有准流通的物权凭证的作用；ⅱ. 副本提单并非物权凭证，但副本提单另外有着可用做报关凭证等作用。

2. 海运提单的基本当事人及其权利和义务

（1）承运人及其代理人（carrier）。即船方（这里包括船公司或作为承运代理人的运输行），是负责运输货物的人。

权利：ⅰ. 合理收取运费，若货方违约（如不付应付运费），可行使“留置权”（lien，即扣押货物及出卖货物以抵偿欠费）；ⅱ. 享有在特殊规定下（我国《海商法》规定了11种情况）的货物灭失或损害的免责权；ⅲ. 运输活动固有特殊风险造成活动物灭失或损害的免责权；ⅳ. 经托运人同意的置于舱面货物的灭失或损害的免责权；ⅴ. 对凭提单善意交货所产生的错误交货免责。

义务：ⅰ. 各承运人分别对自己的运输段负责（而作为承运代理人的运输行则须对运输全程负责），各自分别对其责任期间的货物灭失或损害承担赔偿责任；ⅱ. 船舶开航前和开航时的适航义务；ⅲ. 妥善地、谨慎地装载、搬移、积载、运输、保管、照料和卸载所运货物的义务；ⅳ. 对迟延交货承担赔偿责任；ⅴ. 将提单记载的货物运抵目的港，交持单人领取的责任。

（2）托运人（shipper/consignor）及其代理人。属于货方之一，可以是出口商及其代理人，也可以是进口商及其代理人，还可以是可转让信用证项下的第二受益人及其代理人，是委托承运人或其代理人将特定货物运往目的港的人。

权利：ⅰ. 有权指定收货人或依法转让提单；ⅱ. 若提单未经托运人授权（签字背书）而转让，托运人可以对抗凭提单主张物权的持单人；ⅲ. 可以行使“停运权”（即使提单经托运人授权而转让，只要持单人尚未占有货物，托运人只需向承运人证明其未收到货款或不可能收到货款，即可行使停运权）。

义务：ⅰ. 按约定（如果约定运费预付的话）支付须预付的运费；ⅱ. 就托运的货物向承运人如实告知货物的品名、标志、包装、件数、重量、体积的责任；ⅲ. 应及时向港口、海关、检验、检疫和其他机关办理运输所需要的各项手续，并将相关文件及时、完备、正确地提交给承运人；ⅳ. 在托运危险货物时，向承运人诚实告知的义务。

（3）收货人（consignee）。又称抬头人，亦属于货方之一，是托运人授权其可凭正本提单向承运人提取货物的人，既可以是托运人自己，也可以是托运人指定的代理人或其他人。

权利：ⅰ. 有权凭正本提单提取货物；ⅱ. 有权转让提单。

义务：ⅰ. 按约定（如果约定运费预付的话）支付须到付的运费；ⅱ. 及时提货。

海运提单的抬头（即收货人栏目中的记载）有着以下三类不同性质的记载，决定着提单的不同转让性：

1）指示性抬头（demonstrative consignee）：包括指示性记名抬头（consignee recorded the name and "to order" the words）和指示性不记名抬头（consignee recorded "to order" the words but no name），指在收货人栏目内填写有"To Order"字样的提单，指示性抬头的海运提单常被称为"指示性提单"（demonstrative B/L）。这种提单的托运人或收货人可以作背书转让，具有准流通性。它有以下一些不同的记载形式：

"To Order of Shipper"；

"To Order of Issuing Bank"；

"To Order of A Co.，New York"。

或者直接在收货人栏目内填写"To Order"字样（可称为指示性空白抬头），其实际效力相当于"To Order of Shipper"。实务中，这种"指示性空白抬头"使用得最多。

2）来人抬头/空白抬头（consignee recorded bearer or in blank）：指在收货人栏目内只填写"To Bearer"（交执单来人）字样或留空不填（in blank）。来人抬头/空白抬头的海运提单可简称为"来人提单"（bearer B/L），这种提单的持有人可以作无背书转让或背书转让，也具有准流通性。

3）直接记名抬头（consignee recorded the name straightly）：指在收货人栏目内只填写收货人的完整名称而没有"To Order"字样，常被称为"直接记名提单"（straight B/L），这种提单不可以进行转让。但海运提单其实应尽量避免作成这种不可转让的进口商记名抬头。因为虽然从理论上来说，不可转让记名提单也还应当是物权凭证，但许多国家的法规都允许直接记名提单的承运人不凭正本提单向被记名收货人放货，所以在实务中，这成为一个需要特别格外小心对待的问题。

前述的指示性提单和来人提单又可以被统称为"非直接记名提单"（non-straight B/L）。

（4）受让人（transferee）及其代理人。亦属于货方之一，是受让提单的人（注意，只有非直接记名提单才可以转让）。

权利：ⅰ得到托运人授权的受让人有权凭提单提取货物，并有权再转让提单；ⅱ对于善意的受让人来说，他还有权要求承运人交出符合提单上描述的货物，而后者不能对提单上的记载提出抗辩。

义务：须继承前手转让人的提单义务。

（5）持单人（holder）。统指任何合法持有海运提单的收货人或受让人。其权利和义务应视其具体身份而定（按上述相应部分来定）。

另外，海运提单一般还有一个"被通知人"：他是为了方便货主及时提货，在货物到达目的港时，发送到货通知的对象。但通常并不把被通知人作为提单当事人看待——被通知人可以不是提单当事人（被通知人一般就是进口商，但他未必是上述提单当事人之一）。

3. 有关海运提单的国际公约

早期的海运提单是由船方任意规定责任条款的，他们为了维护自身利益，往往在提单上加列许多有利于自己的免责条款，使得货方权益得不到合理保障。这给提单的转让和运输保险等带来了不便，不利于国际贸易的发展。为了规范船方的责任范围，保障货方的权益，就产生了管辖海运提单的国际公约。自 20 世纪 20 年代以来，先后产生了三个公约，即《海牙规则》、《维斯比规则》和《汉堡规则》。

(1)《海牙规则》(Hague Rules)。

其全称是《统一有关提单的若干法律规则的国际公约》(International Convention for the Unification of Certain Rules Relating to Bills of Lading)，该公约草案是 1921 年在海牙拟订的（因此简称《海牙规则》），于 1924 年 8 月 25 日由 26 个欧美主要国家在布鲁塞尔正式签订，并于 1931 年 6 月 2 日起生效。至今已有 80 多个国家和地区承认了《海牙规则》，我国也于 1981 年承认了该规则（现在我国各航运公司的提单均是参照该规则来制定的）。

《海牙规则》的主要精神是规定了承运人的最低责任限度，制止承运人随意扩大其免责范围，从而保障了货方的最低限度权益。对于货主来说，只要看到提单背面注有适用《海牙规则》条款，就不必再细看其他条款即可明确自己能得到的最低限度权益保障，这也给提单的转让和运输保险等带来了很大方便。所以迄今为止，《海牙规则》始终是国际上得到最广泛使用的提单公约。

但实际上，《海牙规则》显然是一个更为偏袒船方利益的提单公约，其中关于船方的免责条款有 17 项，包括承运人对于管理和驾驶船舶中的过失亦可免责，这明显是一种“不完全过失责任制”。所以，自其实施以来，也一直使得代表货方利益的国家和航运不发达的国家不满意，从而导致另外两个提单公约的产生。

(2)《维斯比规则》(Visby Rules)。

其全称是《修改统一有关提单的若干法律规则的国际公约议定书》(Protocol to Amend the International Convention for the Unification of Certain Rules Relating to Bills of Lading)，该公约草案是在瑞典的维斯比拟订的（因此简称《维斯比规则》），于 1968 年 2 月 23 日在布鲁塞尔正式通过，因此又被称为《1968 年布鲁塞尔议定书》(The 1968 Brussels Protocol)，经英国、丹麦、瑞典、瑞士、挪威、法国等 12 个国家批准后于 1977 年 6 月 23 日起生效。

该规则只是对《海牙规则》作了若干修改和补充，由于它和《海牙规则》是不可分离的，因此也被称为《海牙—维斯比规则》(Hague-Visby Rules)，并且它对于船方的责任和义务修改不大，尤其是对于承运人的不合理免责条款未作改动，因而它仍然是一个较为偏袒船方利益的提单公约。由于第三世界国家积极主张对《海牙规则》进行全面修改，所以后来又产生了下述对《海牙规则》进行全面修改的全新的提单公约。

(3)《汉堡规则》(Hamburg Rules)。

其全称是《1978 年联合国海上货物运输公约》(United Nations Convention on the Carriage of Goods by Sea，1978)，该公约是联合国于 1978 年 3 月在汉堡召开的会议上通过的（因此简称《汉堡规则》），有 78 个国家参加了这次会议，会议规定该规则在第二十个国家提交本国政府批准后一年生效，现已于 1992 年 11 月 1 日起正式生效。

《汉堡规则》主张对船方实行“完全过失责任制”，革除了《海牙规则》规定的 17 项免责条款，规定只要货物是在船方的管辖期限内受损的，他就要负主要责任，包括承运人要对管理和驾驶船舶中的过失而引起的货物损坏或灭失承担责任。如要免除责任，他就必须为其为避免事故发生所采取的措施提出证据。此外，《汉堡规则》还从其他多个方面加大了船方的责任，维护了货方的利益，并增加了一些与集装箱运输等新的海洋运输技术有关的内容，等等。但迄今为止，该规则尚未能在国际上得到广泛使用。

4. 海运提单的分类

（1）装船提单（on board B/L or shipped B/L）和备运提单（received for shipment B/L）。

这是按货物是否已装船来分类的，装船提单是货物装上船后由承运人或其代理人或船长签发给托运人的，这种提单上记载/批注有“On Board”（已上船）字样，并注明有实际装运货物的船名、航班和装运港等。备运提单是承运人或其代理人已收到货物且在等待装船之时签发给托运人的，这种提单上没有“On Board”（已上船）字样的记载/批注，而只是注明了装运港、目的港及拟装货的船名、航次等。备运提单可以由承运人或其代理人或船长通过加签“装船批注”（on board notation）而转化成为装船提单，装船批注上必须记载实际装运货物的装运港、船名、航次、批注日期（以此作为实际装船日期）和批注人签字/签章。

承运人是对“装船提单”上描述的货物向收货人负责，而不是对“备运提单”上描述的货物向收货人负责（因为货物可能在装船过程中受损，而且托运人还可能会在装船前又临时要求撤运等等），所以，备运提单并非严格意义上的海运提单，它在加注有效的装船批注之前尚不是物权凭证，而只是货物收据和运输合同的证明。在信用证业务中，除非信用证另有授权，银行只接受装船提单（包括已作了装船批注的原备运提单），而不接受备运提单。

（2）清洁提单（clean B/L）和不清洁提单（unclean B/L）。

这是按提单上有无承运人或其代理人关于货物和/或包装有缺陷或破损之类情况的批注来分类的。清洁提单是指无此类特别批注的海运提单；不清洁提单是指有此类特别批注的海运提单。

如“One bag broken”（一包破）、“One bag stained by water”（一包被水渍）、“Bundle bad”（包扎不牢）之类的批注均为对于货物或包装情况的不良批注，有此类特别批注的提单均为不清洁提单；但提单上印就的诸如“Said by shipper to contain”（内容据托运人报称）或“Shipper's load and count”（托运人装载和计数）之类的表明承运人不知悉货物内容详情的契约文句，并不属于对货物或包装情况的不良批注，此类记载不影响提单的清洁性。

因为承运人对于不清洁提单下货物在运输途中的破损不负责任，所以在信用证业务中，除非信用证特别授权，银行只接受清洁提单。

（3）直运提单（direct B/L）、联运提单（through B/L）和转船提单（transshipment B/L）。

这是按货物是否在中途转运（换船或换用其他运输工具）来分类的。

1）直运提单是由一个承运人负责将货物直接运达目的港而不在中途转运的海运提单。

2）联运提单是统指第一段为海运的由两个或两个以上承运人分段负责运输货物，需要在中途转运（换船或换用其他运输工具）才能运达目的地的海运提单。联运提单可以是海—海联运、海—陆联运或海—河联运等，其第一程必定是海运，通常由负责第一程海运的承运人签发包括运输全程的能凭以在目的地提取货物的装船提单。联运提单实行的是

"分段责任制"，每一个承运人都只对其负责运输货物的一段运程负责，而货物运输途中运输工具的转换和交接工作，则由上一程承运人负责向下一程承运人办理。

3）转船提单其实只是一种特殊的联运提单——海—海联运提单，它是一种由两个或两个以上承运人分段负责海路运输货物，而需要在中途转船才能运达目的港的海运提单。在信用证业务中，UCP600 规定，除非信用证禁止转运，只要同一提单包括了海运全程运输，银行可以接受注明货物将可能被转运的提单；即使信用证禁止转运，只要提单上证实有关货物已由集装箱、拖车或子母船运输，则银行仍可接受注明将可能发生转运的提单，而对提单中包含的声明承运人保留转运权利的条款不予置理。但一般来说，货物在中途转船，不仅会增加货物受损的风险，而且转船还会徒增一笔转船费用，更重要的是还可能因中途转船而延误到货时间。

(4) 班轮提单（liner B/L）和租船提单（charterparty B/L）。

这是按货物由班轮运输还是租船运输来分类的。班轮提单是指货物由航线固定、停靠港口固定、船期固定和费率固定的班轮来运输的海运提单。租船提单是指货物由特别包租的船舶来运输的海运提单。

租船运输往往用于大宗贸易，船方以事先签订的租船合约（charterparty）为依据来签发海运提单。租船合约可按租船方式的不同而分为两种，一种是按一定航次租赁船舶的程租合约（voyage charter），货方只需按合约规定提交货物并交付航程运费即可，船方按合约规定的航线和船期将货物运至指定港口，须负责船舶的经营和航运管理并负担航程中的一切开支；另一种是按一定时间期限租赁船舶的期租合约（time charter），租方交付租金取得船舶在规定期限内的经营使用权，须负担船用燃料费、港口费用以及装卸、理舱、平舱等各项费用，船方则负责所出租船舶的适航性并负担船舶的维修保养费及保险费，通常还负责配备船员管理航运并负担船员们的工资及伙食费。但也有一种特别的所谓光船租赁期租合约——船方只出租光船而不提供船员，由租方自行配备船员管理航运并负担船员的工资及伙食费。

由于租船提单是以租船合约为依据来签发的，而后者的格式和内容无一定标准，并且运费负担也不确定，所以在信用证业务中，除非信用证特别授权，银行一般不接受租船提单。

(5) 全式提单（long form B/L）和简式提单（short form B/L）。

这是按提单上是否印就有全部运输契约条款来分类的。全式提单是指提单背面印就有完整的规定船方与货方权利义务的运输契约条款的海运提单。简式提单则是指提单背面没有或只有不完整的运输契约条款的海运提单。

提单作为运输合同的证明，只要承运人能使公众都知道其所制定的运输条款，就无必要再在提单上印就全部运输条款，因而简式提单和全式提单一般具有同等效力。在信用证业务中，除非信用证另有规定，银行一般都接受简式提单（但值得注意的是，目前也有银行不接受简式提单）。

(6) 运费预付提单（freight prepaid B/L）、运费待付提单（freight has still to be paid B/L）和运费到付提单（freight to collect B/L）。

这是按运费是否已付来分类的。运费预付提单是指注明了运费已付讫的海运提单，这种提单上必须注明有"Freight prepaid"（运费已预付）字样。注意，诸如"Freight prepayable”（运费可预付）或“Freight to be prepaid”（运费应预付）之类的字样不能视为运费已付讫的证明。运费待付提单是统指所有未注明运费已付讫的海运提单；而“运费到付”提单则是特别注明有“freight to collect”（运费到付）或“freight payable at destination”（运费可在目的地支付）之类字样的运费待付海运提单。

运费预付还是到付显然与贸易条件有一定关系。比如，在 CIF 价格或 CFR 价格条件下，出口商必须提交运费预付提单；而在 FOB 价格条件下，如果是由出口商来负责安排运输，则其所提交的通常会是运费待付提单。在信用证业务中，除非信用证另有规定或与信用证项下提交的其他单据相抵触，银行将接受表明运费到付或待付的提单。值得注意的是，在贸易实践中，即使在 FOB 价格条件下，由出口商来负责安排运输有时也会出具运费已付提单。在信用证业务中，除非信用证另有规定，银行也将接受这种提单。

（7）船公司提单（carrier's B/L——vessel operating common carrier's B/L）和运输行提单（forwarder's B/L——non-vessel operating common carrier's B/L）。

这是按提单签发人是否自身有船来分类的。船公司提单是指自身有船的船公司以承运人身份签发的海运提单。运输行提单是指自身无船的运输行以承运代理人身份签发的海运提单。

早期，自身无船的运输行只是一种收取佣金、替货主代办托运和报关提货等业务的机构，它常把多个货主分散托运的货物拼装成一个集装箱，再交由船公司承运，以降低运费。因而运输行以代办托运人身份签发的运输单据并非物权凭证，而只是货物的托运收据。但后来，所谓 NVOCC（non-vessel operating common carrier，无船的船公司）概念已被广泛接受，一些实力较强的运输行，如 FIATA（运输行国际联合会的缩写）的成员，虽然自身没有船，却已获准以承运代理人身份（acting as a carrier）承担运输责任签发海运提单；并且，运输行还有权以承运代理人的身份签发对海运全程负责的转船提单（transshipment B/L）或以联合运输商的身份签发对多式运输全程负责的联合运输提单（combined transport B/L）。在信用证业务中，银行一般只接受运输行以承运代理人身份签发的海运提单，但不接受运输行以代办托运人身份签发的海运单据。

（8）非成组化货物提单（non-unitized cargo B/L）和托盘/拖车/集装箱提单（pallet/trailer/container B/L）。

这是按托运货物是否成组化或如何成组化来分类的。非成组化货物提单是货物没有按托盘、拖车或集装箱等成组化单位来托运的海运提单。托盘/拖车/集装箱提单是指货物按托盘/拖车/集装箱等成组化单位来托运的海运提单。

货物成组化运输是 20 世纪 60 年代以来发展起来的一种较为先进的运输方式，尤其集装箱运输更称得上是运输领域里的一场革命性变革，它具有减少货物损耗和节约包装材料的优点，还具有提高装卸效率、加速船舶周转和码头周转等优点，更具有便于海陆河联运的优点，近二十多年来发展极为迅速。集装箱提单对于货物数量的统计、运费的计算及索赔理赔金额的确定等大都以集装箱为单位。集装箱海运提单承运人对于承运货物的责任界限是“港至港”（port to port），其承运人通常是在起运港收到货物后就先向托运人签发备运提单，待货物装船后再加注装船批注使之成为装船提单；而其他非集装箱海运提单承运人对于承运货物的责任界限是“钩至钩”（tackle to tackle），其承运人一般是要待货物装船后才直接向托运人签发装船提单。

在集装箱提单上常见以下四种术语：

FCL（full container load，整箱货），表示箱内货物属于同一货主。

LCL（less than container load，拼箱货），表示箱内货物不属于同一货主。

CY（container yard，堆场），指承运人堆放集装箱但不办理集装箱装拆业务的场所。

CFS（container freight station，货站），指运输行办理集装箱货物装拆业务的场所。

整箱货的货主可自行装箱后直接在堆场向承运人交接货物，拼箱货的货主则只能在货站向运输行交接货物（运输行在货站拼装或拆卸拼箱货，并负责在堆场向承运人交接整箱货）。

集装箱提单上通常会有 FCL/FCL、FCL/LCL、LCL/FCL 或 LCL/LCL 之类记载（如 FCL/LCL 意味着在起运港只需从堆场交接的整箱货，到目的港则必须在货站交接的拼箱货），或者是有 CY/CY、CY/CFS、CFS/CY 或 CFS/CFS 之类记载（如 CFS/CY 意味着在起运港必须从货站交接的拼箱货，到目的港则只需在堆场交接的整箱货）。

在信用证业务中，除非信用证另有授权，银行只接受加注了装船批注的集装箱备运提单，而不接受无装船批注的集装箱备运提单。

(9) 船舱货提单（under deck B/L）和舱面货提单（on deck B/L）。

这是按货物是否已装或拟装舱面来分类的。船舱货提单是统指一切没有特别注明货物已装或拟装舱面的海运提单（包括提单条款中记载有货物可能装于舱面的规定，但提单上没有再特别注明货物已装或拟装舱面的情况在内）。舱面货提单是指特别注明了货物已装或拟装舱面的海运提单。

由于货物放在舱面甲板上容易受损，并且《海牙规则》又有承运人对于特别注明了的舱面货受损不负责任的规定，所以在信用证业务中，除非信用证另有授权，银行将只接受船舱货提单，而不接受舱面货提单。

以上就是有关海运提单的基本分类，其他一些次要的分类办法这里就不再一一赘述了，但还有必要再补充介绍三个概念："过期提单"（stale B/L）、"倒签提单"（anti-dated B/L）和"预借提单"（advanced B/L）。

所谓过期提单有两种不同的定义，一种通俗的定义是把迟于货物运达目的地之后才到达的提单称为过期提单（由于过期提单不能按期提货，会给收货人造成过期保管费的额外负担乃至发生其他损失，所以买方常常不接受过期提单）。但是在信用证业务中，上述定义对于银行来说缺乏可操作性，所以国际商会在《跟单信用证统一惯例》中又对信用证项下的过期提单下了一个特别的定义，认为凡是提单的出单日晚于信用证规定的最迟装运日，或者是卖方向指定银行提交提单的时间晚于信用证规定的交单期限（包括信用证有效期和装运日期后必须交单的一个特定期限。如果信用证对于后者未作特别规定，则按必须于装运日期后 21 天内交单计），都算作过期提单，并规定，除非信用证另有授权，银行将不接受过期提单。

所谓倒签提单是指承运人应托运人的要求，在货物装船后将提单上的装船日期提前，其目的是为了符合信用证或合同的规定，以免因为装运逾期而遭到银行或进口商拒付的一种通融做法。

而所谓预借提单则是指承运人应托运人的要求，在货物已处于承运人监管之下，未及装船或未及装船完毕之前，先期签发装船提单，以免因为装运及交单逾期而遭到银行或进口商拒付的又一种通融做法。

这后两种提单从海商法上来讲，其实都是具有一定欺诈性的提单。但它们在实践中确实时有运用，所以我们在实践中需要对这后两种提单给予事前的高度警惕和重视。

5. 海运提单的格式和内容

海运提单的格式很多，有文字式的，也有表格式的，有海运专用的，又有海运与多式联运一式两用的，但其所包含的基本项目（内容）却大致相同，一般全式提单可以分为正面内容和背面内容两大部分。

（1）提单正面内容。

有以下三个部分：

1）由托运人（或其代理人）填写部分。

①托运人（shipper）或其代理人名称和地址。填写托运人或其代理人的英文名称和地址。

②收货人（consignee）。作为物权凭证的海运提单通常作成指示抬头或来人抬头，不宜作成不可转让的记名抬头。

③被通知人（notify party）名称和地址。

④装运港（port of loading）和卸货港/目的港（port of discharge/port of destination）。

⑤船名和航次（ocean vessel）。

⑥唛头和货号以及集装箱编号或其铅封号（marks & nos and container no. / seal no.）。在信用证业务中，这里的唛头记载应与信用证及发票上的唛头记载完全一致（如系散装货而无唛头，则应填写“N/M”）；这里的货名可用统称，但不得与信用证中的货物描述相矛盾。

⑦包装数量（quantity）。同装箱单中的包装数量，注明货物的包装件数；或者是无包装货物的净重/尺码。

⑧货物描述（description of goods）。包括所运货物的货名及其包装的描述。这里的货名可用统称，但不得与信用证中的货物描述相矛盾。

⑨毛重（gross weight）。

⑩体积（measurement）。

2）由承运人（或其代理人）填写部分。

①提单的编号（B/L no.）。

②承运人或其代理人名称和地址（name and address etc. of the carrier or CTO）。一般是事先印就的。

③运费交付情况（the situation of freight payment）。一般不列明运费的具体金额，而只注明“运费已付”（Freight Prepaid）或“运费到付”（Freight up to Arrive）等。

④正本提单的份数（number of original B/L）。此处一般有事先印就的诸如“One of which being accomplished, the other(s) to be void”（一份用于提货后，其余失效）之类的正本签署条款。

⑤运费及其他费用（freight and charges）。包括运费的单价、费率和金额以及其他费用。

⑥提单签发的日期和地点（place and date of issue）。

⑦备注（note）。有时承运人还会加注对于备运提单的装船批注或对于货物表面状况的不良批注及其他批注。

⑧承运人或其代理人或船长的签字/签章（signed for or on behalf of the carrier or CTO）。

3）事先印就的契约条款。

一般有四项事先印就的契约条款：一项是承运人已收到表面状况良好货物条款；另一项是货方承认接受该提单条款；再一项是承运人不知悉货物详情条款；最后一项是正本签署条款。

(2）提单背面内容。

全部是事先印就的运输契约条款，对于提单有关当事人的责任、索赔和诉讼等作出详细规定。不管是国内船公司的提单，还是国外船公司的提单，这些条款多依据《海牙规则》、《维斯比规则》或《汉堡规则》制定。其主要内容有：

1）定义。对于提单涉及的当事人，船方和货方分别给予界定。

2）适用法律条款。具体有首要条款（规定适用的国际公约）、管辖权条款和诉讼条款（规定发生纠纷时按哪国法律处理和在哪国法院审理）等。

3）承运人责任条款。规定承运人对于货物的责任期间。

4）包装与唛头条款。对于货物的包装要求和唛头印制要求等事项的有关规定。

5）留置权条款。对于船方留置权的有关规定。

6）费用条款。对于运费、驳运费和其他费用以及迟付运费的罚息等事项的有关规定。

7）赔偿条款。对于货物灭失或损坏赔偿事项的有关规定。

8）转运、转船或变更航线条款。规定承运人在必要时有权转运、换船或变更航线。

9）装卸和交货条款。对于货物的装卸和交接事项的有关规定。

10）舱面货和鲜活货条款。规定承运人对于鲜活货和提单上特别注明了的舱面货的灭失和损失免责。

11）集装箱货物条款。对于集装箱货物运输托运人的特别赔偿责任和承运人的特别免责等方面的有关规定。

12）战争、检疫、冰冻、罢工、港口拥挤条款。当由于承运人不能控制的这些情况发生导致船舶不能安全到达目的港卸货时，承运人有权决定卸货港及收取特殊费用等方面的有关规定。

13）共同海损条款。规定货方应与承运人分担共同海损的损失。

14）危险品条款。对于危险品托运人必须事先声明以及承运人在必要时有紧急处置权等事项的有关规定。

海运提单示样，参见单据示样 5：港至港或联合运输提单。

二、非转让海运提单

非转让海运提单（non-negotiable sea waybill）是一种不可转让的钩至钩或港至港海洋运输货物单据，是由海洋运输承运人或其代理人签发的、用以证明海洋运输合同和货物已由承运人或其代理人接管或装运并将负责把货物运抵目的港交指定收货人领取的证明单据。

非转让海运提单又称直接记名提单，并非物权凭证，具有不可转让性，承运人只对自己的运输段负责（而作为承运代理人的运输行则须对运输全程负责）。正本非转让海运提单的作用仅限于作为运输合同的证明和货物收据，而副本非转让海运提单则可用做报关的凭证等。

非转让海运提单的基本当事人跟海运提单基本相同（不同之处是，后者可能有提单的受让人，但前者没有），各方当事人的权利和责任跟海运提单也有诸多相同之处，但此外，主要有以下一些重要的不同之处：承运人及其代理人可以不凭提单向指定收货人善意交货（对于其向指定收货人善意交货所产生的错误交货可以免责）；托运人及其代理人无权转让海运提单（记名提单），但仍有权指示船方将货物交其他收货人；收货人可以不凭提单而凭其被记名人的身份证明提取货物。

非转让海运提单的分类、主要内容及有关国际公约等均与海运提单类似，这里就不再赘述。

三、联合运输单据

集装箱运输的兴起，使得由一个运输商全程负责以至少两种不同的运输方式将货物从接管地运至交货地的联合运输业务迅速发展起来。联合运输又称多式联运（multimodal transport），它不同于传统的单纯海洋运输方式下运输商对于货物的责任仅限于钩至钩或港至港，在新兴的集装箱多式联运方式下运输商对于货物的责任扩大到了“门至门”(Door to Door)。这里所谓的“门”，一般是指集装箱堆场（CY）或货站（CFS）。而经营这种门至门联合运输业务的运输商则被称做联合运输商（CTO），又称多式联运商（multimodal transport operator，MTO），一般是由拥有一定运输工具的集装箱运输集团或自身无运输工具但实力强大的运输行充任。

联合运输单据又称多式联运单据（multimodal transport documents，MTD），是一种门至门多式联运货物单据（一般必含有一段海运），是由联合运输商（CTO）签发的，用以证明联合运输合同和货物已由联合运输商接管，以及联合运输商将对运输全程负责把货物运抵目的地并保证按运输合同的规定交付货物的物权单据及/或证明单据。与海洋运输单据完全类似，联合运输单据也是按其抬头的不同决定着它不同的转让性及作用。

1. 运输行国际联合会和有关联合运输单据的国际公约

运输行国际联合会（International Federation of Forwarding Agent Association）的缩写 FIATA，系其法文 Federation Internationaledes Associationsde Transitarieset Assimiles 的缩写，是 1926 年成立的一个非营利性的民间国际联合组织，其会员以运输代理行业为主又不只限于运输代理行业，还包括海关、仓库业和汽车运输业等，现已遍布 130 多个国家，中国对外贸易运输总公司也于 1985 年加入了该组织。

目前管辖联合运输单据的国际公约是国际商会制定的《联合运输单据统一规则》(Uniform Rules for a Combined Transport Document)，此规则最初制定于 1973 年，1975 年又作了修订，后者被称为国际商会第 298 号出版物（ICC Publication 298）。此外，联合国还在 1980 年通过了一个《联合国国际货物多式联运公约》（United Nations Convention on International Multimodal Transport of Goods），但由于这个公约还未获得生效所必须具备的30个国家的批准书，所以迄今尚未生效。

2. 联合运输提单

联合运输提单（combined transport B/L，CTB/L）又称多式联运提单（multimodal transport B/L，MTB/L），这里是专指那种可作为物权凭证的可转让联合运输提单，即非记名抬头（指示抬头或来人抬头）的联合运输提单。它是物权凭证，具有准流通性，CTO对运输全程负责，并必须凭提单交付货物。

联合运输提单的作用与海运提单类似。联合运输提单的当事人及其权利和义务也与海运提单类似，但是海运提单中的“承运人”变成了联合运输提单中的“联合运输商”须对运输全程负责。

3. 非转让联合运输单据

非转让联合运输单据（non-negotiable CTD），是专指那种并非物权凭证的不可转让联合运输单据，即记名抬头的联合运输单据。它并非物权凭证，具有不可转让性，CTO对运输全程负责，并必须将货物交指定收货人领取。

非转让联合运输单据的作用与非转让海运提单类似。非转让联合运输单据的当事人及其权利和义务也与非转让海运提单类似，但是非转让海运提单中的“承运人”变成了非转让联合运输单据中的联合运输商须对运输全程负责。

4. 联合运输提单的格式

CTB/L一般是由集装箱运输集团或实力强大的运输行签发的，它们通常兼营门至门联合运输和港至港海洋运输业务，所以，除了使用专用的门至门联合运输提单之外，有时还使用一种门至门或港至港一式两用格式的提单：这种提单上通常注有“Bill of lading combined transport shipment or port to port shipment”（联合运输或港至港海运提单）之类字样。当它作为门至门提单使用时，签发人作为CTO对门至门运输全程负责；当它作为港至港提单使用时，签发人作为CTO对港至港运输全程负责。由于联合运输提单的内容与海运提单基本相同，这里就不再赘述了。

联合运输提单示样，仍可参见单据示样5：港至港或联合运输提单（该示样是一个港至港的或联合运输的一式两用提单）。

5. 联合运输提单（CTB/L）与联运提单（TB/L）的主要区别

（1）签发CTB/L的联合运输商与签发TB/L的承运人承担的责任不同。

前者必须是由经营多式联运业务的联合运输商以CTO身份签发，须对运输全程负全责；而后者则可以由单纯经营海洋运输业务的轮船公司以第一承运人身份签发，只需对自己承运的第一程海洋运输段负责。

（2）二者适用运输方式的组合不同。

CTB/L适用于一切包括海运在内的至少两种不同运输方式组合的多式联运，其第一程运输可以不是海运；而TB/L则只适用于海—X联运方式，其第一程运输必定是海运，并且可以是只含海运方式的海—海联运。

（3）信用证业务对它们的要求不同。

在信用证业务中，对于CTB/L，如信用证无特别规定，银行可以接受其表明货物已在信用证规定的地点发运、接受监管或装载的联运提单；而对于TB/L，如信用证无特别授权，则银行只接受其装船提单（包括已作了装船批注的备运提单）。

第四节 其他运输单据

一、航空运单

航空运单（air transport documents）是一种不可转让的空运货物单据，是由航空运输承运人或其代理人与托运人或其代理人共同签署的空运契约，也是用以证明承运人或其代理人已收到货物并将负责把货物运抵目的地交指定收货人领取的证明单据。

1. 航空运单的属性与作用

航空运单一律为直接记名抬头（不能作成指示性抬头或无记名抬头），并非物权凭证，具有不可转让性，承运人只对自己的运输段负责（而作为承运代理人的运输行则须对运输全程负责）。其作用如下（包括运单正本和副本）：

（1）空运合同。航空运单上有托运人和承运人或其代理人双方的签字，具有空运合同的作用。

（2）货物收据。其正本运单的第三联（由承运人或其代理人在接收货物后签字）交托运人持有，兼有货物收据的作用。

（3）运费账单。其正本运单的第一联（由托运人签字后）交承运人或其代理人留存，兼有运费收取凭据的作用。

（4）验收货物的凭据。其正本运单的第二联（由托运人和承运人或其代理人双方签字后）须交收货人作为提货通知，兼有验收货物的依据的作用。

（5）报关凭证。其副本运单之一须交进口国海关，具有报关凭证的作用。

（6）联合保险的证明。签有保险条款的航空运单被称为红色航空运单，兼有保险证明的作用。

2. 关于航空运输的国际组织和有关航空运单的国际公约

有关航空运输的国际组织主要有：成立于1944年的国际民用航空组织（International Civil Aviation Organization，ICAO），它是联合国所属的专门机构之一，也是一个政府间国际航空机构，现有150多个成员，我国是该组织的理事国之一；成立于1945年的国际航空运输协会（International Air Transport Association，IATA），它是一个民间国际航空组织，其会员必须是ICAO成员的空运企业，中国民航不是IATA的成员，但与许多IATA的成员有双边协议，在业务处理上基本与IATA的规则一致。

目前有关航空运单的国际公约前后有《华沙公约》（又称《统一国际航空运输某些规则的公约》）和《海牙议定书》（又称《华沙公约修订本》）。前者是1929年在华沙制定的，它对航空运单的性质、内容、承运人与托运人的权利义务等作了详细规定；后者是1955年在海牙制定的，除将原公约中航空托运单的名称改成了现在的“空运单”和对不必要的记载内容作了一些删减以外，并无大的改动。我国已于1958年加入该公约。

3. 航空运单的种类

由于航空公司运费的费率是随货物数量的增加而递减的，所以一些运输行就常以承运代理人的身份大力承揽零散的小宗货物空运业务，拼装后再托运，以降低运费和赚取差价，经营这种业务的运输行被称为拼装人（consolidator）。而航空运单也相应有了总运单和分运单之分。

(1) 航空总运单（master air waybill，MAWB）：又称航空主运单，是由航空公司以承运人身份与托运人（货主）或其代理人（拼装人）共同签发的航空运单，承运人对自己的运输段负责。依《海牙议定书》的规定，航空运单一律一式12份，其中正本（original）3份，副本（copy）9份［其中含有3份备用的附加副本（extra copy)］。

(2) 运输行空运单（house air waybill，HAWB)：又称航空分运单，是由运输行（拼装人）以承运代理人身份与托运人（货主）共同签发的航空运单，承运代理人对运输全程负责。一般来说，分运单与总运单一样，也是一式12份（含3份正本）。由于运输行以承运代理人身份签发运输单据的有效性已被普遍承认，所以现在HAWB与MAWB的属性和作用几乎完全一样，而且，运输行还有权以承运代理人的身份签发对空运全程负责的分运单。在信用证业务中，除非信用证特别授权，银行将不接受运输行以代办托运人身份签发的空运单据，而只接受运输行以承运代理人身份签发的分运单。

4. 航空运单的主要内容

航空运单不是物权凭证，所以不必像全式海运提单那样要在背面印就许多运输契约条款，但其正面记载事项相对复杂，内容如下：

(1) 承运人（carrier）及其账户信息（accounting information)。

此两栏通常体现在空运单正面的右上方。前一栏目是承运人航空公司的英文名称和地址（这些通常都是事先印就的，由于航空运单不能够转让，因此在这一栏内通常还预先印就有“Not negotiable”字样）；后一栏目填写承运人的开户行及账号等账户信息。

(2) 托运人名称和地址（shipper's name & address)。

填写托运人或其代理人的英文名称和地址。

(3) 收货人名称和地址（consignee's name and address)。

航空运单不是物权凭证，必须作成记名抬头。在信用证项下此栏须填信用证申请人（进口方）的英文名称和地址。

(4) 承运人代理人的名称及其所在城市（issuing carrier's agent's name & city)、机场的IATA代码（agent's IATA code）和银行账号（account no.）。

填写承运代理人的英文名称及所在城市、代理人的IATA代码（国际航空运输协会对加入该协会的航空公司的国家、城市、机场制定了统一的编码。在空运中以三个英文字母简写航空机场名，称“机场三字代码”或“三字代码”，它刊登在IATA机场代码目录中。IATA则是国际航空运输协会的英文缩写）和承运代理人的开户行名称及银行账号。

(5) 第一承运人的地址（address of first carrier)。

填写第一承运人的起航机场的地址。

(6) 要求的航线（airport of departure and requested routing)。

填写第一目的地机场所在地（to first destination）和第一承运人（by first carrier）；下面内容不转运时不填：第二目的地机场所在地（to second destination）和第二承运人（by second carrier)，第三目的地机场所在地（to third destination）和第三承运人（by third carrier)。

（7）目的地机场（airport of destination）及航班和日期（flight/date）。

填写目的地机场所在地以及预订的航班和日期。

（8）运费支付货币（currency）和申报价值（declared value for carriage）。

在填写支付运费的货币时须用国际标准货币代码（currency code），如 USD、EUR 分别表示美元、欧元等；申报价值栏中可填写商业发票中的货物价值；或者如果托运人不愿意暴露货物价值，则在此栏目内填写“NVD”（no value declared）字样即可，但此时若因航空公司自身责任原因引起货物损失，则托运人只能按照航空公司的既定标准获得赔偿（如每千克货物 20 美元）。如果托运人如实填写了货物申报价值，则当发生航空公司自身责任原因引起的货物损失时，承运方将按其申报价值予以赔偿（不过一般仍有一个最高赔偿限额，如中国国际航空公司目前规定的最高限额为每件人民币 20 万元）。

（9）保险金额（amount of insurance）。

当托运贵重物品时，托运人为稳妥起见可能还会想要得到进一步的空运货物保险，此时还须进一步填写保险金额栏目。但为此托运人还须在交纳正常运费以外另外再交付一定的保险附加费，这样若发生运输货物因承运人原因而受损，则保险人将按所承保的价值承担赔偿责任（这样的航空运单被称做红色空运单，即联合保险空运单，成为一种联合保险凭证）。

（10）操作信息（handling information）。

此栏目中填写承运人对货物处理的有关注意事项，如“Shipper's certification for shipment”（托运人运输证明）。也可以填写被通知人的名称、地址及电话等信息。

（11）货物包装件数、毛重和运价等级（number of pieces，gross weight and rate class）。

填写货物单件包装件数、毛重（以千克或磅表示）和运价等级。在运价等级栏中须填写下列代码：M（minimum charge，起码运费的代码）；C（specific commodity rates，特种商品的运价代码）；S（surcharge class rate，等级货物的附加运价代码，即高于 45 千克的普通货物的等级运价代码）；R（reduced class rate，折扣运价的代码，即低于 45 千克的普通货物的等级运价代码）；N（normal rate less than 45 kgs，45 千克以下货物的普通货物运价代码）；Q（quantity over 45 kgs rate，45 千克以上货物的普通货物运价代码）。注意，当需要分段相加运价时，还须在此栏目中填入各等级运价组成点机场的 IATA 代码。

（12）计费重量（chargeable weight）、计费费率（rate charge）和运费总额（total）。

计费重量是用以计收航空运费的货物重量。值得注意的是，此栏目并非是机械地填写重量多少千克，而是要根据货物性质进行以下分类计费：当货物是重货时，计费重量是按货物的实际毛重计费；当货物是轻货时，计费重量是按货物的体积立方米计费；当货物临近重量分界点时，要看积载系数计费（如果大于 1，属于重货，按重量千克计费；如果小于 1，按体积立方米计费）。

费率栏目中填写所适用的货物运价。

运费总额栏目中填写重量与费率相乘后的总额。

（13）货物的性质和数量（nature and quantity of goods incl. dimension or volume）。

填写货物的品名和数量（包括体积或容量）。在填写货物品名时，不得填写表示货物类别的名称，应填货物的具体名称（对于危险品和鲜活货物，则须填写其标准的学术名称）；体积按单件包装的"长×宽×高×件数"依顺序及总计体积填写。

(14) 预付计重运费收取情况（prepaid weight charge collect）。

填写预付运费是否已经收讫。

(15) 运费价值（valuation charge）和税费（tax）。

填写运费价值（包括计重运费和申报价值附加费，可用本国货币来填写这里的运费价值）和须缴纳的税费。

(16) 其他费用（other charges）。

填写除计重运费和申报价值附加费以外的其他费用总额。

(17) 代理人应得的其他费用总额（total other charges due agent）和承运人应得的其他费用总额（total other charges due carrier）。

分别填写代理人和承运人各自应得的其他费用总额。

(18) 预付运费总额（total prepaid）和待付运费总额（toll collect）。

分别填写须预付运费的总金额和须待付运费的总金额。

(19) 托运人或其代理人的签章（signature of shipper or his agent）。

由托运人或其代理人签字盖章。

(20) 货币兑换汇率（currency conversion rates）和货币兑换费（CC charges in destination currency）。

分别填写货币兑换的汇率和货币兑换的费用。

(21) 运单签发的日期、地点（executed on ________，at ________）和承运人或其代理人的签章（signature of issuing carrier or as agent）。

由承运人或其代理人填写运单签发的日期、地点，并签字、盖章。

(22) 仅供承运人在目的地使用（for carrier's use only at destination）：目的地的费用（charges at destination）和待收费总额（total collect charges）。

由目的地承运人或其代理人填写，包括目的地的费用和待收费总额。

(23) 航空运单的编号（air waybill number）。

(24) 若干事先印就的契约条款。

一般有四项事先印就的契约条款。一项是正本条款；另一项是承运人已收到表面状况良好货物和托运人不特别申报价值时承运人无保价责任条款；再一项是保险条款；最后一项是托运人保证如实填报危险品条款。

航空运单示样，参见单据示样6：运输行航空运单。

二、铁路联运单

铁路联运单（rail waybill，RWB）是一种不可转让的铁路运输单据，是由铁路国际联运承运人与发货人共同签署的用以证明承运人已收到货物并将负责把货物运抵目的地交指定收货人领取的证明单据。

铁路联运单一律为记名抬头，并非物权凭证，具有不可转让性，承运人只对自己的运输段负责。其主要作用（包括运单正本和副本）是作为铁路联运合约、货物收据、验收货物的依据、报关的凭证等。铁路联运单的基本当事人及其权利和义务与非转让海运提单类似。

铁路联运单通常一式五联：第一联为联运单正本，第二联为运行报单，第三联为联运单副本，第四联为货物交付单，第五联为货物到达通知单。其主要内容有：有关编号、发货人、收货人、发货站、发货人特别声明、海关记载、通过的国境站、到达站、货物描述、发货人承担的运费、发货人添附的文件、货物的声明价格、载货车皮及载重情况、铅封个数及编号、发货人签字/签章、发货站日期戳等等。

不过，我国出口商在需要作国际铁路联运时，还可以通过中国对外贸易运输公司办理一次性的国际铁路联运手续，由后者以承运人身份签发对运输全程负责的承运货物收据来避免麻烦。

三、承运货物收据

承运货物收据（cargo receipt，C/R）是我国内地对港澳地区出境铁路/公路运输或对中东、西欧等地区出口铁路运输时，由中国对外贸易运输公司以承运人身份签发的，用以证明铁路/公路国际联运合同和货物已由承运人接管，以及承运人将对运输全程负责把货物运抵目的地并保证按运输合同的规定交付货物的物权单据及/或证明单据。承运货物收据依其抬头的不同决定着它不同的转让性及作用。

承运货物收据（C/R）在性质上类似于联合运输单据（CTD）：（1）指示性抬头的承运货物收据是物权凭证，具有可转让性，承运人对运输全程负责，并必须凭承运收据交付货物，其作用、当事人及其权利和义务等均与联合运输提单类似；（2）直接记名抬头的承运货物收据并非物权凭证，具有不可转让性，承运人对运输全程负责，并必须将货物交指定收货人领取，其作用、当事人及其权利和义务等均与非转让联合运输单据类似。

我国的承运货物收据常为一式四联（一正二副一留底），其正面主要内容有有关编号、托运人、收货人、被通知人、起运地、目的地、车号、运单号、装车日期、货物描述、运费支付地点、接洽提货地点和代理承运人签章和签发日期等等；背面内容为“承运简章”（详列承运契约条款）。另外，在承运货物收据的正面还有收货人签收栏目和押汇银行签收栏目，以备货到目的地后，收货人领取货物时签收，以及当托运人将该收据向银行叙做押汇后，还须经由银行签收货款后方可向持单人放货。

承运货物收据示样，参见单据示样 7：承运货物收据。

四、邮政/速递收据

邮政/速递收据（post/courier receipt）是一种不可转让的国际邮寄/速递货件单据，是由邮局/速递公司以投递人身份签发的国际邮寄/速递合同和用以证明投递人已收到货件并将负责把货件送至目的地交指定收件人领取的证明单据。国际邮政/速递收据的属性和作用与铁路联运单类似。多数国家的邮局受理包裹邮寄时出具一种邮包收据（post parcel receipt，PPR）；但也有些国家的邮局受理包裹邮寄时出具一种邮寄证明（certificate of posting）。另外，邮寄包裹还常按邮递方式的不同分为普通包裹和航空包裹两类。

我国没有参加有关邮寄/速递的国际组织，但与世界上大多数国家有双边协定。

第五节　运输保险单据

一、货物运输保险概述

货物运输保险是在双方同意下，保险人向被保险人收取一定的保险费，以签订契约的方式对保险标的物由于运输过程中的自然灾害和意外事故造成的损失给予补偿的一种服务交易。运输保险可按运输方式的不同而分为海运货物保险、空运货物保险、陆运货物保险、邮政/速递货物保险四大类。

1. 运输保险的基本当事人

（1）保险人（insurer）。

即保险方，是与投保人签订保险合同，约定承担或约定即将承担一定货物运输保险的一方，包括保险公司（insurance company）或保险商（underwriter）及其代理人。所谓保险代理人（insurance agent）是指与保险公司或保险商之间签有保险代理合同，可代替前两者办理保险业务的人，他可代理与投保人签订保险合同、向投保人出具正式保险单、查勘货物、批改保险单以及理赔等等。

（2）被保险人（insured/assured）。

即被保险方，是与保险人订约在保险标的物遭受合同责任内损失后有权向保险人按约索赔的一方，包括投保人和狭义被保险人。

1）投保人（the insured of buying insurance）：被保险方中支付保险费并与保险人订立保险合同的人（可以是出口商，也可以是进口商）。

2）受益人（the beneficiary of insurance，狭义被保险人）：被保险方中当保险标的物出险时蒙受损失的人，即保险利益的拥有人，当保险标的物遭受保险合同责任内损失后有权向保险人按约索赔的人。

（3）保险经纪人（insurance broker）。

指以代办保险人身份与投保人订立代办保险合同（只能向投保人出具代办保险性质的经纪人暂保单），为保险人承揽保险业务并收取佣金的保险中介人。虽然保险经纪人是向保险人收取佣金（在保费里扣除），但实质上保险经纪人只是投保人的代理人，而并非保险代理人。

2. 关于货物运输的不同“保险条款”

所谓货物运输的“保险条款”是指保险人制定的用以约定各种运输方式下的承保险别及其责任范围的公告文件，保险人是根据一定的“保险条款”来确定其保险责任的。各国保险人都制定有自己的保险条款，其中最具国际影响力的是伦敦保险协会（Institute of London Underwriters）制定的《协会货物条款》（Institute Cargo Clauses，ICC），它制定于1912年，后经多次修订，其现行条款是1982年1月1日颁布并开始适用的，于1983年4月1日起全部改用新条款。

中国人民保险公司制定的《中国保险条款》（China Insurance Clauses，CIC）最早拟订于1972年，后经两次修订，其现行条款是1981年1月1日颁布的修订版。我国保险公司对于出口货物的运输保险一般采用 CIC 条款；但若外国客户特别要求，则我国保险公司也可接受伦敦保险协会的 ICC 条款。

无论是 ICC 条款，还是 CIC 条款，对于海洋运输货物保险责任的起讫时间一般均是采用“仓至仓”条款（战争险除外），即保险责任是自保险生效后保险标的物运离指定起运地仓库或储存处所时开始，直至其被运抵指定目的地仓库或储存处所时为止，包括运输途中的海上、陆上、内河、驳船运输及转运在内。但是一旦保险标的物在指定的最终目的港被全部卸离海轮，从当天午夜起算满 60 天之后，无论其是否已被运抵指定的最终目的地仓库或储存处所，保险人的承保责任都即告终止。

二、基本运输保险单据

基本运输保险单据（insurance documents for transport）是指国际贸易中必要的、证明货物运输承保情况的商业单据，是由保险公司/保险商或其代理人以保险人身份签发给被保险人的，用以证明运输货物保险合同，以及保证因自然灾害、意外事故等原因而造成保险标的物损失时凭以对被保险人给予约定经济赔偿的证明单据及索赔凭证。

1. 基本运输保险单据的作用

基本运输保险单据是保险人和被保险人之间保险合同（投保单）的证明；又是被保险货物在运输途中受损时凭以向保险人索赔的必要凭证，控制基本保单就等于控制了索赔权，转让基本保单就等于转让了索赔权。

2. 基本运输保险单据的种类

基本运输保险单据按保险标的物价值和保险金额约定的不同可分为定值保险单和不定值保险单两大类。

(1) 定值保险单（valued policy）。

是只能一批次装运货物的约定了保险标的货物的类别、投保险别及最高保险金额的保险单，出险时保险人须按具体核定的受损货物价值和保险金额计算赔偿款额。定值保险单又有定名保险单和不定名保险单之分。

1) 定名保险单（named policy）。

指对于具体运输工具、运期和运程均已确定了的某一既定运输项下所指定货物的各种正式保险单据。而定名保险单按照其不同格式又可分为保险单、保险证明和联合保险凭证三种。

①保险单（insurance policy）：俗称大保单，指正规格式的定名保险单。它可以背书转让（根据需要可以有空白背书和记名背书两种不同背书方式）；既可单独开立，亦可在正式暂保单/预约保险单项下开立。

②保险证明（insurance certificate）：俗称小保单，指简化格式的定名保险单，一般认为（英国等少数国家除外）它与大保单具有同等法律效力，可背书转让；可单独开立，但大多是在保险人暂保单/预约保险单项下开立。

③联合保险凭证/承保证明（combined insurance certificate/risk note）：指联合保险发票或红色空运单等定名承保凭证，亦与大保单具有同等法律效力，但不能转让。通常联合保险发票只限于在我国内地与港澳地区的贸易结算中使用及在信用证允许的范围内使用。

2）不定名保险单/保险人暂保单（unnamed policy/insurer's cover note）。

即由保险公司/保险商及其代理人以保险人身份先期签发的约定了货物类别、投保险别及最高保险金额，尚待确定具体保险标的物的价值及其保险金额的临时性承保凭证，它必须与大保单/小保单联用。一般来说，它是在投保的货物数量、船名、运期等尚未完全确定之前，保险人根据投保人的要求而先期签发的只约定了货物类别、投保险别及最高保险金额等重要事项的一个先期的临时性保险文件。这种保险人暂保单多用于FOB或CFR交易中由进口商自行投保的情况下，为避免其在收到装船通知后可能来不及办理保险手续，而事先向保险人申办一份暂保单（其有效期一般为30天），以确保在暂保单的有效期内接到装船通知后所补办的保险单的保险责任不晚于货物被装运或接受监管日生效。

注意，在实务中有两种性质完全不同的暂保单，一种是这里所说的正式的保险人暂保单，另外还有一种非正式的经纪人暂保单，切不可将两者混淆。

（2）不定值保险单（unvalued policy）。

是可以多次分批装运货物的已约定了总保险金额及/或每批次货物的最高保险金额而待确定每批次保险标的物的具体价值及其保险金额的保险单。在不定值保险单下的保险金额只是保险人的最大赔偿限额，出险时保险人还要根据该批次实际装运货物的情况来核定货物价值，再按核定的货物价值计算赔偿金额。如果核定的货物价值高于每批次货物的最高保险金额或总保险金额，则保险人最多只赔约定金额。不定值保险单又可按承保性质的不同分为流动保险单、总括保险单和预约保险单三种。

1）流动保险单（floating policy）。

又称统保单（unified policy），是一种不定期总额保单——限定总保险金额（通常还限定每批货物的最高保险金额）但不限定保险期限的、可分批装运货物的不定值保险单，它必须与保险声明/装船通知联用。这种保险单内只列明保险总金额（通常还限定每批货物的最高保险金额）、保险费率、货物类别、载货船舶等级、航行区域、承保险别及承保范围等内容，因其未约定保险期限，所以通常加列有一项"撤销条款"（withdrawal clause，规定如何撤销该保险单的方式）。每批货物出运前后，被保险人须逐笔向保险人发出装船通知，通报船名、装运货物情况、运期等具体内容，只要其属于约定的承保范围，保险人即自动对其承保（这里的装船通知即可确认保险人的保险责任不晚于该批货物被装运或承运人接受监管日生效）。只要保险单未被撤销且保险总金额尚未用完，该保险单就继续有效。流动保险单多用于整批成交、须多次分批出运的种类相近货物的贸易中，以简化保险手续及避免因多次分批投保发生延误或漏保而造成损失。

2）总括保险单（blanket policy）。

又称闭口保单（closed policy），是一种定期总额保单——限定总保险金额（通常还限定每批货物的最高保险金额）且限定保险期限的、可连续分批装运货物的不定值保险单，它一般单独使用。这种保险单内只列明总保险金额（通常还限定每批货物的最高保险金额）、费率水平、保险期限、货物总名称、运程、承保险别及承保范围等内容。被保险人无须及时地逐笔向保险人发出装运通知，而只需在事后补充通知具体装运情况即可。如果在约定期限内承保范围内的货物遭损须由保险人赔偿时，应将赔偿额从总保险金额中扣除。若总保险金额被扣净，则即便规定的保险期限未满，保险人亦不再承担保险责任。但对于加列有"恢复条款"（reinstatement clause）的总括保险单来说，被保险人可以按被扣除的赔偿额所占总保险金额的比例追加保险费，以恢复原定总金额的保险责任。总括保险单多用于整批成交、一定期限内连续分批出运且运输距离较短的同类货物的贸易中，可从根本上简化保险手续，并避免需频繁逐笔投保或通报装运情况时所可能发生的失误。

3）预约保险单（predetermined policy）。

又称开口保单（open policy），是一种长期总保单——限定每批货物的最高保险金额（但不限定总保险金额）的、灵活而且长期有效的、可分批装运货物的不定值保险单，它必须与大保单/小保单联用。这种保险单内只列明总的保险范围、货物种类、运输工具、运程区域、承保险别、保险费率、每批货物的最高保险金额和保险的结算方法等，可以约定保险期限，也可以不约定期限而另外加列一项“撤销条款”（规定如何撤销该保险单的方式）。每批货物出运前后，被保险人也需逐笔向保险人发出装船通知，申报该批货物的保险金额、船名、装运货物情况、运期等具体内容，由保险人审核其属于预保范围，当即签发保险责任不晚于该批货物被装运或接受监管日生效的小保单/大保单。注意，这里的预约保险单项下装船通知的性质与流动保险单项下装船通知的性质有所不同，这里的装船通知只是起着向保险人申报出具正式的大保单/小保单以确认其保险责任的作用，但如果申报有错漏，即使货物已出险，也可以更改或补报（但必须是出于善意，是为了修正原装船通知中的错报而重新作如实申报），而不影响保险效力。预约保险单对于有经常性进出口贸易的单位来说极为方便有利，既可以简化保险手续，又可以避免逐笔投保时因发生失误而造成损失。

基本保险单据的分类关系如图 3－2 所示。

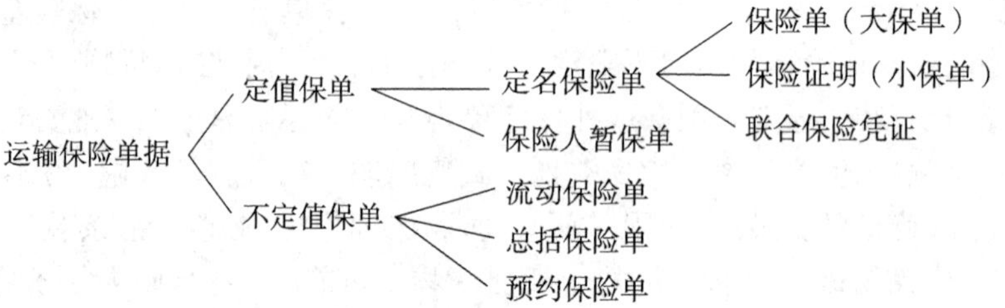

图 3－2　基本保险单据的分类关系

3. 保险单的主要内容

大保单一般有正面内容和背面内容两大部分。

（1）正面内容。

1）保险人（insurer）。即保险公司的名称和地址，这通常是在保险单上事先印就的。

2）发票编号（invoice no.）、合同编号（contract no.）、信用证编号（L/C no.）和保单编号（policy no.）。有时还须另外注明有关运输单据的编号。

3）被保险人（insured）。即保险单的抬头（须用英文填写）。信用证结算方式下保险单的抬头通常为信用证的受益人——可约定以信用证的受益人（出口商）作为被保险人，并把保险单抬头作成以他为被记名人的指示性抬头，这样他以后就可以通过背书将保险单转让给进口商等。如果信用证对于保险单的制作另有不同的要求，则必须严格按照信用证的规定制作保险单。信用证项下保险单抬头的制作有以下几种常见的形式：

①如果信用证规定保险单作成开证行（××× bank）的指示性记名抬头，如“Made

out to the order of ××× bank"或"Made out to our order"，则保险单抬头可作成"the order of ××× bank"。

②如果信用证规定保险单作成开证行（××× bank）的直接记名抬头，如"Made out in favor of ××× bank"，则保险单抬头可作成"In favor of ××× bank"。

③如果信用证规定保险单作成其申请人的指示性记名抬头，如"Made out to the order of ＋申请人"，则保险单抬头可作成"the order of ＋申请人"。

④如果信用证规定保险单作成申请人的直接记名抬头，如"Made out in favor of ＋申请人"，则保险单抬头可作成"In favor of ＋申请人"。

⑤如果信用证规定保险单须经空白背书，如"endorsed in blank"，则保险单抬头应作成信用证受益人（出口商）的指示性记名抬头"the order of ＋受益人"，并且必须由该受益人在保险单背面作空白背书签章。

⑥如果信用证规定保险单作成特定人的记名抬头，如"Made out to Angda company"，则保险单抬头可作成特定人的指示性记名抬头"the order of Angda company"或直接记名抬头"In favor of Angda company"。

⑦如果信用证规定保险单作成中性抬头，如"third party"或"in neutral form"，则保险单抬头可作成有关方的直接记名抬头"In favor of concern's name"。

注意：对于直接记名抬头的保险单或中性抬头的保险单来说，其被记名人都不能再转让该保险单；而对于指示性记名抬头的保险单来说，其被记名人是可以通过背书再转让该保险单的（对于指示性记名抬头的保险单来说，当其被记名人又在保险单背面作了空白背书签章之后，就可以再通过交付来转让该保险单了）。

4）被保险的装运货物的唛头与货号（marks & nos)。对于被保险的装运货物的唛头与货号，当信用证对唛头与货号的填写没有什么特殊规定时，可以将唛头与货号填写成AS PER INVOICE NO. ×××或AS PER B/L NO. ×××。或者，如果没有唛头与货号，则可以填写成N/M。

5）包装与数量（package and quantity)。这里包装的填写与装箱单相同（包括包装的种类与件数）；而数量的填写则与商业发票相同。

6）货物描述（description of goods)。按照信用证规定原样抄下来即可；如果非信用证交易，则也须记载货物名称、规格、型号等。

7）保险金额（amount insured）和总保险金额（total amount insured)。保险金额栏目是用阿拉伯数字填写保险标的物的保险价值（按四舍五入的方法，保留小数点后两位数字），必要时还可注明"Valued at the same as the amount insured"（以保险金额作为货物价值）之类字样；总保险金额栏目则是须以英文大写记载的赔偿总限额。在信用证项下，应注意这里填写的保险金额及赔付货币均须符合信用证要求：UCP600 中关于投保金额有明确规定，"信用证对于投保金额为货物价值、发票金额或类似金额的某一比例的要求，将被视为对最低保额的要求。如果信用证对投保金额未作规定，投保金额须至少为货物的CIF 或 CIP 价格的 110%。确定 CIF 或者 CIP 价格，投保金额必须基于要求承付或议付的金额，或者基于发票上显示的货物总值来计算，两者之中取金额较高者"。

8）保费（premium）和费率（rate)。除信用证另有要求外，一般无须记明具体数字，而只需记载"as arranged"（根据约定）字样即可。

9）装运日期（date of commencement）、运输工具（Per Conveyance S. S.）和运程（from... via... to...）。这是定名保险单所必填的项目，在海运保险时需要记载装运日期、运输工具（船名）和航程（起止港名和中转港名）。

10）承保险别（conditions for the insurance policy）。承保险别是保险单的重要内容，受益人应严格按照信用证的规定填写。如果交易双方没有商定保险险别，但规定了受益人应提交保险单之时受益人可根据所买卖货物和运输路线等情况投保平安险、水渍险或一切险三种基本险中的任何一种险（一般投保最低级别的平安险即可），在填写此栏时，除了应填写具体的险别外，还应注明险别适用哪种保险条款，如《中国保险条款》（CIC）或伦敦《协会货物条款》（ICC）及其颁布日期。

11）查勘及理赔的代理人（agent for survey and claim）。通常是保险人在货运目的地的代理人，此栏一般会指定理赔代理人的地址、联系电话、传真和邮编。

12）赔付地点（place claim payable at/in...）。通常是货运目的地的理赔代理人所在地（注意此栏须按照信用证的规定填写）。

13）出单日期（issuing date）。一般来说，保险单的出单日期不得迟于运输单据的签发日。但除非信用证另有规定，银行可以接受保险人暂保单/预约保险单项下的表明保险责任不晚于货物被装运或接受监管日生效的签发日期迟于运输单据签发日的保险单（当保险单的签发日期晚于提单日时，保险单应有此记载）。

14）保险人的地址（address）、电传（telex）、传真（fax）和电话（tel）。

15）保险人签字/签章（insurer's signature）。根据UCP600的规定，保险单据必须看似由保险公司或承保人或其代理人或代表出具并签署。代理人或代表的签字必须标明其系代表保险公司或承保人签字。

除了上述填写内容外，有时还有保险期限、恢复条款或撤销条款等内容。另外，保险单正面通常还有一些印就的契约文句。

（2）背面内容。

主要是货物运输保险基本险别的契约条款，必要时还可以在背面另外再粘贴附加条款，以表明某些附加险别的契约条款。

保险单示样，参见单据示样8：货物运输保险单。

三、运输保险的一些其他单据

1. 保险声明/装船通知（insurance declaration/declaration of shipment）

它们是在流动保险单、预约保险单或保险人暂保单项下由被保险人出具的被保险货物装运情况声明。其作用是与流动保险单联用；或是在预约保险单/保险人暂保单项下，用于向保险人申报出具定名保险单（在预约保险项下，货物一经确定装船，被保险人就立即以保险声明书的形式，将该批货物的名称、数量、保险金额、船名、起讫港口、航次、开航日期等通知保险人）。在信用证有规定的情况下，银行可将保险声明/装船通知当作一项保险单据予以接受（不过，此单据需有保险人的签字，以证明被保险人确实曾经与保险人定有预约保险合同）。

2. 保险批改单（endorsement of insurance policy）

保险单据一般不得涂改，保险人在填制过程中对于个别错漏的更改需盖校对章，且不可多处涂改。而对于保险人已开立的保险单，若被保险人又要求修改保险单内容（必须是出于善意，如不知被保险货物已发生损失事故等），则须向保险人申请批改，经同意后，由后者出具批改单来修改保险单的内容，该批改单必须粘贴在原保险单上并加盖骑缝章。

3. 保费收据（premium receipt）

指保险人出具的收取保险费的收据。在 FOB 或 CFR 贸易中，出口商亦可代进口商办理保险，然后再凭此保费收据向后者报销保险费。

4. 经纪人暂保单（broker's cover note）

这是指由保险经纪人以代办保险人身份签发的临时性承保凭证。它只表明有关运输货物已经委托经纪人代理投保，经纪人将为投保人代办正式保险单或保险证明，但保险人对于经纪人签发的暂保单不负法律责任，所以，这种暂保单不具备前述的保险人暂保单所能起到的作用（经纪人暂保单不能确保事后签发的正式保险单的保险责任不晚于货物被装运或接受监管日生效），它不属于基本保险单据的范畴，并且它连结算业务中的附属单据都不是。

四、运输保险项下的索赔与理赔

运输货物出险，被保险人要向保险人索赔时，首先必须取得承运人/CTO 出具的货损证明；其次还须及时通知约定的查勘代理人，由其查勘货物或事故现场并出具查勘报告。此外，被保险人还必须向保险人提交证明其拥有保险利益的有效保险证明，以及有效运输单据（如正本提单）、发票、装箱单或重量单等必要单据。

保险人经过审核确定赔偿金额后，向被保险人赔款时，还会要求被保险人办理委付手续，将残存的货物和善后处理的权利都转让给保险人，使保险人取得代位权，以便其善后处理货物和向有关方面交涉及追偿。

五、关于联合运输货物的保险问题

迄今为止，国际联合运输货物的保险尚未形成一个单独的险种。因而，目前通行的做法是，采用联合运输方式时，视涉及的运输方式（运输工具）分别投保相应的运输险，这只需在保险单的承保险别栏目中将所涉及运输方式的各自投保险别全部列入即可。

第六节 其他附属单据

在国际贸易中，除了前述的发票、运输单据和保险单据以外，还有一些其他附属单据，如装箱单/重量单/体积尺码单、检验证书、产地证书、纺织品出口的一些专用单据、船公司证明、受益人证明和电报/电传副本等等，当贸易合同或信用证要求时，出口商必须按规定提供。

一、装箱单/重量单/体积尺码单

在贸易实践中，有一类用以说明装运货物数量的装箱单、重量单、体积尺码单，这些单据的种类繁多，其名称大致如下：装箱单（packing list or packing note）；重量单（weight list）；体积尺码单（measurement list）；装箱单/重量单（packing list/weight list）；装箱单/体积尺码单（packing list/measurement list）；重量单/体积尺码单（weight list/measurement list）；装箱单/重量单/体积尺码单（packing list/weight list/measurement list）等。尽管这些单据名称各异，但都是对货物包装方式、包装材料、包装件数、货物的规格、数量、重量等内容的一种记载，它们的作用都是相同的。以下着重介绍一下装箱单。

装箱单（packing list or packing note）又称包装单，是用以说明货物包装细节的清单，是商业发票的补充单据。装箱单是对货物包装方式、包装材料、包装件数、货物的规格、数量、重量等内容进行记载的一种文件。其主要作用是便于进口商及其海关等有关部门对进口货物进行核查，同时，也是出口商进行出口报关、商检、议付的必备单据之一。

装箱单的内容和商业发票类似，也包括首文和本文两大部分：

1. 首文（heading）

主要是对该箱单自身及其当事人的说明，其基本内容有：

（1）“装箱单”的名称。通常是用“packing list”（装箱单）或“packing list/weight list”（装箱单/重量单）或“packing list/measurement list”（装箱单/体积尺码单）或“packing list/weight list/measurement list”（装箱单/重量单/体积尺码单）等名称表示。具体名称如何，须根据信用证的规定确定。

（2）箱单开立人的名称与地址等（issuer detailed name and address etc.）。即出口商的英文名称与地址，有时还带有该出口商的电传、电挂、电话号码以及 E-mail 地址。但要注意，在信用证项下的装箱单，除非信用证另有规定，这一名称与地址必须与信用证受益人的严格一致。

（3）装箱单的抬头（to）。即进口商（贸易合同买方）的英文名称与地址，可根据具体的贸易合同填写。在信用证项下，除非信用证有具体规定，装箱单的抬头并非必要记载项目。

（4）销售合同编号（S/C no.）、信用证编号（L/C no.）。

（5）发票编号（invoice no.）与开立日期（date）。一般而言，装箱单的编号与开立日期跟商业发票的编号与开立日期完全相同。

2. 本文（body）

是商业发票的主要部分，其基本内容主要包括：

（1）装运货物的唛头与货号（marks & nos）。与商业发票相同，也可以将此项描述为“as per invoice no. ×××”。

（2）货物描述及包装的数量和类型（description of goods，number and kind of package）。通常包括货物的名称和规格以及包装的具体类型和各类包装的件数。在信用证项下，货物描述及包装的数量和类型等记载事项必须与信用证上的规定严格一致，这是信用证惯例中“单证一致”的要求。

（3）数量（quantity）。此栏目中的数量与商业发票中的数量相同。

（4）包装的件数（package）。包装的件数不同于商业发票中的数量，这里须注明的是货物的单件包装件数的总计。

（5）毛重（GW）与净重（NW）。此处的毛重、净重指的是整批货物的毛重、净重，一般以千克表示，保留整数。如果信用证中规定装箱单表明每个单件包装的毛、净重，则应该在此处先表明每个单件包装的毛、净重，再表明整批货物的毛、净重；如果信用证要求“Detailed Packing List”(详细的装箱单),则也应该在此处列明。

值得注意的是,对商品的毛、净重,进出口国的海关要求很严。如果集装箱用于出口,海关会对每个集装箱毛、净重的误差规定一个范围。在进出口报关中,如果报关的重量和实际重量差别特别大,货物就可能被海关扣押。

(6)体积(measurement)。如果信用证没有特殊要求,此栏填写整批货的体积;如果信用证要求详细的装箱单或表明每个单件包装的体积,则此栏先表明单件包装的体积,然后写明整批货物的体积。此单据的体积,应与提单上注明的体积一致。体积以立方米表示。如果体积不是整数,应保留三位小数。

此外,装箱单一般由出口商自己出具,所以通常在装箱单的下方最后还有出单人保证其内容不虚的誓词(swear words of the issuer);有时装箱单也可以合并在商业发票上(但有些进口国不允许这样做);对于正本的装箱单,还常在左上角或其他地方注明“Original”字样(副本则可以注明“Copy”字样)。

在UCP和国际标准银行实务中,尽管对装箱单都没有规定,但在现实的国际贸易中,装箱单其实也是国际结算的必备单据之一。

装箱单、重量单或体积尺码单有时又必须由另外的专业机构出具(如果贸易合同或信用证要求的话),而这种由专业机构出具的装箱单、重量单或体积尺码单其实就相当于下文所说的重量检验证书或衡量检验证书。

装箱单示样,参见单据示样9:装箱单/重量单/体积尺码单。

二、检验证书

检验证书(inspection certificate)即商品检验证书,是由有检验资格人对货物进行检验后出具的说明货物符合某种标准的证明文件。所谓有检验资格人,一般是独立于买卖双方的能以公正立场作出客观检验结果的专业机构,这些机构可以是政府设立的官方商检机构,如中国出入境检验检疫局(China Commodity Inspection and Quarantine Bureau,CCIQ)各地分局;也可以是私人或同业公会开设的民间公证机构,如瑞士的通用鉴定公司(Societe Generalede De Surveillance,SGS)在世界各地的代理机构。该公司信誉良好,在世界各地有许多代理机构。但有些检验证书(如品质检验证书、数量检验证书、重量检验证书、衡量检验证书等)在贸易合同及/或信用证未对签发人作出规定时也可以由出口方厂商出具。

1. 检验证书的主要作用

(1)是证明货物符合合同规定的各种标准以及重量或数量等的证明文件。这主要是指为了保障进口商利益,用于证明出口商严格履行了合同义务的那些检验证书,如用于证明货物的品质、规格、等级标准等符合规定的品质检验证书,用于证明货物的数量、重量或衡量符合规定的数量检验证书、重量检验证书或衡量检验证书,用于证明商品的成分符合规定的分析检验证书等等。它们可以作为出口商向银行议付货款的单据之一。

(2)是办理进出口报关的证明文件。这主要是指为了满足进、出口国海关和其他有关当局为维护本国利益而特别要求当事人必须提交的检验证书,如进口国海关要求的用于证明货物原产地的产地检验证书,进口国有关当局要求的用于证明一些动物、植物、食品类货物符合规定标准的卫生检验证书或健康证明书、兽医检验证书、植物检疫证书、消毒检验证书等等；又如出口国有关当局要求的用于证明属于法定出口检验商品范围内的货物符合出口规定的品质检验证书、数量检验证书、重量检验证书、衡量检验证书、分析检验证书等等。它们可以作为当事人办理进、出口通关的证明文件。

(3) 是办理索赔的证明文件。这主要是指货主在向有关方面（如出口商、承运人或保险人等）索赔时可以作为证明出口商违约、承运人失职或货主保险利益受损的检验证书。比如出口商交货后（包括装运港码头交货或目的港码头交货等），进口商发现货物的品质、规格、等级标准等不符合规定，或者是货物的数量、重量或衡量不符合规定，或者是商品的成分不符合规定，以及有残、损、渍、毁等事项时，也可向有资格的专业商检机构报验，由后者检验后出具品质检验证书，或者是数量检验证书、重量检验证书或衡量检验证书，或者是分析检验证书等等。它们可以作为货主办理索赔仲裁或诉讼的证明文件。

2. 检验证书的常见种类

检验证书的种类很多，国际贸易中常见的有，品质检验证书（inspection certificate of quality)、数量检验证书（inspection certificate of quantity)、重量检验证书（inspection certificate of weight)、衡量检验证书（inspection certificate of measurement)、分析检验证书（inspection certificate of analysis)、温度检验证书（inspection certificate of temperature)、卫生检验证书（inspection certificate of sanitary)、健康证明书（certificate of health)、兽医检验证书（veterinary inspection certificate)、植物检疫证书（plant quarantine certificate)、消毒检验证书（inspection certificate of disinfection)、熏蒸证明书（certificate of fumigation）等等，具体贸易中究竟需要用到哪些检验证书，主要取决于货物性质及有关国家的商检规定。

检验证书示样，参见单据示样 10：CCIQ 出具的检验证书。

三、原产地证书

原产地证书（certificate of origin，C/O）简称产地证，是出口方出具的说明货物原产地或制造地的证明文件。其主要作用是作为进口方实行差别关税的依据或限控进口配额的依据。原产地证书（正本）也常是出口商需要提交的单据之一。原产地证书的种类繁多，我国出口业务中常用的产地证有以下几种（具体贸易中究竟需要用到哪种产地证，主要取决于货物品种、进口地及进口方的要求）。

1. 普惠制原产地证书（GSP C/O)

普惠制产地证指可由中国出入境检验检疫局各地分局签发的一种联合检验证书，这种产地证除注明货物产地外，通常还附有货物品质及数量、重量等检验证书的内容。

普惠制全称普遍优惠制（generalized system of preferences，GSP)，是发达国家（给惠国）单方面向发展中国家或地区（受惠国）提供的一种非互惠的特别优惠关税（比最惠国关税更为优惠的关税）待遇。目前许多发达国家给予发展中国家或地区普惠制待遇，它们是德国、比利时、荷兰、卢森堡、法国、意大利、丹麦、爱尔兰、英国、希腊、西班牙、葡萄牙、奥地利、芬兰、挪威、瑞典、瑞士、澳大利亚、新西兰、日本、加拿大、美国、波兰、匈牙利、捷克斯洛伐克和保加利亚。普惠制受惠国向给惠国出口可享受普惠制待遇的商品时，一般需要提供 GSP 产地证。

我国政府规定以各地出入境检验检疫局作为普惠制产地证的签发机构，一般须按照联合国贸发会议规定的统一格式——普惠制格式 A（GSP FORM A）——填制。要办理普惠制产地证的企业，须先期向当地出入境检验检疫局办理注册登记手续，如实填写《申请签发普惠制产地证书注册登记表》、《普惠制 FORM A 原产地证书申报人注册登记卡》和《申请 GSP FORM A 证书产品清单》，经过出入境检验检疫局审核以及对普惠制申报人员的业务培训和考核后，发给申报人合格证书。在办理具体的普惠制产地证（格式 A）时，申报人应在货物出运前 7～10 天内到出入境检验检疫局办理申请事宜，提交《普惠制产地证书申请书》一份、《普惠制产地证》一正两副（申报人须按规定如实打印填制，并且无涂改），以及出口货物商业发票副本、装箱单和其他必要单证，经出入境检验检疫局审核合格后再将《普惠制产地证》签发给申请企业。

在所有普惠制给惠国中，只有两个国家不使用 GSP FORM A，一个是新西兰，它要求使用 GSP FORM 59；另一个是澳大利亚，它不要求使用任何 GSP FORM，而要求使用一种联合原产地发票，即在商业发票上加注如下原产地声明文句（经过出入境检验检疫局盖章认证即可生效）：

I declare

(a) that the final process of manufacture of the goods for which special rates are claimed has been performed in China and

(b) that not less than one half of the factory or works cost of the goods is represented by the value of labour and materials of China.

普惠制原产地证书示样，参见单据示样 11：CCIQ 出具的联合检验证书——普惠制原产地证明书（格式 A）。

2. 区域性优惠原产地证书（regional preferential C/O）

区域性优惠产地证指可由我国各地出入境检验检疫局签发的各种联合检验证书，诸如：

- 《曼谷协定》优惠原产地证书，目前暂时使用普惠制 FORM A 证书代替，适用于我国对韩国、斯里兰卡和印度等国贸易中给予关税优惠的产品。
- 中国—东盟自由贸易区优惠原产地证书，使用普惠制 FORM E 证书代替，适用于我国与东盟十国贸易中给予关税优惠的产品。
- 《中国与巴基斯坦优惠贸易安排》优惠原产地证书，使用普惠制 FORM A 证书代替。
- 中国—智利原产地证书，使用普惠制 FORM F 证书代替。

3. 普通原产地证书（general C/O）

又称非优惠原产地证书（non-preferential C/O），用于证明某产品可以享受 WTO 最惠国关税待遇，可以由中国贸促会（CCPIT）/中国国际商会（CCOIC）或中国出入境检验检疫局（CCIQ）的各地分会或分局签发。此外，我国贸易公司在向南非出口某些需要认证原产地的商品时，则可由我国贸促会代理认证和签发一种叫做《南非原产地声明——格式 DA-59》的普通原产地证书。另外，在贸易合同及/或信用证未对这种普通原产地证书的签发人作出规定时，甚至也可以由出口商自行签发。

4. 美国官方或欧盟官方要求的某些特定产品的专用原产地证书（Specific C/O in Regard to Some Specific Products required by U. S. officials or European Union officials）

（1）美国官方要求的某些特定产品的原产地声明书（declaration of country of origin required by U. S. officials）。

这是我国向美国出口某些特定产品（烟草、濒危动植物等）时须提供的一种特别格式产地证，具体有以下三种不同格式：格式A用做单一国产地声明书（single country declaration），用于货物原产地为单独一个国家的情况；格式B用做多国产地声明书（multiple country declaration），用于货物原产地涉及两个以上国家的情况；格式C则是一种专用于混纺织品的否定声明书（negative declaration），专用于对美出口无配额限制的混纺织品时，声明其中的主要价值或重量构成是麻或丝，或其中所含羊毛成分不超过17%等。这些原产地声明书的具体签发人，须根据货物的具体情况视美方的具体要求而定。

（2）欧盟官方要求的纺织品（配额）专用产地证书（C/O in regard to textile products' quota required by European Union officials）。

这是向欧盟国家出口有配额限制的纺织品时，由我国对外经济贸易部或各地外贸局签发的专用产地证。

5. 出口商产地证书（C/O issued by trader）

出口商产地证书是指由出口商或出口厂商自己出具的产地证书。当进口商只要求提供产地证而对签发人无特殊要求时，产地证也可以由出口商或出口厂商自己出具。如果进口商要求出口商提供经过有权签发产地证的民间组织认证的出口商产地证，则此种产地证须经过中国国际贸易促进委员会（China Council for the Promotion of International Trade，CCPIT）盖章认证才行。

此外，还有证明我国加工成货物的动植物来自饲养或种植而非野生的（或在数量限制以内的）濒危动植物的“濒危动植物原产地证”（C/O in regard to endangered animals and plants），我国出口到德国和意大利的有手工制品配额的纺织品需要提供的“手工制品原产地证”（C/O in regard to handlooms），以及我国输往欧盟国家的“蘑菇罐头原产地证”（C/O in regard to canned mushrooms），等等。

四、其他一些纺织品出口专用单据

我国向一些发达国家出口纺织品，有时除需提供产地证外，还需提供有关配额证明等其他有关证明。主要有以下两种：

1. 出口许可证（export license）

指出口有配额限制的纺织品时由我国对外经济贸易部或各地外贸局签发的配额证明。我国出口到前欧共体国家以及芬兰、瑞典、加拿大和美国等的有配额限制的纺织品需要提供这种证明。出口许可证一般要求单独开立，格式基本一样，但唯有美国特别要求使用一种纺织品出口许可证联合商业发票（textile export license/commercial invoice），加盖外贸局有许可证号、纺织品类别号等内容的大圆章生效。

2. 装船证明（shipment certificate）

指出口无配额限制的纺织品时由我国对外经济贸易部或各地外贸局签发的有关装船证书。出口到欧盟国家的无配额限制的纺织品还需要提供这种证书。

五、船公司证明

船公司证明（shipping company's certificate）是进口国政府为了解运输情况而要求贸易商提供的，由船公司或船方为出口商出具的有关载货船舶情况的各种证明。常见的有以下几种：

（1）船籍证明（certificate of registry of the vessel）。用于证明载货船舶的国籍。

（2）船龄证明（certificate of age of the vessel）。用于证明船龄。有时进口方会对载货船舶的船龄提出具体要求（一般认为船龄在15年以上的船舶为超龄船），并要求出口方提供船龄证明。

（3）船级证明（certificate of grade of the vessel）。用于证明载货船舶符合一定的船级标准。

（4）船舶黑名单证明（certificate of the vessel blacklist）。用于证明载货船舶未被列入船舶黑名单。这里的黑名单是指阿拉伯国家将与以色列有来往的船舶列入黑名单，阿拉伯国家不允许被列入黑名单的船舶再与本国发生运输业务关系。

（5）收单证明（receipt of receiving documents）。这是出口商将有关贸易单据委托船长随船转交收货人时，由船长签发的单据收据。在贸易实务中，进口商为避免单据迟于货物到达，可要求出口商将一套正本或副本单据交由载货船舶船长随船转交收货人，这时，只需在收单证明中详列收到单据的种类及份数，出口商仍可凭船长签署的收单证明与其他需提交的单据一起向银行叙做议付（但在信用证结算方式下，这必须得到信用证明确的特别准许）。

（6）航线证明（certificate of the shipping line）。用于证明载货船舶的航行路线和中途停靠港口。红海地区和波斯湾地区国家常要求船公司或船方出具这种证明。

（7）转船通知证明（certificate of the transshipment notification）。这是在转船提单或转船海运提单下，由承运人出具的，已将有关转船事项（如后程船的船名、航期等）及时通知给收货人的证明文件。

六、受益人声明及其相关的电抄本

受益人声明（beneficiary's statement）是指在信用证支付方式下，出口商（信用证受益人）按信用证要求出具的说明并证明自己已履行了某些规定义务的文件，如受益人声明“已发出装船通知”并出具其相关的电报/电传/传真副本（cable/telex/fax copy）予以证明。

关键术语

发票	正式发票	装运发票	收讫发票
证实发票	宣誓发票	签证发票	领事认证发票
联合发票	附属发票	形式发票	寄售发票
样品发票	官方发票	海关发票	领事发票
海运提单	指示性提单	来人提单	记名提单
无记名提单	装船提单	备运提单	清洁提单

直运提单	联运提单	转船提单	班轮提单
租船提单	全式提单	简式提单	运费预付提单
运费到付提单	船公司提单	运输行提单	集装箱提单
FCL	LCL	CY	CFS
舱面货提单	过期提单	倒签提单	先签提单
非转让海运提单	联合运输商	联合运输提单	多式联运提单
空运单/总运单	运输行空运单/分运单	铁路联运单	承运货物收据
邮政/速递收据	ICC	CIC	定值保险单
大保单	小保单	联合保险凭证/承保证明	
保险人暂保单	不定值保险单	流动保险单/统保单	撤销条款
总括保险单/闭口保单		恢复条款	预约保险单/开口保单
经纪人暂保单	包装单/装箱单	重量单	衡量单
检验证书	原产地证书	普惠制原产地证书	普惠制格式 A
出口许可证			

思考题

1. 国际结算涉及哪些种类的基本商业单据?
2. UCP600 关于单据有哪些重要规定?
3. 有哪些种类的基本商业发票和附属商业发票?
4. 海运提单有哪些种类?
5. 联合运输提单与联运提单有何不同?
6. 有哪些管辖运输单据的国际公约?
7. 有哪些种类的基本运输保险单据?
8. 国际结算常涉及哪些种类的附属单据?

第四章

国际结算方式——汇款与托收

学习目标

1. 了解国际结算方式与国际汇兑方式的分类关系；
2. 掌握汇款和托收的概念、分类、业务流程以及在具体操作中的注意事项；
3. 熟知汇款、托收业务项下银行业务的要点；
4. 了解D/P远期与D/A的关键不同点；
5. 了解汇款支付方式与跟单托收支付方式各自的特点。

重点与难点

重点：汇款的基本当事人，汇款的分类，汇款头寸的拨付，三种汇款工具的综合比较，汇款结算方式的特点；托收的基本当事人，托收方式的分类，托收项下的资金融通，托收结算方式的特点等。

难点：三种汇款工具的综合比较，托收项下资金融通等。

第一节　国际结算方式和国际汇兑方式概述

一、国际结算方式

所谓国际结算方式是指国际结算业务过程中所运用的支付手段和支付方式。

1. 国际结算的支付手段

指国际结算的资金支付手段，以现金作为支付手段的称做现金结算，以资金支付凭证作为支付手段的称做非现金结算或转账结算。

另外，在非现金结算方式中，以自由外汇为支付手段的，常被简称做外汇结算；以记账外汇为支付手段的，则被称做协定结算。

2. 国际结算的支付方式

指两国交易商通过银行办理国际交易的非现金结算时，在交易单据（包括商业单据与金融单据）和资金的收付过程中所采用的信用基础和运作方式。

（1）贸易结算的信用基础。

有商业信用（trader's credit）和银行信用（bank's credit）之分。前者是指以交易商之间的商业信用为付款保证的，银行只为货款以及单据的收付提供单纯的中介服务，而不为债务方承担付款责任的支付方式；后者则是指以银行信用为付款保证的，银行不但为货款及单据的收付提供中介服务，而且以自身信誉为债务方承担付款责任的支付方式。

（2）贸易结算的运作方式。

有三种基本的运作方式：汇款支付方式、托收支付方式和信用证支付方式，我们将在本章及下一章中分别予以介绍。这里仅先予说明：汇款方式和托收方式均是建立在商业信用基础上的支付方式；而信用证方式则是建立在银行信用基础上的支付方式。此外，在上述三种基本支付方式之外，还有保函、备用信用证等补充的或辅助的支付方式，以及保付代理和包买票据等新型的国际贸易结算—融资服务业务，我们将在后面各章分别予以介绍。

二、国际汇兑方式

这里说的是国际汇兑（foreign exchange）的动态概念，指国家间为结清债权、债务而通过国内外银行进行的货币兑换，以及货币支付凭证与资金的收付、传递或调拨及清算的业务过程。

国际汇兑业务可依其汇付工具传递方向与资金流向的异同分为顺汇和逆汇两种不同的汇兑方式。

1. 顺汇（remittance）

是由债务人主动将款项交付给本国银行，委托其使用某种汇付手段（其汇付手段有电汇、信汇和票汇三种），支付一定货币金额给国外债权人的汇兑方式，无论使用何种汇付手段，其支付指令的传递方向总是与资金流向一致。本章中将要讲到的汇款支付方式要用到国际汇兑的顺汇方式。

2. 逆汇（reverse remittance）

是由债权人提交票据，委托本国银行向国外债务人收取一定货币金额的汇兑方式，其支付指令的传递方向总是与资金流向相反。本章中将要讲到的托收支付方式和第五章中将要讲到的信用证支付方式都要用到国际汇兑的逆汇方式。

三、国际结算方式与国际汇兑方式的分类关系

如前所述，现代的国际汇兑业务是国家间以银行为中介的货币兑换、资金偿付和清偿业务，严格来说，它只是现代国际结算业务（我们不妨把现金结算排除在现代国际结算的概念范畴之外）中的资金与金融单据业务部分，而不包括其中的商业单据业务部分。比如，在国际贸易结算业务的支付方式中，除汇款支付方式以外，托收和信用证支付方式中通常都包含有以银行为中介进行单据交易的业务内容，这部分业务当然属于国际结算的概念范畴，但并不属于国际汇兑的概念范畴。因而，应当注意不要把“国际汇兑”和“国际结算”两个概念不加区分地混为一谈。虽然在一定意义上，可以认为国际汇兑业务是现代国际结算业务的核心业务，但二者毕竟仍是两个不同的概念，应予以科学区分，需要正确理解和把握二者之间的关系。

国际结算的不同支付方式所涉及的国际汇兑方式有所不同，其中汇款方式涉及国际汇兑的顺汇业务，托收方式和信用证方式则涉及国际汇兑的逆汇业务。一般而言，国际结算方式和国际汇兑方式之间有着如图 4－1 所示的基本分类关系：

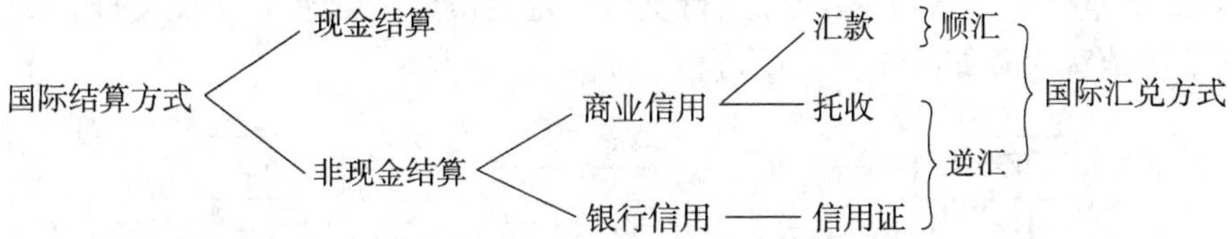

图 4－1　国际结算方式和国际汇兑方式的基本分类关系

第二节　汇　款

一、汇款结算方式的含义及其基本当事人

1. 汇款结算方式的含义

汇款（remittance）支付方式是交易的债务方依交易合同主动委托银行，用一定的汇兑手段（电汇、信汇或票汇）把交易款项（如贸易货款或各种贸易从属费用）汇寄给交易债权方的商业信用结算方式。

显然，汇款结算方式的国际汇兑业务属于顺汇业务。汇款方式可用于货款的支付，更常用于各种贸易从属费用的支付。

2. 汇款的基本当事人

汇款方式有四个基本当事人：

汇款人（remitter）：是向银行交付款项，申请汇付的人。对于贸易货款的支付而言，汇款人通常就是贸易的买方。

收款人（payee/beneficiary），是汇款人指定接受汇款的人。对于贸易货款的支付而言，收款人通常就是贸易的卖方。

汇出行（remitting bank）：是接受汇款人的委托，办理接受和汇出汇款（outward remittance）业务的银行。

汇入行/解付行（paying bank）：是接受汇出行的委托，办理汇入汇款（inward remittance）和解付汇款给收款人（或票汇的持票人）业务的银行。

另外，当汇出行和汇入行之间没有直接的往来账户关系时，还须有其他中间代理银行参与汇款业务（参见本节“三、汇款头寸的拨付”）。

二、汇款方式的类型和境外汇款申请书

汇款方式可以按其汇兑工具、汇付货款的时间以及汇付项目（用于支付哪项贸易从属费用）、汇款人是买方还是卖方等多种角度进行分类，但以下我们主要介绍因汇兑工具的不同，其用于汇付货款时可能的不同方式。汇款按汇兑工具的不同分类，有电汇、信汇和

票汇三种不同方式。

1. 电汇

电汇（telegraphic transfer，T/T）是汇出行按汇款人的要求，利用电报、电传或SWIFT系统等电信工具指示/授权汇入行支付一定货币金额给指定收款人的汇款方式。电汇方式的业务流程大致如图4-2所示。

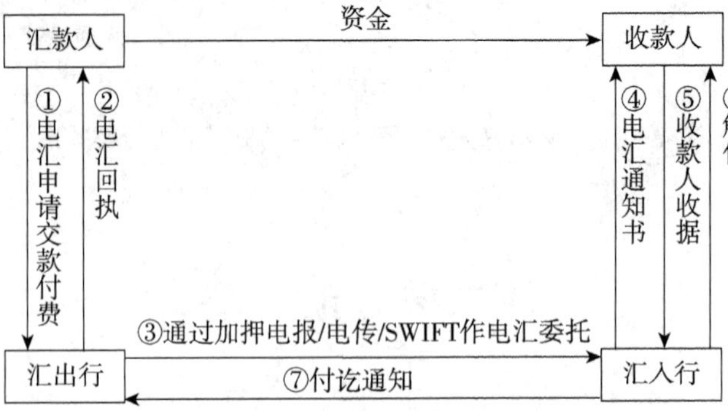

图4-2 电汇的业务流程

①汇款人填写汇款申请书（一式二联），注明“电汇”（T/T）字样，并向汇出行交款付费。

②汇出行收妥汇款款项及费用后，在汇款申请书第二联上签章作为回执交给汇款人。

③汇出行利用电报、电传或SWIFT系统向汇入行作委托付款指示。其加押电报、电传或SWIFT标准委托格式的主要内容有：ⅰ. 收款人名称、地址、电传、电挂及其开户行名称和账号（如果收款人有开户行）；ⅱ. 付款货币名称和金额；ⅲ. 汇款人名称、地址、电传、电挂；ⅳ. 头寸拨付方法；ⅴ. 附言；ⅵ 汇出行密押（需预先与汇入行约定）；ⅶ 汇出行电汇业务编号及日期。

④汇入行收到委托付款指示，核对密押相符后，向收款人发出电汇通知书。但如果收款人在汇入行开有账户，汇入行也可直接将该款项贷记收款人账户（对于汇入我国的外汇来说，按照我国外汇管理制度，如果该收款人必须即日结汇，则汇入行应按汇入外币的当天电汇买入价折算成人民币贷记收款人账户），然后向收款人发出收账通知单即可（此时下述的⑤、⑥两个程序已可免去）。

⑤收款人凭电汇通知书和收款收据向汇入行取款（收款人可以携带身份证明及必要印鉴亲自去取款，或者如果收款人另有开户行，也可委托其开户行代为收款）。

⑥汇入行收到收款人出具的收款收据后，向后者支付电汇款项（对于汇入我国的外汇来说，按照我国外汇管理制度，如果该收款人必须即日结汇，则汇入行应按汇入外币的当天电汇买入价折算成人民币支付给收款人）。

⑦汇入行解付电汇款项后，将付讫通知书（必要时需附上收款人收据）航邮给汇出行。

电汇具有汇款快捷、安全可靠的优点，但汇款人需承担较高的电汇费用（电汇的外汇汇价高而且电信费用也高）。电汇方式有利于资金的充分利用，特别适用于急用汇款和大额汇款。早期作电汇时一般利用电报，由于电报费是按字数计价的，拍发国际电报的费用较高，而且汇款人为了节约电报费，又往往尽量缩减电报字数从而容易造成错漏或误解，所以可靠性不够高。现在作电汇时一般利用电传或SWIFT系统，电传费是按分钟计价的，并且是银行之间直接通信。SWIFT系统有更严格统一的标准委托支付格式，所以电信费用已较前大大降低，而且可靠性较前大大提高，因而现今的国际汇款业务已大多采用SWIFT电汇方式。

2. 信汇

信汇（mail transfer，M/T）是汇出行按汇款人的要求，利用航邮信汇委托书（M/T advice）或支付委托书（payment order）指示/授权汇入行支付一定货币金额给指定收款人的汇款方式。信汇方式的业务流程大致如图4-3所示。

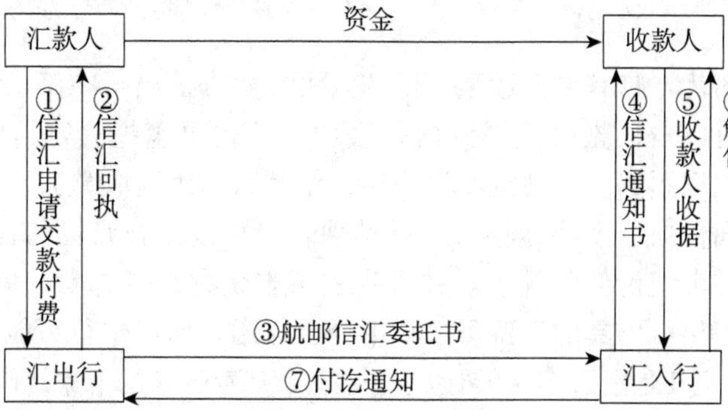

图4-3　信汇的业务流程

显然，信汇与电汇的业务流程基本相同，一些不同之处是：汇款人应在汇款申请书上注明“信汇”（M/T）字样；信汇不用电信工具而是用航邮作委托付款通知；信汇委托书上不加注密押而是由汇出行的有权代表签字/签章，汇入行收到信汇委托书后核对其签字/签章相符后，即可向指定收款人解付信汇款项。

信汇具有外汇汇价低和航邮费用低的优点，但其汇款在途时间较长（在此期间汇出行可短期占用资金），收款人的汇率风险比电汇大，可靠性也不如电汇（银行对于航邮途中的遗失或延误不负责任）。

3. 票汇

票汇（demand draft，D/D）是汇出行按汇款人的要求，开立以汇入行（汇出行的海外分行或代理行）为付款人的银行即期汇票（或银行支票）给汇款人，命令/委托汇入行见票即付一定货币金额给持票人的汇款方式。票汇方式的业务流程大致如图4-4所示。

显然，票汇的业务流程与信汇或电汇有着质的不同，主要不同之处是：汇款人应在汇款申请书上注明“票汇”（D/D）字样；票汇的汇出行可以不必向汇入行作票汇通知（自20世纪70年代以来，许多经常有业务往来关系的银行之间为简化手续取消了票汇的通知程序，而直接由持票人向汇入行提示银行即期汇票来代替），汇入行也不必通知收款人前来取款，而是由持票人自行持票上门取款或委托其往来银行代为收款（这还避免了信汇或电汇方式可能因收款人迟迟不去取款而给银行带来的种种麻烦）；票汇的汇入行在解付时须审核持票人所提示票据的表面真实性，特别是出票行签字/签章的真实性，以及背书的连续性、票据的有效期等事项，核验合格方可付款。

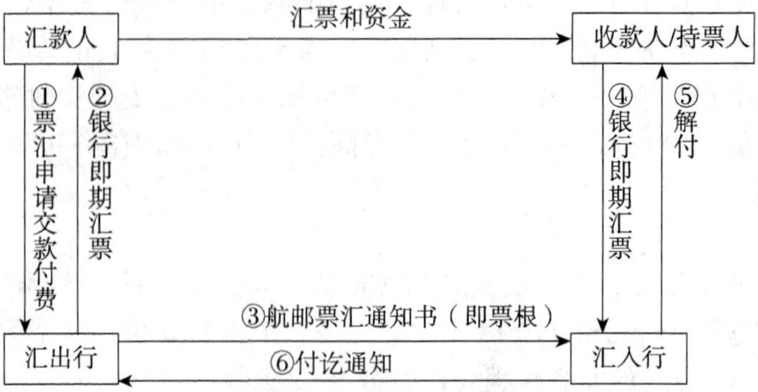

图 4－4　票汇的业务流程

票汇对于客户的优点是其灵活性强，汇款人可以要求汇出行在汇票上指定自己或他人为收款人，从而既可以自己携带汇票到国外去取款，也可以把它寄给国外的收款人去取款；收款人还可以根据票据法的规定将汇票转让给他人，因而收款人可以很方便地将这种高资信的银行汇票向任何一家当地银行叙做贴现，也可以委托自己的往来银行代为收款。另外，票汇最具有外汇汇价低的优点，并且省去了电信费或航邮费。但票汇与信汇一样，在途时间长（由于汇出行出具的汇票可以在市场上流通，所以银行可能占用资金的时间一般比信汇还要长），尤其是经过多次转让后的持票人有着较大的汇率风险。

4. 三种汇款工具的综合比较

电汇、信汇和票汇三种不同汇款工具与结算方式的利弊如表 4－1 所示。

表 4－1　三种汇款工具的综合比较

	对银行		对客户	
	利	弊	利	弊
T/T	手续费最高	银行不能占用客户资金 汇出行须作电汇通知 汇入行须通知收款人取款	安全 快捷 汇率风险低	汇款成本最高
M/T	银行可在汇款期内占用客户资金	手续费较低 汇出行须作信汇通知 汇入行须通知收款人取款	汇款成本较低	邮寄可能延误或遗失 较慢 汇率风险高
D/D	银行可在流通期内占用客户资金 汇出行可不作票汇通知 汇入行不必通知收款人取款	手续费最低	汇款成本最低 可以流通转让或托收票款	票据可能丢失或被窃 较慢 汇率风险高

由于电汇的快捷安全和票汇的灵活方便，一些发达国家的银行现已不再对外使用和接受信汇。我国银行现在除对个别国家或一些小金额的个人汇款外，一般也不再对外使用和接受信汇。

5. 境外汇款申请书

汇款人要想将款项汇往境外，必须按照要求填写境外汇款申请书，作为银行汇款的依据。如果贸易合同的支付条款中规定一次性全额汇款，则应在付款时使用的境外汇款申请书的汇款金额栏中填写100%的合同金额。

如果贸易合同的支付条款中规定一部分定金先期支付而另一部分尾款远期支付，比如："PAYMENT 30% IN ADVANCE AND 70% WITHIN 30 DAYS AFTER SHIPMENT DATE"（30%先期支付而70%在装运日后30日内支付），则汇款人应按先期和远期两次汇款，在先期付款时使用的境外汇款申请书（支付定金）的汇款金额栏中填写合同金额的30%；再在远期付款时使用的境外汇款申请书（支付尾款）的汇款金额栏中填写合同金额的70%。

境外汇款申请书的主要内容如下：

（1）汇款行（to）和日期（date）。填写汇款行（remitting bank）的英文名称，并填写此申请书的提交日期。

（2）汇款方式（method of remittance）和发电等级（priority）。在"电汇"（T/T）、"票汇"（D/D）和"信汇"（M/T）等三种可选方式的所选项前的□中打√；如果在电汇项下，还需要在"普通"（normal）和"加急"（urgent）两个可选等级的所选项前的□中打√。

（3）BOP申报号码（BOP reporting no.）。此栏由银行填写（这里的BOP是国际收支平衡表的英文缩写，此处的申报号码是根据国家外汇管理局有关申报号码的编制规则由银行编制的）。

（4）[20]①：银行业务编号（bank tansac. Ref. no.）和收电行/付款行（receiver/drawn on）。此两栏亦由银行填写（包括这笔业务的银行业务编号，以及在电汇时有关收电行的英文名称或在票汇和信汇时有关付款行的英文名称）。

（5）[32A]：汇款币种及金额（currency & interbank settlement amount）和大写金额（amount in words）。填写申请汇款币种的国际标准代码及阿拉伯数字金额（数字金额四舍五入保留两位小数），并填写英文文字金额（文字金额须与数字金额保持一致）。

（6）现汇金额（amount in FX）、购汇金额（amount of purchase）和其他金额（amount of others）。这里的现汇金额是指汇款金额中直接从汇款人的汇款币种外汇账户（包括外汇保证金账户）中支付的汇款金额部分；购汇金额是指汇款金额中汇款人用本币购买汇款币种现汇来支付的汇款金额部分；其他金额则是指汇款金额中除现汇和购汇以外对境外支付的汇款金额部分（包括跨境人民币交易以及记账贸易项下交易等的金额）。现汇金额与购汇金额及其他金额之和应等于前述的汇款金额。

（7）外汇账号（amount no. /credit no.）。如果前面填写有现汇金额的汇款部分，则

① 这里以及下面所有"[ ]"中的数字代码是银行在电汇时使用的SWIFT标准电文代码（参见第五章第四节中对于银行在电开信用证时使用的SWIFT标准电文的相关说明）。

本栏就须进一步填写汇款人的有关外币账号；如果前面填写有购汇金额的汇款部分，则本栏还须进一步填写汇款人的有关本币账号；如果前面还填写有其他金额的汇款部分，则本栏还须进一步填写汇款人的有关其他账号。

(8) [50A]：汇款人名称及地址（remitter's name & address)。分“对公”和“对私”两种不同情况：i. 如果汇款人是在中国境内注册的组织机构或公司企业，则须在“对公”项下填写其组织机构代码（URUT code)，并填写汇款人预留银行印鉴或国家质量监督检验检疫总局颁发的组织机构代码证或国家外汇管理局及其分支局（简称“外汇局”）签发的特殊机构代码赋码通知书上的名称及地址；ii. 如果汇款人是中国居民个人，则须在对私项下的“中国居民个人”（resident individual）选项前打×，并填写其个人身份证上的号码（individual ID no.）和名称及住址；或者如果汇款人是中国非居民个人，则须在“中国非居民个人”（non-resident individual）的选项前打×，并填写其名称及当时的住址。

(9) [54/56A]：收款银行之代理行名称及地址（correspondent of beneficiary's bank name & address)。填写代理中转银行的英文名称和所在国家、城市及其在清算系统中的识别代码（如没有代理中转行可以不填此栏)。

(10) [57A]：收款人开户行名称及地址（beneficiary's bank name & address）和收款人开户行在其代理行的账号（beneficiary's bank A/C no.）。填写收款人开户行的英文名称和所在国家、城市及其在清算系统中的识别代码，并填写收款人开户行在其代理中转行的账号（如没有代理中转行可以不填后者)。

(11) [59A]：收款人名称及地址（beneficiary's name & address）和收款人账号（beneficiary's A/C no.）。填写收款人英文名称及地址，并填写收款人的银行账号（注意，这里通常需要填写收款人的外币账号)。

(12) 汇款附言（remittance information)。汇款人对其所汇款项做一些必要说明，须用英文填写且不得超过 140 个字符（受 SWIFT 系统限制)。

(13) [71A] 国内外费用承担（all bank's charges if any are to be borne by)。由汇款人明确办理对境外汇款时发生的国内外费用由何方承担，在“汇款人”（our)、“收款人”（ben.)、“共同”（sha.）等三个可选项的所选项前的□中打√。

(14) 收款人常驻国家（地区）名称及代码（resident country/region name & code)。填写该笔对境外汇款的实际收款人常驻的国家或地区的名称及其国际地区代码。

(15) 付款方式选择（remittance way's collection)。须在“预付货款”“货到付款”“退款”“其他”等四个可选项的所选项前的□中打√（如果此境外汇款申请书是用于一次性全额付款，则须按合同支付条款在“预付货款”或“货到付款”中选定一项)。

(16) 最迟装运日期（shipment not later than)。填写货物的实际装运日期（如果在前面选择了“预付货款”，则最迟装运日期必须在汇款申请合同签订日之后并且必须用日期格式填写)。

(17) 交易编码（BOP transaction code)。须根据本笔对境外付款的交易性质所对应的“国际收支交易编码表”填写（通常的“一般贸易收入/支出”的交易编码为“101010”)：如果本笔对境外付款为多种交易性质，则须在第一行填写最大金额交易的国际收支交易编码，第二行填写次大金额交易的国际收支交易编码；如果本笔对境外付款为退款性质，则应填写本笔付款所对应的原对外收入交易性质的国际收支交易编码。

(18) 相应币种及金额 (currency & amount)。

须对应前面填报的相关交易编码来填写此栏：如果本笔对境外付款为多种交易性质，则须在第一行填写最大金额交易相应的币种和金额，第二行填写其余币种及金额。注意这里加总后的币种及金额还应与前面的“汇款币种及金额”保持相等。

(19) 交易附言 (transac. remark)。须对本笔对境外付款的交易性质进行详细描述：如果本笔对境外付款为多种交易性质，则须对相应的对境外付款的交易性质分别进行详细描述；如果本笔对境外付款的交易性质为退款，则应填写本笔付款所对应的原对外收入交易性质的相应申报号码。

(20) 是否为进口核销项下付款 (if payment under cancel after verification)、贸易合同号 (trade contract ref. no.) 和发票号 (invoice ref. no.)。须在“是” (yes) 与“否” (no) 两个可选项的所选项前的□中打√，并填写跟此笔付款相关的贸易合同编号和发票编号。

(21) 外汇局批件/备案表号 (SAFE approval/registration form ref. no.) 和报关单位的海关代码栏 (business unit's customs code)。填写由外汇局签发的银行凭以对外付款的各种批件或进口付汇备案表号 (如果无须审批或备案，此栏可以不填)，并填写由海关颁发给企业的“自理报关单位注册登记证明书”上的代码 (在货到付款方式下必须正确填写报关单位的海关代码，其他付款方式下可不填此栏)。

(22) 报关单号 (customs declaration form code)、报关单币种及总金额 (customs declaration form's currency & total amount) 和本次核注金额 (this time customs verification's amount)。填写每份海关报关单上的编码 (应与海关报关数据库中提示的编码保持一致)，并填写每份海关报关单的核注金额。在货到付款方式下，这里必须正确填写其报关单号、报关单币种及总金额，在其他付款方式下可不填此栏；当有多张报关单使得本栏表格填写不下时，可附附页。

(23) 申请人签章 (applicant's signature) 和经办人签章 (maker)。

填写申请汇款人公司的英文名称及电话，并由经办人签章。

(24) 银行专用 (for bank use only) 栏。

(25) 银行签章 (bank's signature) 和复核人签章 (checker)。

汇款申请书示样，参见单据示样 12：境外汇款申请书。

三、汇款头寸的拨付

汇款头寸拨付 (reimbursement of remittance cover) 是指汇款资金从汇出行到汇入行的银行间划拨与偿付，俗称拨头寸。按照汇款货币的种类以及汇出行和汇入行之间账户关系的不同，汇款头寸拨付有以下两种基本方式。

1. 账户行直接入账型

这是最简单的汇款头寸拨付方式，其实现的前提条件是，汇款货币为汇出国货币/汇入国货币，并且汇入行/汇出行在汇出行/汇入行开有账户。按照具体开户关系的不同，它又有两种可能的具体方式。

(1) 汇出行直接入账。其实现前提是，汇款货币为汇出国货币，并且汇入行在汇出行开有账户。汇出行在作汇款委托时，须注明汇款头寸已贷记汇入行在本行的账户，并且须向汇入行邮寄贷记报单（credit advice），见图 4－5。

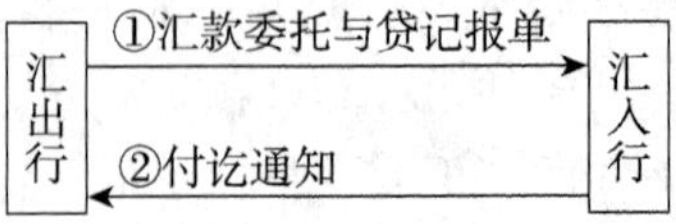

图 4－5　汇出行直接入账

（2）汇入行直接入账。其实现前提是，汇款货币为汇入国货币，并且汇出行在汇入行开有账户。汇出行在作汇款委托时，须明确授权汇入行将汇款金额借记本行在该行的账户；汇入行在解付后向汇出行作付讫通知时，还须附寄借记报单（debit advice），见图 4－6。

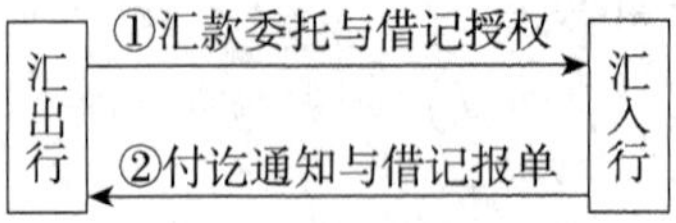

图 4－6　汇入行直接入账

2. 碰头账户行转账拨付型

这是较为麻烦的汇款头寸拨付方式，当汇款货币为第三国货币或汇出行与汇入行之间没有直接账户关系时，就只有通过它们之间的“碰头行”（intermediary bank）来进行拨付和转账了。具体来说，它又有多种可能的不同方式，我们这里主要讲述以下两种最为典型的具体方式。

（1）直接碰头账户行转账（通过汇出行和汇入行的共同账户行直接转账）。这是“碰头账户行转账拨付型”中最为简单的偿付方式，但需要汇出行和汇入行有一个共同的汇款货币账户行作为碰头行才能有效。汇出行在向汇入行作汇款委托时，须注明汇款头寸将由某碰头行拨付，同时主动通知碰头行（汇出行和汇入行共同的汇款货币账户行）授权其将汇款头寸借记汇出行账户并贷记汇入行账户；碰头行在完成汇款头寸的拨付之后，须分别向汇出行和汇入行邮寄借记报单和贷记报单，见图 4－7。

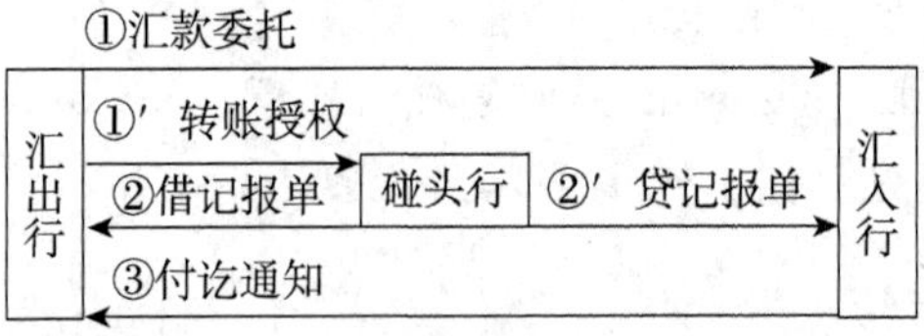

图 4－7　直接碰头账户行转账拨付

（2）间接碰头账户行转账（通过汇出行和汇入行各自账户行的共同账户行间接转账）。这是所有“拨头寸”方式中最为麻烦的偿付方式，以最终有一个汇款货币账户行作为“碰头行”为其要旨。汇出行在向汇入行作汇款委托时，须注明汇款头寸的拨付方法，同时主动通知自己的账户行，授权其将汇款头寸借记汇出行账户并通知碰头行拨付汇款头寸；汇出行的账户行将汇款头寸借记汇出行账户后，一面向碰头行授权拨付汇款头寸，另一面还须向汇出行邮寄借记报单；碰头行在完成汇款头寸的拨付之后，则须分别向汇出行的账户行和汇入行的账户行邮寄借记报单和贷记报单；汇入行的账户行在收到碰头行寄来的汇款头寸贷记报单后，再将该头寸贷记汇入行账户，并向汇入行邮寄贷记报单，见图 4－8。

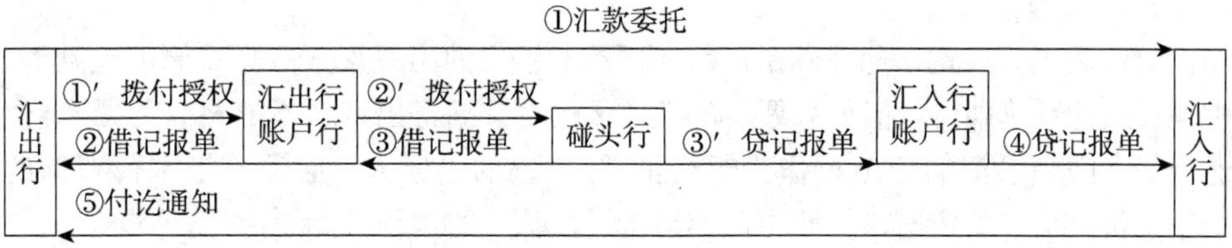

图 4－8　间接碰头账户行转账拨付

此外，“碰头账户行转账拨付型”还有另外一些介于上述两种情况之间的其他头寸拨付方式，比如汇出行的直接账户行跟汇入行的间接账户行成为碰头行，或者汇出行的间接账户行跟汇入行的直接账户行成为碰头行，那时的头寸拨付方式比直接碰头账户行转账拨付型麻烦些，比间接碰头账户行转账拨付型又简单些，这里不再一一赘述。

3. 中心汇票

所谓中心汇票，是指以汇票货币的清算中心的会员银行为付款行的银行即期汇票。比如，以纽约票据清算所的一家会员银行为付款人的美元汇款银行即期汇票，就是一张美元中心汇票。银行在票汇实务中最喜爱使用中心汇票，尤其当汇出行与汇入行之间偿付关系复杂时，信汇或电汇的头寸拨付业务既费时又麻烦，而此时，票汇的汇出行可以出具一张中心汇票，以减轻银行间汇款委托与头寸拨付的麻烦，同时又不会给收款人带来太多不便。对于中心汇票，收款人可以通过其往来银行很方便地加以托收；或者，如果收款人想及时收回资金，也可以很容易地将这种极受银行欢迎的中心汇票向当地任何一家银行叙做贴现。

4. 支付协定下的汇款头寸拨付

国家间订有支付协定的双边结算，设有专门的清算银行与清算账户。此时，汇款的偿付须按支付协定办理，银行间拨付的是记账外汇，而非自由外汇，只能以清算账户行为碰头行进行偿付，采用汇出国贷记汇入国账户或汇入国借记汇出国账户的偿付办法。

四、汇款的退汇

这里是指在汇款解付之前，汇款人或收款人要求撤销该笔汇款的行为。此外，对于电汇和信汇，如果通知到收款人后其迟迟不去取款，汇入行有权在一定期限后主动通知汇出行注销和办理退汇。

1. 电汇和信汇的退汇

（1）汇款人退汇。

须汇款人凭汇款回执向汇出行提出退汇要求，再由汇出行通知汇入行停止解付，撤销汇款；后者接到退汇通知后，应及时回复前者同意退汇（若接到通知时尚未解付，应退回汇款头寸）或不能退汇（若接到通知时已经解付，应寄回解付凭据）；之后，再由汇出行转告汇款人凭汇款回执前来办理退款手续或因为已经解付而退汇无效。

（2）收款人退汇。

须收款人向汇入行明确提出拒收或汇入行通知不到收款人（汇款通知被邮局退回，亦可视为收款人退汇），再由汇入行向汇出行退回汇款委托书和汇款头寸，后者收到退汇头寸后，再通知汇款人前来办理退款手续。

2. 票汇的退汇

（1）汇款人退汇。

票汇的汇款人（注意，他并不是汇款所用银行汇票的出票人）只需持原汇票到汇出行申请办理凭票退汇手续即可。但如果票汇的汇款人已将票据寄出，就不能再（无票）向汇出行要求退汇了（因为票汇的汇出行作为银行汇票/支票的出票人，必须维护银行票据的信誉，不能中途止付其出具的票据，从而也就不能接受汇款人的这种“无票退汇”要求）。

如果汇款人意外丧失或灭失了汇款票据，则可以向汇出行（票汇的出票人）办理特别的“挂失及补办票据”手续。这时，汇款人须向汇出行出具保证书，保证若汇出行因“挂失及补办票据”而蒙受损失（比如，被他人利用原遗失票据冒领了汇款），则由汇款人负责赔偿，并保证如以后找到了原挂失票据，将把原票缴回汇出行；必要时，还须取得法院或公证处的有关公告。

（2）收款人退汇。

收款人须将收到的票据退还给汇款人，然后，再由汇款人向汇出行办理凭票退汇即可。

如果收款人意外丧失了汇款票据，则应及时向汇入行（票据的付款人）挂失止付，依法采取必要的保全票据权利行为；如果收款人灭失了汇款票据，则须通过汇款人向汇出行办理挂失及补办票据手续。

五、汇款结算方式的特点及其在国际贸易中的应用

1. 汇款结算方式的特点

下面将从进、出口贸易商的角度对三种基本支付方式进行比较。

（1）完全依靠商业信用，买卖双方的风险承担很不平衡。预付汇款的买方或货到后汇款的卖方承担了几乎全部的交易风险，并且可能会遭到钱货两空的风险；而前者的卖方和后者的买方则几乎毫无风险。

（2）缺乏相关的融资手段，买卖双方的资金负担也很不平衡。预付汇款的买方或货到汇款的卖方承担了较重（甚至全部）的资金负担，而汇款方式又难以为之提供基于交易的融资手段。

（3）手续简便，费用低。在三种基本支付方式中汇款方式的手续最简、费用最低。

基于以上特点，汇款方式较多用于贸易从属费用的结算，而较少用于贸易货款的结算（仅限于某些特定原因及条件下，才会采取预付汇款或货到汇款的支付方式。不过，在跨国公司的不同子公司之间常采用汇款支付方式，以降低结算成本）。

2. 汇款支付方式在国际贸易中的应用

汇付货款在国际贸易中的应用，按汇付货款与运交货物的时间关系可分为预付汇款、装运后汇款和货到后汇款三种基本方式。

（1）预付汇款（remittance in advance）。

这是指买卖双方签订贸易合同后，进口商先将部分或全部货款汇付给出口商，后者收到预付款后在一定时间内（如待采购/生产完成后）发货给前者。

预付汇款还可以按其是保证履约性质的预付定金，还是商业信贷性质的预支信贷来进一步分类。

1）预付定金汇款。

是旨在防止进口商毁约的保证履约性质的预付。纯粹的预付定金一般占交易金额的比重不

大（通常仅相当于因进口商毁约所可能给出口商造成的损失成本），并且其资金占用时间较短。

2）预支信贷汇款。

是进口商给出口商提供的具有商业信贷性质的预付。商业信贷一般也有预付定金的成分在内，但它占交易金额的比重较大（通常要占到交易金额的 1/3 以上），并且其资金占用时间也较长。

一般来说，预付汇款方式对出口商有利：风险小，资金负担轻（直接从进口商处得到了资金融通）；而对进口商不利：风险大，资金负担重且缺乏基于该项贸易的融资手段。

进口商采用预付汇款方式通常出于以下原因及条件：①交易对象是紧俏商品（多用于发达国家从发展中国家进口原材料等初级产品或发展中国家从发达国家进口先进技术设备）；②用于招投标贸易或出口信贷贸易项下；③出口商资信可靠。

进口商采用预付汇款方式时，可以要求出口商先予提供防止其违约的切实可行的履约保函或退款保函（参见第五章），以降低风险。

（2）装运后汇款（remittance after shipment）。

这是指买卖双方签订贸易合同后，出口商先装运货物，进口商在装运后若干天内将货款汇付给出口商，然后出口商再向进口商交单。

一般来说，装运后汇款方式对出口商较不利（风险较大——在收到货款之前虽然货权仍控制在出口商手中，但货物已装运的处境会使出口商非常被动），而对进口商较有利（风险较小）。若双方对装运后汇付时间的约定较为适当，而出口方又能按时收到货款，则其资金负担要比下述的货到后汇款稍好一些。

出口方采用装运后汇款方式通常出于以下原因及条件：1）为推销在国际市场上竞争激烈的商品；2）进口商为资信可靠的大公司。

（3）货到后汇款（remittance after arrival of the goods）。

这是指买卖双方签订贸易合同后，出口商先发货给进口商，后者收到货物后再将货款（定期或分期）汇付给前者。货到后汇款还可以按贸易方式的不同进一步分类。

1）赊销。

这是售定贸易（specified amount purchase trade）项下的货到后汇款结算方式，货价事先确定，进口方在收到货物后一定时间内将约定货款一次性或分期汇付给出口方。售定贸易项下的货到后汇款是一种赊销的贸易方式。所谓赊销（open account sale），又称赊账交易（open account transaction），常被简记为 O/A，是指卖方在收妥货款之前就已将货权无偿地转交给了买方的销售方式。

出口方采用赊销方式通常出于以下原因及条件：交易商品不易保存且每次发运数量难以事先确定（如鲜活商品）；运输路程较短，通过银行寄单会影响货物的及时交接；为推销在国际市场上竞争激烈的消费品；用于可得到卖方信贷的飞机、船舶或大型设备等大额贸易的延期付款项下；进口商资信可靠。比如，我国内地向港澳地区出口鲜活商品一般都采用售定贸易项下的货到后汇款结算方式；欧洲邻国之间当运输路途较短时也常采用这种结算方式。

2）租购。

这是租购贸易（hire purchase trade）项下的货到后汇款结算方式，指在交易过程中卖方始终拥有货权，买方按协议规定以分期付款方式最终买下货物或完整退还货物终止交易的贸易方式。

出口方采用租购方式通常出于以下原因和条件：为灵活推销昂贵设备；进口方资信可靠。

3）寄售。

这是寄售贸易（consignment trade）项下的货到后汇款结算方式，货价和付款时间不完全确定，进口方按贸易合同约定的价格浮动范围售出货物后，扣除佣金，再分期或一次性将售得货款汇付给出口商。

出口方采用寄售方式通常出于以下原因和条件：为新产品开拓海外市场；为推销剩余货物、滞销产品或在国际市场上竞争激烈的商品；进口商资信可靠。

一般来说，货到后汇款方式对出口商非常不利（风险很大，资金负担重且缺乏相关融资手段），而对进口商最为有利（风险很小，资金负担轻，直接从出口商处得到了资金融通）。

3. 出口商在运用汇款结算方式时应注意的事项

（1）政治风险和商业信用风险。

1）政治风险：出口商应密切关注进出口国家和中转运输国家的政治、经济局势的变化。

2）商业信用风险：汇款是商业信用，出口商应加强对进口商的资信调查。对于新客户，我国的出口商一般都比较担心其商业信用，不会接受新客户"到付"的要求。但是，出口商往往忽略对老客户的资信调查，从比较有利的结算方式改为"到付"，从而导致"货款两空"的案例屡见不鲜。对于进口商来说，如对出口商的生产能力、货物品质等方面的情况不是很了解，也不应采用装运前全额付款的结算方式，并最好争取到合理机会在付款前对货物进行必要的检验，以保证出口商装运的货物符合合同和进口国的要求。

（2）我国出口商采用汇款方式应特别注意的事项。

1）出口商一般不应接受货到付款。如出口商接受"到付"，则应采取一定的保障措施，如采用"到付"与银行保函相结合、办理出口信用保险、保理或包买票据等办法，以转嫁一定的风险。

2）在"预付"项下，出口商应严格掌握装运和寄单的时间。在预付定金项下，定金不到则不装运（须在装运前××天付款）；在预支信贷项下，可以先装运取得提单，但须等电汇到账后再寄出提单，以平衡物权和货款（允许在装运后××天内付款）。

3）注意提单抬头的做法。除非出口商在装运前收妥货款，否则提单的抬头应确保出口商能够控制货权，以便在进口商拒付后及时转卖货物或将货物运回。

4）注意贸易术语的选择。采用汇款结算方式时，出口商最好采用 CIF 或 CIP 贸易术语成交，并亲自办理货物运输及时投保运输险。按照《2010 年国际贸易术语解释通则》，在 FOB 贸易术语下，是由进口商安排货物运输，对于出口商风险很大。

第三节 托 收

一、托收结算方式的概念和托收国际惯例

1. 托收结算方式的概念

托收（collection）是交易的债权方依交易合同委托银行凭一定的商业单据（如发票、

物权运输单据、运输保险单据和履约凭证及其他商业单据）及/或金融单据（汇票/本票/支票和/或其他收款凭证），向交易的债务方收取交易款项的商业信用结算方式。

显然，托收结算方式的国际汇兑业务属于逆汇业务。托收方式可用于货款托收，也可用于非货款托收。

2. 关于《托收统一规则》

为了使世界各国银行在从事托收业务时能有一个统一的标准，国际商会制定了《托收统一规则》（Uniform Rules for Collection，URC），其1995年最新修订版被称为国际商会第522号出版物（ICC Publication No. 522），于1996年1月1日起生效。目前世界上多数国家的银行都根据这个规则来处理托收业务，并常在托收委托书中注明其采用了该规则及其版本。本书以下所述内容，主要以该规则1995年修订版（简称URC522）为依据；但是也有些国家的银行处理托收业务时出于当地传统习惯而在个别业务中与上述规则有所不同，出口商在办理托收时对此应予以特别注意。

二、托收的基本当事人及其权利和义务

托收方式有五个基本当事人，即委托人、托收行、代收行、提示行和付款人/受票人。

1. 客户委托人

客户委托人（consignor principal）指委托银行办理托收的客户。在托收业务中存在着多重委托关系，每个参与托收业务的银行都是“受托人”，而其前手则是其“委托人”；但我们这里所说的“客户委托人”则是专指“客户”（consignor）而言，在国际贸易的货款托收中通常为出口商。

贸易货款跟单托收的客户委托人（出口商）有着两方面的责任和义务：一方面是与进口商之间的贸易合同下卖方的责任和义务；另一方面是与托收行之间的托收合同下委托方的责任和义务。

（1）贸易合同下卖方的责任和义务。

1）必须依贸易合同要求发货。货物的种类、质量和数量均须符合要求。

2）必须依贸易合同要求作托收及交单。①按合同要求填制“托收申请书”；②所交单据种类及份数齐全；③单据内容符合要求；④按时交单。

（2）托收合同下委托方的责任和义务。

1）按惯例填制托收申请书。目前我国银行在办理托收业务时，往往只要求客户注明交单条件，而不要求其填制“托收申请书”，但这种做法不够正规，容易产生纠纷或因故延误收汇，有待改进。

2）未经银行事先同意，货物不应直接发至银行或者以银行或银行指定人为收货人，以及委托银行代为存仓和保险（不然的话，即便做了上述委托，银行也没有义务采取行动，货物的风险及责任由发货人承担）；或者，若银行同意将货物作成以代收行或代收行指定人为收货人，则代收行也可按照指示的交单条件安排货物的交付，但委托人须承担因此而发生的手续费及其他费用，乃至赔偿因此而给代收行带来的损失或额外费用支出（比如，代收行因放货有误而需要重新办理放货手续时，就需要支付额外费用）。

3）若接到托收行的意外情况通知，则须及时作出明确的答复指示。不然，因此而造

成的损失和/或延误，由委托人承担。

4）无论托收是否成功，均须承担托收的一切手续费和其他有关费用（如果付款人不同意分担这些费用）。这包括托收行及所有代收行的手续费和一切有关费用；若银行（托收行和/或代收行）要求预支一定的托收费用，委托人须及时预付（若因预付费用不到位或不能及时到位而延误了代收业务，则银行无责）。

2. 托收行

托收行（remitting bank）指客户委托人委托其办理托收业务的银行。托收行在国际贸易中通常为出口地银行。托收行主要有以下责任和义务（托收行有着跟其客户委托人之间的托收合同下受托方以及跟其代收行之间的代收合同下委托方两方面的责任和义务）。

（1）审阅托收申请书及委托人的特别指示。若不愿受理所收到的托收申请或其中的特别指示，则应无延误地立即通知委托人，表明拒绝受理或要求其修改托收申请书。

（2）审核单据的种类和份数表面上是否与托收申请书完全相符。虽然托收行并无审核单据内容的义务，对于单据是否合格及是否符合贸易合同的要求不负责任，但出于向客户提供优质服务，以便快速、安全收汇的目的，托收行在道义上还是应尽一点简单的审核单据义务的。

（3）按规定填制托收指示书。应注意确保托收指示书与托收申请书（如果有的话）严格一致，指示应当完全而准确。

（4）按常规处理业务。凡是客户委托人没有明确提出特别要求之处，托收行均应按业务常规处理。

（5）及时通报信息。收到来自代收行的被拒绝接单或其他意外信息时，应及时通报委托人；得到委托人的指示后，又应及时转达给代收行。

3. 代收行

代收行（collecting bank）指托收行以外参与办理托收业务的所有其他银行。代收行常常不止一家，比如，托收行为执行委托方的指示，可以将单据及托收指示书直接或通过另一中间银行寄给指定代收行，其中接受委托转寄单据的银行叫做寄单行（它也是代收行之一）；又如，下文讲到的接受委托向付款人提示单据的银行则叫做提示行（它也是代收行之一）。代收行在国际贸易结算中通常为非出口地银行，多为进口地银行，但有时也有参与代收业务的第三国银行（如托收货币的清算中心的银行）。

代收行只有跟其委托行之间的代收合同下受托方的责任和义务，所有代收行都有的一般责任和义务如下：

（1）若决定不受理所收到的代收委托或某项特别指示，一般应无延误地以可能的最快捷方式通知委托方。

（2）审核单据的种类和份数表面上是否与托收指示书完全相符。若发现有不符之处（不论是单据多了还是少了或是有别的表面不符之处），则应以可能的最快捷方式通知委托方（委托方无权对代收行收到单据的种类及份数进行争辩）。

（3）按委托方的指示处理单据以及代为缮制一些代收业务中必要的单据。若委托方未明确指示其要求代为缮制单据的式样及词语的具体要求，则代收行可按常规缮制而不承担责任。

（4）遇有意外情况，应无延误地及时通知托收行。遇到意外情况时，无论委托人是否事先授权，代收行并无采取行动保护货物的义务，但也可不经事先请示而采取行动保护货物。无论如何，代收行都必须及时将意外情况以及所采取的措施（如果代收行采取了保护货物的行动）立即通知托收行。

（5）所有通知中均应载明必要的具体内容，并需注明托收行的托收指示书的业务编号。

4. 提示行

提示行（presenting bank）指负责向付款人提示单据的代收行。提示行是代收行之一，依其定义，它是负有“提示”职责的代收行。在实务中，它通常肩负着提示、接受付款或承兑以及交单等多重职责。人们多以付款人的账户行（当付款人想要进行融资时，可能会事先要求以其账户行作为提示行，以便融资）或指定代收行在付款人所在地的分行或代理行（当指定代收行与付款人不在同一城市时）为提示行。提示行在国际贸易中通常为进口地银行。

提示行除负有上述一般代收行的责任和义务以外，还兼有以下责任和义务：

（1）单据须按收到时的原样向付款人提示（但是，除非另有指示，银行可以加贴必要的印花税票以及作必要背书、加盖印章或作托收业务要求的识别标记等），且必须无延误地向付款人提示单据。

（2）必须严格执行交单条件。若托收指示书没有明确指示交单条件，则只能凭付款交单（提示行对因此而迟交单据所产生的任何后果不负责任）。

（3）在D/A托收项下，应查看汇票的承兑形式在表面上是否完整和正确（但对任何签字的真实性及签字人是否有权签署等不负责任），且必须无延误地将承兑通知送交托收行。

（4）当付款人以其本国货币（非托收指示书中所要求的货币）付款时，除托收指示书另有指示外，提示行只有在确认该货币能立即兑换成托收指示中要求的货币时才可交单（否则，应按意外情况处理）。

（5）当付款人以外汇（托收指示书中所要求的货币）付款时，除托收指示书另有指示外，提示行只有在确认该国准许立即汇出该外汇时才可交单（否则，亦应按意外情况处理）。

（6）一般不得接受部分付款。对于光票托收，在付款地现行法律准许的条件下，虽然也可接受部分付款，但只有在全部款项业已收妥时，方可将金融单据交付款人；对于跟单托收，虽然在托收指示书有特别授权的情况下，也可接受部分付款，但是除另有指示外，只有在全部款项业已收妥时，方可将单据交付款人（提示行对因此而迟交单据所产生的任何后果不负责任）。

（7）当托收指示书特别注明手续费和/或有关费用不得放弃而付款人又拒付时，提示行不得交单（提示行对因此而迟交单据所产生的任何后果不负责任）。

（8）遇拒付时，应尽力确定拒付原因，并无延误地通知托收行；若托收指示书中有遇拒付时作成拒绝证书的明确要求，则还有义务代为作成拒绝证书（当无此明确指示时，则无此义务）。

（9）收妥的款项，必须按照托收指示书中指定的通信工具无延误地立即拨付（可扣除手续费及其他费用支出）；并且，除非另行协商同意将收妥款项拨付给托收行以外的另一方，提示行只能将收妥的款项拨付给托收行（即便托收指示书中有将收妥款项拨付给另一方的指示，提示行也可以不予执行，且无须再专门为此而通知托收行即可径自将收妥款项拨付托收行）。另外，提示行还必须无延误地向托收行发出付款通知书（详列收妥的金额扣减的手续费和开支或费用，以及款项的拨付方法）。

5. 付款人/受票人

付款人/受票人（drawee）指根据托收指示书向其提示单据的人。付款人在国际贸易中通常为进口商。

货款跟单托收的付款人与参与托收业务的所有银行之间并无任何合同关系，如果他拒绝赎单或付款，代收行是不能强求的。但是货款跟单托收的付款人（进口商）另外有着与托收的客户委托人（出口商）之间贸易合同项下买方的责任和义务，其基本责任是按贸易合同的规定付款赎单（只要提示的单据符合贸易合同的规定，就应当按期、足额、用合同规定的货币付款）。

另外，除上述五个基本当事人以外，委托人还可以事先在托收申请书上指定一个“需要时的代理人”（the representative to act as case of need）及其代理权限，以便发生付款人拒付时，可以由其在当地代为处理货物（存仓、转售或运回等事宜）；并且可授权其对托收过程进行跟踪，随时向代收行发出指示或查询。若委托人没有事先在托收申请书上指定“需要时的代理人”，则代收行可以对委托方以外任何一方的指示及查询不予理会。

托收项下的所有受托方（托收行、代收行及提示行）均须承担其自己的“过失”责任：凡未能按规则或惯例履行其自身应尽责任和义务的，谓之“过失”。

为了鼓励银行开展托收业务，URC522 对于银行（包括托收行和所有代收行）的免责条款包括：

①对其受托方的行为免责；

②对其收到单据的缺失、缺损免责；

③对其所收到单据的内容及有效性免责；

④对寄送途中的延误、丢失，或电信传递中的延误、残缺及其他错误（如术语翻译、解释错误等）免责，并对需要澄清收到的指示而引起的延误免责；

⑤对不可抗力造成的后果免责。

三、托收方式的类型和出口托收委托书

托收方式可按其是否带有商业单据分为光票托收和跟单托收两大类。

1. 光票托收

光票托收（clean collection）指不附有商业单据的纯粹金融单据（汇票/支票/本票和/或其他取款凭证）的托收。

但在实务中，人们常把附带商业发票等不代表物权的商业单据的金融单据的托收，也视为光票托收。光票托收多用于收取贸易从属费用（如佣金、代垫费用等等）；但有时也用于收取样品费、货款尾数等小额货款。光票托收的业务流程大致如图 4-9 所示。

对于未经承兑远期汇票的托收来说，则在提示后还需要经过付款人承兑汇票和代收行向托收行发出承兑通知等业务程序。

有时，银行会遇到有人拿着难以鉴别其真伪的早期债券之类的金融单据要求托收，对此，银行应谨慎对待。因为银行虽不必对托收单据的有效性负责，也不必对托收失败负

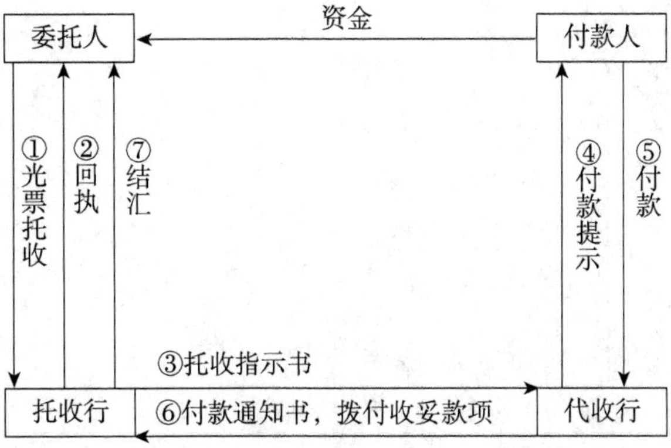

图 4-9　光票托收的业务流程

责，但其负有保管好托收单据的义务；而此类金融单据的托收面临着被有关当局以其系伪造等为由予以扣留或没收等风险。对于此类特殊情况，银行为避免发生纠纷起见，可考虑要求委托人出具特别保证书：保证托收单据的真实性，并保证如果单据被有关当局扣留或没收时银行不负责任。

2. 跟单托收

跟单托收（documentary collection）指附带商业单据（特别是代表物权的商业单据）的金融单据（汇票和/或其他取款凭证）的托收或纯粹商业单据的托收。

跟单托收一般用于货款托收，不过，货款托收既可以采取全部货款跟单托收方式，也可以采取主要货款跟单托收与小额余款光票托收相结合的综合托收方式。

跟单托收主要是售定贸易项下的常用结算方式之一（信用证是售定贸易的另一更为常用的结算方式），但有时跟单托收也被用于寄售贸易项下。售定贸易项下的跟单托收与售定贸易项下的货到后汇款的不同之处在于，后者是卖方在收妥货款之前就已自行将货物或单据交给买方，再由买方按期汇付既定货款；而前者则是卖方委托银行以买方付款或买方承兑汇票为条件，向买方交单并代收既定货款。

售定贸易项下的跟单托收又可按其交单条件的不同进一步分为付款交单和承兑交单两种方式。

（1）付款交单（delivery of documents against payment，D/P）——D/P 托收。

指代收行必须在付款人付清货款后才能交付单据的跟单托收方式。

付款交单方式还可按其付款期限的不同再进一步分为即期付款交单和远期付款交单两种方式。

1）即期付款交单（D/P at sight）——D/P 即期托收。

指带有即期汇票或不带汇票，付款人在单据提示时（审核无误后）必须立即付款赎单的 D/P 托收方式。对于向欧洲大陆国家的即期 D/P 托收，由于进口商想要避免负担汇票印花税，所以通常会要求出口商不使用汇票。

D/P 即期托收的业务流程大致如图 4-10 所示。

但是在实务中，对于 D/P 即期托收方式，北欧和拉美许多国家的进口商为了避免付款后只收到单据而不见货物或迟迟不见货物到达等出口商欺诈或不守信用的情况发生，往往会坚持按当地习惯要求待货物到达后再付款赎单，甚至有些非洲国家法律规定必须待货

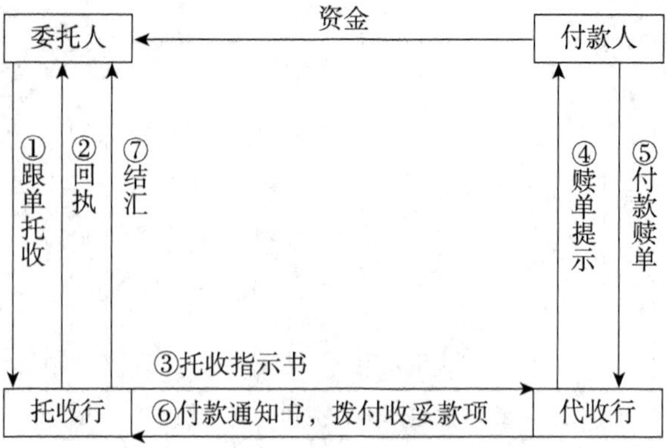

图 4-10 D/P 即期托收的业务流程

物到达后才可付款，因而出口方在做托收业务时，应当事先了解进口方处理托收业务的当地习惯和法规。

2）远期付款交单（D/P after sight）——D/P 远期托收。

指带有远期汇票，付款人在单据提示时（审核无误后）立即承兑汇票，再于汇票到期日付款赎单的 D/P 托收方式。

D/P 远期托收的业务流程大致如图 4-11 所示。

但是在实务中，D/P 远期托收常发生货已到岸而汇票的付款期限尚未到的情况，这时付款人常会以需要及时提货为由而要求提前付款赎单，或者是要求提前领取货物单据而待汇票到期时再付款，如果托收委托书中没有这方面的明确指示，就会产生一些令代收行难以处理的麻烦。为此，欧洲大陆国家的许多银行干脆不做远期 D/P 托收业务，而拉美地区一些国家的银行业则有将远期 D/P 干脆作为 D/A 处理的习惯。有鉴于此，国际商会在 URC522 中增加了一条规定——在其第七条“商业单据的交付”的 a 项中规定，托收不应含有凭付款交付商业单据的指示的远期汇票。（这似乎意味着国际商会有意把远期 D/P 托收方式排除在 URC522 的范围之外！）并且还特别强调，若实际采用了附带远期汇票的跟单托收方式，则应当在托收委托书中明确指示交单条件（究竟是 D/A 还是 D/P），不然，银行对按 D/A 处理或按 D/P 处理而迟交单据所产生的任何后果不负责任。

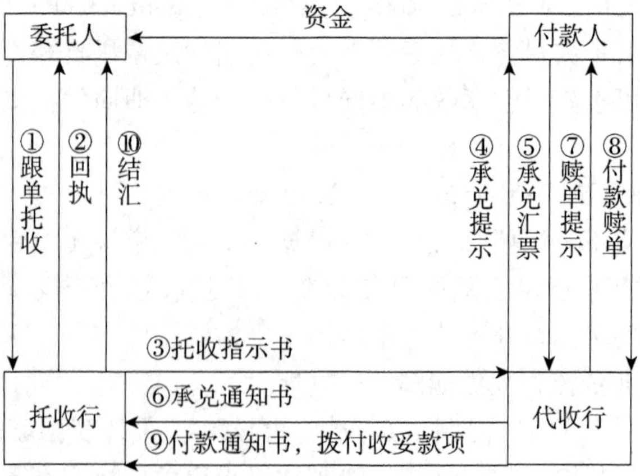

图 4-11 D/P 远期托收的业务流程

（2）承兑交单（delivery of documents against acceptance，D/A）——D/A 托收。

指带有远期汇票，付款人在单据提示时（审核无误后）必须立即承兑汇票，提示行在收回已承兑汇票后即可交付商业单据，待汇票到期日再向付款人提示汇票收取票款的跟单托收方式。

D/A 托收的业务流程大致如图 4-12 所示。

显然，D/A 托收对于出口商的风险大于 D/P 托收，因为在 D/P 托收下卖方至少不会钱货两空，而在 D/A 托收下银行在向买方交单时货款并未真正收妥——买方支付的仅仅是商业承兑汇票，而非现汇，它在一定程度上有点类似于售定贸易下的货到后汇款，只不过 D/A 托收的卖方在向买方交单后比货到后汇款，手里多掌握了一份买方承兑汇票（它也只是一种商业信用票据）而已。如果遇到进口商破产或赖账等情况，卖方仍会钱货两空，而银行并无责任。因此，对于资信不好或不甚了解的进口商，绝不要采用 D/A 托收方式。

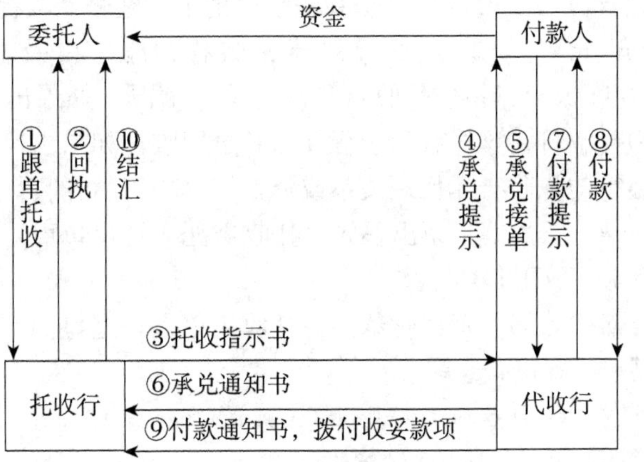

图 4-12　D/A 托收的业务流程

另外，对于 D/A 托收方式，北欧和拉美许多国家的进口商往往也会坚持按当地习惯要求“货到见票”，这会延误进口商及时承兑汇票，为此，出口商若要想避免因此而延误收款，就应当特意开立“出票后定期”或“提单日后定期”汇票，而避免开立“见票后定期”汇票。虽然按照票据理论，汇票的付款人要求“货到见票”是不符合汇票“无条件支付命令”规定的不合理要求，但为了避免发生不必要的纠纷，出口商还是应尽量回避这种麻烦为好。

（3）跟单托收支付方式的基本分类关系。

国际贸易结算跟单托收支付方式的基本分类关系如图 4-13 所示。

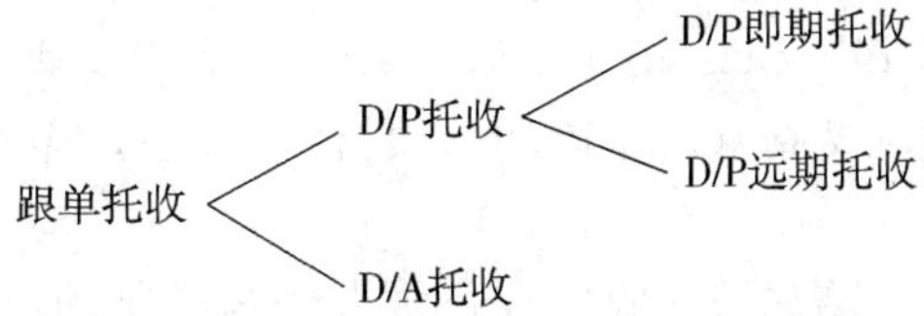

图 4-13　跟单托收支付方式的基本分类关系

总的来说，跟单托收支付方式对出口商较为不利：风险较大；资金负担较重；而对进口商较为有利：风险较小；资金负担较轻。

出口商采用跟单托收方式，通常出于以下原因及条件：①为新产品开拓海外市场；②为推销剩余货物、滞销产品或推销在国际市场上竞争激烈的商品；③进口商资信可靠。

3. 出口托收委托书

出口托收委托书（letter of commission for outward collection）包括由客户委托人向托收行提交的出口托收申请书（letter of instruction for outward collection），以及托收行向代收行发出的托收指示书（letter of collection order）。

（1）托收申请书的内容。

客户出口托收申请书的基本内容如下：

1）托收行的名称和地址等（remitting bank's name & address etc.）：填写托收行的英文名称、地址以及电传、传真、电话和 SWIFT 号等。

2）托收申请书的编号（ref. no.）：填写托收申请书的编号及其提交日期。

3）代收行（mail to）：填写代收行的英文名称、地址以及电传、传真、电话和 SWIFT 号等。至于让哪家银行担任代收行，须看具体情况。如果出口商知道进口商的开户行，最好以其作为代收行，这样有利于货款的及早回收；如果出口商对进口商的开户行不知情，或其指定银行与托收行无代理关系或资信较差，可由托收行另行指定代收行。

4）出票人（drawer）：填写汇票出票人（托收委托人，出口商）的英文名称、地址以及电传、传真、电话和 SWIFT 号等。

5）付款人（drawee）：填写汇票付款人（托收接单人，进口商）的英文名称、地址以及电传、传真、电话和 SWIFT 号等。

6）托收方式的选择（collection）：对“□Documentary collection　□Clean collection”进行选择，以明确究竟是跟单托收还是光票托收。

7）交单条件（deliver documents against ...）：在 against 后面填写 payment 或 acceptance，以明确究竟是 D/P 付款交单还是 D/A 承兑交单。

8）有效期（due date / tenor）：填写托收申请书的有效期限。

9）托收的汇票编号（drawer's ref. no.）和汇票金额（amount）：分别填写所托收汇票的编号和金额。

10）单据清单（documents）。说明所提交单据的明细清单（包括每项单据的具体份数）：须具体填写一个明细表格，详见单据示样 13：出口托收申请书。

11）实收款项的处置（disposal of proceeds upon collection）：说明代收款项收妥后怎样处置。如果不是要求将收妥款项拨付到客户委托人在托收行的账户，则须说明要求将收妥款项拨付到哪家银行的哪个账户等具体信息。

12）托收指示明细（collection instructions are marked with “×” as below）：对一些托收指示明细项目进行逐项选择（对正确的选项打“×”），详见单据示样 13：出口托收申请书。

13）备注（remarks）：诸如请代收行或付款人代为缮制的单据及其式样和用语要求，或者对于远期 D/P 托收是否允许提前付款及其贴息算法，以及是否允许分期付款交单之类的指示。

14）托收申请人的名称及其法人代表的签字/签章。

托收申请书示样，参见单据示样13：出口托收申请书。

（2）托收指示书的内容。

银行托收指示书的基本内容与客户托收申请书基本相同，一般来说，前者与后者主要有以下两点不同之处：①银行托收指示书的最后一项不再是客户申请人的名称及其法人代表的签字/签章，而是托收行的名称及其法人代表的签字/签章；②银行托收指示书的右上角还常另外加注有“正本”（original）字样，而客户托收申请书上无此类字样。这里就不再对银行托收指示书的内容做详细赘述了。

托收指示书示样，参见单据示样14：银行托收指示书。

四、跟单托收项下的资金融通

在跟单托收支付方式下，进出口商都有了一些依托于交易的融资手段。

1. 银行对出口商的资金融通

（1）托收出口押汇（loan secured by documentary bill to exporters against collection/advance against documentary collection to exporters）。

这是托收行以提单汇票等单据为质押品为出口商融通资金的一种方式。它又可分为“净额押汇”（collection bill purchased）和“部分押汇”（advance against collection）两种形式，前者是托收行以净额议付跟单汇票，即按汇票或发票金额扣除预计利息和托收费用后的净额受让及垫付跟单汇票（此时，托收行成为汇票的受让人）；后者是托收行以部分金额垫付跟单汇票，即按汇票或发票金额的50%～80%向出口商提供质押信贷（此时，托收行成为汇票的质押人）。无论何种形式，如不能按期收回货款，则银行均有权追索垫款或处理货物。

银行在托收项下叙做出口押汇应当十分谨慎：①应仅限于D/P交单条件，并尽量不做“净额押汇”而采取“部分押汇”；②应了解出口商的资信情况和财务情况良好（以防托收失败时难以追索）；③应了解这笔贸易的销售情况、进口商资信和进口地政局等均良好。

（2）为出口商承兑信用额度（credit limits for acceptance to exporters）。

这是出口商事先与托收银行订立承兑信用额度协议，从而在托收货款时利用融资汇票来做资金融通的一种方式。这里的所谓“融资汇票”，是指出口商在托收货款时，用在途货物提单及商业汇票作质押，专为融资而开立的一张以托收行为付款人的远期汇票（其金额须低于托收金额，付款期限则须迟于托收款的预计收妥期限），此汇票经托收行承兑后即可向贴现市场贴现以得到资金融通。托收行作为融资汇票的承兑人，将来以收到的托收款项来偿还融资汇票的票款，在汇票到期时付款给持票人收回该融资汇票。

2. 银行及出口商对进口商的资金融通

（1）托收进口押汇（loan secured by documentary bill to importers against collection/advance against documentary collection to importers）。

这是D/P交单条件下，代收行凭出口商提交的货权单据替进口商垫付货款，并给予进口商凭信托收据借单提货的便利，为进口商融通资金的一种方式。这里的所谓“信托收据”（trust receipt，T/R），是指进口商在付款之前向银行借取商业单据时开立的、以代收行为“信托人”(truster)、以自己为“受托人”(trustee)的一种具有保证性质的书面收据，保证自己在货款付清以前履行代为保管和处理货物及货款的职责。进口商在付款到期日再付清货款赎回其信托收据。

贸易结算中运用信托收据业务主要是为了解决货物先于远期 D/P 的付款到期日运达的矛盾，为进口商提供融通资金的便利。

1）信托收据的效力。

①受托人在信托收据下的责任和义务。

ⅰ. 信托收据项下的货物必须以信托人的名义单独存仓和保管（该项货物须与其他货物分开保管，其所有权仍属于信托人）；

ⅱ. 该项货物售得货款须如数交付信托人或暂时代为保管（此时账目上须与自有资金分别开来单独处理）；

ⅲ. 该项货物不得再抵押给他人。

②信托人在信托收据下的权利。

ⅰ. 可随时向受托人收取已售出货物的货款；

ⅱ. 可随时取消该项信托，收回货物及已售出货物的货款；

ⅲ. 如因此项信托而遭受损失，可向受托人索取赔偿；

ⅳ. 如受托人倒闭清算，对该信托项下的货物及货款有优先债权（在财产清算时，信托人可优先收回该项下的货物及货款）。

2）信托收据业务的分类。

①委托方授权代收行对进口商凭信托收据借单。

指 D/P 远期托收，委托方在托收委托书中明确指示有“D/P 远期，可凭信托收据先期借单”（D/P after a time, may take advantage of B/L depending on the T/R，简称“D/P远期，T/R”）字样情况下的 T/R 业务。这是出口商（客户委托人）为解决货物可能先于远期 D/P 的付款到期日运达的矛盾，而主动向进口商提供凭信托收据借单提货的便利，为进口商融通资金，其中风险由出口商（客户委托人）承担，与银行无关。

“D/P 远期，T/R”托收与“D/A”托收的不同之处在于，前者代收行负有代理 T/R 业务的责任，可凭信托收据代为追偿货款；而后者代收行对是否能按期收回货款不负任何责任。

②代收行自行对进口商凭信托收据借单。

指 D/P 远期托收或 D/P 即期托收，在无委托方明确授权可凭信托收据借单的情况下，代收行自行与进口商（托收业务的付款人）商定一个延期付款的时限，必要时由代收行先行垫付代收货款，进口商凭信托收据借单提货，待延期付款到期日付清货款赎回其信托收据的 T/R 业务。这属于代收行自行对进口商作资金融通，其中风险由代收行承担，与委托方无关。

（2）为进口商承兑信用额度（credit limits for acceptance to importers）。

这是进口商事先与银行订立承兑信用额度协议，从而在托收赎单时利用融资汇票来做资金融通的一种方式。这里的所谓“融资汇票”，是指进口商在托收提示时，用货物作抵押，专为融资而开立的一张以协议银行为付款人的远期汇票（其金额与付款期限须依“协议”要求），此汇票经协议银行承兑后即可向贴现市场贴现以便付款赎单。进口商待融资汇票到期时再把票款偿付给承兑银行，由后者付款给持票人收回该融资汇票。

另外，在跟单托收业务中，银行除可以为进口商提供资金融通以外，在特殊情况下，还可以为进口商提供一种特殊的提货担保业务：这是跟单托收项下（一般是D/P交单条件下），货物已运达而单据（尤其是货物提单）尚未寄达或单据在邮寄过程中遗失等特殊情况下，代收行给予进口商凭付款—抵押保证书为其出具“提单保函”（letter of guarantee for the B/L）向承运人作提货担保的便利，为进口商提供信用担保的一种方式。这里的所谓“付款—抵押保证书”（payment-mortgage written guarantee），是指进口商为了在正本提单寄达之前能向承运人提取货物而请求代收行出具提单保函时开立的，保证以该项货物为抵押品（有时还须有另外的担保品），待单据寄达后按期付款赎单并及时退还银行保函的书面承诺。进口商在单据寄达后须按期付款赎单或凭信托收据借单，并马上用货物提单向承运人赎回银行保函，再将该保函退还给银行赎回其“付款—抵押保证书”。这种“提货担保”业务，一般来说（只要委托方没有明确授权代收行做“提货担保”业务）仅仅是代收行和进口商及承运人三者之间的事，其中风险主要由代收行承担，与委托方无关。

五、跟单托收结算方式的特点及其在国际贸易中的应用

1. 跟单托收结算方式的特点

（1）主要依靠商业信用，卖方承担了较大的风险。

托收项下卖方先发货后收款并且收款主要依靠商业信用，风险仍很大，但与货到后汇款相比多少减轻了一些钱货两空的风险；而买方则拥有较大的主动权，但在D/P条件下仍有遭遇单货不符或收到伪劣货物的风险。

（2）买卖双方都有了一些基于交易的融资手段，但卖方的资金负担仍显较重。

托收项下卖方承担了较重的资金负担，但比相应的货到后汇款方式下的资金负担略轻，并且有了一些基于交易的融资手段；而买方不但资金负担较轻，而且有了一些基于交易的融资手段。

（3）手续较繁，费用较高。

托收方式的手续/费用比汇款方式繁/高；比信用证方式简/低。

基于以上特点，跟单托收方式在一般贸易结算中的应用不是很广泛，限于某些特定原因及条件才予以采用。特别是在加工/装配贸易中，以及跨国公司的不同子公司之间常采用托收支付方式。

2. 跟单托收结算方式在国际贸易中的应用

在售定贸易项下，对出口商来说，相对于货到付款，跟单托收相对要安全些（因为出口商比较容易控制单据，进口商要在付款或承兑汇票后才能取得单据），而且出口商可以利用单据向银行融通资金。但跟单托收的出口方仍然承担了较大的风险和较重的资金负担。对于出口商来说，跟单托收中以即期付款交单风险最小、承兑交单风险最大（而进口商的选择刚好相反）。光票托收则一般用于贸易从属费用的结算以及佣金、样品费的结算等，金额较小。

在加工/装配贸易中，加工/装配的受托方常会要求对其来料/来件的进口采取D/A支付方式，而对其制成品的出口采取D/P即期支付方式，以前者的代收行作为后者的托收行，而以前者的托收行作为后者的代收行，并注意将前者的付款期限安排在后者的预定交

单期限之后，以便用加工/装配制成品出口的货款来偿付来料/来件进口的货款，从而大大减轻自己的资金负担。所谓加工/装配贸易（processing/assembling trade）是“来料加工”（processing with customer's materials）或“来件装配”（assembling with customer's parts）两种贸易方式的统称。其中，来料加工是指交易的一方（受托方）接受另一方（委托方）提供的原材料（有时也附带提供包装物料及专用机器设备），按协议规定的品质、规格、款式和技术要求进行生产加工，收取加工费，产品交委托方使用或销售的贸易方式。来件装配是指交易的一方（受托方）接受另一方（委托方）提供的元器件和零配件（有时也附带提供专用机器设备），按协议规定的设计、工艺和技术要求进行生产装配，收取工缴费，成品则交给委托方销售的贸易方式。

此外，跟单托收支付方式也可用于寄售贸易项下，即卖方委托银行向买方交单，并负责分期或一次性代收售得货款。但它与售定贸易项下的跟单托收有所不同，后者一般必须带汇票，交单时买方必须支付汇票或承兑汇票；而前者一般不带汇票，发票也只是估计金额，交单可凭买方出具的信托收据/保证书＋收据。显然，对于寄售贸易的卖方来说，它是一种稍优于货到后远期付款的支付方式，因为它在向买方交单后，代收行持有买方出具的信托收据/保证书，从而负有代为催收货款的义务。

3. 出口商在运用托收结算方式时应注意的事项

由于市场竞争激烈，所以当出口商对进口商、进口市场、商品行情等做了详细和周密的调查并认为收汇确有把握时，也可以根据交易情况而酌情酌量采用出口托收方式。出口商在选用托收支付方式时，特别要注意以下事项，以尽量降低风险。

（1）详细调查进口商的资信情况和经营作风。

对于出口托收业务，出口商必须认真、细致、经常性地调查进口商的资信情况和经营作风，根据每个进口商的具体情况确定不同的授信额度，妥善掌握成交和发货的总金额。并且在进口商的资信情况和经营作风发生变化时，应对其授信额度作及时调整。

1）开发新客户须做事前调查。在开发新客户时，一定要先了解进口商的底细，了解其是否经过政府有关部门的批准设立，最好能取得相应的登记证明、公司章程、股东名册等，并了解其组织背景、经营能力、往来客户、年销售状况以及银行对该公司的评价等情况。

2）对老客户亦应做经常性的定期调查。

3）对异常情况则应做特别的临时性调查。

（2）了解商品在进口国的市场动态和进口国的贸易管制、外汇管制情况。

对于出口托收业务，出口商应充分了解其出口商品在进口国的市场动态。如果进口国的市况一时严重不佳，即便进口商的资信和经营作风良好，亦应慎用托收支付方式，尤其是 D/A 托收和 D/P 远期的托收方式。

再者，对于有进口管制和外汇管制的国家，采用托收支付方式时，在确定进口商已获其当局的进口许可和外汇额度并已获得必要的证明之前，一般不宜发货。

（3）熟悉进口国相关法律及当地银行处理托收业务的习惯做法。

鉴于本节在 D/P 远期托收中曾提到的欧洲大陆国家许多银行干脆不做 D/P 远期托收业务，而拉美地区一些国家的银行业则有将 D/P 远期干脆作为 D/A 处理的习惯，出口商有必要事先熟悉进口国相关法律及当地银行处理托收业务的习惯做法，并慎用 D/P 远期托收方式。或者，出口商为慎重起见，可以在 D/P 远期托收委托书中特别列明如下条款：“In case of conflicts with laws and usages in your part，please cancel the instructions and keep documents for us under your advice to us by telex within 7 days.”（如与进口国的法律和惯例相冲突，请取消本指示，同时为我方保管单据，并在 7 天内以电传方式通知我方。）

（4）健全应收账款管理制度。

对于出口托收业务，出口商一定要有健全的财务管理制度，特别是要做好应收账款的管理，注意进行定期检查，并及时通过银行做好催收工作。

（5）严格按合同规定交货和制单。

对于出口托收业务，出口商应严格按照贸易合同的规定交付货物和制作单据，以防止被进口商找到拒付的借口。因为根据国际惯例，在即期付款交单的托收业务中，一方面，即使出口商的交货没有任何问题，但如果单据不合格，进口商仍然可以拒绝付款赎单；另一方面，只要单据合格，进口商就应当付款赎单——代收行是在取得货款后才将代表货权的单据交付给进口商。而在承兑交单或远期付款交单的托收业务中，即使进口商已经在承兑交单项下承兑接单或者是在远期付款交单项下凭信托收据借单，如果事后又发现收到的货物不符合合同规定，则进口商仍然可以到期拒付，出口商终难逃脱要为其不严格按合同规定交货而付出相应的代价。

（6）应争取按 CIF 或 CIP 条件达成交易合同。

在托收业务中，出口商应尽量争取按 CIF 或 CIP 条件达成交易合同。因为按这两种贸易条件成交，是由出口商代办运输保险，万一货物在运输途中遇险而进口商又拒绝赎单时，由于出口商自己掌握有保险单，可以直接向保险人索赔而避免种种不必要的可能麻烦。

值得注意的是，目前有 30 多个发展中国家为扶持本国的保险事业，规定进口货物必须在本国办理保险，所以我国企业在对这些国家的出口贸易中若采用跟单托收支付方式，为尊重这些国家的规定，也可同意由对方办理保险，但与此同时，我方可另行向中国人民保险公司投保一个“卖方利益险”（seller's contingent interest risk）。所谓“卖方利益险”，是中国人民保险公司于 1978 年设立的一个独立险别，主要是为了解决某些国家限定进口货物须在其本国投保而我国出口企业又不得不采用托收方式时可能面临的风险问题——如果出口托收项下货物运输保险由进口方办理，一旦货物遇险受损或灭失，而国外进口方又拒付该受损货物的货款时，则可由中国人民保险公司负责赔偿货物的损失部分。

案例 4—1

上海 W 公司在 1993 年多次向美国 L 公司售货，同时指示上海 A 银行将全套物权单证转寄纽约 C 银行按付款交单方式托收。但 C 银行误将付款交单作承兑交单处理，致使 L 公司在未付款的情况下从 C 银行取得了全套物权单证，L 公司事后也没有向 W 公司付款。W 公司因此向人民法院起诉，要求 A 银行和 C 银行共同承担赔偿责任。法院审理后认为，认定本案的法律关系性质应结合托收的实现方式、当事人的意思表示和具体行为、《托收统一规则》的相关规定等内容。就本案事实，法院据此判决 C 银行向 W 公司偿付相应损失。

案例 4—2

我国某外贸公司向日本商人以 D/P 见票即付方式推销某商品，对方答复如我方接受 D/P 见票后 90 天付款条件，并通过其指定的 A 银行代收货款则可接受。

问题：请分析日方提出此项要求的出发点。

分析：

（1）提出将 D/P 即期改为 D/P 90 天远期，很显然旨在推迟付款，以利于其资金周转。

（2）而日商指定 A 银行作为该批托收业务的代收行，则是为了便于向该行借单，以便早日获取经济效益。在一般的 D/P 远期业务中，代收行在未经授权的情况下通常是不会轻易同意付款人借单的。该日商之所以提出通过 A 银行代收货款，当然是因为该日商与 A 银行有既定融资关系，从而可取得提前借单的便利，以达到进一步利用我方资金的目的。

关键术语

国际汇兑	顺汇	逆汇	电汇	信汇
票汇	中心汇票	托收	光票托收	跟单托收
D/P	D/A	T/R	押汇	托收出口押汇
托收进口押汇	承兑信用额度			

思考题

1. 简述国际结算方式和国际汇兑方式的分类关系。
2. 简述电汇、信汇和票汇的工作流程。
3. 托收业务有哪些当事人？他们各有何权利和义务？
4. 简述 D/P 即期、D/P 远期和 D/A 的工作流程。
5. D/P 远期和 D/A 各有哪些应注意的业务要点？
6. 托收项下出口商和进口商各自有哪些融资手段？
7. 简述汇款结算方式与托收结算方式各自的特点。

第五章

国际结算方式——信用证

学习目标

1. 了解信用证的定义、性质与作用；
2. 掌握信用证的基本当事人及其权利和义务、信用证的基本种类及其业务流程。
3. 了解信用证项下出口商和进口商各自有哪些融资手段。
4. 掌握跟单信用证结算的特点。

重点与难点

重点：信用证的基本性质；信用证的有关当事人及其权利和义务；即期付款信用证、延期付款信用证、承兑信用证和议付信用证的业务流程；信用证的基本分类关系；几种特殊的信用证；跟单信用证的格式和基本内容；跟单信用证项下的资金融通；跟单信用证结算方式的特点等。

难点：信用证的基本性质；信用证的有关当事人及其权利和义务；信用证的局外议付和信用证的基本分类关系；可转让信用证和对背信用证；跟单信用证的格式和基本内容；跟单信用证项下的资金融通等。

第一节　信用证概述

一、信用证的含义和国际惯例

1. 信用证的含义

《跟单信用证统一惯例》（2007年修订版，国际商会第600号出版物）［Uniform Customs and Practice for Documentary Credits(2007 Revision，ICC Publication No. 600)，简称“UCP600”］第二条对信用证给出了一个言简意赅的定义（大大简化了原来在UCP500中对于信用证的冗繁定义）：

信用证意指一项约定，无论其如何命名或描述，该约定不可撤销并因此构成开证行对于相符交单予以兑付的确定承诺（Credit means any arrangement, however named or described, that is irrevocable and thereby constitutes a definite undertaking of the issuing bank to honor a complying presentation)。

信用证支付方式的国际汇兑业务属于逆汇业务。

2. 信用证的国际惯例

为了使国际信用证业务有一个统一的规范，国际商会于 1929 年首次颁布了《商业跟单信用证统一惯例》，被称为国际商会第 74 号出版物（ICC Publication No. 74）；此后至今前后已做过七次修订，它们分别是 1933 年颁布的第一次修订版，被称为国际商会第 82 号出版物（ICC Publication No. 82）；1951 年颁布的第二次修订版，被称为国际商会第 151 号出版物（ICC Publication No. 151）；1962 年颁布的第三次修订版，被称为国际商会第 222 号出版物（ICC Publication No. 222），这次修订将其改名为《跟单信用证统一惯例》（Uniform Customs and Practice for Documentary Credits）并沿用至今；1974 年颁布的第四次修订版，被称为国际商会第 290 号出版物（ICC Publication No. 290）；1984 年颁布的第五次修订版，被称为国际商会第 400 号出版物（ICC Publication No. 400）；1993 年颁布的第六次修订版，被称为国际商会第 500 号出版物（ICC Publication No. 500）；最新一次修订是 2006 年 10 月颁布的第七次修订版，被称为国际商会第 600 号出版物，已于 2007 年 7 月 1 日起生效实施，我们以下将其简称为 UCP600，它对 UCP500 做了全方位的修订。

（1）UCP600 内容结构的重要增删与调整。

UCP600 修订版在条文编排上参照了 ISP98（《国际备用证惯例》，参见本书第六章第二节）的结构，删除了 UCP500 中一些不必要或过时的条款，并把 UCP500 分散在各个条款中的概念、解释（如信用证、银行工作日等定义）归集在一起，增列了一些专门的定义条款。UCP600 把 UCP500 的 49 个条款增删与调整成现在的 39 条，使惯例的形式结构显得更加完整和严密。其中的第一至五条为总则部分，包括 UCP 的适用范围、定义条款、解释规则、信用证的独立性等；第六至十三条明确了有关信用证的开立、修改、各当事人的关系与责任等问题；第十四至十六条是关于单据的审核标准、单证一致或不符的处理规定条款；第十七至二十八条是关于商业发票、运输单据、保险单据等单据的规定条款；第二十九至三十二条是有关款项支取的规定条款；第三十三至三十七条是银行的免责条款；第三十八条是关于可转让信用证的规定条款；第三十九条是关于款项让渡的规定条款。

（2）UCP600 内容的一项重要更新。

UCP600 在第二、三两个条款集中归纳了本惯例用到的 14 个主要概念和 12 个重要词语的解释。从信用证各有关当事人的定义来看，其主要责任和义务没有实质变化，但在用词上更加清晰和简洁，并补充了一些 UCP500 中未加以明确的定义。一项重要的更新是引入了“honor”（兑付或承付）的概念［定义 honor（兑付或承付）包括对于即期付款信用证即期付款，对于延期付款信用证发出延期付款承诺并到期付款，对于承兑信用证承兑由受益人出具的汇票并到期付款，从而 honor（兑付或承付）这个词概括了所有各种信用证项下开证行、保兑行以及指定行除议付以外的一切与支付相关的行为］①；改进了“negotiation”（议付）的定义［明确 negotiation（议付）包括对于议付信用证的垫付或承诺垫付，都

① “兑付或承付”无追索权。

是对受益人的融资，从而将指定议付行对受益人的融资也纳入惯例保护的范围][①]；专门规定了各相关银行认定“complying presentation”（交单相符）时应尽的义务［当开证行认定 complying presentation（交单相符）时，必须予以兑付或承付；当保兑行认定 complying presentation（交单相符）时，必须予以兑付或承付及议付并将单据转递给开证行；当其他指定银行认定 complying presentation（交单相符）时，也必须予以兑付或承付及议付并将单据转递给保兑行或开证行］。这些改进更有利于进出口企业学习和掌握 UCP600 这一新的惯例。

所谓“交单相符”有两层含义：一是需要在信用证的有效期和规定时限内向指定银行交单；二是所提交的单据还需要做到“单证一致、单单一致和单内一致”（The documents are consistent with the L/C；with the other documents and within each single document）。

广大进出口商应该对 UCP600 的变化给予足够的重视，加以认真研究和熟悉。在 UCP600 开始生效实施以后，SWIFT 系统将默认信用证适用 UCP600，除非信用证申请人在信用证申请书上特别申明“本信用证适用 UCP500”。目前世界上绝大多数国家的银行都已根据 UCP600 来办理信用证业务，并在信用证中注明其采用了 UCP600；而且目前世界各国法院也都已把 UCP600 作为裁决国际跟单信用证纠纷的主要法律依据。我们下面将主要依据 UCP600 来讲述信用证业务。

（3）UCP600 的附则 eUCP1.1。

随着电子商务的迅猛发展，在信用证业务中使用电子单据、电子交单的新业务也在一些国家出现。国际商会银行委员会曾在 2001 年年底通过了《跟单信用证统一惯例电子交单增补规则》（1.0 版）（UCP Supplement for Electronic Presentation，eUCP1.0），作为对 UCP500 的补充与 UCP500 同时使用，并于 2002 年 4 月 1 日起正式生效。这次在 UCP600 的修订过程中，国际商会也将 eUCP 作了相应的修订，更新为 1.1 版，并把 eUCP1.1作为 UCP600 的附则公布于世。

eUCP1.1 共 12 条，涉及电子信用证业务中惯例的适用、电子单据的格式、电子化术语的定义、电子单据的提交与审核、拒绝通知、正本与副本、出单日期、运输单据、银行免责等内容。

由于信用证项下的电子交单业务需要有关银行事先做好许多准备工作，而且有关银行之间还需要订立专项约定，所以至今在国际上以电子交单来进行结算的做法尚未普及。不过可以预见，未来电子单据必将逐步取代纸质单据。

二、信用证的基本属性

1. 信用证的开证行负有第一性付款责任原则

信用证支付方式是以银行信用为基础的支付方式，信用证的开证行负有第一性付款责任。

前面两章中讲述的汇款支付方式和托收支付方式都是以商业信用为基础的支付方式，而信用证支付方式则是以开证行的信用为基础的支付方式；并且它又不同于一般担保业务

① “议付”有追索权。

中保证人只负第二性责任的情况，信用证业务中开证行承担着第一性付款责任。虽然对于申请人来说，开证行提供的只是信用，而非资金，但是对于受益人来说，即使申请人丧失了偿付能力，开证行仍须依约对受益人履行其付款责任。信用证是开证行的一个有条件且有限度的付款承诺——信用证开证行的付款承诺并非无条件和没有限度的，而是以受益人必须依信用证规定的期限和地点交来符合规定的合格单据为条件，在一定金额范围内承担付款责任。一旦超过规定期限，信用证即告失效，开证行的付款责任即可免除；如果受益人提交的单据不能完全符合信用证的规定或形式上不合格，开证行亦可拒绝接单；对于超过信用证规定金额的部分，开证行也不承担付款责任。

2. 信用证的独立自足性原则

信用证是一个独立于交易合同的自足性契约。

UCP600 在第四条 a 款中规定：就其性质而言，信用证与可能作为其开立基础的销售合同或其他合同是相互独立的交易，即使信用证中含有对此类合同的任何援引，银行也与该合同无关，且不受其约束。因此，银行关于兑付、议付或履行信用证项下其他义务的承诺，不受申请人基于与开证行或与受益人之间的关系而产生的任何请求或抗辩的影响。这意味着信用证一旦开出，就成为一个独立于任何其他有关交易合同的自足性契约，其有关当事人只需且必须按照信用证自身的条款办事，而不必也不能再顾及任何其他有关合同的执行情况。

3. 信用证的业务单据化原则

信用证支付方式把通常的货物/服务/其他交易业务转变成为只审查单证是否相符的单据化交易业务。

UCP600 在第五条中规定：银行在信用证业务中处理的是单据，而不是单据所涉及的货物、服务或其他行为。这又进一步明确了信用证业务是一种“单据交易”业务，银行是按照受益人能否依信用证规定的期限和地点交来符合规定的合格单据承担付款责任，而对货物的真假好坏、是否确已装运以及是否中途遭损等均不负责任，并且对单据的真假（只要其符合信用证规定而且表面上为合格单据）及其在邮递过程中的遗失或延误等也不负责任。

第二节　信用证的有关当事人及其权利和义务

信用证的当事人可分为必不可少的基本当事人和其他可能的派生当事人两大类。

一、信用证的基本当事人及其权利和义务

任何信用证支付方式都有三个必不可少的基本当事人：开证申请人、开证行和受益人。

1. 开证申请人

开证申请人（issuing/opening applicant）是向银行申请开立信用证的客户。在国际贸易中开证申请人通常为进口商，它有着两方面的权与责：一方面是与出口商之间的贸易合同下买方的权利和义务；另一方面是与开证行之间的开证合同下申请方的权利和义务。

（1）贸易合同下买方的权利和义务。

1）根据贸易合同的约定申请开立信用证并按合同规定支付货款。作为贸易合同下的买方，进口商应当按照合同约定的时间申请开立信用证，并做到“证约相符”（包括信用证的类别、信用证的内容以及开证行等都必须符合合同的约定）。如果进口方不能在贸易合同约定的合理期限内开立信用证，可被视为对贸易合同的违约，这时出口方有权解除贸易合同，并可对其遭受的实际损失向进口方提出索赔；如果开证行开出的信用证未能做到证约一致，与合同约定有不符之处，这时出口方也有权拒绝接受或要求进口方通过开证行修改信用证后再履行合同义务，若出口方因此而遭受损失，还可按实际损失向进口方提出索赔。

2）在开证行破产或无力支付时，负有最终的付款赎单责任。虽然贸易合同中约定了采用信用证支付方式，但贸易合同下最终的付款赎单责任仍然属于进口商，开证行提供的仅仅是自身的信用，而非资金，所以开证行破产或无力支付并不能解除进口商在贸易合同项下的付款赎单责任。

3）履行付款赎单义务后，有验货权，如发现货约不符，并且是属于出口商的责任范围时，有权向出口商退货或索赔。但是，对于运输中造成的货损，则应向运输商或保险商索赔。

（2）开证申请合同下申请方的权利和义务。

1）开证指示应明确、简洁、完整、一致。

2）须承担开证费用，出具质押书，有时还须支付开证押金（目前发达国家银行多是通过信用管理严格控制客户的信用额度来防范风险，对于申请人信用额度内的开证申请一般已不再收取开证押金）。

3）应及时履行赎单手续并按期付款。对于即期信用证应及时付款赎单，对于远期信用证则应及时出具信托收据等赎单手续并承兑汇票（如果信用证规定以申请人为汇票付款人），且按期向开证行履行付款。

4）如果开证行未按开证申请书的要求开证而且未经申请人予以事先确认，则申请人有权拒绝赎单。

5）在赎单前有权审核单据，如发现提交的单据未能全面做到“单证一致、单单一致和单内一致”，则有权选择退单拒付或付款赎单。

2. 开证行

开证行（issuing/opening bank）是应开证申请人（或其代理银行）的请求开立信用证的银行。可以把应开证申请人代理银行的请求而代为开立信用证的开证行特别称做“代开行”，但代开行仍是开证行，它所承担的开证责任与直接应开证申请人的请求而开立信用证的开证行并无本质区别，我们不再对其特殊之处作过多赘述。在国际贸易中开证行通常为进口地银行，它一方面有着跟开证申请人（或其代理银行）之间的开证申请合同下开证方的权利和义务；另一方面又有着所开信用证项下跟受益人及其他当事人（通知行、议付行/代付行、保兑行及偿付行等）之间的出证方权利和义务。

（1）开证申请合同下开证方的权利和义务。

1）须严格按照开证申请书的要求开证。但如果认为开证申请书中有不合理之处，则可在取得申请人确认的前提下予以修改。

2）必须按信用证规定严格审单及付款受单。须确保“单证一致、单单一致和单内一致”。若发现单据瑕疵，可在征得开证申请人认可的前提下付款受单，否则不得付款受单。若开证行因审单不严或其他自身失误而错付了过期单据或不合格单据，或者是拒付了合格单据，则开证申请人有权对开证行提出问责和赔偿损失的要求。

3）开证行由于自身错误而承担赔偿责任的范围仅限于信用证金额以内跟单汇票或发票的面额加利息及必要费用。

4）有权向开证申请人收取开证费用，要求后者出具质押书，必要时还可要求后者预付押金或提供其他担保品。

5）只管“交单相符”，而不管货物的实际情况。

6）当开证申请人无力付款赎单时，开证行有权处理单据和货物，如其不足以抵偿垫款，还有权向申请人追偿不足部分。

（2）信用证项下开证方的权利和义务。

1）信用证一旦正式开立，开证行即负有第一性的付款责任，不经开证申请人和受益人的一致同意，开证行不能擅自撤销或修改。只要受益人按信用证规定的地点和时间交单，并做到了单内一致、单单一致和单证一致，开证行就必须按期向受益人或授权兑用银行付款：开证行不能以进出口商之间的业务纠纷为由推卸其按信用证条款付款的责任；开证行不能因本身工作差错导致信用证条款与开证申请书条款不符却又以开证申请书为依据或以开证申请人拒绝接受单据为由拒绝履行付款义务；开证行不能以开证申请人缴纳押金或其他担保不足、开证申请人丧失清偿能力或有欺诈行为等为由拒绝承担付款责任。

2）银行必须在收到单据的翌日起算“最多不超过 5 个银行工作日”完成审单。过去 UCP500 的规定是在“不超过 7 个银行工作日的合理时间”完成审单，这次 UCP600 修订时去掉了所谓“合理时间”这一容易引起争议的措辞，并且将其缩短为 5 个银行工作日（这个期限不仅适用于开证行，还扩大到它指定的所有代理行）。

3）开证行一经正式付款即无追索权。开证行对于自己授权的代理行（议付行/付款行或保兑行）和受益人（包括作为受益人的代理人的交单行）均无追索权。

4）开证行如发现“交单不符”（not complying presentation），可以拒付，也可在取得申请人认可条件下付款受单。如果得到授权的议付行或代付行在向开证行寄单的同时已通过电信索偿方式向偿付行得到拨付，而单据到达开证行后又发现单据不合格，则开证行有权追回已付款项及其利息（这仍属于拒付，而非追索）。

5）开证行如果拒付，则须用尽可能快捷的方式（在不迟于自交单翌日起算第五个银行工作日结束前发出）通知其代理行及受益人（或作为受益人的代理人的交单行），需要一次性说明不符点（无权在事后补充新的不符点），并按规定妥善处理单据。

3. 受益人

受益人（beneficiary）是信用证权利的合法享受人。在国际贸易中受益人通常为出口商。它也有着两方面的权与责：一方面是跟进口商之间的贸易合同下卖方的权利和义务；另一方面是信用证项下跟开证行及其他当事人（付款行/议付行、保兑行等）之间的受益方权利和义务。

（1）贸易合同下卖方的权利和义务。

1）应当做到“货约相符”（The goods comply with the contract）和“单货相符”（The documents comply with the goods）。作为贸易合同下的卖方，出口商应按照合同约定装运货物，并应按照装运货物的真实情况制单。否则，即便他能在信用证项下顺利交单索偿/议付，其仍须承担贸易合同下的违约责任。

2）当发现信用证条款与贸易合同条款不符时，可以接受该信用证，也可以要求进口商通过开证行修改信用证条款。如对方不予修改或修改后仍与合同不符而不能接受，则可拒绝接受该信用证，通知开证行撤销该信用证，并可对其遭受的实际损失向进口商提出索赔。

3）在开证行破产或无力支付时，可向进口商要求付款赎单，如对方未能在合理时间内答复（对于易腐品可不必等待对方答复）并付款赎单，则可另行出售货物，并可向进口商追赔由此而给自己造成的损失。

（2）信用证项下受益方的权利和义务。

1）在信用证规定由受益人（出口方）承担货物装运的贸易条件下，受益人须在信用证规定的装运期限内装运货物，并在货物装运后及时将装运情况（如航班、唛头等等）通知收货人（进口方），以便后者做好赎单准备。

2）须在信用证规定的效期内向信用证开证行或其指定银行（付款行/议付行、保兑行等）交单。信用证规定的兑付或议付的截止日将被视为交单的截止日，信用证指定的兑付或议付该信用证的银行所在地点即为交单地点（除信用证规定的交单地点外，开证行所在地也是交单地点）。一旦超过交单期限，信用证即告失效，银行将拒收单据。

3）须确保“单证一致、单单一致、单内一致”。如有不符，银行可拒收单据，但在信用证规定的交单效期内受益人尚可更改单据。

4）在按信用证规定向开证行或其指定银行（付款行/议付行、保兑行等）交单后，有权按信用证规定得到银行的兑付/议付。

二、信用证的派生当事人及其权利和义务

信用证项下常常派生出许多其他当事人，一般有通知行/转递行、付款行/议付行、保兑行及偿付行等。注意，不同种类的信用证所派生出来的当事人是不尽相同的；另外，必要时一家银行可以同时兼任两个或多个当事人角色。

1. 通知行/转递行

通知行/转递行（advising bank/transmitting bank）是开证行委托其将开立的信用证通知（另以自己的通知书格式照录全文转达）/转递（原件照转）给受益人的银行。在国际贸易中通知行/转递行通常为出口地银行，往往是开证行的分行或代理行，它只有信用证项下跟开证行之间的代理通知/转递方的权利和义务。

（1）通知行/转递行须合理核验所通知/转递信用证的表面真实性。如遇无法确定的情况，则应无延误地与开证行联系加以证实，但可对受益人预作参考性通知/转递（告知受益人尚无法确定该信用证的真实性，必须收到开证行的证实以后方可使用）。

（2）须及时通知/转递信用证给指定受益人。

（3）有权在履行了通知/转递责任后向开证行收取通知/转递手续费。

2. 付款行

付款行（paying bank）是非议付信用证项下，开证行指定/授权（邀请）的履行信用证付款责任的银行。注意，付款行多为开证行之外的另一家银行（我们以下将特别称其为“代付行”），但也可以是开证行自己。在国际贸易中代付行通常为出口地银行，并常常兼任通知行/转递行的角色。代付信用证常用于买方信贷（见第七章）项下，代付行一方面有着跟开证行之间的信用证项下受邀代理付款方的权利和义务，另一方面又有着跟受益人之间的代付信用证项下执行兑付方的权利和义务。

（1）代付信用证项下受邀代理付款方的权利和义务。

1）被开证行授权的付款行可在信用证规定的效期内偿付受益人提交的单据，亦可拒绝承担代理付款的责任（但此时须无延误地立即通知开证行）。

2）付款前须严格审单，有权对信用证条款予以公平合理的解释（其解释对开证行有约束力），可拒绝兑付跟信用证规定不符的单据。若付款行审单有误，则可能遭开证行拒付。

3）付款后，可向开证行索偿并收取代理付款手续费及其他有关费用。

（2）代付信用证项下执行兑付方的权利和义务。

1）在承兑信用证项下，如果代付行承兑了受益人提交的跟单汇票，其就有了汇票承兑人的责任，必须按期偿付自己承兑的汇票。

2）付款后无向受益人的追索权。无论开证行因何种原因拒付或开证行破产倒闭或丧失偿付能力，付款行一旦向受益人付款后概无追索权。

3. 议付行

议付行（negotiating bank）是议付信用证项下，开证行授权（邀请）其为受益人议付（即以对价受让/垫付）信用证项下单据的银行。注意，这里是严格依据 UCP600 来给议付行下的定义，而在实务中则另外还有一个更为“广义的”议付行概念，把凡是应受益人的请求而议付信用证项下单据的银行都称为“议付行”（这就把那些并未得到开证行授权而应受益人的请求对“非议付信用证”或“限制议付信用证”进行局外议付的银行也包括在内了）。但我们这里谈到议付行时，除非特别声明，一般是针对 UCP600 所定义的授权议付行而言的。在国际贸易中的议付行通常为出口地银行：它一方面有着议付信用证项下跟开证行之间的受邀代理议付方的权利和义务；另一方面又有着跟受益人之间的信用证项下押汇合同（质押书/总质押书）贷方的权利和义务。

（1）议付信用证项下受邀代理议付方的权利和义务。

1）被开证行授权的议付行可在信用证规定的效期内议付受益人提交的单据，亦可拒绝承担代理议付的责任。对于限制议付信用证，如果被授权代理议付的银行拒绝承担此项义务，须无延误地立即通知开证行。

2）议付前须认真审单，可拒绝议付跟信用证规定不符的单据。若议付行审单有误，则可能遭开证行拒付。

3）议付后，可凭合格单据向开证行（或其偿付行）索偿。

（2）议付信用证项下押汇合同贷方的权利和义务。

1）议付行议付时，可要求受益人出具质押书或总质押书（它们就是所谓的押汇合同）。质押书适用于一笔业务，而总质押书一般在一定期限和金额内连续有效。它们规定了议付行的追索权限和处理货物的权利。

2）议付行可向受益人收取议付贴息、手续费及其他有关费用。

3）议付行有向受益人的追索权。如遇开证行无理拒付、破产倒闭或丧失偿付能力，议付行可按押汇合同的规定向受益人行使追索权。

4．保兑行

保兑行（confirming bank）是开证行授权（邀请）其在不可撤销信用证上加具保兑（以其自身名义保证付款）的银行。注意，保兑行必须是开证行之外的另一家银行。在国际贸易中保兑行也常为出口地银行（但有时为第三国银行），往往是开证行的分行或代理行，并且常由通知行/转递行兼任。保兑行一方面有着跟开证行之间的信用证项下受邀代理保兑方的权利和义务，另一方面又有着跟受益人之间的保兑信用证项下（如果其在信用证上加具了保兑）保证人的权利和义务。

（1）保兑信用证项下受邀保兑方的权利和义务。

1）被开证行授权的保兑行可对信用证加具保兑，亦可拒绝对信用证加具保兑（但此时须无延误地立即通知开证行）。

2）付款前须严格审单，可拒绝兑付与信用证规定不符的单据。若保兑行审单有误，则可能遭开证行拒付。

3）付款后，可向开证行索偿并收取代理保兑手续费及其他有关费用。

（2）保兑信用证项下保证人的权利和义务。

1）保兑行一旦加保后，即负有与开证行并列的第一性的不可撤销的独立付款责任。

2）即便开证行破产或无力支付，受益人仍有权在信用证规定的效期内向保兑行交单索偿或议付。

3）保兑行在付款或议付后，即便开证行无理拒付或丧失清偿能力，也不能向受益人追索。

5．偿付行

偿付行（reimbursing bank）是开证行指定其代理信用证项下款项偿付责任的银行。在国际贸易中，当信用证项下支付货币为进、出口国以外的第三国货币时，为方便代理执行兑用的银行（代付行/议付行及保兑行等）索偿，常特别指定开证行在该货币清算中心的账户行代理偿付业务。这种指定有偿付行的信用证常被简称为偿付信用证（reimbursement L/C）。偿付行只有跟开证行之间的被授权代理偿付方的权利和义务。

（1）偿付行有权按开证行的偿付授权书的指示向索偿银行付款。

（2）偿付行没有接受单据和审核单据的义务。除非信用证另有规定，索偿书上无须证明单证一致，偿付行即可偿付。

（3）偿付行只有相当于开证行出纳机构的代理偿付义务，而没有代理开证行去做拒付业务的责任。

6．交单行/寄单行

狭义的交单行/寄单行（sending bank）概念是指未得到信用证开证行授权而自行以信

用证受益人的代理人身份向开证行或其授权的代付行/议付行及保兑行等寄单索偿并代为收款的银行。广义的交单行/寄单行概念则是泛指一切向开证行或其指定银行寄送单据的银行（包括被开证行授权的和未得到开证行授权的），但我们这里则是专指未曾得到过信用证开证行授权的狭义的交单行/寄单行。它不具有开证行代理人的身份和权利，无论其是否自行对信用证项下单据作过议付，它都只是信用证受益人的代理人而已。

狭义的交单行/寄单行一方面有着跟受益人之间的代理交单/寄单方（若其自行对单据作了议付，则还兼具押汇合同贷方）的权利和义务；另一方面又有着信用证项下跟开证行及其他当事人（付款行/议付行、保兑行等）之间的受益人代理人的权利和义务。

（1）代理交单/寄单合同下受邀代理交单行/寄单行的权利和义务。

这由狭义的交单行/寄单行与交单委托人（信用证受益人）之间签订的代理交单合同（如果自行议付，则还有押汇合同）自行规定。一般来说，狭义的交单行/寄单行应按信用证的规定及时寄单，但对邮递过程中的延误或遗失免责；在代理交单/寄单收款过程中遇到问题应及时向交单/寄单委托人通报，并及时转达各方的指示；可向交单/寄单委托人收取代理交单/寄单手续费及其他有关费用。

（2）信用证项下受益人代理人的权利和义务。

狭义的交单行/寄单行作为受益人的代理人，可代替受益人行使其信用证项下的权利和义务。需注意的是，由于狭义交单行/寄单行其实只是受益人的代理人，而并未得到开证行的交单/寄单邀请或授权，所以如果狭义交单行/寄单行在向信用证指定银行交单邮递过程中发生延误或遗失，则像其委托人一样是不能对开证方免责的（但如上所述，狭义交单行/寄单行对于邮递过程中的延误或遗失却是可以对其委托人免责的）。

第三节 信用证的类型

一、光票信用证和跟单信用证

这是按信用证对受益人提供单据的要求（是否要求受益人提交运输单据）来分类的。

1. 光票信用证

光票信用证（clean L/C）是银行可凭受益人出具的汇票（有时也可以要求附有发票、垫款清单、受益人声明等非货运单据）来付款的信用证。过去有一种旅行信用证就属于光票信用证，其指定付款行可凭受益人签发的汇票来付款，但现在它已不多见（已被旅行支票所取代）。目前在国际贸易中常用的光票信用证是备用信用证，它主要用于履约的信用担保；也可用于小额货款或贸易从属费用的结算。

2. 跟单信用证

跟单信用证（documentary L/C）是银行须凭受益人提供的跟单汇票或不带汇票的贸易单据（这里所言单据中必须包含货运单据）来付款的信用证。它专用于货款结算，是当前国际贸易中使用最多的结算方式。

二、保兑信用证和无保兑信用证

这是按信用证是否有开证行之外的另一家银行的担保付款来分类的。

1. 保兑信用证

保兑信用证（confirmed L/C）是有开证行以外的另一家银行（保兑行）应开证行的请求和授权而以其自身信誉加具了付款承诺的不可撤销信用证。注意，识别一个信用证是否为保兑信用证的关键在于看其是否有开证行以外的另一家银行加具付款保证，而不是看开证行是否在信用证中自称其为“保兑的”（confirmed）。对于保兑信用证的修改，除须经过其基本当事人一致同意以外，一般还须经过原信用证保兑行的重新加保，原保兑行有权选择对修改后的信用证重新加保或不予重新加保。保兑行一旦对信用证加保，就承担起跟开证行同等的付款承诺，这对于受益人和其他被指定代理银行来说，就等于得到了双重的付款保障，自然更为有利，但为此也须承担额外的保兑费用（这一费用多由受益人承担，但也可以由申请人承担。对于前一种情况，保兑行可在履行付款时从应付款中扣除该项费用）。

要求对信用证加保兑，一般是由于其受益人或被指定银行对信用证开证行的偿付能力不够信任或对进口国政治局势有顾虑等原因而采取的特别做法。有时在交易双方的交易合同中就事先规定，来证必须有开证行以外的出口地银行或第三国银行加保；有时则是银行之间在委托代理合同中就事先规定，当开证金额超过一定额度时必须有开证行以外的其他银行加保；也有时是交易国之间在签订支付协定时就事先规定，对方开立的信用证必须有本国银行为之加保，等等。

2. 无保兑信用证

无保兑信用证（unconfirmed L/C）泛指一般的只有开证行的付款承诺，而没有开证行以外的其他银行以其自身信誉加具付款承诺的所有信用证。

三、即期付款信用证、延期付款信用证、承兑信用证和议付信用证

这是按信用证面向受益人兑用方式的不同来分类的。UCP600 在其第二条定义中明确规定了信用证有即期付款、延期付款、承兑、议付四种基本类型。

1. 即期付款信用证

即期付款信用证（sight payment L/C）是以即期付款方式为兑用方式的非议付信用证之一，其指定付款行（开证行或代付行）在收到受益人提交的符合信用证条款的跟单汇票或不带汇票的单据后，当即向受益人履行付款义务。即期付款信用证可以要即期汇票，也可以不要汇票（欧洲大陆银行开立的信用证通常不要汇票，这是因为欧洲大陆国家要征收汇票印花税，所以当地进口商为降低结算成本常会要求银行开立不要汇票的信用证）；其指定付款行可以是开证行自己，也可以是出口地的代付行。在即期付款信用证项下，如果有代付行，开证行在收到代付行寄来的符合信用证条款的单据后，必须立即履行其偿付责任；开证行向申请人提示单据时，后者也应当立即付款赎单。即期付款信用证的一般业务流程见图 5－1（该图假定以开证行为指定付款行）。

即期付款信用证如果以开证行为付款行，则其交单地点和交单到期日均是开证行所在地。这种即期付款信用证对于受益人是较为不利的：一方面，无论受益人是自己直接向开证行寄单还是委托其往来银行代理向开证行寄单，都必须确保所有单据能在信用证规定期限内寄达开证行，单据在邮递过程中发生延误或遗失的风险将由受益人承担，开证行概不负责；另一方面，这种信用证从寄单到获得开证行付款有一个时间差，而且不易在出口地

得到资金融通，因为它是非议付信用证。如果出口地银行自行作“局外议付”，该银行将承担较大风险。

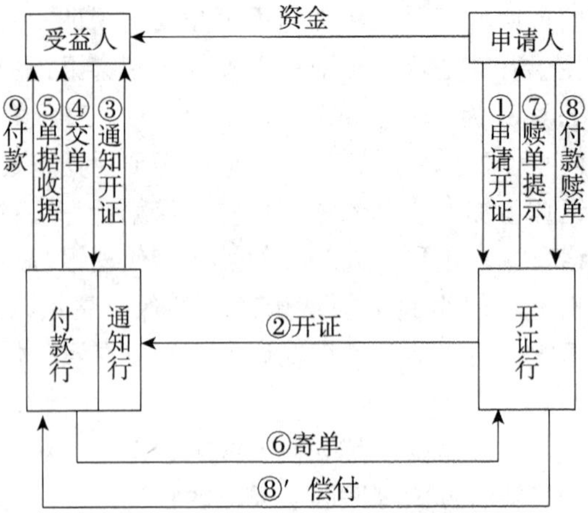

图 5-1　即期付款信用证业务流程

即期付款信用证如果以出口地银行为付款行（代付行），则其交单地点和交单到期日是当地代付行所在地和交单的即日。这种即期付款信用证对于受益人较为有利，因为在正常情况下它不再存在前述的国际寄单风险和付款时间差（可以立即在当地得到付款）；只是它仍有被指定的代付行拒绝接受开证行邀请其承担付款行义务而造成延误收汇的风险（不过，对于因指定代付行拒付而造成的寄单延误，受益人将可免责，开证行仍负有付款责任）。

2. 延期付款信用证

延期付款信用证（deferred payment L/C）是以不要汇票的远期付款方式为兑用方式的非议付信用证之二，其指定付款行（开证行或代付行）在收到符合信用证条款的不带汇票的单据后，于约定的付款到期日才向受益人履行付款义务。延期付款信用证一定不要汇票（这种信用证通常也是由欧洲大陆的银行开立，同样是为了逃避汇票印花税的缘故）；其指定付款行可以是开证行自己，也可以是出口地的代付行。在延期付款信用证项下，如果有代付行，开证行在收到代付行寄来的符合信用证条款的单据后，必须于付款到期时履行其付款责任；开证行在向申请人交单时，后者须提交单据收据或信托收据，并按期向开证行付款。延期付款信用证的一般业务流程见图 5-2（该图亦假定以开证行为指定付款行）。

延期付款信用证如果以开证行为付款行，则其交单地点和交单到期日是开证行所在地和交单的即日，受益人将面临国际寄单风险，以及延期付款的资金负担，并且不易在出口地得到资金融通（因为延期付款信用证也是非议付信用证）。

延期付款信用证如果以出口地银行为付款行（代付行），则其交单地点和交单到期日是当地代付行所在地和交单的即日，受益人虽然不再有国际寄单风险，但又将面临代付行可能在付款到期时拒绝付款的风险（比如遇到开证行破产等原因，代付行可能拒绝付款，如果后者并未事先作付款承诺），以及延期付款的资金负担，并同样不易在出口地得到资金融通。对于这种延期付款信用证，受益人宜事先要求代付行对信用证予以保兑，以避免代付行到期拒付的风险。

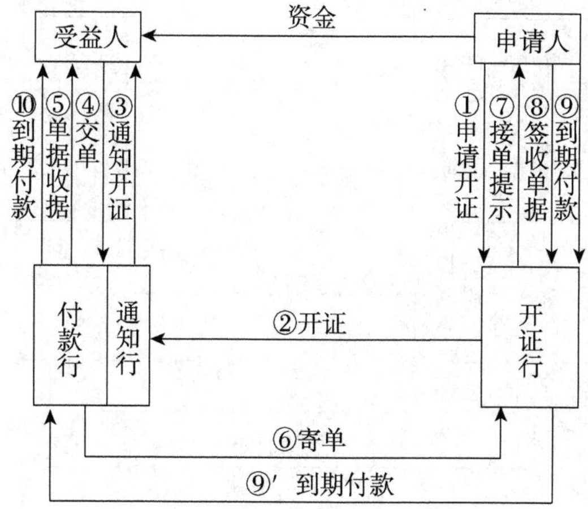

图 5－2　延期付款信用证业务流程

3. *承兑信用证*

承兑信用证（acceptance L/C）是以远期汇票的买方真远期或假远期向卖方付款为兑用方式的非议付信用证之三，其开证行在收到符合信用证条款的跟单汇票后（承兑信用证项下的汇票一般应直接以开证行为付款人），须及时办理汇票承兑手续，并于约定的付款到期日再向持票人履行汇票付款义务。承兑信用证一定要远期汇票；其指定付款行可以是开证行自己，也可以是出口地的代付行。在承兑信用证项下，一旦开证行在收到代付行寄来的符合信用证条款的单据后，必须承兑汇票并于付款到期时履行其付款责任；开证行在向申请人交单时，后者则须提交单据收据或者是信托收据借单，并按期向开证行付款。承兑信用证有卖方远期和买方远期两种不同性质的信用证。

（1）卖方远期信用证。

卖方远期信用证（seller's usance L/C）是买方真正远期付款的承兑信用证（所以国内俗称其为“真远期信用证”）。受益人在其出具的以开证行为付款人的远期汇票得到开证行的承兑通知后，即可向出口地的指定付款行申请贴现或包买票据（后者需承担包买票据的费用）；而申请人则可凭信托收据向开证行先期借取单据，并在汇票到期时向开证行付款，开证行作为汇票承兑人在付款到期日必须向汇票持票人履行其付款义务。卖方远期承兑信用证的一般业务流程见图 5－3a（该图假定以开证行为指定付款行）。

卖方远期信用证多以出口地银行为付款行（代付行），其交单地点和交单到期日是当地代付行所在地和交单的即日。但跟以出口地银行为付款行的延期付款信用证相比，承兑信用证的有利之处是，一旦开证行承兑了汇票，它也就作出了到期付款的承诺，此后受益人可以根据需要向出口地的代付行申请包买票据，更便于融资。

（2）买方远期信用证。

买方远期信用证（buyer's usance L/C）是买方假远期向卖方付款的承兑信用证（所以国内俗称其为“假远期信用证”）。这种承兑信用证上一般加列有“买方远期条款”（buyer's usance clause），通常规定由卖方出具以开证行为付款人的远期跟单汇票，买方可以在开证行承兑汇票后承担汇票承兑费、贴现息等费用，向卖方即期付款。在这种信用证

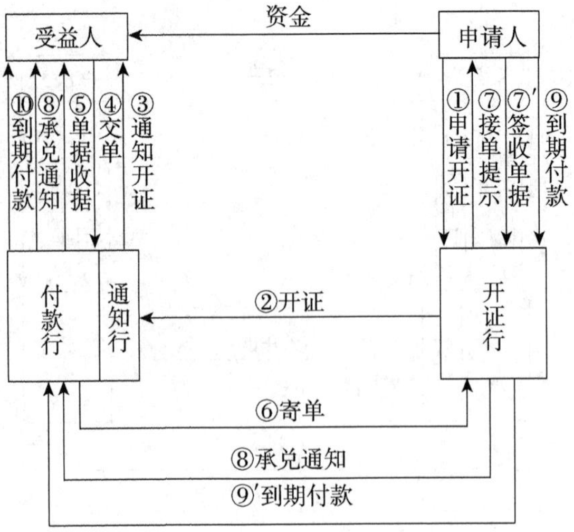

图 5-3a　卖方远期信用证业务流程

项下，卖方（即信用证受益人）在向开证行交单后可立即得到买方汇付的货款；买方（即信用证申请人）则是凭其与开证行之间的承兑信用额度协议取得承兑汇票，并即时贴现用于即期汇付货款；然后买方再凭质押书和单据收据或者是凭信托收据向开证行取得单据，并按期在汇票到期时向开证行付款；最后，开证行作为汇票承兑人在付款到期日再向汇票持票人履行其付款义务。买方远期承兑信用证的一般业务流程见图 5-3b（该图假定以出口地开证行为指定付款行）。

买方远期信用证多以开证行作为指定付款银行，其交单地点和交单到期日是开证行所在地和交单的即日，因为这有利于申请人即时取得经开证行承兑的汇票，作贴现后向出口商即期付款。

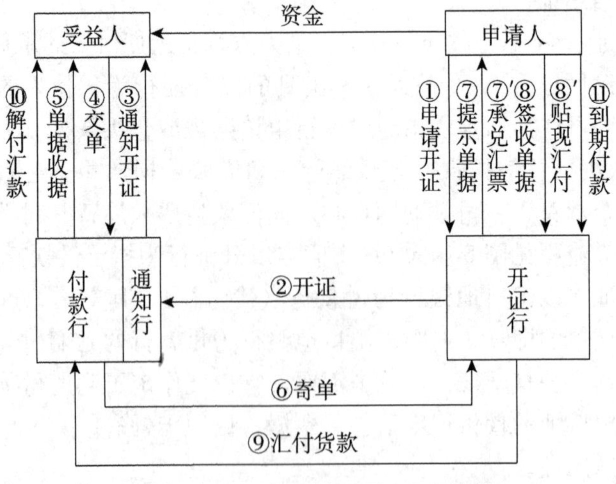

图 5-3b　买方远期信用证业务流程

此外，还有一点需要特别加以说明：承兑信用证项下的远期汇票必须以银行为付款人，即必须是“银行承兑信用证”（bank’s acceptance credit），但在实务中，还存在着一种所谓的“商业承兑信用证”（trade acceptance credit）——其项下的远期汇票是以开证申请人为付款人的商业汇票，而开证行则为该远期汇票承担担保责任（伦敦的东方汇理银行以及东南亚和中东地区的一些银行都有这种做法）。这种商业承兑信用证其实是不符合开证行应负第一性付款责任的信用证原则的，因此国际商会的银行委员会工作组曾对此作出决议，要求银行不要开立以申请人为汇票付款人的信用证（要求任何信用证项下的汇票都应当以银行为付款人，而不应当以申请人为付款人），以使得信用证能够名实相符。

4. 议付信用证

议付信用证（negotiable L/C）是以即期议付为兑用方式的信用证，其指定议付行在收到符合信用证条款的跟单汇票或不带汇票的单据后，当即向受益人履行议付义务。议付信用证一般要汇票（注意这里所说的汇票也是指以银行为付款人的汇票），可以是即期汇票（或无汇票），也可以是远期汇票；其指定议付行可以是限定的某一家出口地银行，也可以是不加限定的任何出口地银行。在议付信用证项下，开证行在接到指定议付行寄来的符合信用证条款的单据后，对于带即期汇票（或无汇票）的情况，须即期予以偿付，对于带远期汇票的情况，开证行须立即承兑汇票并于汇票到期日再偿付汇票；开证行在向申请人交单时，如果是即期汇票（或无汇票），则后者须立即付款赎单，如果是远期汇票（注意这里说的是以银行为付款人的远期汇票），则后者须提交信托收据借单，并按期向开证行付款。议付信用证的业务流程见图 5-4（该图假定带远期汇票）。

另外，在实务中，也存在着一种要求以申请人为付款人的远期商业汇票的议付信用证。这种信用证实质上相当于一个无汇票的议付信用证，因为银行将把这种以申请人为付款人的商业汇票视为附加单据（它只是开证行与申请人之间的约定，而与信用证的其他当事人无关），议付行按信用证的规定议付单据后可立即向开证行取得偿付。

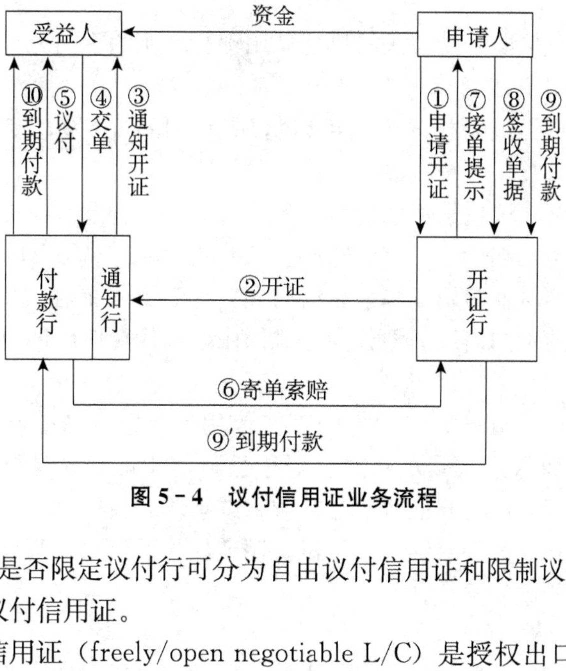

图 5-4　议付信用证业务流程

议付信用证按其是否限定议付行可分为自由议付信用证和限制议付信用证两类。

（1）自由/公开议付信用证。

自由/公开议付信用证（freely/open negotiable L/C）是授权出口地（某国或某城市）

任何一家银行皆可议付的议付信用证，其交单地点和交单到期日是议付行所在地和交单的即日。这种信用证对于受益人来说非常方便，它可以就近向任何一家银行议付。在实际业务中，大都使用这种自由/公开议付信用证。

(2) 限制议付信用证。

限制议付信用证（restricted negotiable L/C）是限定出口地某一家银行议付的议付信用证，其交单地点和交单到期日是指定议付行所在地和交单的即日。在实际业务中，开证行开立这种信用证可能是为了把业务控制在自己的海外分行或代理行范围内（这既可以减轻风险，又有利于议付业务的“肥水不流外人田”）；也可能是由于开证行的资信度不够高，不能为出口地的大多数银行所信任的缘故。

5. 即期、延期、承兑和议付四种信用证的综合比较

即期付款信用证、延期付款信用证、承兑信用证和议付信用证的综合比较归纳于表 5-1 中。

表 5-1　　即期、延期、承兑和议付四种信用证的综合比较

	即期付款信用证	延期付款信用证	承兑信用证	议付信用证
是否要汇票	要或不要	一定不要	一定要	一般要
汇票期限	即期	—	远期	即期或远期
指定兑用银行	付款行	付款行	付款行	议付行
兑用方式	即期付款	延期付款	远期付款/假远期付款	议付
追索权	无	无	无	有

四、直接信用证、议付信用证和跟单信用证的基本分类关系

以下是按信用证直接面向受益人的执行兑用银行性质的不同进行分类。

1. 直接信用证和议付信用证

按照银行兑付后有无追索权的不同可以将所有信用证分为直接信用证（非议付信用证）和议付信用证两大类。

(1) 直接信用证（非议付信用证）。

直接信用证（straight L/C）又称非议付信用证（non-negotiable L/C），包括前述的即期付款信用证、延期付款信用证和承兑信用证三种信用证在内，又可按照是否由开证行自己直接兑付或承付的不同而统一划分为已付信用证和代付信用证两种。

1) 已付信用证。

指所有指定以开证行自己为付款行的直接信用证，即以开证行为付款行的即期付款 L/C、延期付款 L/C 和承兑 L/C 的统称。对于已付信用证，只要受益人按期交单并做到“三个相符”，亲自执行兑用的开证行就必须付款或承兑后到期付款，并且付款后均无追索权。如果有开证行以外的另一家银行对已付信用证加具了保兑，则该保兑行对受益人承担跟开证行同等的如上所述的责任。

2) 代付信用证。

指所有指定以开证行之外的另一银行为付款行的直接信用证，即以开证行以外的其他

银行为付款行的即期付款 L/C、延期付款 L/C 和承兑 L/C 的统称。对于代付信用证来说，即便受益人按期交单并做到了“三个相符”，受托执行兑用的代付行并无必须付款或承兑的义务（此时开证行仍负有约定的责任），但若代付行对信用证加具了保兑，则其作为保兑行就负有必须付款或承兑的义务了。另外，代付行一旦承兑了汇票，也就负有必须到期付款的义务，并且无论如何，代付行在付款后都没有追索权。

上述的己付信用证与代付信用证一道被人们统称为直接信用证或非议付信用证。

（2）议付信用证（非直接信用证）。

议付信用证（negotiable L/C）又称非直接信用证（non-straight L/C），指所有指定以开证行之外的某一出口地银行或任何出口地银行为议付行的非直接信用证，包括限制议付信用证和自由议付信用证。对于议付信用证来说，即便受益人按期交单并做到了“三个相符”，受托执行兑用的议付行也无必须议付的义务，并且如果其履行了议付，则在议付后还有追索权。但若议付行对信用证加具了保兑，则其作为保兑行就负有必须予以议付的义务，并且保兑行在议付后没有追索权。

直接信用证与议付信用证之间的重要区别在于：前者的指定付款行（开证行或代付行）须直接向受益人履行即期付款、延期付款或承兑义务，履行付款义务后均无追索权；而后者的指定议付行（如是自由议付信用证，则任何当地银行都是指定议付行）则只需向受益人履行议付义务，履行议付义务后一般拥有追索权（但若指定议付行又对信用证加具了保兑，则它就转化成保兑行，在付款后就没有追索权了）。

（3）关于信用证的局外议付问题。

前面，我们在介绍信用证的派生当事人交单行时，曾提到过交单行在未经开证行授权的情况下自行议付信用证项下单据的行为，这其实就是所谓局外议付行为。在信用证业务的实务中，局外议付是常有的现象。但值得注意的是，它与议付信用证项下严格意义的议付行为有实质性的不同，人们却常把二者混为一谈，区别不清。为此，我们这里特意专门介绍一下信用证的局外议付问题，以便大家切实掌握其实质。

1）限制议付信用证的局外议付问题。

对于限制议付信用证，常遇到被授权的议付行并非受益人的往来银行或受益人当地银行等情况，此时，受益人可要求其开户行代为寄单收款，并且在实务中，受益人有时还会要求其开户行先予议付。如果银行在这种未得到开证行授权的情况下自行为其客户议付单据，则被视为局外议付。这是受益人与其开户行之间的局外交易，与信用证的其他当事人无关，即使该银行为受益人作了议付，它在该信用证业务中仍然只具有单纯交单行的地位。一般来说，这种作了局外议付的交单行仍须在规定期限内将单据寄到信用证指定的议付行要求议付，就是说受益人得作两次议付，这不但要求受益人必须尽早向交单行交单以免延误了向指定议付行交单，而且加重了受益人的议付费用负担，并延长了受益人从交单到获得开证行偿付的时间。那么，这种局外议付行能否直接向开证行寄单索偿以免除双重议付的费用负担并加快收款周期呢？这在 UCP600 中并无明确规定，在实务中亦无一定之规，有一些开证行将其视作是受益人直接交单，只要能在有效期内收到合乎要求的单据，就会给予偿付；但也有一些开证行则将其视作是违背信用证条款的行为，认为不向指定议付行交单也属于交单不符，从而会拒绝偿付。

2）非议付信用证的局外议付问题。

对于非议付信用证（即直接信用证），也存在指定付款行并非受益人当地银行或其往来银行的情况，此时，受益人也可要求其开户行代为寄单收款，并且在实务中，受益人有时也会要求其开户行先予议付。如果银行在这种未得到开证行授权的情况下自行为其客户议付单据，也被视为局外议付。这也只是受益人与其开户行之间的局外交易，与信用证的其他当事人无关。即使该银行为受益人作了议付，它在该信用证业务中仍然只具有单纯交单行的地位。局外议付行必须确保在规定期限内将单据寄到信用证指定的付款行要求偿付，否则将被拒付；并且，如果信用证指定有代付行，则局外议付行一般必须向指定代付行寄单索偿，而不能直接向开证行寄单索偿。

显然，银行在作局外议付时将会格外谨慎，因为局外议付行在信用证业务中只具有交单行身份，它与议付信用证的指定议付行在信用证项下的权利有着明显不同。其主要不同在于：指定议付行拥有开证行的代理议付人身份（它议付汇票及/或单据后，开证行须对其议付行为负责）；而局外议付行仅仅具有受益人的代理寄单人身份，哪怕它议付了汇票及/或单据，开证行也不对其议付行为负责。第一，只要受益人按期向指定议付行交单，指定议付行就可对其向开证行寄单过程中发生的遗失或延误免责，开证行仍须对其负责；而局外议付行则有义务确保单据在信用证规定期限内寄达信用证指定银行，若遗失或延误，开证行及信用证指定银行均不对其负责。第二，如果开证行在议付单据寄达前破产，指定议付行的债权拥有优先权；而局外议付行则无此优先权。

2. 跟单信用证的基本分类关系

跟单信用证的基本分类关系见图5-5。

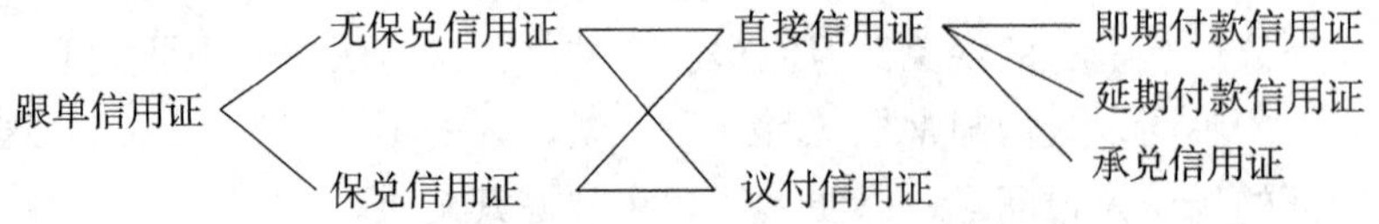

图5-5 跟单信用证的基本分类关系

此外，人们还常把信用证按其付款行或开证行履行付款义务时间的不同而分为即期信用证（sight L/C）和远期信用证（usance L/C）两大类。这里所谓的即期信用证是前述的即期付款信用证（包括已付和代付）以及开证行在收到合格单据后即期向议付行履行偿付义务的所有议付信用证（即那些要即期汇票或不要汇票的议付信用证）的统称。这里需要说明的是，如果议付信用证中特别要求以申请人为付款人的远期汇票，则银行通常将这种以申请人为付款人的商业汇票视为附加单据，认为它只是开证行与申请人之间的约定而与其他当事人无关，因而这种议付信用证在实质上可归属于不要汇票的议付信用证。而这里与即期信用证相对立的远期信用证则是对延期付款信用证、承兑信用证和那些要远期汇票的议付信用证的统称。值得注意的是，不要把这里所说的即期信用证与前述的即期付款信用证混为一谈，而应对二者加以严格区分。比如，由于人们不注意所谓即期付款信用证是一个在“统一惯例”中被严格界定了的专用概念，有时会不经意地把要即期汇票的议付信用证称做即期付款信用证，但实际上这是把议付信用证和直接信用证混为一谈，犯了概念错位的毛病，应当予以注意。

五、几种特殊的信用证

在前述信用证基本分类的基础上，还有一些具有特殊性质的信用证，兹介绍如下。

1. 可转让信用证

可转让信用证（transferable L/C）是指开证行在信用证内明确注明有“可转让”（transferable）字样，授权其受益人（特称第一受益人）可以要求该证的指定兑用银行作为“转证行”（transferring bank），或当信用证是自由议付的时，可以要求该证中特别授权的转证行将该证全部或部分（若该信用证允许分批装运/分批支款）转让给一个或数个新的受益人（统称第二受益人）使用的信用证。注意，凡是没有特别注明“可转让”字样的信用证均为“不可转让信用证”（non-transferable L/C）。如果信用证内使用诸如“可分割”（divisible）、“可分拆”（fractionable）、“可让渡”（assignable）或“可转移”（transmissible）之类的措辞，则并不意味着其是可转让的。

贸易中采用可转让信用证多是出于以下原因：进口商委托中间商采购商品，但后者不想泄露其贸易关系和所得利润，又想减轻另开新证所需的押金及费用负担；或者是进口商向国外一家大公司订购大宗商品，而后者须由其分散在各口岸的分号或联号来分头交货。对于进口商来说，信用证可转让比不可转让时风险要大，因为在可转让信用证下，进口商只是与中间商打交道，并不了解实际供货商的情况。只要中间商能够提交符合信用证规定的单据，开证行就得按期付款（即使在远期信用证项下，当货到以后发现货物不符合规定，开证行在付款到期时也不能拒付），所以，进口商在业务中应当慎开可转让信用证。

（1）转让业务的有关当事人及其权利和义务。

可转让信用证的转让业务一般有三个基本当事人：转让证申请人（第一受益人）、转证行和转让证受益人（第二受益人）。

1）转让证申请人。

指原证的第一受益人兼转让证的申请人，在与原证申请人之间的贸易合同项下，他负有卖方的全部责任，但他有权指示第二受益人直接向原证申请人办理交货。在可转让信用证项下，他除有原证受益人的一般权利和义务之外，还兼有转让证申请人的以下权利和义务：

①向转证行申请开立转让证的权利。但他的“转让申请书”（letter of transfer application）应与原证条款保持一致，唯有下列项目可以与原证不同：ⅰ. 转让证的金额及任何单价（可以比原证减少，这是为了便于第一受益人从中赚取差价）；ⅱ. 转让证的效期、装运期和交单期限（可以提早或缩短，这是为了便于第一受益人给自己按期交单留下更换发票及汇票的时间）；ⅲ. 转让证规定的投保金额比例（可以提高，这是由于转让证的金额一般小于原证金额，只有提高转让证上规定的保险金额比例，才能满足原证规定的保险金额要求）；ⅳ. 转让证的申请人名称（可以用第一受益人的名称替代原证申请人的名称，这是为了便于作为中间商的第一受益人保守商业秘密，使最终供货商无从得知实际买主）。

②他有权要求用自己的发票及汇票（如果有汇票的话）来替换第二受益人提交的发票及汇票（但若其未能在首次要求时便立即予以办理，或者其替换的发票导致了第二受益人的交单中本不存在的不符点而又未能在第一次要求时立即修正，则转证行有权将第二受益人交来的单据直接提交开证行而免责）。

③除非原证明确规定不得在原证指定地以外的地方办理付款或议付，他有权要求转让证授权由第二受益人所在地银行履行付款或议付。

④只要信用证不明确禁止分批装运与支款，他就有权将信用证分为若干部分予以分别转让（但其金额总和不得超过原证金额）。

⑤除非信用证另有约定，他须承担转证行所涉及的转让费用。

⑥他必须在转让申请书中明确指示其是否保留拒绝转证行将原信用证的修改通知给第二受益人的权利，转让证一旦发出，此指示即不得单方面撤销。

2）转证行。

在可转让信用证项下，转证行是原证的指定兑用银行兼转让证的开证行。除负有原证兑用银行的一般权利和义务以外，转证行还兼有转让证开证行的以下权利和义务：

①它有权接受或拒绝办理转让。

②它有权要求在付清必要的转让费用之后再予办理转让。

③如果它接受办理转让，则其必须按原证与转让申请书规定的条款办理转让，并且必须在转让证中将第一受益人对于"原信用证修改事项"的有关指示告知第二受益人。

④如果第一受益人要求更换发票及汇票，它应满足其要求［但若第一受益人未能及时予以办理，或者其替换的发票及汇票中存在不符点（第二受益人提交的单据中本不存在不符点）而又未能在第一次要求时立即修正，则转证行就可以将第二受益人交来的单据直接提交开证行而免责］。

3）转让证受益人。

指原证的第二受益人，与原证申请人之间并无任何合同关系，但与原证第一受益人（中间商）之间有交易合同供货商的责任。在可转让信用证项下，他具有转让证受益人的一般权利和义务。此外，他无权将转让证再次转让给除第一受益人以外的人（但他可以将转让证重新转让给第一受益人）。对于有两个以上第二受益人的情况，如果原证发生修改，可以允许其中的一部分第二受益人拒绝接受修改其转让证，而同时另外一部分第二受益人又接受修改其转让证。

除了上述三个基本当事人以外，转让证业务中还常会派生出转让证的代理通知及兑用银行。虽然原证通常指定由转证行担任转让证的代理通知行及兑用银行，但在实务中，第一受益人在要求转让时常会要求转证行给第二收益人指定新的代理通知行及兑用银行。

（2）可转让信用证项下转让证的性质。

可转让信用证项下的转让证并不是一个独立的新开信用证，其在实质上只是相当于原证的一个转让通知书。因而，对于最终供货商来说，即便他严格做到了按转让证的规定交单，也仍然存在着收不到货款的风险。比如第一受益人因在更换发票及汇票的过程中造成了单证不符或延误了交单期限或其他原因而使得原证指定兑用银行拒付，他就会收不到货款或被追索（如果他在此前已作了议付）。

（3）可转让信用证的业务流程。

可转让信用证的业务流程如图5-6所示（以可转让的议付信用证为例）。

2. 对背信用证

如果银行应一个信用证受益人的申请，以后者原有的信用证为保证，而为之另外再开立一个新的以其为申请人、以实际供货商为受益人的信用证，则这后一信用证即为原信用

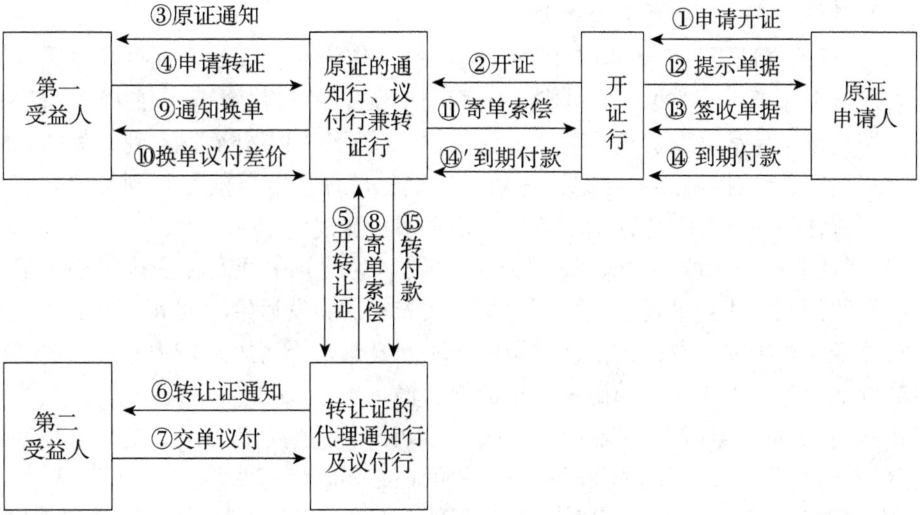

图 5－6　可转让信用证的业务流程

证的对背信用证（back to back L/C）。必须注意的是，虽然对背信用证是以原证为担保而开立的，但这一担保只是对背证开证行跟其申请人之间的约定，而与原证以及对背证的所有其他当事人均无关系。所以从实质上来看，对背信用证是一个独立的新开信用证。

（1）对背信用证的业务流程。

对背信用证的业务流程如图 5－7 所示（这里假定原证和对背证均为议付信用证，并且对背证的开证行就是原证的指定议付行）。

从图 5－7 中可以看出，对背证业务（图中的④～⑩）是嵌套在原证业务中间的，伸缩余地很小，中间商（原证受益人兼对背证申请人）必须将两部分业务很好地加以衔接，才能顺利完成整个交易。

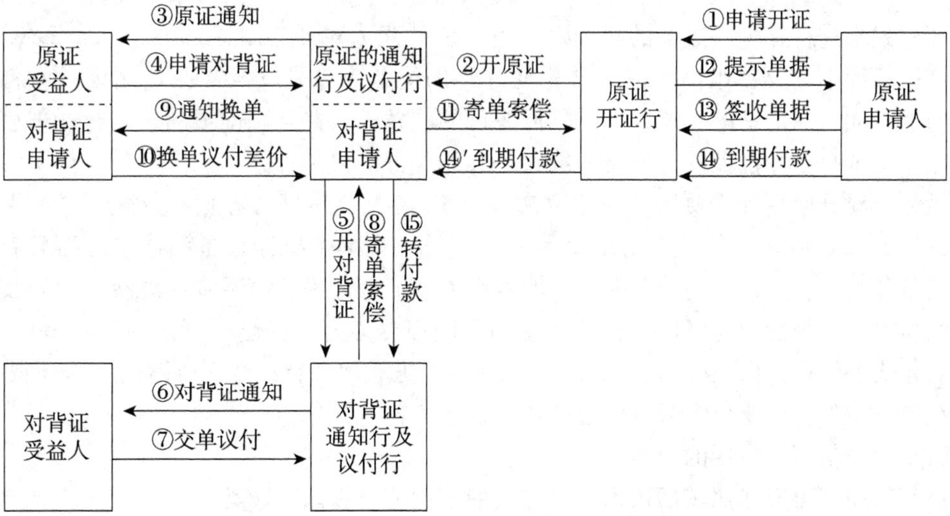

图 5－7　对背信用证的业务流程

（2）对背信用证的一些业务处理要点。

1）对背证的开证行一般要求其申请人交出原证作为对背证的开证抵押（因为对背证的申请人通常以原证下所收取款项来偿付对背证开证行的垫付资金）。此外，有时还会要求其他抵押品或担保品（以避免对背证下已付款，原证却因意外而得不到付款的风险）。

2）对背证规定的内容必须与原证一致，以确保两证的业务能够顺利衔接，其中的详细要求跟可转让信用证的转让证基本类似，这里不再赘述。

3）对背证业务是一种“两头”不见面的交易，为此，中间商在安排货物运输时可以有两种不同的处理方法：①要求对背证的受益人先把货物发运给中间商，然后中间商再按原证要求重新发货给原证申请人（这样做由于时间紧张，因而风险较大）；②按 FOB 贸易条件做对背证业务，直接由中间商来安排货物运输。

4）为防止对背证申请人延误换单，对背证开证行一般要求后者预先交出发票及汇票（如果原证要求汇票），以便代为及时换单，并可在必要时代打发票。

5）在对背证项下遇到单证不符时，由于受到原证的约束，对背证开证行为避免麻烦，一般会采取直接拒付了事的处理办法（这意味着对背证的受益人实际上面临着更大的拒付风险）。

贸易中采用对背信用证一般是由于中间商为了完全隔绝进口商与实际供货商以便其保守商业秘密的缘故，或者有时也可能是由于进口商不同意开立可转让信用证的缘故。对背证交易对于中间商和对背证受益人都有很大风险，因为对背证和原证的衔接业务十分复杂，而且业务要求环环相扣，既严格又紧迫，中间商如果在业务处理上出现失误，就极可能遭到原证开证行的拒付；而此时，中间商就可能会串通对背证开证行来千方百计地拒付对背证项下的单据，从而对背证的受益人就又面临着中间商可能转嫁损失的极大风险。所以，中间商应当慎做对背信用证业务，而实际供货商亦应尽量避免接受中间商采用对背信用证支付方式。

3. 对开信用证

在补偿贸易或加工/装配贸易等对等贸易方式下，交易双方也可采用互开对等的跟单信用证方式来进行结算，这样的两个跟单信用证就互为对开信用证（reciprocal L/C）。在对开信用证项下，第一张信用证（常称前证）的受益人就是其第二张信用证（常称回头证）的申请人，而前证的申请人又是其回头证的受益人；并且，前证的付款行一般就是其回头证的开证行，而前证的开证行一般又是其回头证的付款行。

显然，对开信用证主要用在补偿贸易或加工/装配贸易等对等贸易方式下。所谓补偿贸易（compensation trade）是指由交易一方向另一方提供机器设备和技术，而后者以该机器设备和技术生产出来的产品及/或协议规定的其他商品来偿还前者机器设备和技术价款的贸易方式。补偿贸易可以按补偿产品的不同而分为直接补偿/产品返销（product buy back）方式和间接补偿/互购（counter purchase）方式两种类型。而所谓加工/装配贸易我们已在第三章的托收支付方式中作过介绍，这里不再重述。

（1）对开信用证应用的分类。

对开信用证可以按照其所依附贸易方式的不同而分为以下两类。

1）补偿贸易结算的对开信用证。在补偿贸易中，先由设备引进方向设备出口方开出用以购买设备的卖方远期承兑信用证，再由设备出口方在收到来证后，立即向设备引进方开出用以购买补偿产品的即期付款信用证。

2）加工/装配贸易结算的对开信用证。在加工/装配贸易中，先由受托方向委托方开出用以购买来料/来件的卖方远期承兑信用证，再由委托方在收到来证后，立即向承接方开出用以购买成品的即期付款信用证。

（2）在对开信用证业务中，前证开证方应特别注意的事项。

1）前证中一般要加列一个特别的生效条款，声明本信用证生效的前提条件是已收到认可的回头证。

2）前证的付款期限应留有充分余地，力争能够先收后付。

3）另外，在加工/装配贸易项下前证中通常还要再加列一个特别的有条件承兑条款，声明“来料/来件验收无误后承兑”。尽管这一条款与信用证业务中“只管单据不管货物”的惯例相悖，但由于其符合加工/装配贸易的业务特点，所以在实务中已得到普遍认可。

4. 分期装运—支取信用证

分期装运—支取信用证（shipment and drawing by installment L/C）是一种严格规定了货物依次分批出运的数量和期限，并可分期支取货款的信用证，但是限定受益人只要中间有一批货物未能按约出运，那么该信用证便自动失效，其后各批货物就都不能再出运了。

贸易中采用这种分期装运—支取信用证，是出于需要严格要求受益人按照信用证规定的批次、数量和期限依次装运和支取货款，而不允许将不同批次的货物合并在一起装运，也不允许在中间漏掉或延误一个批次货物的装运和交单（否则此后开证行会将此作为“不符点”而拒收或拒付以后的任何交单）。这也正是它不同于一般的允许分批装运信用证之处，因为后者是既允许分批装运，又允许把多批甚至全部货物合并在一起装运，而不严格要求必须分批按期装运。因而，在分期装运—支取信用证中有关批次、期限等规定的措辞应当准确严谨，以免被受益人钻空子。比如，对于第一季度内每月装运一批的要求简单规定成“第一批不迟于1月底，第二批不迟于2月底，第三批不迟于3月底”就是一种不恰当的表述，因为它没能准确反映出每月必须且只能装运一批的严格要求。

5. 循环信用证

循环信用证（revolving L/C）是一种规定可以循环使用多次的信用证，在它被使用之后，能够按时间循环方式或按金额循环方式被再度使用，循环多次，直至达到信用证规定的期限、次数或总金额为止。

贸易中采用循环信用证一般是由于买卖双方签订了一个总金额很大的、需要在长时期内分期分批装运货物的长期合同，此时如果开立一般信用证，买方就得一下子支付一大笔保证金或被长期占用一大笔信用额度，不然就得不胜其烦地为每一批货物开一张信用证，为此，买方常会采用循环信用证以节省开证保证金或信用额度的占用，并减少麻烦。实务中使用的循环信用证一般为即期信用证而少有远期信用证。

按照循环方式的不同，循环信用证可分为按时间循环和按金额循环两大类。

（1）按时间循环信用证。

按时间循环信用证（revolving L/C based on time）是规定可以按一定的时间周期（如按月或按季度）循环使用信用证上约定的金额，直至达到信用证约定的期限或总金额为止的循环信用证。它又可分为非积累的和可积累的两种。

1）非积累循环信用证（non-cumulative revolving L/C based on time）：指规定不能将上一个循环周期内未用完的信用证金额在下一个循环周期内积累使用的按时间循环信用证。

2）可积累循环信用证（cumulative revolving L/C based on time）：指规定可以将上一个循环周期内未用完的信用证金额在下一个循环周期内积累使用的按时间循环信用证。

（2）按金额循环信用证。

按金额循环信用证（revolving L/C based on value）是规定信用证每被使用（议付或承付）一次之后，可以恢复到原金额被再度循环使用多次，直到达到信用证约定的次数或总金额为止的循环信用证。它又可分为自动循环、半自动循环和被动循环三种。

1）自动循环信用证（auto-revolving L/C based on value）：指规定信用证每被使用一次之后，指定兑用银行可以立即自动将其恢复到原金额再度循环使用的按金额循环信用证。

2）半自动循环信用证（semi-auto-revolving L/C based on value）：指规定信用证每被使用一次之后，只要指定兑用银行没有在约定期限内收到开证行发出撤销循环的指示，即可自动将其恢复到原金额再度循环使用的按金额循环信用证。

3）被动循环信用证（passive revolving L/C based on value）：指规定信用证每被使用一次之后，指定兑用银行必须在收到开证行发出允许循环的指示后，才能将其恢复到原金额再度循环使用的按金额循环信用证。

6. 可预支信用证/红条款信用证

可预支信用证（anticipatory L/C）/红条款信用证(red clause L/C）是一种加列有预支条款，允许受益人在收到信用证后签发光票先期向指定兑用银行预支部分或全部款项的信用证。由于过去在信用证上加列预支条款时为了醒目而特意使用红色，所以它又被称为红条款信用证。

可预支信用证一般是非已付信用证，其项下指定兑用银行所垫付的预支款本息通常是在受益人向其交单索偿时再从议付或兑付金额中扣除，因而预支信用证中通常规定受益人将来必须向垫付了预支款的银行交单，并且银行在作预支时还会要求受益人交出正本信用证作抵押以控制其将来向自己交单。如果受益人将来违约而未能按信用证的规定向垫付了预支款的银行交单，则该银行可以向开证行提出还款要求，开证行有义务立即偿还其垫款本息。

贸易中采用可预支信用证，一般是由于出口商要求进口方为其前期的包装或收购提供融资便利。但由于可预支信用证的预支风险主要由开证行承担，所以只有当受益人资信可靠时，开证行才会开立可预支信用证。

第四节　信用证的开证和修改

一、信用证的开证方式

银行信用证有以下三种不同的开证方式。

1. 信开信用证

指开证行以书面文本的形式开立信用证的有效文本，并用航邮或快递方式寄给通知行/转递行的开证方式。早期的银行信用证一般都是以这种方式开立的，但现在银行已很少使用信开信用证了。

2. 简电信用证加证实书

指开证行预先将信用证的编号、受益人、金额和效期等主要内容以简单的电信文本形式开立信用证的预先通知书（称之为简电信用证或预先通知信用证），用电信方式传送给通知行/转递行，并在随后立即再以书面文本的形式开立信用证的有效文本（称之为证实书），用航邮或快递方式寄给通知行/转递行的开证方式。这里的简电信用证不能视为信用证的有效文本，它通常都声明随寄证实书作为信用证的有效文本，因而受益人不能凭简电信用证向银行交单索偿，而须凭随后收到的证实书（信用证的有效文本）向银行交单索偿。不过，开证行一旦开出简电信用证即负有不可撤销的责任，应当无延误地开出与前者无矛盾的证实书。

3. 电开信用证

指开证行以电子文本的形式开立信用证的有效文本，并用电信方式（电报、电传或SWIFT 系统）传送给通知行的开证方式。当前 SWIFT 通信网络已遍及全球，入网银行利用 SWIFT 系统开证，既迅速、安全，费用又低，因而现在的银行信用证一般已为利用SWIFT 系统开立的电开信用证了。

二、跟单信用证的格式和内容

1. 开证申请书

（1）开证行名称（to）。填写开证行的英文名称。

（2）申请日期（date）。填写此申请书的提交日期。

（3）开证方式（method of advice of issuing L/C）。在航邮开证（issue by airmail）、快递开证（issue by express delivery）、简电开证（with brief advice by teletransmission）和全电开证（issue by teletransmission）等四个可选项中选定一项。

（4）信用证编号、有效期及到期地点（Credit No.，date and place of expiry）。

（5）开证申请人（applicant）。填写开证申请人的英文名称和地址。

（6）受益人（beneficiary）。填写受益人的英文全称和地址。

（7）通知行（advising bank）。填写通知行的英文名称和地址。

（8）信用证的金额（amount）。填写信用证的支付货币与金额。金额应分别用数字和文字（in figures and words）两种形式表达，并且货币代码必须使用国际标准代码（ISO），诸如 USD（美元）、GBP（英镑）、EUR（欧元）等等。

（9）分批装运条款（partial shipments）。在允许分批装运（allowed）、不允许分批装运（not allowed）两者中选定一项。

（10）转运条款（transshipment）。在允许转运（allowed）、不允许转运（not allowed）两者中选定一项。

（11）货物装船地/发送地/接管地（loading on board/dispatch/taking in charge at/from...）、最迟装运日（shipment not later than...）、运输目的地（for transport to...）及贸易条件（trade terms）。

（12）指定兑用银行和兑用方式（credit available with... by...）及跟单汇票条款（against the documents detailed herein and beneficiary's draft(s)...）。这包括指定信用证的执行兑用银

行，并在即期付款（sight payment）/承兑（acceptance）/议付（negotiation）/延期付款（deferred payment）四种兑用方式中选定一种，以及当信用证要求受益人出具跟单汇票时还须填写汇票金额占发票价值的比例、汇票的付款期限和付款人等事项（for ________% of invoice value at ________ sight drawn on ________）。

（13）单据要求（documents required）通常是对于给定的各项具体的明细要求清单（通常包括每种单据的名称、份数以及其他有关具体要求，参见单据示样15）逐项作出明确选择［以标记（×）号为准］。

（14）其他单据（other documents，if any）。这里可以填写要求提交的其他单据（如有的话）。

（15）货物描述（description of goods）。货物描述应当简明扼要，一般包括货物的名称、规格、数量、单价条件以及对包装和唛头的要求等。为便于银行的业务操作，这里可以引用有关贸易合同的编号，但后者并不能影响信用证的独立性（银行在处理信用证业务时只以信用证中对货物的描述为准，无须顾及有关贸易合同）。

（16）附加指示（additional instructions）。比如要求开立保兑信用证、可转让信用证、可预支信用证、可循环信用证等，以及对于交单期限的特别要求，对于保险费用由受益人承担的特别要求，对于开证行以外的银行费用由受益人承担的特别要求，等等。

此外，在申请书的背面通常还有一个事先印就的申请人声明条款，比如：

"We request you to issue on our behalf and for our account your Irrevocable Credit in accordance with the above instructions（marked × where appropriate）. This Credit will be subject to the Uniform Customs and Practice for Documentary Credits（2007 Revision. Publication No. 600 of the International Chamber of Committee，Paris France）."［请按照上述条款中的明细要求（以标记×号为准）为我们和我们的账户开立你方的不可撤销跟单信用证。这一信用证适用《跟单信用证统一惯例》（2007年修订版，国际商会第600号出版物，法国巴黎）］。

开证申请书示样，参见单据示样15：跟单信用证开证申请书。

2. 银行信开信用证

早期的银行信用证都是信开本，并无统一格式，但由于常因此而引起误解，以至于影响信用证业务的顺利进行，所以国际商会编写了《开立跟单信用证标准格式》（Standard Forms for Issuing Documentary Credits），又被称为国际商会第268号出版物（ICC Publication No. 268），其中推荐了议付、承兑和即期付款三种信开本标准格式，分别被称为第1号标准格式（Standard Form No. 1 of the ICC）、第2号标准格式（Standard Form No. 2 of the ICC）和第3号标准格式（Standard Form No. 3 of the ICC）。它们都是单用格式，至今多数银行仍在沿用这些传统的单用格式。但对于业务量不大的银行来说，同时备有这三种格式显得很不经济，因而国际商会于1978年又编写了第323号出版物（ICC Publication No. 323），其中介绍了一种一式三用的标准格式。后来，由于在《跟单信用证统一惯例》1984年修订版（ICC Publication No. 400）中，在三种传统的信用证兑用方式的基础上又增加了一种新的延期付款兑用方式，为了与之统一，国际商会于1986年又编写了第416号出版物（ICC Publication No. 416），其中推荐了一种一式四用的跟单信用证标准格式。在《跟单信用证统一惯例》的1993年修订版（ICC Publication No. 500）生效以后，国际商会又编写出版了《为 UCP500 制定的新版标准跟单信用证格式》(The New Standard Documentary Credit Forms for the UCP500, ICC Publication No. 516),介绍了一种新版的一式四用的跟单信用证标准格式。这一新标准格式具有以下一些重要的新特点:①新格式使用了 UCP500 语言,使得信用证中的条款可以和惯例条文紧密结合;②新格式采用了近年来在国际贸易文件中被广泛使用的联合国标准代码 ISO,方便了国际银行界和商界的沟通;③新格式推荐的开证申请书格式规定了较为完整和明确的开证指示,并与跟单信用证的标准格式设计一致,有利于业务的顺利衔接;④新格式避免了一些不必要的细节和过于烦琐的规定。

银行信开信用证是开证行跟受益人及被邀请的其他当事人之间的契约文件,这里介绍银行信开信用证的 ICC516 格式,分为给通知行的开证通知(advice for the advising bank)和给受益人的开证通知(advice for the beneficiary)两种,二者的内容略有不同。

(1)二者共有的内容。

转述上述的开证申请书(1)~(16)中除(2)、(4)以外的全部内容;新增加的在开证申请书中所没有的内容则有:信用证的性质(是可撤销的还是不可撤销的)、开证行对该信用证的业务编号、通知行名称及其对该信用证的业务编号等,此外还有致通知行的附注或致受益人的附注。

(2)致通知行附注的主要内容。

1)对通知行的授权及信用证的适用性条款。例如:

"We have issued Irrevocable Documentary Credit as detailed above. It is subject to the Uniform Customs and Practice for Documentary Credits (2007 Revision. International Chamber of Committee, Paris France, Publication No. 600). We request you to advice the Beneficiary."

2)保兑条款。在要求保兑、不要求保兑或受益人要求时予以保兑三者中选定一项。

3)对通知行的其他指示条款。一般包括:i. 寄单方式(method of despatching documents),诸如指示受益人/代理兑用银行一次寄单还是分两次寄单,以航邮寄单还是以快递寄单等等;ii. 背批条款(endorsement clause);iii. 索汇方式(method of reimbursement),诸如指示受益人/代理兑用银行直接向开证行索偿还是向另外指定的偿付行索偿,是电索还是函索,以及当代理兑用银行为开证行的账户行时是可以主动借记还是需要授权借记等等。

4)文件页数。注明本信用证文件所包含的页数。

5)开证行名称和签字/签章。

此外,在必要时还可以附加一些其他的特别条款,比如限制议付条款、船舶黑名单条款等等。

(3)致受益人附注的主要内容。

1)对受益人的承诺及信用证的适用性条款。例如:

"We hereby issue the Irrevocable Documentary Credit in your favour. It is subject to the Uniform Customs and Practice for Documentary Credits (2007 Revision. International Chamber of Committee, Paris France, Publication No. 600) and engages us in accordance with the terms thereof."

2）保兑条款。通知行在愿意接受保兑邀请时可对信用证通知书加以保兑承诺。

3）背批条款。例如：

“The number and the date of the Credit and the name of our bank must be quoted on all draft(s). If the Credit is available by negotiation，each presentations must be noted on the reverse side of this advice by the bank where the Credit is available.”

4）文件页数。注明本信用证文件所包含的页数。

5）开证行名称和签字/签章。

信开信用证示样，参见单据示样16：银行信开信用证。

3. 银行电开信用证的SWIFT标准电文

SWIFT是环球银行金融电信协会的英文简称，该组织于1973年在比利时的布鲁塞尔成立，专门从事传递各国之间的非公开性的国际金融电信业务，其中包括外汇买卖、证券交易、开立信用证、办理信用证项下的汇票业务和托收等，同时还兼理国家间的账务清算和银行间的资金调度。

1977年，SWIFT在全世界就已拥有150多个会员国，会员银行有5 000多家。目前，我国银行大都参加了该协会，并采用该协会电信业务的信息系统，使用时必须依照SWIFT使用手册规定的标准文本，否则会被自动拒绝。

凡通过SWIFT系统传递信用证信息，即通过SWIFT开立或通知的信用证皆称为SWIFT信用证，有时也称为“环银电协信用证”。

过去进行全电开证时，都采用电报或电传开证，各国银行标准不一，条款和格式也各不相同，而且文字烦琐。采用SWIFT开证后，信用证具有了标准化、固定化和统一格式的特性，且传递速度快捷，成本也较低，因此银行愿意在开立信用证时使用。SWIFT信用证现在已被欧盟、美洲和亚洲等国家和地区的银行广泛使用。我国银行在电开信用证或收到的信用证电开本中，SWIFT信用证也已占有很大比重。

SWIFT银行业务的标准电文一律用其标准文本Model Text（缩写MT）代表，通常在MT的后面再用三位阿拉伯数字来代表具体的业务类型：SWIFT银行业务被分为九大类，分别用数字1～9来代表，其中7代表信用证业务，于是MT7××就是代表某种具体信用证业务的SWIFT标准电文。其中较常用的有：

（1）开证行信用证业务的SWIFT标准电文。

对通知行的电开信用证电文：MT700/701（其中，MT701是对MT700的补充）；

对通知行的简电信用证电文和信用证修改电文：分别为MT705和MT707；

对议付行的接受单据电文和拒付单据电文：分别为MT732和MT734；

对偿付行的偿付（借记）授权电文和偿付授权修改电文：分别为MT740和MT747。

（2）通知行信用证业务的SWIFT标准电文。

对开证行的信用证通知确认电文：MT730；

对受益人的信用证转通知电文：MT710/MT711（MT711是对MT710的补充）；

对第二受益人的转让信用证通知电文：MT720/MT721。

（3）议付行信用证业务的SWIFT标准电文。

对开证行的不符点提示电文和单据提交电文：MT750和MT751；

对开证行或偿付行的索偿电文：MT752。

（4）偿付行信用证业务的 SWIFT 标准电文。

对开证行的偿付（借记）通知电文：MT742。

表 5－2 中列出了开证行信用证业务 SWIFT 标准电文 MT700/701 的栏目名称与相应代码。

表 5－2　电开信用证 SWIFT 标准电文 MT700/701 的栏目名称与代码

Tags（代码）	Field Names（栏目名称）
20	Documentary Credit Number（信用证编号）
27	Sequence of Total（电文总页序）
31C	Date of Issue（开证日期）
31D	Date and Place of Expiry（信用证效期到期日及到期地点）
32B	Currency Code，Amount（货币代码及金额）
39A	Percentage Credit Amount Tolerance（信用证金额可增减的百分比）
39B	Maximum Credit Amount（信用证最高金额）
39C	Additional Amounts Covered（可附加金额）
40A	Form of Documentary Credit（跟单信用证的性质）
41A	Available with... by...（指定兑用银行及兑用方式）
42A	Drawee（汇票付款人）
42C	Drafts at...（汇票期限及利率）
42M	Mixed Payment Details（混合付款指示）
42P	Deferred Payment Details（延期付款指示）
43P	Partial Shipment（分批装运条款）
43T	Transshipment（转运条款）
44A	Loading on Board/Dispatch/Taking in Charge at/from...（装船/货物起运/接管地）
44B	For Transportation to...（运输目的地）
44C	Latest Date of Shipment（最迟装运日）
44D	Shipment Period（装运期限条款）
45A	Description of Goods and/or Services（货物及/或服务描述，包含单价条件在内）
46A	Documents Required（单据要求条款）
47A	Additional Conditions（附加条件）
48	Period for Presentation（提示期限条款）
49	Conformation Instructions（保兑指示条款）
50	Applicant（申请人）
52A	Application Bank（开证行）

续前表

Tags（代码）	Field Names（栏目名称）
53A	Reimbursement Bank（偿付行）
57A	Advise Through Bank（通知行）
59	Beneficiary（受益人）
71B	Charge（费用条款）
72	Sender to Receiver Information（银行间的备注）
78	Instructions to Paying/Accepting/Negotiation Bank（对付款/承兑/议付银行的指示）

注：所谓“电文总页序”是指该电开信用证的页次。它有两个数字，例如“1/2”，其中的后一数字“2”代表本电开信用证共2页，前一数字“1”代表本页为第1页。

电开信用证示样，参见单据示样17：银行电开信用证（SWIFT标准电文MT700/701）。

三、信用证的修改

虽然不可撤销信用证是不允许中途撤销和单方面修改的，但并非绝对不能修改甚至撤销。在某些特殊情况下，如能够取得申请人、受益人和开证行的一致同意，还是可以加以修改甚至撤销的。尤其是受益人在收到对方开出的信用证后如发现其与贸易合同严重不符，完全可以拒绝接受该信用证，甚至可以在通知开证申请人后单方面撤销贸易合同并向进口商提出索赔；或者受益人在审证时发现信用证有某些条款不能接受或无法办到，或跟贸易合同有不一致之处，或条款、内容不完整及有矛盾之处，也可以要求开证方予以修改；再或者，在信用证开出以后，买方出于销售市场变化等原因在征得卖方同意后，也可以向开证行申请修改甚至撤销原信用证。

1. 修改信用证的程序

（1）由开证申请人向开证行发出修改信用证的指示。该指示必须完整、明确。

（2）开证行同意并修改后，须通过原证的通知行向受益人发出信用证修改书。

（3）通知行收到信用证修改书后须先鉴别其真实性，然后再通知受益人。

（4）受益人收到信用证修改书后，应作出接受或拒绝修改的通知。在原证或修改书中至少有一个为受益人可接受的情况下，如果受益人没有明确作出这一通知，则意味着他是暂时保留了既可以选择按原证通知书条款交单索偿，也可以选择按修改通知书条款交单索偿的权利；而将来一旦受益人明确表示了拒绝修改或是实际按原证通知书条款交单索偿（后者相当于他最终表明了拒绝修改），他此后就将受到原证通知书条款的约束；或者，将来一旦受益人明确表示了接受修改或是实际按修改通知书条款交单索偿（后者相当于他最终表明了接受修改），他此后就将受到修改通知书条款的约束。而在原证和修改书都令受益人不能接受的情况下，则受益人必须尽快向开证方发出拒绝接受的通知并要求对方重新修改信用证，否则就不能保障自己的权益。

2. 修改信用证的注意事项

关于不可撤销信用证的修改有以下一些事项应予注意：

（1）信用证的修改必须取得申请人、受益人和开证行的一致同意才有效。

（2）信用证修改书一旦发出，开证行就又不可撤销地对修改书承担承付责任；保兑行（如果有的话）则既可以选择将其保兑责任扩展至修改书并通知受益人（此后，它就又不可撤销地对修改通知书承担保兑责任），也可以选择不对修改书加保而仅将修改书通知受益人（此时，它就不再对修改书承担保兑责任，但它必须无延误地明确将此意思通知开证行和受益人）。

（3）受益人对于信用证修改书只可以选择全部接受或者全部不接受，而不可以选择部分接受——如果受益人对于修改书不完全同意的话，只能选择将其退回（这相当于全部不接受）要求再次修改其中不符点的处理办法。

（4）UCP600关于信用证修改的新规定，给予了受益人最大限度的自由，而对开证行做了最大限度的约束。在实务中，由于受益人对修改书不及时表态会令开证行和开证申请人陷于非常被动的局面，所以一些开证行为保护自身利益而常常在修改书中刻意加注“修改书的沉默接受”条款。例如，“若本修改书自发出后3个工作日未被受益人书面拒绝则将自动生效。”而UCP600则对开证行的这种违背不可撤销信用证精神原则的“修改书的沉默接受”条款给予了限制，明确规定，信用证当事人可以对这种“修改书的沉默接受”条款不予理会。这就最大限度地约束了开证行在不可撤销信用证项下不能单方面修改的承付责任，并给予受益人最大限度的自由。

（5）对于可转让信用证，UCP600规定，第一受益人必须在转让申请书中明确指示其是否允许及在什么条件下允许转证行将信用证的修改（如果信用证发生修改的话）通知第二受益人（转让证一旦发出，此项指示即不得单方面撤销）；转证行如果同意在这些条件下办理转让证，则它必须在转让证通知书中将第一受益人的这些关于修改的指示转告第二受益人；对于有两个以上第二受益人的情况，如果原证发生修改，可以允许其中的一部分第二受益人拒绝接受其转让证的修改，而同时另外一部分第二受益人又同意接受其转让证的修改。

（6）如果受益人在审证时发现信用证中只存在一些无关紧要的小瑕疵，比如贸易合同上的编号本为2004/MX，而信用证上将该合同的编号写成了2004-MX，或者信用证上将货物的尺码large误拼成了lareg，等等，则受益人在确保海关、商检等环节不会发生问题的前提下，可以采取在制单时将错就错的办法来处理，以避免为此类小问题而修改信用证所引起的费用和麻烦。

3. 信用证修改书的格式和内容

（1）信开信用证修改书。

信用证修改书的主要内容如下：

1）开证行名称；

2）被修改信用证的编号；

3）修改日期；

4）开证日期和地址；

5）被修改信用证的申请人、通知行及其业务编号；

6）受益人；

7）中间预留空白部分——用于填写对原证的修改内容；

8）开证行有权签字人的签名；

9）通知行的注释——通知行对开证行签字的真实性等加以注释。

信用证修改书示样，参见单据示样 18：银行信开信用证修改书。

（2）电开信用证修改书的 SWIFT 标准电文 MT707。

表 5－3 列出了银行电开信用证修改书 SWIFT 标准电文 MT707 的栏目名称及相应代码。

表 5－3　电开信用证修改书 SWIFT 标准电文 MT707 的栏目名称和标准代码

Tags（代码）	Field Names（栏目名称）
20	Sender's Reference（发电行对原信用证的编号）
21	Receiver's Reference（收电行对原信用证的编号）
23	Issuing Bank's Reference（开证行对原信用证的编号）
26E	Number of Amendment（修改书的编号）
30	Date of Amendment（修改日期）
31C	Date of Issue（原信用证的开证日期）
31E	New Date of Expiry（新的信用证效期到期日）
32B	Increase of Documentary Credit Amount（增加信用证金额）
33B	Decrease of Documentary Credit Amount（减少信用证金额）
34B	New Documentary Credit Amount after（修改后新的信用证金额）
39A	Percentage Credit Amount Tolerance（信用证金额可增减的百分比）
39B	Maximum Credit Amount（最高信用证金额）
39C	Additional Amounts Covered（可附加金额）
44A	Loading on Board/Dispatch/Taking in Charge at/from...（装船/发送/接管地）
44B	For Transportation to...（装运至……）
44C	Latest Date of Shipment（最迟装运日）
44D	Shipment Period（装运期限）
52A	Application Bank（开证行）
59	Beneficiary（before this amendment）（原信用证的受益人）
72	Sender to Receiver Information（银行间的备注）
79	Narrative（叙述事项）

电开信用证修改书示样，参见单据示样 19：银行电开信用证修改书（SWIFT 标准电文 MT707）。

第五节　信用证项下的资金融通

在跟单信用证支付方式下，进、出口商都有较多的依托于交易的融资手段。

一、银行对出口商的资金融通

1. 信用证项下打包贷款（Packing Loan against Documentary Credit to Exporters）

这是在非已付信用证项下，出口地的指定兑用银行以正本信用证及正在打包待运的货物为抵押给信用证受益人（出口商）提供信贷，为后者融通资金的一种方式。

（1）可预支信用证项下的打包贷款。

指开证行应开证申请人（进口商）的要求开立可预支信用证，授权出口地银行为信用证受益人（出口商）提供资金融通便利的打包贷款，其中风险主要由开证方承担。

（2）非预支信用证项下的打包贷款。

指非预支信用证项下的指定出口地兑用银行自行以正本信用证及正在打包待运的货物为抵押给信用证受益人（出口商）提供信贷，为后者融通资金的打包贷款，其中风险完全由该放款银行自行承担。

2. 信用证项下出口押汇（Negotiation against Documentary Credit to Exporters）

这是在信用证项下，出口地银行以单据及汇票（如果有汇票的话）的转让或质押为条件给信用证受益人（出口商）融通资金的一种方式。

（1）授权议付。

指开证行应开证申请人（进口商）的要求开立议付信用证，邀请或授权出口地银行净额议付信用证受益人（出口商）提供的单据及汇票，为后者提供资金融通便利的出口押汇，其中风险主要由申请人和开证行承担。

（2）局外议付。

指在非议付信用证或限制议付信用证项下，未得到开证行邀请或授权议付而自行以单据及汇票为质押品给信用证受益人（出口商）提供部分议付便利的出口押汇，其中风险完全由局外议付行自行承担。

3. 承兑和贴现/包卖方远期信用证项下汇票（Accepting and Discounting/Forfaiting the Draft against Seller's Usance L/C）

这是指开证行应开证申请人（进口商）的要求开立卖方远期信用证，开证行承兑受益人出具的跟单汇票，给受益人提供融通资金便利，以及出口地银行为信用证受益人贴现（或包买）其持有的承兑汇票。

二、银行对进口商的资金融通

1. 信用证项下进口押汇（Advance against Documentary Credit to Importers）

这是在信用证项下，开证行凭信用证受益人提交的单据替进口商（信用证申请人）垫付货款，并给予后者凭信托收据借单提货的便利，为后者融通资金的一种方式。其中风险完全由开证行承担。它多用于远期信用证项下，开证行为进口商提供先期借单提货的便利；但这一业务也可以用于即期信用证项下，当进口商一时筹措资金困难时，可以与开证行商定一个延期付款的时限，先由开证行垫付信用证款项，进口商凭信托收据借单提货，待延期付款到期日再付清款项赎回其信托收据。

2. 承兑和贴现买方远期信用证项下的汇票（Accepting and Discounting the Draft against Buyer's Usance L/C）

这是指开证行应开证申请人（进口商）的要求开立买方远期信用证，受益人（出口商）出具以开证行为付款行的跟单汇票、开证行为申请人（进口商）承兑其出具的远期汇票（甚至可为其贴现该汇票），给后者提供融通资金便利。

第六节　信用证结算方式的特点及其在国际贸易中的应用

一、信用证结算方式的特点

1. 银行信用的介入为结算提供了较大的安全保障，但买方承担的风险仍相对较大

银行信用证为结算提供了较大的安全保障，但买方仍易遭到卖方的单据欺诈或以次充好等风险；卖方虽然在正常情况下收款有了银行信用做保障而不会银货两空，但仍应小心防范买方利用"软条款"信用证实施诈骗的风险。

2. 买卖双方都有了较多的基于交易的融资手段，从而双方的资金负担达到了相对平衡

在信用证项下，银行信用的介入为买卖双方都提供了较多的基于交易的融资手段（而且要比托收项下更容易实现），从而使得买卖双方的资金负担达到了相对平衡。

3. 手续最繁，费用最高

在三种基本支付方式中信用证方式的手续最繁，费用最高。

基于以上特点，跟单信用证支付方式在国际贸易中得到了最为广泛的运用。

二、信用证在国际贸易中的应用

1. 信用证的积极作用

信用证的积极作用可大致归纳为如下两条：

（1）信用证解决了贸易双方互不信任的矛盾。

由于信用证结算属于银行信用，同时银行可以通过控制单据从而使得进出口双方都免除一定的后顾之忧，保证了出口商的安全收汇和进口商的安全提货。

（2）进、出口双方均可在信用证项下获得资金融通。

出口方可以通过议付而提前收到货款，而进口方可以通过开立信用证，减少如在汇付方式下需要即时支付全部款额的资金压力，可以减轻资金负担。

2. 使用信用证结算方式应注意的问题

信用证结算方式在国际贸易中仍不是完美无缺的。比如，出口商可能伪造在表面上与信用证条款相符的单据，甚至制作假单据，也可以得到银行的接单兑付或议付，从而使进口商成为单据欺诈或以次充好的受害者；而进口商也可能不按时开证、不按合同规定条件开证甚至是在信用证条款中设下"软条件"陷阱使得出口商无法按信用证规定的条件顺利交单而遭受损失。并且，由于信用证业务在操作时手续烦琐，环节很多（卖方的审证、制单、交单，以及买方的申请开证和审单等等），环环相扣，技术性均很强，稍有不慎，就会产生疏漏、差错，造成损失，所以进、出口商在国际贸易中使用信用证结算方式时，仍应着重注意以下事项，以降低风险。

（1）买卖双方仍应慎重选择交易对象。

有鉴于信用证结算方式并不能完全杜绝贸易对方的欺诈行为，所以在采用信用证支付

方式时，进、出口商仍应慎重选择交易对象，要认真调查交易对象的资信和经营作风，确信较好后，方可与之交易。

(2) 双方在买卖合同中应认真签订支付条款。

在信用证支付方式下，国际贸易的买卖合同仍是开立信用证的基础（买方须按照买卖合同的规定开立信用证），买卖双方须按照信用证规定的支付条款承担风险。进、出口商在买卖合同中所订立的支付条款是否明确完善，是银行信用证能否正确地按时开立、交易能否顺利进行、合同能否全面履行的先决条件。

在采用信用证结算方式情况下，买卖合同的支付条款中，应着重注意订好信用证的开证期限、开证行、信用证的类别、贸易条件和信用证金额、支付时间、到期日及其地点、单据要求、装运要求等一系列内容。

(3) 卖方要认真做好审证、制单、交单等一系列工作。

首先，卖方必须做好对于买方所开立银行信用证的审证工作，切实弄清买方开立的银行信用证是否与买卖合同的规定相吻合，或者虽有不一致但卖方是否可以接受。这一环节必须十分认真仔细，它对于卖方将来能否如期在信用证项下顺利交单至关重要。如果发现买方开立的银行信用证有"软条款"陷阱等重大问题，则卖方就要提高警惕了，问题严重时可以以对方开证违约的名义及时终止这桩交易；如果发现买方开立的银行信用证与买卖合同的规定只是稍有不符，但问题还不是太严重，则卖方可以要求买方在一定期限内严格按照合同规定完成修改信用证；如果发现买方开立的银行信用证与买卖合同的规定虽有不符，但卖方可以接受，则卖方也可以以默认的方式接受这一信用证。

其次，卖方还必须做好信用证项下单据的制单工作，切实做到"单内一致、单单一致、单证一致"。这一环节不能有任何瑕疵和疏漏，它对于卖方将来能否如期在信用证项下顺利交单关系极大。

最后，卖方还必须保证及时向信用证指定银行或开证行交单。这一环节也同样重要，因为 UCP600 规定，信用证必须规定一个交单的截止日（或交单有效期，信用证规定的兑付或议付的截止日将被视为交单的截止日），可在其处兑用信用证的银行所在地即为交单地点（除规定的交单地点外，开证行所在地也是交单地点）。与此同时，UCP600 中还规定，如果单据中包含一份或多份正本运输单据，则须由受益人或其代表在不迟于本惯例所指的发运日之后的 21 个日历日内交单，但是在任何情况下都不得迟于信用证的截止日。所以卖方必须同时确保在发运日之后的 21 个日历日内并且在信用证的交单有效期之内，向信用证指定银行或开证行提交单据。否则，银行将视作信用证已经失效而拒受单据并拒绝兑付/议付。

(4) 买方要认真做好申请开证和审单等一系列工作。

首先，买方必须做好信用证的申请开证工作，按照买卖合同中的规定及时申请开证，并注意信用证应与买卖合同的规定相吻合（或者虽有不一致但受益人应当可以接受）。这一环节在采用信用证结算方式的交易中，是交易合同得以有效执行的先决条件。如果买卖合同没有明确规定开证期限，则进口商应及时申请开证并尽量保证在合同规定的装运期开始之前送达出口商，以便出口商履行合同；如果买卖合同规定其生效时限是合格的信用证送达出口商时，则进口商申请开证的时间还应适当提前；如果买卖合同规定在出口商确定装运期后开证，则进口商应在接到出口商的装运期通知后及时申请开证；如果买卖合同规定在出口商领到出口许可证并提交履约保证金后开证，则进口商应在收到出口商已领到出口许可证的通知和履约保证金后申请开证。

其次，买方还必须做好信用证项下的审单工作，严格审核受益人提交的单据是否完全做到了“单内一致、单单一致、单证一致”。这一环节不能有任何马虎和疏漏，如果在卖方提交的单据中存在瑕疵或疏漏，则买方必须在审单效期内及时发现其中的全部瑕疵和疏漏，并逐一列举出来，作为合理拒付的理由或者是向卖方讨价还价的依据，并采取一些必要的补救措施。

(5) 关于软条款信用证。

所谓软条款信用证泛指开证行在其开立的信用证中加列某些条款，试图单方面解除其保证付款的责任。形形色色的信用证软条款在性质上万变不离其宗，即背离信用证业务凭单证相符付款的原则或者是使受益人无法做到单证相符。

进口商要求开证行在信用证中设置软条款，多数情况下其实并非蓄意欺诈，而是出于自我保护的考虑。当然也有一些不法商人试图通过信用证软条款谋取不当利益。信用证“软条款”的常见种类如下：

1) 信用证暂不生效条款。此类条款通常规定，信用证开立后并不立即生效，要待开证行另行通知或以信用证修改书形式通知方才生效。例如：

“This credit is non-operative unless the name of carrying vessel has been approved by applicant and to be advised by L/C opening bank in form of an L/C amendment to beneficiary.”（本信用证生效的条件是载货船名已经开证申请人认可，并由开证行以信用证修改书形式通知受益人。）

“This credit only available after receipt by you of our advice that our principal has received and accepted the required L/G amounting to 10% of value of credit amount issued by a first class bank countersigned by us or by our authorized bank.”［本证只有当贵行收到我行（开证行）发出的通知后才能生效。通知内容是我客户（开证申请人）已经收到并接受由一流银行开具的、相当于本信用证金额10%的保函。该保函必须由我行或经我行授权的另一家银行会签。］

2) 信用证有条件付款条款。

此类条款常规定，信用证付款要满足某些前提条件。例如：

“No payment will be effected under this letter of credit until we receive our principal's advice that goods have been released from customs and are approved by health authorities.”（本信用证在接到开证申请人通知，已从海关提货，并经卫生当局确认以前不能付款。）

根据这一条款，如申请人不及时通知开证行，或卫生当局未能及时验货，或检验结果不符合要求，都将使受益人失去开证行的付款保证。

3) 货经买方或第三方检验条款。

此类条款常规定，信用证项下货物必须经买方本人或其指定的第三者检验，并规定其检验证书作为议付单据。例如：

“2 copies of inspection certificate issued by ______ company and signed by representative attesting to quality, quantity and specification.”（该条款要求提供：2 份由______公司出具，并由其代表签署的检验报告，证明产品的品质、数量、规格符合要求。）

"Copy of certificate issued by ______ company certifies that test report covering relevant orders has been approved by ______ company Toronto, Canada or certifies that testing is not required."（该条款要求提交：______公司出具的证明副本，证明有关订单的检验报告已由加拿大多伦多______公司认可或证明该批货物无须检验。）

上述条款要求由信用证申请人指定的第三方提供检验报告，并且要求证明该报告已经第四方（多伦多公司）认可。这样，出证方完全可以以第四方不予认可为由，拒绝开出检验证明，从而给出口商准备需提交的单据造成很大的不确定性。

4）货到后买方复检条款。

此类条款常规定，货到目的地后，还须经由买方复验，复验结果作为开证行付款条件之一。例如，一家科威特银行信用证中规定：

"Payment to the beneficiary will be effected only after you receive our advice that the applicants have advised us about the arrival of goods and confirm that the goods and quantities are as per their order and that they authorize payment, documents presented hereunder shall be released to the applicants free of payment in order to facilitate the inspection of the merchandise."（唯有当你方收到我方下述通知之后我们对受益人的付款才会生效：开证申请人已经通知开证行收到货物并证明货物及数量符合订单规定，而且他们授权付款。为方便进口商验货，所提交的单据将无偿放给开证申请人。）

根据上述规定，该证虽然名为不可撤销信用证，但其付款的前提却是要得到开证申请人的付款指示，从而使银行信用下降为商业信用。此外，开证行还以方便进口商验货为名，要求出口方无偿放单，其结果是，出口方不但可能收款无着，甚至连单据都无偿奉送进口商，造成财货两空。

5）船舶指装条款。例如：

"Shipment can only be effected upon receipt of applicant's shipping instructions through L/C opening bank nominating the name of carrying vessel by means of subsequent credit amendment and copy of such amendment must be included in the documents for negotiation."（货物只能待收到开证申请人的装运通知后才能装运，装运通知将指定载货船名，并由开证行以信用证修改书的形式发出，信用证修改书副本应作为议付单据。）

案例 5—1

我国某公司与外商按 CIF 条件签订一笔大宗商品出口合同，合同规定装运期为 8 月份，但未规定具体开证日期。外商拖延开证，我方见装运期快到，从 7 月底开始，连续多次电催外商开证，但直到 8 月 5 日，外商才发来一个简电开证。我方怕延误装运期，急忙按简电办理装运。8 月 28 日，外商才开来信用证正本，正本上对有关单据作了与合同不符的规定。我方审证时未予注意，通过银行议付，议付行也未发现，但开证行以单证不符为由拒付货款。我方以货物及单据均与合同相符为由，根据合同要求买方付款，经过多次交涉未果。最后该批货物竟然被港口海关拍卖处理，我方遭受款货两空的损失。

问题：你认为我方应从中吸取哪些教训？

分析：

（1）在出口业务中，一般应明确规定买方开到信用证的期限，而在本合同中却未作此项规定，欠妥。

（2）装运期为8月份，而出口公司直到7月底才开始催证，为时过晚。

（3）8月5日收到简电通知后，即忙于装船，过于草率。要知道，简电开证是无效的，开证行不受其约束。

（4）以信用证付款的交易，即使合同中未规定开证期限，按惯例买方也有义务不迟于装运期开始前一天将信用证送达卖方，而本案的信用证迟至装运期开始后第28天才送达，显然违反惯例。我国出口公司理应向外商提出异议，并保留以后索赔的权利，而我方对此却只字未提。

（5）收到信用证理应认真地、逐字逐句地加以审核，而我方工作竟如此疏忽大意。

（6）发生争议时理应做好货物的保全工作，而本案的货物最后竟然被港口海关拍卖处理，可见我方对争议的处理工作非常不到位，应引以为戒。

案例5—2

我国A公司向巴基斯坦B公司以CIF条件出口货物一批。国外来证中单据条款规定："商业发票一式两份；全套（full set）清洁已装船提单，注明'运费预付'，作成指示抬头并作空白背书；保险单一式两份，根据中国人民保险（集团）公司1981年1月1日海洋运输货物保险条款投保一切险和战争险。"信用证上注明"按UCP500办理"。A公司在信用证规定的装运期限内将货物装上船，并于到期日前向议付行交单议付，议付行随即向开证行寄单索偿。开证行收到单据后，来电表示拒绝付款，其理由是单证有下列不符：

（1）商业发票上没有受益人的签字；

（2）正本提单是以一份组成，不符合全套要求；

（3）保险单上的保险金额与发票金额相同，因此投保金额不足。

问题：开证行单证不符的理由是否成立？并说明理由。

分析：

（1）该理由不成立。理由：根据UCP500第三十七条的规定："除非信用证另有规定，商业发票无须签字。"因此商业发票上没有受益人签字，应认为单证相符。

（2）该理由也不成立。理由：根据UCP500第二十三条的规定："全套正本提单可以是一份或一份以上正本提单。"因此本证项下正本提单是一份组成，应属单证相符。

（3）该理由成立。根据UCP500第三十四条的规定："除非信用证另有规定，保险单据必须表明的最低投保金额，应为货物的CIF价［成本、保费加运费（……'指定的目的港'）］或CIP价（运费和保险费付至……）的金额加10%。但这仅限于能从货运单据上确定CIF或CIP价值的情况。否则，银行将接受的最低投保金额为信用证要求付款、承兑或议付的金额的110%，或发票毛值的110%，两者之中取金额较大者。"本案保险金额与发票金额相同，因此投保金额不足，构成单证不符。

案例 5—3

我国某公司接到客户发来的订单，订单上规定交货期为 2010 年 8 月。不久该公司收到客户开来的信用证，该信用证规定："Shipment must be effected on or before September 2010"。我方于 9 月 10 日装船并顺利结汇。约过了一个月，客户却来函要求对迟装船索赔，称索赔费应按国际惯例每逾期一天罚款千分之一，因迟装船 10 天，所以应赔款百分之一。

问题：(1) 我方为什么能顺利结汇？(2) 客户的这种索赔有无道理？我国公司是否应赔偿？

分析：

(1) 因为信用证是银行信用，是自足的文件，与合同无关，因此，卖方所提交的单据只需"单单相符，单证相符"即可结汇，而与合同是否相符无关。我方提单中的装船日期在信用证规定的装运期内，故我方单证是相符的，可以顺利结汇。

(2) 由于我方违反了合同中有关装运期的规定，故对方提出索赔要求是合理的，但对方的索赔金额是以国际惯例为依据提出的，而国际惯例本身不是法律，是人们在长期的贸易实践中形成的习惯做法，对交易双方并无强制约束力，因此，对对方的索赔金额我方可以讨价还价。

案例 5—4

某外贸公司出口货物一批，货物数量为 1 000 公吨，每公吨 USD 65 CIF Hamburg。国外买方开证行按时开来信用证。该证规定：总金额不得超过 USD 65 000，有效期为 7 月31 日。证内注明按 UCP600 办理。外贸公司于 7 月 4 日将货物装船完毕，取得提单，签发日期为 7 月 4 日。

问题：(1) 外贸公司最迟应于何日将单据送交银行议付？为什么？(2) 本批货物最多和最少能交多少吨？为什么？

分析：

(1) 外贸公司最迟必须不晚于 7 月 25 日将单据送交银行议付。理由：按 UCP600 第十四条的规定：正本运输单据，必须由受益人或其代表按照相关条款在不迟于装运日后的 21 个公历日内提交，但无论如何不得迟于信用证的到期日。据此，本案外贸公司不得晚于 7 月 25 日交单。

(2) 本批货物最多应交 1 000 公吨，最少应交 950 公吨。理由：按 UCP600 第三十条的规定：在信用证未以包装单位件数或货物自身件数的方式规定货物数量时，货物数量允许有 5%的增减幅度，只要总支取金额不超过信用证金额。据此，本案可少交 5%，即可只交 950 公吨，最多也只能交 1 000 公吨。

关键术语

L/C	UCP600	eUCP1.1	承付
议付	交单相符	单证一致	单单一致
单内一致	开证申请人	开证行	通知行（或转递行）
付款行	议付行	保兑行	偿付行
寄单行	光票信用证	跟单信用证	不可撤销信用证
保兑信用证	无保兑信用证	即期付款信用证	延期付款信用证
承兑信用证	卖方远期信用证	买方远期信用证	议付信用证
限制议付信用证	直接信用证（或非议付信用证）		即期信用证
远期信用证	可转让信用证	对背信用证	对开信用证
分期装运—支取信用证		循环信用证	信开信用证
可预支信用证（或红条款信用证）		电开信用证	简电信用证
信用证打包贷款	信用证出口押汇	信用证进口押汇	

思考题

1. 什么是信用证？跟单信用证有何基本属性？
2. 信用证业务都有哪些基本当事人和派生当事人？
3. 局外议付行与开证行授权议付行的权利有何不同？
4. 什么是即期付款信用证、延期付款信用证、承兑信用证、议付信用证？简述其各自的业务流程。
5. 简述跟单信用证的基本分类关系。
6. 什么是可转让信用证？什么是对背信用证？
7. 什么是对开信用证、分期装运—支取信用证、循环信用证、可预支信用证？
8. 信用证有哪几种开证方式？信用证主要有哪些内容？
9. 在信用证项下出口商和进口商各自有哪些融资手段？
10. 简述跟单信用证结算方式的特点。

第六章

银行保函、备用信用证及各种支付方式的综合运用

学习目标

1. 掌握银行保函和备用信用证的定义、属性特点、类型及分类、当事人及其基本内容；

2. 掌握银行保函和备用信用证在运用中应注意的事项；

3. 了解银行保函、备用信用证、跟单信用证之间的不同。

重点与难点

重点：银行保函的种类；ISP98 项下国际备用证的基本属性；国际贸易支付方式及信用工具的选择与综合运用等。

难点：银行保函的分类关系；国际备用证业务的一些重要新特点；贸易支付方式及信用工具的选择与综合运用等。

第一节 银行保函

一、银行保函概述

1. 银行保函的含义

银行保函（bank's letter of guarantee）是指银行以自身的信誉，应其客户（委托人/申请人）的要求而开立的保证文件。它就委托人关于某一基础合同的债务或责任向第三方当事人（债权人/受益人）作出保证，如委托人未能履行合同规定的义务则由银行向第三方当事人作出赔偿。

实际上，广义的保函不但可以由银行（或其他金融机构）开立，还可以由其他商业法人或个人开立。但由于后者在国际贸易中极少使用，所以我们这里主要介绍银行保函。

2. 国际商会的各种保函统一规则

国际商会曾于 1978 年颁布了一个《合约保函统一规则》（Uniform Rules for Contract Guarantees），又被称为国际商会第 325 号出版物（ICC Publication No. 325），简称为

URCG325。但由于它过于全面地谋求各类保函的各方当事人之间的“利益均衡”原则，以致对保函的法律属性缺乏明确界定，所以始终未能得到广泛接受和采用。

后来国际商会经过长期的研究和讨论于1992年又颁布了一个《见索即付保函统一规则》（The Uniform Rules for Demand Guarantees），也被称为国际商会第458号出版物（ICC Publication No. 458），简称为URDG458。这一新的规则侧重于强调一些国际常用保函（比如招投标合同项下的各种保函）的受益人利益，明确界定了此类保函具有独立于基础合同的法律属性。由于它较好地反映了广大金融界和商业界对当时国际常用保函的属性的普遍看法和观点，所以得到较多国家的银行界和法律界的接受和采纳，但此规则又存在对于被保证人（保函申请人）利益的保护不足的缺陷。

被保证人担心“见索即付”保函会被不正当使用，因为其存在被无理索赔以及在善意贸易合同争议产生时利用此类工具施加商业压力的空间。针对此类需求，国际商会保险委员会在国际信用保险协会（ICIA）及其成员积极的合作与参与下，成立了工作小组以起草一套规则规定“有条件”担保。国际商会于1993年又颁布了一个《合同保函统一规则》（Uniform Rules for Contract Bonds），也被称为国际商会第524号出版物（ICC Publication No. 524），简称为URCB524。该规则与《见索即付保函统一规则》又有所不同，更注重各方当事人之间的“法律权益均衡”原则，明确将保函的法律属性确定为从属性的，强调保证人的责任从属于被保证人在保函针对的合同项下的责任，并且与其范围相同。这一新规则为被保证人提供了更多保护，将无理索赔以及利用索赔施加商业压力的空间大大缩小。受益人必须证明违约发生并且证明其遭受了损害，才有权获得有条件保函项下的赔偿。同时新规则仍然向受益人提供了有价值的保护，因为只要受益人有确切证据证明被保证人确实违约，则受益人就可以凭保函从保证人处获得支付/赔偿，而不至于在被保证人无资金或者因其他法律原因而不能支付/赔偿时被剥夺合同项下的获偿权利。

后来，国际商会又在原URDG458的基础上，重新颁布了一个URDG758，并于2010年7月1日生效实施。后者使保函有关当事各方的责任和权利比原URDG458显得更加清晰和更加准确。

二、银行保函的有关当事人及其权利和义务

银行保函的当事人也可分为必不可少的基本当事人和其他可能的派生当事人两大类。

1. 银行保函的基本当事人及其权利和义务

任何银行保函都必不可少的基本当事人有三个：委托人/申请人、担保行和受益人。

（1）委托人/申请人（principal/applicant）。

是向银行提出申请，要求银行开立保函的某一经济交易（或经济关系）中的一方当事人。他在保函项下主要负有以下责任和义务：

1）如果发生保函项下的支付/赔偿，应立即偿还担保行的所有支付/赔偿；

2）负担保函项下的手续费、利息及所有其他费用；

3）如担保行认为有必要，须为之提供反担保人、一定押金或质押品。

（2）担保行（guarantor bank）。

是根据委托人的申请，向受益人开立保函的银行。他在保函项下主要有以下权利和义务：

1）有权要求申请人提供反担保人、一定押金或质押品，也有权拒绝做担保。

2）一旦接受担保申请，则应按保函申请书的要求开立保函。

3）保函一旦开出，就必须按照保函承诺的条件受理受益人的索偿/索赔。

4）在处理受益人的索偿/索赔时，必须认真审核其是否符合保函的效期规定和金额规定（担保行的支付/赔偿责任仅限于保函规定的金额）；如果保函规定有单据要求，还须认真审核受益人所提交的单据是否在表面上符合保函的规定以及单据之间是否保持一致；对于从属性保函，还须取得其基础合同履行情况的规定凭证，但一般来说，担保行对于受益人所提示单据的真伪或法律效力不负责任，对于第三者行为所造成的寄单延误、损失或差错等也不负责任。

5）有权根据担保金额和风险的大小向委托人收取手续费，并有权向委托人收取保函项下的利息及所有其他费用。

6）如果发生保函项下的支付/赔偿，担保行有权向委托人/反担保人索偿。若委托人不能在规定时间内偿还索偿款项，则担保行有权处置其押金或质押品，并有权进一步追索不足抵偿部分。

（3）受益人（beneficiary）。

是接受银行保函，并有权按保函规定的条款向担保行提出索偿/索赔的既定经济交易（或经济关系）中的另一方当事人。他在保函项下主要有以下权利和义务：

1）有权按保函条款的规定向担保行提出索偿/索赔；

2）只能在保函的有效期限（保函的有效期限一般是针对担保行所在地而言的，这点应特别予以注意）和规定金额内提出索偿/索赔；

3）如果保函规定有索偿/索赔时所须提供的单据以及基础合同的履约情况凭证，则在索偿/索赔时必须按要求予以提供。

2. 银行保函的派生当事人及其权利和义务

保函项下有时会派生出一些其他当事人，一般有反担保人、转递行和保兑行。

（1）反担保人（counter guarantor）。

又称指示方（instructing party），是接受委托人的申请，向担保行开立反担保函，指示后者开立保函，并以自身名义承诺将及时足额地补偿担保行在保函项下对受益人的所有支付/赔偿及其他费用的另外一家银行、法人或个人。他在反担保函项下有以下权利和义务：

1）有权要求申请人提供一定押金或质押品，也有权拒绝做反担保。

2）一旦开出反担保函，就有义务按其承诺的条款受理担保行的索偿。

3）在处理担保行的索偿时，必须认真审核其是否符合反担保函的效期规定（一般来说，反担保函规定的受益人索偿/索赔有效期应是针对担保行所在地而言的）和金额规定（反担保行的支付责任仅限于反担保函规定的金额）。如果反担保函规定有单据要求，还须认真审核担保行所提交的单据是否在表面上符合反担保函的规定以及单据之间是否保持一致。

4）如果发生反担保函项下的赔偿，则有权向委托人追偿。若委托人不能在规定时间内偿还应付款项，则有权处置其押金或质押品，并有权进一步追索不足抵偿部分。

5）有权不直接受理保函项下受益人提出的任何索偿/索赔要求。

（2）转递行（transmitting bank）。

又称通知方（advising party），是受担保行之托，代为转递保函给受益人的银行。他在保函项下主要有以下权利和义务：

1）负责核验和确认保函表面上的真实性；

2）按担保人的指示及时将保函转递给受益人；

3）若因故无法及时将保函转递给受益人，则应及时将此情况通报给担保人；

4）有权按保函的规定向受益人/担保行收取转递费（或通知费）。

一般来说，转递行对于保函内容的正确与否，及其在邮递过程中的延误、损毁或遗失等均不负责任。

（3）保兑行（confirming bank）。

保兑行是应担保行的要求，以其自身信誉在担保行已经作出的支付承诺之外另行附加保证，承诺一旦发生担保行无故拒付或无力支付的情况，将由其代为履行付款责任。对于保函项下的保兑方式，受益人可以有两种选择：一种是选择由国际性大银行或另一家本国银行对原保函加具保兑，这时一份保函具有两个并列的保证人；另一种则是在原保函已有本国另一家银行作为反担保行的情形下，要求反担保行另外再开立一个保函，这时同一债务/责任有两个并列的担保函。

三、保函的业务流程

1. 申请人申请开立保函

申请人填写开立保函申请书或与担保行签订委托担保协议，提交一定的保证金或担保品或者是提供反担保措施，并提交有关的基础合同文件（如有关的基础合同、标书、契约、协议等）。缮制保函申请书时应注意以下事项：

（1）仔细阅读基础合同的有关条款，根据基础合同的具体要求填报申请书，核算保函的金额及有效期，做到准确无误，一丝不苟。

（2）根据基础合同的具体规定，以及保函受益人所在国的法律要求和传统习惯，并结合费用多寡的因素，选择对自己最有利且能为担保行和受益人所接受的开立方式（如是否提供反担保人及保兑等）。

（3）确定保函的开立方式后，还要进一步对保函项下的诸如转递行（或通知行）、保兑行等国外受托银行进行严格的遴选。

2. 担保行签发保函

担保行在签发保函之前，需要先对申请人提供的担保品（collateral）或反担保措施进行严格审查。诸如：

（1）审查出具反担保函的银行、其他金融机构或公司、企业、商业团体等单位是否有可靠的资金实力。

（2）审查申请人在担保行的账户头寸以及担保行给予申请人的授信额度。

（3）审查申请人提供的不动产抵押品（mortgage）及/或动产抵押品（hypothecation）。

（4）审查和评估基础合同项目的可行性及其收益。

（5）审查保函申请书或委托担保协议的内容，须逐一审查其内容是否完备，是否与基础合同相符等一系列要点。

3. 保函项下的索赔

保函项下的索赔包含有以下三种可能：

（1）受益人凭保函向担保人索赔；

（2）担保行（包括保兑行）在作出赔偿后根据反担保协议向反担保人索赔；

（3）担保行（包括保兑行）或反担保人在作出赔偿后向委托人索赔。

担保行（包括保兑行）及反担保人在作出赔偿后，即可取得代位求偿权，可以取代债权人向其委托人或反担保人索偿。

4. 保函的撤销

保函在下列情况下可予以撤销：因到期而失效；合同完结，受益人退回保函正本；受益人签署文件，明确放弃该保函项下的一切权利而撤销；保函项下的担保余额已全部支付而撤销。URDG458 规定，随着保函在以上四种情况下被撤销，担保行的担保责任即告解除，保函业务随之宣告结束。但要注意的是，有一些国家如泰国、巴基斯坦、约旦等的法律规定，在保函到期后的规定时间内（如 3 年、5 年甚至 60 年不等），只要受益人提出索赔，担保人仍有义务受理并赔偿。

四、银行保函的种类

1. 银行保函的基本种类

（1）直接保函（letter of direct guarantee/direct L/G）和间接保函（letter of indirect guarantee/indirect L/G）。

银行保函按其有无反担保可分为直接保函和间接保函两大类，其中前者是指没有反担保的银行保函，而后者是指有反担保的银行保函。

（2）有条件保函（letter of conditional guarantee/conditional L/G）和无条件保函（letter of unconditional guarantee/unconditional L/G）。

银行保函按其有无支付/赔偿条件可分为有条件保函和无条件保函两大类。

1）有条件保函。

指受益人向担保行索偿/索赔时须提供由受益人以外的他人所出具的单据及/或有其他附加条件的银行保函。

2）无条件保函。

指受益人向担保行索偿/索赔时无须提供由受益人以外的他人所出具的单据，也没有其他任何附加条件的银行保函。

（3）独立性保函（letter of independent guarantee/independent L/G）和从属性保函（letter of accessory guarantee/accessory L/G）。

银行保函按其基本性质即与基础合同（如贸易合同）的关系来分类，可分为独立性保函和从属性保函两大类。

1）独立性保函。

指作为一项自足性契约而独立于基础合同的、担保行承担第一性支付/赔偿责任的银行保函。独立性保函具有以下一些特性：

ⅰ. 其业务遵循国际商会的《见索即付保函统一规则》（URDG458），担保行的支付/

赔偿责任是第一性的；

ⅱ. 担保行的支付/赔偿承诺可以是无条件或有条件的；

ⅲ. 它是一个独立于基础合同的自足性契约，担保行处理的只是保函所规定的单据，而完全不管基础合同及其履行情况。

2）从属性保函。

指作为一项附属性契约而依附于基础合同的、担保行承担从属性支付/赔偿责任的银行保函。从属性保函具有以下一些特性：

ⅰ. 其业务遵循国际商会的《合同保函统一规则》（URCB524），担保行的支付/赔偿责任只是从属性的；

ⅱ. 担保行的支付/赔偿承诺必定是有条件的；

ⅲ. 它是一个依附于基础合同的附属性契约，担保行支付/赔偿责任的成立与否，与基础合同及其履行情况有关。

注意，从属性保函必定是有条件保函；而独立性保函则既可能是有条件保函，也可能是无条件保函。

（4）结算保函（letter of guarantee to settlement/settlement L/G）和信用保函（letter of guarantee to credit/credit L/G）。

银行保函按其基本功能的不同可分为结算保函和信用保函两大类。

1）结算保函。

指担保行承担第一性付款责任的用做交易结算担保工具的银行独立性保函。

2）信用保函。

指担保行承担从属性或第一性赔偿责任的用做支付/履约信用担保工具的备用性的银行从属性保函或独立性保函。

注意，结算保函只能是独立性保函；而信用保函则既可能是独立性保函，也可能是从属性保函。

除了上述基本分类之外，银行保函还可按其具体用途的不同来加以分类。

2. 银行保函按用途分类

银行保函按其具体用途的不同可分为进口保函、出口保函、借贷保函及其他信用保函四大类。

（1）进口保函。

指银行应国际贸易进口方的申请，向出口方开立的，用以担保当后者履行了贸易合同义务时，前者必定偿付合同价款或履行对应义务的各种结算保函或信用保函。进口保函主要有以下六种：

1）付款保函。

这是国际贸易中，主要货款凭单支付条件下，进口方依约向出口方提供的，银行担保当后者依约发运货物并交单后，由银行负责保函规定价款的支付/赔偿的结算保函/信用保函。

注意，付款保函以及下文讲到的延期付款保函、留置金保函和租赁保函等既可以是结算保函，也可以是信用保函；既可以是无条件保函，也可以是有条件保函；它们一般是独立性的结算保函，但也可以是从属性或独立性的信用保函。

付款保函示样，参见单据示样 20：付款保函。

2）延期付款保函。

这是船舶、飞机及大型设备等大额贸易中，货到后分期/远期付款（而非凭单付款）条件下，进口方依约向出口方提供的，银行担保当后者履行了贸易合同义务后，由银行负责保函规定价款或票据的支付/赔偿的结算保函/信用保函。

最常见的延期付款保函当属“票据保函”。应注意，票据保函（letter of guarantee）与票据保证（aval）之间有许多不同之处，其主要不同是：①票据保证遵循“票据法”，有的票据法允许票据保证行为（如日内瓦统一法和我国票据法），而有的票据法却不允许票据保证行为（如英国票据法）；而票据保函则遵循“保函规则”，如《见索即付保函统一规则》及担保行所在地相关法规。②票据保证的保证人付款责任一概是无条件的；而票据保函的担保行一般可以在保函中自行规定其付款责任为无条件的或有条件的。③票据保证的保证人付款责任究竟是第一性的还是从属性的是由票据法所规定，有的票据法规定票据保证人的付款责任一律是第一性的（如日内瓦统一法），而有的票据法则规定票据保证人的付款责任一律是连带性的（如我国票据法），但无论如何保证人都不能自行规定其付款责任；而票据保函的担保行一般能在保函中自行规定自己的付款责任，既可以出具独立性保函（担保行承担第一性的付款责任），也可以出具从属性保函（担保行承担从属性的付款责任）。④有的票据法（如我国票据法）不允许票据保证作“部分保证”；而票据保函一般可以自行规定其担保金额。

3）留置金保函。

这是成套设备贸易中，须保留货款尾数待设备正常运行的验收合格期满后支付条件下，进口方依约向出口方提供的，银行担保当后者依约履行了安装、调试及维修等义务后，由银行负责保函规定留置金的支付/赔偿的结算保函/信用保函。

4）租赁保函。

这是租赁贸易中，进口方（承租人）依约向出口方（出租人）提供的，银行担保当后者履行了租约义务后，由银行负责保函规定租金的按期支付/赔偿的结算保函/信用保函。

在大额租赁合约项下，有些出租人为了自身融通资金的需要，常会在租赁保函中规定其具有一定的“准转让性”（规定其可以用做融资质押品，但其受益人并未改变，因而这并非转让受益人权益）。

5）补偿贸易保函。

这是补偿贸易中，进口设备的一方依约向出口设备的一方提供的，银行担保当后者依约提供了合同规定的设备后，前者将依约交付合格产品给后者或指定人以抵偿进口设备的价款，如前者违约，则由银行给予后者保函规定金额内赔偿的信用保函。

6）加工/装配贸易保函。

这是加工/装配贸易中，进口原料/配件的一方依约向出口原料/配件的一方提供的，银行担保当后者依约提供了合同规定的原料/配件及样品后，前者将依约交付合格成品给后者或指定人，如前者违约，又不能以现汇来偿付来料/来件的价款及其利息时，由银行给予后者保函规定金额内赔偿的信用保函。

（2）出口保函。

指银行应国际贸易出口方的申请，向进口方开立的，用以担保前者履行招投标合同或贸易合同的某项义务的各种信用保函。出口保函主要有以下四种：

1）投标保函。

这是招投标贸易中，投标方在投标时向进口招标方提供的，银行担保投标方在规定期限内不撤标、不改标、不更改原报价条件，并且中标后将按原招标文件的规定和自己投标文件的承诺按期与招标方签订供货合同并将进一步提交“履约保函”，如投标方违约，则由担保行给予招标方保函规定金额的赔偿的信用保函。

投标保函示样，参见单据示样 21：投标保函。

2）履约保函。

这是招投标贸易中，中标方在与进口招标方签订供货合同后向进口方提供的，银行担保供货方依约履行供货合同规定的供货义务，如供货方违约，则由担保行给予进口方保函规定金额内赔偿的信用保函。

履约保函示样，参见单据示样 22：履约保函。

3）预付金退还保函。

又称退款保函或预付金保函或定金保函等等，这是招投标贸易中，签订供货合同后，在进口方依约预付定金或部分货款之前，供货方依约向其提供的，银行担保在进口方依约预付款后，若供货方未能履约，则由担保行负责偿还进口方的预付金及其利息的信用保函。这是因为在招投标贸易中，进口方在与供货方签订供货合同之后，一般须预付定金，为此进口方会要求供货方先期提交一份预付金保函。

预付金保函示样，参见单据示样 23：预付金保函。

国际金融机构贷款或政府贷款项目下的采购常被要求以国际招标和投标的方式进行，通常被称为“国际竞争性投标”（international competitive bidding，ICB）。而以上三种保函则常用于贸易招投标合约或工程承包招投标合约项下，可以将它们统称为招投标合约保函。

4）质量保函。

这是船舶、飞机、大型设备或成套设备等贸易中，出口方依约向进口方提供的，银行担保出口方按供货合同规定的规格及质量标准供货，并在保质期内负责更换或维修，如进口方依约付款/延期付款，而出口方违约，则由银行承担给予进口方保函规定金额内赔偿的一种信用保函。

（3）借贷保函。

指各种形式的国际借贷关系中，债务方依约向债权方提供的，由另外一家银行担保，债务方将依约履行其还贷义务，否则担保行承担给予债权方保函规定金额内赔偿的各种信用保函。借贷保函主要有以下三种：

1）借款保函。

这是国际借贷交易中，借款方依约向贷款方提供的，由另外一家银行担保，当贷款方依约提供了贷款后，借款方将依约按期偿还贷款本息，否则担保行承担给予贷款方保函规定金额内赔偿的信用保函。

借款保函的金额既可以是借款的全部本息，也可以是部分本息。

2）透支保函。

这是一国驻外贸易机构在外国向当地银行申请开立透支账户时，依约向该开户行提供的，由另一银行担保当后者依约提供了透支信贷后，前者将依约按时补足透支金额/透支本息，否则担保行承担给予后者保函规定金额内赔偿的信用保函。

3）提货保函。

这是国际贸易中，发生货物早于单据到达进口地或单据在邮寄过程中遗失等情况时，进口商为能及时提货（以避免货物压仓变质、减少港口仓储费用以及不误销售时机等）而向承运人/CTO或其代理人提供的，银行担保当后者不凭提单而向前者发货后，前者一旦收到或找到提单，将立即交给后者赎回保函，如果前者违约及/或因此而给后者造成损失，则由担保行给予后者保函规定金额内赔偿的信用保函。

提货保函示样，参见单据示样24：提货保函。

（4）其他信用保函。

指进口保函、出口保函和借贷保函以外的其他各种特别用途的信用保函。

1）关税保函。

又称“临时进口保函”（temporary importation guarantee），这是国际展览、展销或博览会（或国际工程承包）等临时进口交流中，展览团/展销团/代表团在那些临时性进口物品入关时为避免退税麻烦而向进口国海关提供的，银行担保前者的该批物品在规定期限内撤离该国，并在出关时对已销售、转让或未撤离物品补缴关税，否则由担保行负责保函规定金额内赔偿的信用保函。

2）保释金保函。

这是船舶或其他财物由于某种海事纠纷/运输合同纠纷/贸易合同纠纷而被某国有关当局（海关、法院或其他有关当局）扣留或留置时，船方/运输公司/其他物主为免付保释金保释被扣船舶或财物而向该有关当局、原告及其他有关债权人提供的，银行担保前者将按有关当局的最终裁决支付赔偿金，否则由担保行负责保函规定金额内赔偿的信用保函。一种最常见的保释金保函是海事保函（letter of guarantee for maritime accident），通常被用于保释因海上事故（如撞损码头设施或其他船只、造成海洋污染或发生海难事故等等）而被扣留的船舶。

另外还有保险保函（这是担保行为其申请人在某一保险或再保险项下的义务提供的保函）等其他特别信用保函。

银行保函的基本分类关系如图6-1所示。

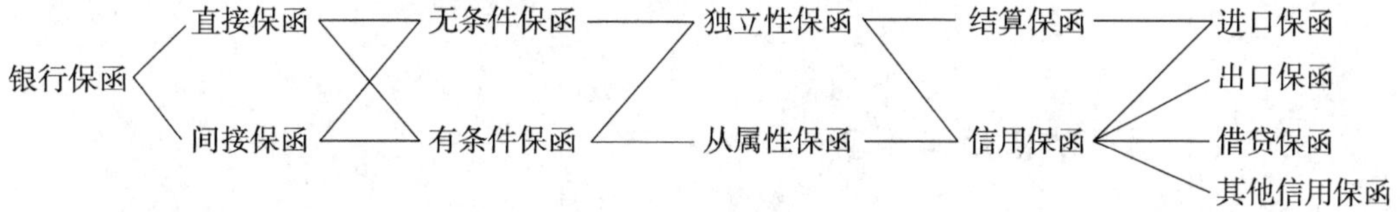

图6-1　银行保函的基本分类关系

五、银行保函与跟单信用证的比较

1. 相似之处

（1）它们都是以银行信用为基础，用于对商业信用的支持或担保；

（2）它们都具有单据化交易的特点。

2. 不同之处

银行保函与跟单信用证的不同点如表 6－1 所示。

表 6－1　　银行保函与跟单信用证的比较

银行保函	跟单信用证
适用国际商会的各种保函统一规则，但各种保函规则的国际影响力较小，而且世界各国对保函的法律法规又各不相同，较难执行	适用国际商会的 UCP600，其国际影响力较大，已得到大多数国家的普遍认可，较容易执行
应用范围广泛，适用于各种信用担保，也可用于贸易货款支付的担保及结算	应用范围较窄，一般用于贸易货款的结算
可以有独立性保函和从属性保函之分，担保行未必负有第一性的赔偿/付款责任，而且其赔偿/付款具有很大的或然性	一概是独立于交易合同的自足性契约，开证行必定负有第一性的兑付责任，而且在交单相符的正常情况下其兑付具有必然性
受益人要在银行保函项下得到支付未必需要付出对价（有时只需提交书面索赔函及副本货运单据等），但在从属性保函项下容易遭到拒付	受益人要在跟单信用证项下得到支付需要付出对价（必须提交正本提单及转让跟单汇票等），但只要做到交单相符就很少遭到拒付
用于货款结算时，受益人（卖方）可直接寄送正本货运单据给申请人（买方），后者可以在未付货款之前先期提货，有利于及早查出受益人是否伪造单据等	用于货款结算时，受益人（卖方）提交的正本单据须经银行转交给申请人（买方），不利于后者及早查出受益人是否伪造单据等
担保行不掌握物权单据，风险较大，常需要申请人提供反担保来规避风险	银行掌握物权单据，可以作为抵押品，开证行风险相对较小

第二节　备用信用证

一、UCP 项下的备用信用证

备用信用证（standby L/C）于 19 世纪中叶起源于美国，因为当时美国法律只允许“担保公司”（bonding company）开立保函而不允许银行开立保函，银行为争取这方面业务，就采取变通的办法创立了具有保函性质的备用信用证。后来，由于备用信用证灵活方便且用途多样，很受客户欢迎，所以在欧洲及其他地区，备用信用证的使用也日益广泛。自 1983 年的 UCP400 起，备用信用证被纳入《跟单信用证统一惯例》后，备用信用证又得到更加广泛的国际认可。

1. UCP 关于备用信用证的定义

依据《跟单信用证统一惯例》，备用信用证是银行（开证行）应申请人（某项经济交易中的一方）的要求而向受益人（该项经济交易中的另一方）出具的，旨在保证申请人在交易合约中一定履约/履行债务责任的赔偿/付款的一种不可撤销的光票信用证。

2. UCP 项下备用信用证的基本属性

（1）其业务遵循国际商会的《跟单信用证统一惯例》，以银行信用为基础，开证行的担保或付款责任是第一性的。

（2）它是一个独立于交易合同的自足性契约。

（3）其开证行处理的只是信用证所规定的单据，而完全不管基础合同的履行情况及具体事实。

3. UCP 项下备用信用证的基本功能

它是在国际贸易中以银行信用来弥补通常商业信用不足的一种独立性信用工具/结算工具，其功能类似于独立性保函（实际上前述的各种独立性银行保函一般均可以用备用信用证来代替）。

UCP 项下备用信用证的可能当事人与跟单信用证类似，只是由于二者的应用范围有所不同，所以跟单信用证的申请人和受益人只是局限于进口商和出口商，而备用信用证的申请人和受益人则可以是（包括进、出口商在内的）任何债务人和债权人。

二、ISP 项下的备用信用证

因为《跟单信用证统一惯例》主要是为商业信用证制定的规则，所以一方面，《跟单信用证统一惯例》中的许多条款并不适用于备用信用证；另一方面，备用信用证的许多特点在《跟单信用证统一惯例》中又无法得到充分体现，诸如涉及备用信用证的期限较长、可自动展期、可要求转让并请求第一受益人为第二受益人作出其自身承诺等方面，都没有作出相应规定，由此造成备用信用证解释上的不确定性，极易导致纠纷。人们需要更专门的备用信用证行为规则。为此，1998 年 4 月 6 日，在美国国际金融服务协会、国际银行法律与实务学会和国际商会银行技术与实务委员会的共同努力下，组织起草了《国际备用证惯例》（International Standby Practice 1998），简称“ISP98”，于 1998 年 12 月公布（被定为国际商会第 590 号出版物），并于 1999 年 1 月 1 日起正式生效。

《国际备用证惯例》（ISP98）是根据《联合国关于独立保函和备用证的公约》，在国际商会《跟单信用证统一惯例》（UCP500）和《见索即付保函统一规则》（URDG458）的基础上，根据备用信用证的特点制定的，它对常用的备用信用证，如投标备用信用证、履约备用信用证、预付备用信用证、反担保备用信用证、融资备用信用证、保险备用信用证、商业备用信用证和直接付款备用信用证等分别下了定义。

《国际备用证惯例》包括序言与 10 条正文，共 89 款。10 条正文分别为：总则（本规则的范围、适用、定义和解释，一般原则，术语）；义务；提示；审核；单据的通知、排除和处理；转让、让渡及法定转让（提款权利转让、款项让渡的确认、法定转让）；撤销；偿付义务；时间安排；联合开证/共享等。

1. ISP98 关于国际备用证的定义

备用信用证（standby letter of credit）或备用证（standby），无论其如何命名或用什么词语来描述，也不论其开证人是银行还是其他非银行机构，凡是为申请人的责任提供独立性担保的承诺书（该承诺书并不是建立在偿付货物或服务的基础上），只要其内容具备以下基本项目，它就属于ISP98项下的“国际备用证”(international standby)：

(1) 备用证的编号；

(2) 各方当事人的完整名称(包括开证人、申请人、受益人及通知行)；

(3) 基础合同的签订日期、编号及主要内容；

(4) 备用证承诺或担保的责任范围及货币代码和金额；

(5) 索赔时所需提交的单据及其提示方式(说明索赔时所需提交的单据采用书面文本形式还是电子文本及电子化提示形式)；

(6) 备用证的效期(包括生效日期和失效日期)；

(7) 明确声明该备用证系依据ISP98开立或受ISP98的约束。

这里的“国际备用证”之所以未把开证人签字作为其必需的基本要素，是因为ISP98充分考虑到了允许备用证采用电子文本和电子化传递方式的可能性——那时将使用密押或密码来确认其发送人(开证人)的身份和责任。

ISP98项下备用证的基本当事人和派生当事人跟UCP项下备用信用证的当事人类似，这里也不再赘述。

2. ISP98项下国际备用证的基本属性

ISP98项下的国际备用证具有开证行赔偿或付款责任的第一性、独立性、只管交单相符性和强约束的不可撤销性四大基本特性。

(1) 开证行赔偿或付款责任的第一性。

其业务遵循国际商会的《国际备用证惯例》，也是以银行信用为基础，开证行的担保或付款责任是第一性的。

(2) 独立性。

ISP98项下备用证继承了UCP项下信用证的独立性原则，它是一个独立于基础合同的自足性契约，而且ISP98第1.07条还进一步规定：“开证人对受益人的义务不受开证人对申请人的任何协议、惯例或法律项下的权利和义务的影响。”

(3) 只管交单相符性。

这一点，ISP98项下备用证也继承了UCP项下信用证只管交单相符，而不涉及交易事实的原则。不过ISP98对于“跟单”的定义跟UCP有所不同，后者的所谓“跟单”是特别强调提交货物运输单据(视之为必要单据)，而且必须是书面形式的单据；前者的所谓“跟单”则采用了广义的单据概念，把索偿书、汇票、权利文件、投资证明、发票、违约证明以及其他法律、权利及观点证实文件等都视为单据(并把只要求提交一份单据化的索偿书的情况也视为跟单)，而且这些单据既可以采用书面文本形式，也可以采用电子文本形式(不过，它们必须是可以提交的和可以审核的，并且是可以为开证人或其指定人用来作为支付凭证的)。

(4) 强约束的不可撤销性。

ISP98与UCP500一样，规定一个备用证/信用证无须写明其是不可撤销的，即应视为是不可撤销的。ISP98第1.06条明确规定，ISP98所指的备用证是不可撤销的，并且无须如此写明。但在实务中，只要备用证的各方当事人一致同意，他们还是可以依据ISP98的灵活性条款(见下文)在备用证中写明其是依据ISP98开立的同时，又特别声明ISP98的第1.06条关于备用证不可撤销的规定不适用，从而使得该备用证成为一个ISP98项下的可撤销备用证。

另外，对于开证人来说，ISP98 项下的备用证比 UCP500 项下的信用证具有更强的约束力——国际备用证或其修改一经“开立”即具有约束力，不论申请人是否授权开立，开证人是否收取了费用，或受益人是否已收到或接受该备用证或其修改。一旦国际备用证离开了开证人的控制之后即视为已开立，并开始对开证人产生约束力，除非备用证中明确注明了其此时尚未开立（not be issued），或尚不具有可执行性（not enforceable），而其他诸如“not available”“inoperative”“ineffective”之类的声明则并不能起到否认其已经开立及不可撤销的作用。过去，对于 UCP500 项下的备用信用证在实务中有一种做法，比如在准备开立新的修改证以取代当时仍然生效的原备用信用证时，常常会在修改证中声明其在原证被取消或失效之前“无效”（inoperative），如今这种声明在 ISP98 项下则不起作用（人们可以对其不予理会）。

3. ISP98 的广泛适用性

ISP98 是一种具有广泛适用性和通用性的国际统一惯例，其项下的国际备用证可以适用于所有类型的独立性担保承诺，而且具有较强的国际通用性。

（1）ISP98 的优先—广泛适用性。

ISP98 允许其项下的备用证同时适用某一 UCP 或同时适用某一独立性保函规则，并规定在这种情况下 ISP98 具有优先性。这一规定使得 ISP98 项下的备用信用证可以比单纯 UCP 项下的备用信用证及单纯“保函规则”项下的独立性保函都具有更广泛的适用性。为此，ISP98 特意把依据其开立或受到其约束的担保承诺书统一命名为“standby”，以区别于 UCP 项下的“standby L/C”。在实务中，如果一份备用信用证是依据 ISP98 开立的或受到其约束，即使该证同时受到 UCP 的约束，它依然是一份 ISP98 项下的“standby”。另外，如果一份备用信用证是依据 ISP98 开立的或受到其约束，即使该证同时受到国际商会的某一独立性保函规则的约束，它也依然是一份 ISP98 项下的“standby”。可见，ISP98 是一个可以“凌驾”于 UCP 和独立性保函规则之上的具有更高地位和更广泛适用性的国际惯例，或者说，ISP98 是一个可以将 UCP 或 URDG458 纳入其“麾下”的比后二者更高层次的国际惯例（但一份国际备用证只能同时适用后二者中的一项）。比如，当一份备用证是同时依据 ISP98 和 URDG458 开立时，ISP98 将优先于 URDG458。只有在 ISP98 条款未涉及或在备用证中已明确表示 ISP98 的有关条款不适用的情况下，才可依据 URDG458 的有关条款来解释和处理。

（2）ISP98 的灵活—广泛适用性。

一方面，在 ISP98 项下备用证的开证人不只限于银行，还可以是其他的非银行金融机构（如保险机构等）。

另一方面，更重要的是，在 ISP98 中还有一项灵活性条款（第 1.01 条 c 款）：适用于本规则的承诺，可以明确地变更或排除其某些条款的适用。另外，如果一份依据 ISP98 开立的备用证同时适用另一国际惯例或规则，则其还可以在该备用证中明确变更或排除后者某些条款的适用。这样，就赋予了 ISP98 极大的灵活性，使得其项下具体的备用证可以根据实际需要而随时灵活修改有关条款。如前所述，利用这一功能，甚至可以在 ISP98 项下出具一份可撤销备用证。

(3) ISP98 的法律—广泛适用性。

可以说，ISP98 是各国适用法律的必要补充。实际上，正是因为许多国家都有自己的担保法规和条例，它们之间往往有许多不一致的地方，所以现实要求有一个国际上广为接受的统一规则来协调和保证跨国交易业务的顺利进行，而 ISP98 正是用于指导和协调国际担保业务的一个国际统一惯例。因此，一方面，对于 ISP98 中已明确指出不予处理的有关事项，显然应当适用当地法律；另一方面，当该惯例中的某些条款（比如款项的让渡和转让等）与行为地的强制性法律相冲突时，也应当适用当地法律。

此外，ISP98 不仅可以用于国际诉讼，而且可以用于国际仲裁。为此，在 ISP98 项下的备用证中一般还应明确选择其适用何种仲裁方式。比如，可以明确选定“ICLOCA 规则（1996）”（ICLOCA 是 The International Center for Letter of Credit Arbitration 的缩写），也可以明确选定国际商会的一般商业仲裁（commercial ICC arbitration），或者也可以明确选择某种其他仲裁方式。

4. ISP98 关于备用证业务的一些重要新规定（与 UCP500 相比）

我们知道，UCP 本来是针对跟单信用证的业务特点而制定的统一惯例，后来直至 UCP400 才开始将备用信用证也纳入其中，但备用信用证业务在本质上更具独立性保函的业务特点，与跟单信用证业务有着许多实质性的不同，所以，虽然 UCP400 和 UCP500 中已经兼顾了一些备用信用证业务的要求，可是由于它们主要是为跟单信用证制定的统一惯例，这就不可避免地会存在种种缺陷和不足。一方面，难以明确界定 UCP 中的哪些条款不适用备用信用证（在 ISP98 问世之前，就有些机构要求国际商会明确解释 UCP500 中的哪些条款不适用备用信用证，但国际商会对此却无能为力，因为实在难以对变化多样的备用信用证与跟单信用证业务之间错综复杂的关系明确界定出一个一致有效的条款分界）；另一方面，UCP 中的条款还远远不能满足备用信用证业务的种种特别要求。而与此同时，在实践中，备用信用证业务的发展却十分迅猛，其业务量甚至早已大大超过跟单信用证的业务量。正是所有这些促成了独立的 ISP98 的诞生，后者既保留了 UCP 项下备用信用证业务惯例的基本特点；同时又完全克服了以前将备用信用证局限在 UCP 之下的尴尬局面，得以放开手脚大大拓展新生备用证的多功能适用性和灵活性，并得以针对备用证自身业务的特点和要求具体制定许多更为详尽和明确的细则条款；而且它还具有相当的前瞻性，考虑到了未来开展电子商务对于电子单据业务的一些新要求。下面我们仅简要介绍 ISP98 关于备用证业务的一些重要的新规定（与 UCP500 项下备用信用证的规定进行比较）。

(1) 关于保兑人责任的新规定。

ISP98 项下备用证继承了信用证业务中可以由开证人以外但得到开证人认可（授权或指定）的另一人加具保兑的特点，但不同的是，ISP98 将保兑人视为另一独立开证人，承担跟开证人完全等同的责任和义务。

如果备用证中明确规定向保兑人交单，则受益人须向保兑人提交单据（其效力如同单据提交给开证人一样），此时保兑人受到和开证人同样的审单、拒付和单据处理业务规范（包括时效在内）的约束，而开证人则承担着在保兑人无理拒付时承付的义务；如果备用证中明确规定向开证人交单，则受益人须向开证人提交单据，此时保兑人也同样承担着在开证人无理拒付时承付的义务；如果备用证中没有明确规定向开证人还是保兑人交单，则受益人可以自由选择向其中一人交单，开证人和保兑人同样承担如上所述的责任和义务。

（2）关于开证人在特定情况下可单方面放弃拒付的新规定。

对于ISP98项下的备用证，开证人可以有一些对不符点放弃拒付的自主条款，对于这些自主条款，开证人有权单方对受益人所提交单据的一些不符点放弃拒付，而无须通知申请人和征得其同意（这并不影响后者对开证人的义务）。而在UCP500项下的信用证业务中，对于任何不符点，开证人都无权单方放弃拒付，而必须在通知和征得申请人同意后才能放弃拒付。ISP98项下备用证的开证人可对不符点放弃拒付的自主条款主要有以下三类：

①为保护开证人利益或便于其操作的有关条款（主要有以下各项，以及备用证中的另外一些此类规定）：应交单人的要求，将已收到的单据当作如同在较晚日期收到一样处理（条款3.02）；对于单据上对其为某某备用证项下所出具或提交的有关声明及表示（条款3.03a）；在何地向何人交单（条款3.03b、c、d）；把在营业日终了之后交单当作第二个营业日交单处理（条款3.05）。

②备用证中没有明确规定的以下各项：对受益人须按照备用证语言出具单据的要求（条款4.04）；所要求附加单据的提交日在备用证的有效期之后（条款4.06）。

③受益人在备用证项下直接向开证人交单时对于前者业务操作完整性要求的有关规则：对于受益人以电子化传递方式提交索偿单据业务操作的完整性（条款3.06b）。

注意，保兑人要放弃以上①中所列条款的单据不符点的拒付权时可以完全单方面自主，但其保兑人若要放弃以上②、③中所列条款的单据不符点的拒付权则须征得开证人的同意。

（3）关于开证人审单、拒付的时限及其拒付后单据处理义务的新规定。

ISP98项下备用证业务对以往UCP500项下信用证业务中“银行七个工作日”的审单、拒付时限规定做了进一步完善，规定开证人或其指定人完成审单和发出拒付通知的合理时限是在接受交单的营业日之后第一个营业日起算的三至七个营业日，并认为在正常情况下应在三个营业日内完成审单。若单据有难度，可以延长至五个营业日，但绝对不能超过七个营业日。不过，在备用证被“依法继承”［见下文（7）②］情况下，在备用证的继承人尚未提交额外要求的附加单据之前，开证人或其指定人尚无义务审单、付款或拒付，尚不受三至七个营业日的约束。

另外，ISP98对于开证人拒付后的单据处理义务也做了进一步的明确规定。这里，与UCP500表面上相同的是，开证人在拒付后既可以选择当即将被拒付的单据退回交单人，也可以选择暂时保留单据听候交单人的处理意见，然后再依照交单人的合理指示处理单据。而与UCP500有所不同的是，ISP98项下的开证人拒付后完全没有代为保管单据的义务，也没有在拒付通知中再明确声明其已退回单据或是暂时代为保管单据，听候处理的义务；只有在开证人发出拒付通知后又自愿选择了进一步与申请人协商后者是否同意放弃拒付的情况下，才会暂时保留单据，但此时开证人也仅负有保留单据十个营业日的义务。

（4）关于单证一致的判定标准的新规定。

以往UCP500对于提交单据在措辞和格式上必须与信用证相符或严格一致等规定，有着过于简单粗略和宽严度缺乏明确层次性的缺陷，结果在实务操作中各家银行对此的把握往往宽严不一，并常因此而引起争议。因此，ISP98对这方面的规定做了进一步的完善，专门明确规定了备用证中对于单据的措辞和格式可以有以下三种不同宽严尺度的“单证一致”的审单标准（条款 4.09）：

1）严格一致（strict consistency）。单据有关内容（及格式）必须与备用证有关条款严格一致（完全相同）：当备用证中对有关单据和内容指定了措辞（及格式），并且明确规定了单据内容（及格式）必须与之“exact”或“identical”相符时，所提交单据就必须完全照样重复备用证中指定的措辞（及格式），包括拼写、标点、间隔以及排版或打印错误。

2）一致（consistency）。单据有关内容的含义（及格式）须与备用证有关条款相同但不苛求其完全相同：当备用证中虽然使用了引号、大写、附样或格式以及其他方法对单据的措辞和格式进行了规定，但并未要求单据内容（及格式）必须与之“exact”或“identical”一致时，所提交单据中就不必严格重复前者在拼写、标点、间隔或其他方面出现的明显的排版或打印错误，并且其格式，比如为填写数据而预留的空行和空格等，也可以用与备用证不矛盾的方式来表达。当然，如果这里所提交的单据严格重复了备用证中的错误，则其亦并未违背上述的“一致”原则。

3）最低一致（lowest consistency）。单据有关内容的含义（及格式）须看起来已满足备用证有关条款的要求且二者之间无任何矛盾之处：当备用证要求有关单据中声明某一内容或某种含义，但并没有具体规定该声明的措辞及格式时，无论所提交单据的措辞和格式如何，只要其所表达的内容和含义看起来已满足了备用证有关条款的要求并且二者之间不存在矛盾之处就可以了。

（5）关于“非单据化条款”的新规定。

UCP500 中虽已规定各方当事人对于非单据化条款均可不予理会，但没有明确定义何谓“非单据化条款”。ISP98 中则进一步给出了有关非单据化条款的明确定义：把备用证中不要求提交相应单据而且开证人无法通过自身记录或正常的业务操作来明确判断其是否得到满足的条款，视为非单据化条款。而且 ISP98 还进一步强调，开证人对于非单据化条款“必须”不予理会，而不只是“可以”不予理会。不过这里要注意，对于备用证中的那些虽不要求提交相应单据，但开证人完全可以通过自己正常的业务操作来判断其是否得到满足的条款，则不能将其视为非单据化条款——对备用证中的此类条款各方当事人必须坚决照办，而绝不能不予理会（比如备用证中要求通过 EMS 快递公司寄单的条款，就不能被视为非单据化条款而不予理会）。

（6）关于提交单据正、副本要求的新规定。

ISP98 还基于备用证业务的特点，对提交单据正、副本的要求做了更为详细和严谨的规定。诸如：

①备用证项下的正本单据可以不必加注“正本”字样，无论其是否为复制的，只要其签字或认证看起来是原始的（这点最关键），即应视其为正本单据；当备用证要求或允许以电子化传输方式交单时，开证人收到的可确认电子记录即为正本单据。但是，对于书面单据，如果其签字或认证看起来并非原始的（而是复制的），则即便其上面加注有“正本”字样，仍须将其作为副本看待。

②如果备用证条款明确要求提交“一份正本”（one original）或“两份正本”（duplicate originals）或“多份正本”（multiple originals）单据，则受益人必须按要求提交规定数量的正本单据。

③如果备用证条款仅要求提交“一份”（one copy）或“一套”（one fold）单据，则受

益人既可以提交副本也可以提交正本，但是当备用证条款中此处明确要求必须提交副本或对所有正本单据另有安排时，这里也就必须提交副本单据了。

④如果备用证条款要求提交“一份正本和一份副本”（one original and one copy）单据，则受益人应当分别提交一份正本和一份副本单据，而不必提交两份正本单据，但绝对不能提交两份副本单据。

⑤如果备用证条款要求提交“两份”（two copies）或“两套”（two folds）单据，则应理解为“either two originals or two copies”，受益人既可以提交两份正本，也可以提交两份副本，但不可以提交一份正本和一份副本单据（因为 ISP98 第 1.11 条规定，对于任何“either A or B”都应理解为 A 或 B 当中之一，而不得同时包括 A 与 B)。不过，当备用证条款中此处明确规定必须提交两份副本或对所有正本单据另有安排时，这里也就必须提交两份副本。

⑥如果备用证条款要求提交“一式多份”（multiples of the same document）的单据，则受益人必须提交一份正本单据，其余的正、副本均可，但是当备用证条款中此处还有对于正、副本要求的更进一步的明细规定时，这里也就必须按照其更为明细的规定来执行。

(7) 关于备用证效期及一些特殊交单期限的新规定。

ISP98 规定备用证必须包含有效期限，若受益人未在备用证效期内交单，则该备用证即自动失效，开证人及其指定人的责任和义务也自动解除。ISP98 认为备用证过效期本身不属于不符点，而是属于备用证已失效，因此，一旦受益人未在备用证效期内交单，开证人及其指定人无须对该备用证已失效事项发出通知即可保留其拒付权。另外，ISP98 对于一些特殊的交单期限也作出了一些新规定：

①对于备用证要求提交运输单据副本的交单期限的新规定。UCP500 在第 43 条 a 款中规定，如果信用证未规定交单期限，则银行将拒收迟于运输单据出单日后 21 天提交的单据。但这一特别规定其实是专为跟单信用证业务的特别需要而制定的，它通常并不适用于 ISP98 项下的备用证业务。因为即便是要求受益人提交一份运输单据副本的备用证，也只是为申请人提供履约担保，只有在确证了申请人已经违约的情况下备用证才生效，而要在运输单据出单日后 21 天内即确证申请人已经违约，这通常难以做到，并且在备用证业务中实际上也没有必要在其效期之外再追加这一额外的交单限期规定，所以 ISP98 中并无这一额外的交单限期规定。但若一份 ISP98 项下要求提交运输单据副本的备用证同时依据 UCP500 开立，则必须在备用证中特别加注 UCP500 第 43 条 a 款不适用，方能更好地保护受益人的权益。

②对于备用证依法继承人提交其附加证明单据的交单期限的新规定。如果 ISP98 项下备用证因其受益人被兼并、联合、更名或其他类似行为而被依法继承，或者是因其受益人破产、死亡或失去行为能力而被依法继承，则由于这种依法继承不同于一般的备用证转让，所以其继承人除仍必须按备用证要求提交原规定单据以外，还必须再附加提交一些证明其依法继承的真实有效性的相关文件，诸如法律证明文件、由相关公职人员或法人代表出具的证明文件以及表明继承人依法继承的声明、契约、保证等文件。这时，虽然备用证的效期并不因此而改变（即备用证的继承人仍必须按备用证效期提交其所规定的单据），但其所须提交的新的附加单据则可在备用证效期之后合理延期补交（当然，如前所述，在单据继承人尚未提交所要求的附加单据之前，开证人或其指定人尚无义务审单、付款或

拒付)。

③对于交单日延展期的新规定。ISP98除了仍规定，如果到期日为非营业日，则顺延到其后的第一个营业日以外，还进一步规定，如果在交单到期的最后营业日，备用证规定的交单地点因某种原因而暂时停业关门导致受益人无法及时交单，则其最后交单日可自动延期到交单地点重新开门营业后的第30个日历日；如果开证人因其所指定的交单地点在备用证交单到期日休业或预知其将休业而又另外授权了另一合理的交单地点，则受益人必须在开证人重新指定的合理交单地点交单，但当受益人是在最后交单日之前不到30个日历日之内才收到这一新的授权通知且因此而无法按原效期交单时，最后交单日也可自动延期到其原定日期之后的第30个日历日。

(8) 关于受益人是否已接受备用证修改的判定标准的新规定。

与UCP500项下的不可撤销信用证一样，ISP98项下的不可撤销备用证在各方当事人一致同意的情况下亦可以进行修改，其有关规定及修改程序也跟UCP500类似，唯一不同之处是对受益人最终是否接受了修改的判定问题做了更为明确的新规定：只有在受益人所提交单据与修改后的备用证相符并且与修改前的备用证不相符的情况下，才能认定受益人已接受了修改，否则必须认定为受益人不接受修改，即便是在受益人所提交单据与修改后备用证相符并且与修改前的备用证也相符的情况下，亦应认定为受益人不接受修改。而在UCP500项下，可以把受益人所提交单据跟修改前后的信用证同时相符的情况也认定为受益人已接受了修改，但是以前的这种规定存在着一个重要缺陷——可能会发生以下情况，虽然受益人所提交的单据与修改后的信用证并不矛盾，但实际上在其交单时尚未收到修改后的新证，其所交单据与修改没发生矛盾仅仅是一种巧合。为了避免这种情况发生，ISP98特意对判定受益人是否已接受备用证修改的条件作出了上述新规定。

(9) 关于是否允许部分支款和多批次交单支款的新规定。

UCP500项下的信用证一般不允许部分支款（只允许支取金额有不超过5%的增减幅度）和多次交单，除非信用证另有规定。而ISP98则根据备用证业务自身的特点规定（条款3.08)：备用证一般允许部分支款和多次交单分批支款，但若备用证中另外规定了不允许部分支款或有类似表达，则该证下就只允许一次性全额交单（不但只能一次性提交单据，并且其单据金额必须与备用证金额相符)；或者若备用证中另外规定了不允许多次支款或有类似表达，则该证下也只允许一次性交单，不过这时允许其提交单据的金额少于备用证金额。

另外，UCP500中虽然也定义有一种允许分期装运—支取的信用证，但又明确规定其同一信用证项下的多次交单分批支取之间并不独立，只要其中某一次没能按信用证的规定交单，则其后的任何交单都会将此视为不符点。而ISP98则根据备用证业务自身的特点规定（条款3.07)：同一备用证项下的各次交单之间完全独立。这一新规定更适应备用证的保函属性——根据这一规定，备用证可用来为其申请人向受益人分期付款提供担保，约定只有当其申请人某期未能直接向受益人按期付款时，受益人才可以在该备用证项下向开证人索偿。

(10) 关于受益人先期放弃和开证人责任自动递减的新规定。

ISP98中还对备用证项下的“先期放弃”条款和“责任自动递减”条款分别做了有关规定：

①受益人“先期放弃”条款。在那些为一次性退还预付款、借款等提供担保的不允许多次支款的备用证中，可以加列一条类似如下的“先期放弃”条款，规定如果在备用证到期日之前其申请人已经按合同履约（付款），则受益人应及时通知开证人（出具先期放弃通知）或退还该备用证。

②开证人“责任自动递减”条款。在那些为分期支付租金或劳务费、分期还款及补偿贸易等提供担保的允许多次支款的备用证中，可以加列一条类似如下的“责任自动递减”条款，规定如果申请人已按合同规定支付了某期款项，则无须受益人出具先期放弃通知，该备用证的可用金额就会随之自动缩小（开证人的付款责任也随之自动递减）。

备用证中加列这种“先期放弃”条款或“责任自动递减”条款可以更好地保护其开证人和申请人的合法权益。对于开证人来说，这有利于防止备用证的受益人在其申请人已按合同履约时又再次向开证人进行欺诈性交单的情况发生。对于申请人来说，这一方面有利于他最大限度地利用开证人给予的授信额度；另一方面还有利于其节省开证费用（因为开证人一般是根据备用证金额按时间收取开证费用的）。

（11）关于电子单据与电子化交单方式的新规定。

ISP98 中首次对于“电子单据”（electronic record of documents）以及“电子化交单”（electronic presentations）方式进行了一系列定义和规范。

①对于电子单据（即单据的电子记录）的新规定。所谓一份电子单据，包含有以下三重含义：首先，它是被储存于光盘、磁盘、数码相机等电子媒体上或 SWIFT、电传、传真等电子媒介中，并且在需要时能够恢复成可感知形式的信息；其次，它必须能够通过电子化方式进行发送、传递和接收；最后，在完成了电子化交单之后，还必须能够对它进行证实（包括来源核实和内容审核）。

②对于电子化交单方式的新规定。所谓电子化交单，是指把单据通过电子化方式进行提交和证实。这里要注意，一是提交一份单据的电子记录未必就是电子化交单（比如，提交一张载有单据信息的光盘并不能构成电子化交单，而只有将光盘内信息通过电子信息传递系统来完成发送、传递和接收，才能构成电子化交单）；二是书面单据也未必不可以采用电子化交单方式（比如，将一份书面单据通过电子传真方式进行发送、传递和接收，就属于书面单据的电子化提交）。

（12）关于交单媒体及其交单方式的新规定。

ISP98 中还对备用证项下的交单媒体进行了规范，规定：如果信用证未对交单媒体及其交单方式做明确规定，则所有单据都必须以书面单据的形式提交（注意，这里所说的“以书面单据的形式提交”是不允许以电子化方式来提交的）；如果备用证对交单媒体及其交单方式有明确规定，则单据的提交就必须完全按照备用证的规定执行。比如，当备用证中规定了要求提交电子单据并且规定了应使用的电子信息系统时，受益人就必须使用规定的信息系统来发送和传递电子单据——如果受益人不具备相应的设备和能力，就只能事先要求修改备用证，而绝不能以自己的能力问题为由不严格执行备用证的规定。

这里还有以下三个问题应该是不言自明的：一是如果备用证要求提交电子单据而没有对其交单方式再做具体的明细规定，则受益人所提交的电子单据必须是对方可以确认的电子记录形式，并且必须以电子化方式交单，而且应使用可以接通开证人或其指定人的电子接收系统的信息系统来发送和传递；二是如果备用证要求提交书面单据而未对交单媒体做明确规定，则受益人所提交的书面单据必须使用面交、快递或邮寄等交单方式而不得使用电子化交单方式（注意，虽然经过电子化交单方式接收到的电子单据也可以将其内容打印出来而得到其书面的显示形式，但并不能因此而把后者看成是提交了书面单据）；三是如果备用证还指定了寄单方式及传递人（比如备用证还要求通过 EMS 快递公司寄单），则受益人也须遵照执行而不得违背。

（13）关于电子单据的证实及其接收日期的确定的新规定。

“电子单据的证实”是指通过电子商务中一般可接受的程序和方法对其进行来源核实和内容审核。

所谓来源核实，是指收单人对发送人身份或信息来源真实性的确认，对所收到电子单据的密押或密码等电子签名（为证明电子单据的真实性，由收发双方事先约定了的，发送人附加于电子记录上或与之逻辑地联系在一起的字母、文字、数字或其他符号）的核实。

所谓内容审核，是指收单人对所收到电子单据内容表面上的完整性（比如是否缺少电子单据出具日期的明确说明等等，因为不能将其发送日或接收日自动视为出具日，所以缺少出具日期的电子单据是不完整的）与正确性（收到的电子单据是否保留了原发电子记录未经变动，及其内容看起来是否有明显毛病等）的审核。

另外，对于电子单据的收单人收到电子单据的日期，应确定为其电子记录通过备用证指定的信息系统（或者当备用证未指定信息系统时，则是通过可以跟收单人的接收系统接通的信息系统）传递而进入收单人（开证人或其指定人）的电子接收系统并被成功接收之日。

三、备用信用证用途的分类

出于方便考虑，根据在基础交易中备用信用证的不同作用以及一些与备用证自身条款无关的其他因素，通常对备用信用证进行如下一些描述性的分类。

投标备用证（standby for bid）：支持其申请人中标后履行进一步签约的义务。

履约备用证（standby for performance）：支持其申请人在基础交易中的除支付金钱以外的其他履约义务，承诺在申请人违约时承担赔偿责任（包括对违约所致损失的赔偿在内）。

预付款备用证（standby for advance payment）：支持其申请人收到受益人预付款后所承担的义务。

反担保备用证（standby for counter-guarantee）：支持其申请人向其受益人开立另一项备用证或提供其他担保的申请。

融资备用证（financial standby）：支持其申请人的一项借款偿还义务（索偿时须提交关于申请人负有该还款义务的证明文件）。

直接付款备用证（direct payment standby）：直接支持其申请人的一项基础付款义务的到期付款，而不论是否涉及违约。

商业备用证（commercial standby）：支持其申请人的商业付款义务（承诺在申请人未能按约对货物或服务作出支付时承担付款责任）。

保险备用证（insurance standby）：支持其申请人的保险或再保险义务。

UCP 项下的备用信用证示样，参见单据示样 25：UCP 项下的履约备用证。

ISP98 项下的备用证示样，参见单据示样 26：ISP98 项下的融资备用证。

注：关于 SWIFT 电开“备用信用证”的 MT 格式问题，在现实中，MT700、MT760、MT799 三种格式都有人采用（包括在 UCP 项下和 ISP98 项下）：

①绝大多数国家都采用 MT760 电开备用证；

②美国的电开备用证通常采用 MT700（因为美国的银行法规定，银行不可以办理担保业务，所以银行为了规避政策障碍，采用 MT700 电开备用证）；

③但现实中也有少数人采用 MT799 电开备用证（由于 MT760 本来是专用于通知开立保函的，所以也有人采用 MT799 来电开备用证）。

四、备用信用证与跟单信用证及独立性银行保函的比较

1. 备用信用证与跟单信用证的比较

（1）相似之处。

①它们都是以银行信用为基础的，其开证行都负有第一性的支付或赔偿责任，用于补充商业信用的不足；

②它们都是独立于基础合同的自足性契约；

③它们都具有单据化交易的特点，基本当事人大致相同。

（2）不同之处。

备用信用证与跟单信用证不同点的比较如表 6－2 所示。

表 6－2　　备用信用证与跟单信用证不同点的比较

备用信用证	跟单信用证
适用 UCP600 的备用信用证部分或 ISP98	适用 UCP600 的跟单信用证部分
大多用于信用担保，单据比较简单	一般用于货款结算，单据比较复杂
审单简单，不审核单单是否一致	审单复杂，单单不一致也是单据的不符点
受益人要在备用信用证项下得到支付未必需要付出对价（有时只需提交书面索赔函或副本货运单据等），而且遭到银行拒付的可能性较小	受益人要在跟单信用证项下得到支付需要付出对价（须提交正本提单及转让跟单汇票等），而且必须做到交单相符才不会遭到拒付
用于货款结算时，受益人（卖方）可直接寄送正本货运单据给申请人（买方），有利于后者及早查出受益人是否伪造单据等	用于货款结算时，受益人（卖方）提交的正本单据须经银行转交给申请人（买方），不利于后者及早查出受益人是否伪造单据等
银行不掌握物权单据，风险较大，开证行需预先与申请人订立控制其偿付的协议	银行掌握物权单据，可以作为开证行的抵押品，风险相对较小

2. 备用信用证与独立性银行保函的比较

（1）相似之处。

①它们都是以银行信用为基础的，其开证行或担保行都负有第一性的赔偿/付款责任，用于对商业信用的辅助和担保；

②它们都是独立于基础合同的自足性契约；

③它们都具有单据化交易的特点，基本当事人也大致相同。

(2) 不同之处。

备用信用证与独立性银行保函不同点的比较如表6-3所示。

表6-3 备用信用证与独立性银行保函不同点的比较

备用信用证	独立性保函
适用国际商会UCP600的备用信用证部分或ISP98，其国际影响力较大，已得到大多数国家的普遍认可，较容易执行	适用国际商会URCG325的独立性保函部分或URDG458，其国际影响力较小，而且世界各国对保函的法律法规又各不相同，较难执行
通常要求受益人在索赔/索偿时出具即期汇票	除汇票保函外，大多不要求受益人在索赔/索偿时出具汇票

第三节 贸易支付方式的选择与综合运用

一、选择贸易支付方式时必须考虑的主要因素

买卖双方在选择支付方式时要考虑的因素很多，必须根据具体情况综合分析。

1. 交易对手的资信情况

交易对手的资信是交易时应当考虑的首要因素，无论进口方还是出口方都应当事先了解或调查对方的资信情况。当对于对方的资信情况不是十分了解或是认为对方的资信不是很好时，应当尽量选择对自己风险较小的支付方式；当对方是自己长期可靠的贸易伙伴或资信很好时，则可以选择对双方都有利的手续简单、费用少的支付方式。

2. 货物的销路情况

货物的销路情况也是左右着交易双方所采纳支付方式的一个重要因素。对于畅销货来说，出口方可以要求对自己有利（特别是在资金占用方面对自己有利）的支付方式，而进口方则不得不在这方面做些让步；对于滞销货或市场竞争激烈的商品来说，进口方可以要求对自己有利的支付方式，而出口方则不得不在这方面做些让步。

3. 贸易条件的性质

由于在有些贸易条件下不适合采用托收支付方式或信用证支付方式，所以贸易条件的性质对于支付方式的选择具有重要影响。

(1) 实际交货条件和推定交货条件。

按照交货条件的不同，可以将贸易条件分为实际交货条件和推定交货条件两大类。

1) 实际交货（physical delivery）：卖方以直接向买方实际交付货物的方式来履行其交货义务，买方只有在实际收到货物之后才有义务付款。如EXW（卖方工厂交货）、FAS（起运港船边交货）、EXS（目的港船上交货）、EXQ（目的港码头交货）、DAF（边境交货）等等都属于实际交货条件。

2）推定交货（constructive delivery）：卖方向承运人实际交货，而以向买方交付货运单据及保险单据的方式来履行其交货义务，买方在取得代表货物所有权的单据时就有义务付款或承担付款义务。如FOR（起运铁路车上货交承运人）、FOA（起运机场飞机上货交承运人）、FOB（起运港船上货交承运人）、CFR（成本加运费货交承运人）、CIF（成本加保费加运费货交承运人）等等都属于推定交货条件。

（2）贸易条件的性质与支付方式的选择。

1）贸易条件与汇款支付方式。一般来说，在实际交货条件下货款只能采用汇款支付方式；而在一些推定交货条件下货款则不适合采用货到后汇款支付方式，比如在CFR、FOB等由买方办理保险的推定交货条件下，如果买方没有及时投保而货物遭遇海险，则买方必定会拒付货款，此时卖方就会钱货两空。

2）贸易条件与托收支付方式。一般来说，只有在推定交货条件下才能采用托收货款的支付方式，但并非所有的推定交货条件都适合采用托收货款的支付方式。有一些推定交货条件，比如在CFR和FOB等由买方办理保险的推定交货条件下，不仅不适合货到后汇款支付方式，而且不太适合托收支付方式，这同样是因为由买方负责保险时，一旦货物遭遇海险，买方有可能会拒绝接单，此时卖方也可能会钱货两空。

3）贸易条件与信用证支付方式。一般来说，在所有推定交货条件下的货款都能采用信用证支付方式，即便是在由买方负责保险甚至运费的CFR甚至FOB等贸易条件下，因为卖方有信用证作保障，哪怕货物遭遇海险，他仍可在信用证项下凭合格单据得到付款。

4. 运输单据的性质

由于有些运输单据是物权凭证，而有些运输单据并非物权凭证，所以运输单据的性质对于支付方式的选择也有重要影响。在代表物权的海运提单或联合运输提单等运输单据项下，只要控制提单就等于控制了货物，有利于单据交易，卖方可以大胆采用信用证方式乃至D/P托收方式收取货款（D/P托收虽然没有银行信用做付款担保，但卖方仍可以通过控制提单来确保不会钱货两空）；但在空运、陆运或邮寄等运输单据项下，以及以记名抬头的海运提单或联合运输单据项下，由于这些运输单据并非物权凭证，不利于单据交易，所以不利于卖方大胆采用信用证方式收取货款，更不利于卖方以D/P托收方式收取货款（后者由于没有银行信用做付款担保，所以钱货两空的风险更大）。

5. 交易金额大小等其他因素

另外，在选择支付方式时，还有交易金额的大小、销售地的商业习惯以及卖方是否在销售地有代理机构等等诸多因素也要考虑在内。

二、贸易支付方式及信用工具的综合运用

实务中，人们常把多种支付方式及信用工具综合运用于同一宗交易的结算业务之中。

1. 买方或卖方将汇款与银行保函/备用信用证结合使用

无论是买方的预付汇款，还是卖方的货到后汇款，均可要求对方出具银行保函/备用信用证作为汇款支付方式的补充手段来减轻交易对方违约的风险。

2. 卖方将托收与银行保函/备用信用证结合使用

无论是跟单托收还是光票托收，卖方均可要求对方出具银行保函/备用信用证作为辅助手段来减轻买方违约的风险。

3. 卖方将跟单托收与光票托收结合使用

卖方对主要货款采用 D/P 托收方式，对延期支付的余款采用光票托收方式，这不失为一种较为稳妥的赊销方式。

4. 卖方将跟单信用证与光票托收结合使用

为减轻买方的开证押金和费用负担，卖方可将主要货款采用跟单信用证支付方式，余款使用光票托收方式。此时卖方应就信用证项下货款和托收项下金额分别出具汇票（前者以银行为付款人，后者以进口商为付款人），并将全套单据连同托收的光票一并交由信用证指定银行委托开证行代收。

5. 卖方将跟单信用证与银行保函/备用信用证结合使用

这既可用于买方要求部分货款延期支付的信用证支付方式下——卖方对需要即期支付的货款采用跟单信用证支付方式，同时又要求买方对延期支付的余款采用银行保函/备用证支付方式（当然，这里还有另外一种处理办法可以替代上述做法，即要求买方开具部分凭单即期付款、部分远期付款的分期支款信用证）；又能用于买方要求保留部分货款待货物检验合格后再支付的信用证支付方式下——卖方可反过来要求买方在提供主要货款的跟单信用证的同时，再提供一份留置金保函或备用信用证（对于后者，这里也有另外一种处理办法可以替代，即要求买方开具部分凭单即期付款、部分待货到检验合格后付款的分期支款信用证）。

6. 买方将跟单信用证与银行保函/备用证结合使用

买方在可预支信用证支付方式下，可以反过来要求卖方预先提供预付金退还保函或备用信用证，以减轻自己的风险。

总之，在实务中，需要灵活运用各种支付方式及信用工具，有时只需采用一种支付方式就可以了，有时需要结合使用两种支付方式/信用工具，有时则需综合使用多种支付方式/信用工具（甚至可以将跟单信用证、托收与汇款及银行保函/备用证等同时综合应用到一宗交易的结算中去），不能一概而论。以上仅试举了六种可能的参考方案，但实务中可能的其他变通方案不胜枚举，我们只能根据具体情况具体对待，尽量选择较为有利于己方而又能得到对方认可的支付方式和信用工具。

关键术语

L/G	URCG325	URDG458	URCB524
委托人	担保行	受益人	反担保人
转递行	保兑行	直接保函	间接保函
无条件保函	有条件保函	独立性保函	从属性保函
结算保函	信用保函	进口保函	出口保函
借贷保函	招投标合约保函	备用信用证	ISP98
国际备用证	严格一致	最低一致	投标备用证
履约备用证	预付款备用证	反担保备用证	融资备用证
直接付款备用证	商业备用证	保险备用证	

思考题

1. 什么是银行保函？国际商会颁布过哪些关于保函的统一规则？
2. 银行保函有哪些基本种类？有哪些用途分类？
3. 什么是备用信用证？其适用的国际惯例有哪些？
4. 备用信用证有哪些用途分类？
5. 分别对比备用信用证、银行保函、跟单信用证之间的不同之处。

第七章

国际贸易的传统融资—信贷业务

学习目标

1. 掌握进出口贸易的各种短期信贷和融资方式；
2. 掌握各种类型的出口信贷方式和联合贷款方式；
3. 了解各种出口信用保险。

重点与难点

重点：打包贷款、进出口押汇、开证信用额度、进出口 T/R 信贷、进出口票据信贷；卖方信贷、买方信贷、政府贷款、混合贷款、世行联合贷款；出口信用保险等。

难点：进出口押汇、进出口票据信贷；混合贷款、世行联合贷款；出口信用保险与贸易融资的关系等。

第一节　国际贸易短期信贷

人们通常把借贷期限不超过一年的国际贸易信贷称做国际贸易短期信贷。根据提供信贷主体的不同可将国际贸易短期信贷分为短期商业信贷和短期银行信贷两大类。其中，短期商业信贷是指进、出口商之间相互提供的短期贸易信贷（包括出口商向进口商提供各种延期付款赊账信贷和进口商向出口商提供预付定金和预付货款）；短期银行信贷是指银行或其他金融机构向进、出口商提供的短期贸易信贷。本节将主要介绍国际贸易中的短期银行信贷。

一、银行对出口商的短期信贷

银行对于出口商的短期贸易信贷形式多样，从出口厂商得到订单开始一直到货物运抵进口地存仓，在整个出口过程的各个环节都可以为出口商提供各种名目的信贷服务。

1. 无抵押出口订单贷款

无抵押出口订单贷款是出口地银行给得到国外订单的生产厂商提供的无抵押的用于安排出口商品生产的专用贷款。这种贷款，既可以以允许支票账户透支的方式来办理（被称为透支信贷)，也可以以开立特种账户的方式来办理。

2. 出口采购及储备货物抵押贷款

出口采购及储备货物抵押贷款是出口地银行给出口商提供的，以后者正在采购的及储备的待出口货物为抵押的，用于继续采购及日常营运的专用贷款。这种贷款多以允许支票账户透支的方式来办理；一般按抵押货物市价的50%～70%放贷（如果被抵押货物的价格下跌，出口商需要偿还部分贷款或追加新的被抵押货物，以保持该项贷款与被抵押货物市价的比例不变）。

3. 出口打包贷款

出口打包贷款是出口地银行给出口商提供的，以后者的正在打包待运的出口货物及正本信用证为抵押的，用于打包贷款申请书上规定用途的专用贷款。办理这种贷款，多是在信用证项下（很少在托收项下），并且多是以另立专门户头由出口商陆续支取的方式来办理借贷。一般来说，出口商得到的打包贷款须扣除或偿还其前期的采购及储备货物抵押贷款。

打包贷款的金额通常不是信用证的全部金额，而只是部分金额（一般为70%～80%，不超过90%），具体金额由打包贷款银行根据出口商资信、存款额、抵押品以及在该行的业务表现来确定。贷款期限一般不超过该银行向开证行寄单收款之日，提供贷款的银行还承担了将来进一步作出口押汇的义务。

一般来说，银行办理打包贷款通常不收取手续费，其利息计算公式为：

$$打包贷款的利息=信用证金额\times打包折扣\times年利率\times(打包天数/360)$$

其中，打包天数的计算方法通常是：打包贷款日至信用证最迟装运日的天数加30天。

打包贷款的业务流程如下：

①出口企业将信用证正本交银行作抵押，向银行提出打包贷款申请，并提交以下文件资料：ⅰ. 如企业第一次在该银行办理贷款等授信业务，办理打包贷款时还须提供基础资料（如企业的营业执照副本、税务登记证、企业组织机构代码证、进出口业务许可证和贷款卡等）；ⅱ. 填写并提交银行提供的《打包贷款申请书》；ⅲ. 如需要时还得交纳保证金或落实担保单位。

②银行审核信用证及出口商提供的所有资料后，签订打包贷款合同及其他需要的协议，办理打包贷款。

4. 出口押汇

出口押汇，即在途货物抵押贷款，是指出口地银行给出口商提供的，以后者的装运提单及汇票（如果带汇票）的转让或质押为条件，从而得到银行扣除押汇利息及费用后的有追索权的垫款。一般来说，出口商得到的押汇贷款还须扣除或偿还其前期的打包贷款。

出口押汇可分为净额押汇和部分押汇两种不同情况。净额押汇多用于议付信用证项下，是指银行将信用证项下货款在预先扣除利息和押汇费用之后的净额议付给出口商的押汇行为（此时，如果信用证要求汇票，则出口商在出具汇票时多以议付行作为汇票收款人）；部分押汇则多用于托收项下，是指银行只垫付部分托收项下货款给出口商的押汇行为（此时，如果有托收汇票，则出口商须将汇票作成质押背书质押给押汇银行）。

押汇利息＝本金×年利率×(押汇天数/360)

其中，押汇天数的计算方法通常是：押汇放款日到预计收汇日的天数加5～7天。

(1) 信用证出口押汇。

指议付信用证项下的被授权议付行为信用证受益人做净额押汇（议付）。对银行来说，这种信贷风险小、收款较有保障，但如果交单不符，则也会失去开证行的信用保障。对于出口商来说，信用证出口押汇只需出口商转让单据及汇票的债权（如果有汇票），而无须其他担保、质押、保证金等，手续简便快捷。

(2) 托收出口押汇。

指出口托收项下的托收行为托收委托人做部分押汇。在托收出口押汇项下，托收行要与出口商签订单据及汇票（如果有汇票）的质押书（letter of hypothecation），手续较繁，其押汇利率也高于信用证押汇的利率。为控制风险，银行一般要给托收押汇的申请人核定额度，在额度内叙做出口托收押汇。银行根据审查出口商的资信情况、清偿能力和履约能力、托收交单方式（D/P风险比D/A小）、是否由出口商办理运输保险等情况来考虑是否接受出口商办理托收押汇的要求。托收行办理押汇后有权向出口商收取押汇利息，还有权向出口商索回垫款和由此产生的利息。同时，出口地银行应选择适当的代收行。

出口信用证押汇和出口托收押汇的根本区别在于，前者有开证行（及保兑行，如果有保兑行的话）的付款保证，属于银行信用；而后者则属于商业信用，收汇风险大。

5. 异国存储货物抵押贷款

异国存储货物抵押贷款是出口地银行给本国出口商提供的，以后者已运抵进口地的存储货物（仓单或栈单）为抵押的，用于偿还前期出口押汇贷款的专用贷款。有时，特别是在D/P托收项下，会发生银行已为出口商提供了前期出口押汇贷款而托收失败未能顺利收回货款的现象，但只要货权还控制在出口商手里，此时就可以用这种异国存储货物抵押贷款来偿还前期贷款。

6. 出口票据信贷

出口票据信贷是指银行（多为出口地银行）给出口商提供的单纯以金融票据为依托的各种信贷或融通活动，包括承兑信用额度、贴现和押款等多种形式。

(1) 承兑信用额度。

指出口地银行在一定信用额度下为出口商承兑其出具的远期融资汇票。

(2) 贴现。

指出口地银行保留追索权地按一定贴现率扣除贴现息之后的净额受让出口商持有的承兑汇票。一般来说，银行只贴现经过高资信银行承兑的远期汇票，并且其贴现率的高低也与汇票承兑人资信的高低有关（汇票承兑人的资信越高/低，贴现率越低/高）。

(3) 押款。

即汇票质押贷款，指出口地银行给出口商提供的，以后者出具和持有的经过进口商承兑的汇票为质押的贷款。它多见于前期已作了出口押汇的D/A托收项下，在货物单据交付给进口商之后，前期为出口商提供了押汇贷款的银行手中就只剩下经过进口商承兑的质押汇票，前期的出口押汇这时也就转变成为押款。押款不同于贴现之处是，前者是以汇票作为质押的部分议付，后者是受让汇票债权的净额议付。

押汇、贴现、议付及押款四个概念之间的关系与区别见表7-1。

表 7-1　　押汇、贴现、议付和押款的关系与区别

融资	出口押汇（跟单汇票融资）	汇票融资（光票融资）
议付融资	净额押汇（跟单汇票议付）	净额贴现（光票议付）
质押融资	部分押汇（跟单汇票质押）	部分押款（光票质押）

二、银行对进口商的短期信贷

银行对于进口商的短期贸易信贷也有多种形式。

1. 无抵押进口营运贷款

无抵押进口营运贷款是进口地银行给进口商提供的无抵押的用于日常营运的专用贷款。这种贷款多以允许支票账户透支的方式来办理（此时也称之为透支信贷）。

2. 进口开证信用额度

进口开证信用额度是进口地银行不收取开证押金而是通过控制客户融资额度的方式来为进口商开立信用证的融资形式。开证信用额度有两类：普通开证信用额度和一次性开证信用额度。

3. 进口押汇

进口押汇（进口货物 T/R 信贷）是进口地银行对进口商进行凭信托收据（trust receipt）借单的做法，包括信用证项下的进口押汇和托收项下的进口押汇两种不同情况。

（1）信用证进口押汇。

这是在信用证项下开证行为申请人提供的 T/R 信贷，指开证行在信用证项下，先期为进口商垫付货款后又为进口商做凭信托收据借单提货的融资形式。

信用证进口押汇一般使用信用证规定的货币，融资比例通常为发票/汇票金额的100%，采用“后收利息法”，在押汇到期后，银行从企业账户扣收押汇本金及利息。开证行办理进口押汇通常不收取押汇手续费，其利息计算公式为：

$$押汇利息=本金\times年利率\times(押汇天数/360)$$

其中，进口押汇的天数一般以 30 天或 60 天计算，最长不超过 90 天。

对于进口商来说，与其他融资方式相比，信用证进口押汇与普通商业贷款相比，具有手续简便、融资速度快捷的特点。

（2）托收进口押汇。

这是在托收项下代收行为申请人提供的 T/R 信贷，指进口地代收行在 D/P 托收项下，先期为进口商垫付货款后又为进口商做凭信托收据借单提货的融资形式。

需要注意的是，这里有托收委托方授权代收行对进口商凭信托收据借单和代收行自行对进口商凭信托收据借单两种不同情况。前者是托收委托人明确授权代收行可以向进口商提供凭信托收据借单提货的便利，为进口商融通资金，其中风险由出口商（托收委托人）承担，与银行无关；后者则是在托收委托人并没有明确授权代收行可以向进口商提供凭信托收据借单便利的情况下，代收行自行为进口商（托收业务的付款人）提供凭信托收据借单提货的便利，为进口商融通资金，其中风险则由代收行自行承担，与托收委托方无关。

4. 提货担保

提货担保（shipping guarantee，S/G）是指在跟单信用证或者跟单托收项下，货物运抵目的港（地）后，包括提单在内的单据尚未寄到，而延期提货会使进口商增加额外开支，或者进口商品行情下跌、市价回落也会使进口商蒙受损失。进口商为了及时提货通关，可以向开证行或代收行申请提单保函，凭提单保函连同进口商自己的提货担保书（又称联合凭证）一道向船公司办理先期提货，以求及时通关。

在通常情况下，收货人应凭正本提单向承运人办理提货。可是在航程过短的近海航运情况下，货物常常先于单据到达。如果收货人急于提货，可采用提货担保方式，请开证行出具提单保函，要求承运人先行放货，保证日后及时补交正本提单，并负责交付承运人的各项费用及赔付由此可能遭受的损失。货物到港后，收货人凭提单保函及时提货，可以节省收货人的滞港费用和额外费用，并避免可能产生的其他损失。

（1）提货担保申请人应注意的事项。

1）进口商凭提单保函提取了货物，就丧失了拒付的权利，即使单据审核后发现不符点，但因正本提单必须交给船公司以赎回提单保函，无法退回提单，只能放弃拒付。进口商非万不得已最好不要办理银行担保先行提货。如果货物先到，进口商可以去码头看看货物情况，确有需要才去办理提货担保。

2）本办法仅限于开证行自身开立的信用证项下的商品进口，并且运输方式为海运，并在规定提交全套海运提单的条件下方可办理。对于采用其他结算方式进口的商品或运输方式为非海运或2/3提单等物权不完整条款的信用证，通常不能办理提货担保。

3）提货担保属于银行的授信业务。进口商收到有关单据后，应立即用正本提单向船公司换回提货担保书并退回开证行。如不及时归还开证行将影响申请人的授信额度和信誉。

4）因出具提货担保而使开证行遭受的任何损失，开证申请人负赔偿之责。

（2）提货担保开证行应注意的事项。

1）银行为了便利进口商及时提货而有提货担保的做法，这是银行的服务项目，不受UCP600的保护。

2）在办理提货担保书时，对于航程较远的进口货运，一般是单据先到开证行，货物后到目的港，不需要银行提供提货担保书。如进口商在这种情况下申请提货担保，明显系反常情况。开证行应调查情况，谨慎从事。

3）开证行收到指定银行寄来的一套正本提单后，最好自己交给船公司换回提货担保书。可以先交一份正本提单给船公司，自己保留其他两份。若船公司拖延退回提货担保书，日后又要求开证行履行保证责任，可以再拿出另一份正本提单，凭以解除保证责任。

4）申请提货担保书是由进口商提出的，开证行应该考虑进口商的信用是否可靠，必要时可以向其收取押金或货款，也可要求其他银行或贸易商在申请书上会签，防止上当受骗。

5）只有在正常寄送的正本提单晚到时银行才应予以提货担保。如果第一次寄来的是副本提单及其他情况，银行不要做提货担保。

5. 进口票据信贷

进口票据信贷是指银行（进口地银行）给进口商提供的单纯以金融票据为依托的各种

信贷或融通活动，包括承兑信用额度、汇票担保和贴现等多种形式。

(1) 承兑信用额度。

指进口地银行在一定信用额度下为进口商承兑其出具的远期融资汇票。

(2) 汇票担保。

指进口地银行为进口商承兑的远期汇票提供保证或保函等信用担保。

(3) 贴现。

指进口地银行保留追索权地按一定贴现率扣除贴现息之后的净额受让进口商持有的承兑汇票。

第二节 国际贸易中长期信贷

人们通常把借贷期限在一年以上的国际贸易信贷统称做国际贸易中长期信贷，根据其贷款来源的不同可分为出口信贷和联合贷款两大类。由于出口信贷在国际贸易中长期信贷中占据主要地位，所以人们有时把所有国际贸易中长期信贷统称为出口信贷。

一、出口信贷

出口信贷（export credits）是出口国银行及政府向进口商提供的中长期专项贸易贷款，是市场经济国家为支持和推动本国商品特别是大中型机电设备或成套设备等资本类商品的出口贸易，在出口国政府的支持下，由该国的出口信贷管理机构、专业银行及商业银行向本国出口商、外国进口商或进口商银行提供的各种中长期优惠性贸易专项贷款。出口信贷有着多种不同的类型，诸如卖方信贷、买方信贷、政府贷款、混合贷款、信用限额等。

各种出口信贷有以下一些共同特点：

①贷款的用途被严格限定。通常要求用于购买贷款国生产的资本类货物（一般规定出口商品的价值构成至少要有50%是由提供贷款国制造的）。

②贷款的期限较长，一般为分期偿还。贷款期限多为1～5年，甚至有长达30年的。

③贷款金额的起点较高。不同出口国及其对不同进口国提供出口信贷金额的起点各不相同，另外，不同种类出口信贷的起点金额也不相同。目前我国向外国以及外国向我国提供买方信贷的最低起点均为5万美元。

④贷款的利率较低。贷款利率低于一般中长期信贷的市场利率（其中利差由政府补贴）。

⑤一般要求买方预付合同金额10%～20%的现汇定金，贷款金额占合同金额的比例一般为80%～90%。

⑥一般要求与出口信用保险相结合，由政府支持的出口信用保险机构提供保险。这样，信贷风险完全由政府承担，参与提供贷款的银行就没有了后顾之忧。

1. 卖方信贷

卖方信贷（seller's credits）指出口地银行为支持出口商在出口贸易中以延期付款方式出售机电产品或成套设备，而对出口商提供的中长期优惠信贷。

卖方信贷项下贸易的业务流程大致如下：

①出口商与进口商签订利用卖方信贷出口机电产品或成套设备的延期付款贸易合同。

②出口商凭贸易合同与当地银行签订贷款协议，取得贷款。这里，出口商除须承担卖方信贷的承担费和管理费以外，还须提供卖方信贷保险（实际上出口商一般会事先将这些费用预加在货价之中转嫁给买方，一般来说，延期付款的货价会高出现汇货价 3%～10%）。

③进口商须于签约后一定期限内先预付 5%～15%的现汇定金之后贸易合同方才生效。

④出口商收到预付定金后根据贸易合同的规定分期向进口商发运货物，进口商在分批验收货物至保证期满期间，还须再分次偿付 10%～15%的货款。

⑤其余 70%～85%的货款进口商须根据贸易合同，在全部交货后若干年内分期偿还（一般每半年还款一次）。

⑥出口商则须根据贷款协议，分期偿还银行贷款本息（一般为还款期内每半年还本付息一次）。

2. 买方信贷

买方信贷（buyer's credits）指出口地银行为支持本国大型或成套的资本类货物的出口贸易，而对外国进口商或进口地银行提供的中长期优惠信贷。

（1）买方信贷的特点。

1）买方信贷的限制条件。

不同银行对买方信贷规定了不同的限制条件，中国银行规定的出口买方信贷的限制条件如下：

①商务合同总金额不低于 100 万美元；

②出口商品在中国制造部分的价值，在成套设备商务合同中一般应占 70%以上，在船舶、飞机商务合同中一般应占 50%以上，否则要适当降低贷款额占商务合同总价的比例；

③进口商以现汇即期支付的比例，船舶不低于商务合同总价的 20%，成套设备不低于商务合同总价的 15%；

④商务合同必须符合贸易双方政府的有关法律规定；

⑤出口企业应根据中国银行的要求，在出口信用保险机构办理出口信用保险；

⑥满足中国银行要求的其他条件。

2）贷款的货币。

大致有以下四种情况：

①使用提供买方信贷国家的本国货币：如德国、法国、比利时和澳大利亚等国通常采取这种做法。

②使用美元：如美国、意大利和挪威等国通常采取这种做法。

③本国货币与美元并用：如英国和加拿大等国通常采取这种做法。

④使用美元，但也可以用本国货币转贷款：如瑞典通常采取这种做法。

3）贷款的利率。

大致分为以下四种类型：

①OECD（经济合作与发展组织）类型。经济合作与发展组织国家为避免相互之间的过度竞争，达成了一个“君子协定”，用限定成员国银行对外提供买方信贷利率下限的办法来协调行动。该协定将接受贷款的国家分成富国、中等国家和穷国三个档次而规定了不

同的利率（对富国的贷款利率较高，对穷国的贷款利率较低），并视市场利率情况每半年调整一次。OECD原来由西方20个成员组成，现已扩大到34个。

②LIBOR（伦敦商业银行同业拆放利率）类型。此利率略高于OECD利率，日本银行采用此利率发放买方信贷（因为日本政府对利差不予补贴）。

③加拿大类型。由加拿大政府自定，一般介于OECD和LIBOR之间。

④美国类型。美国发放买方信贷一般是由其进出口银行和商业银行共同提供（前者的贷款利率较低，而后者则是按美国市场利率提供贷款），并且不定期地调整买方信贷中由进出口银行和商业银行提供资金的比例。由于美国市场利率较高，故其总体利率亦较高。

4）贷款的费用。

一般包括承担费、管理费以及信贷保险费（此项保险费用，多数国家规定由进口商支付，但也有些国家规定由出口商支付）等。

5）贷款的使用期和还款期。

关于买方信贷的使用期有两种不同的概念：一种是指总协议中规定的可以申请具体贷款项目的总期限；另一种是指每个具体贷款项目中规定的该项贷款的提取期限。

而所谓还款期则总是指每项具体贷款项目中规定的该项贷款的偿还期限。在还款期内一般是每半年还本付息一次。对于还款期的起始日期的规定，依具体交易性质的不同而有所不同，比如单机一般是在装运日/提单日/贷款支用日6个月后起算；而成套设备通常是在最终交货/验收合格/保证期满后6个月起算等等。

（2）买方信贷的业务程序。

买方信贷有两种不同方式，一种方式是出口国银行直接贷款给外国进口商，另一种方式是先由出口国银行贷款给进口国银行，再由后者转贷给本国进口商，两者的业务程序有所不同。

1）直接贷款给外国进口商的业务流程。

①进口商与出口商签订利用买方信贷进口大型或成套资本类商品的贸易合同。

②进口商凭贸易合同与出口地银行签订贷款协议，取得贷款。这里，进口商除须承担买方信贷的承担费和管理费以外，还须提供信贷担保或承担买方信贷保险费（多数国家规定买方信贷保险的费用须由进口商承担）。

③进口商须于签约后一定期限内先预付10%～15%的现汇定金之后贸易合同方才生效。

④出口商收到预付定金后根据贸易合同的规定分期向进口商发运货物，进口商在分批验收货物至保证期满期间，再按合同规定分期支付剩余货款。

⑤进口商还须根据贷款协议，分期偿还银行贷款本息（一般为还款期内每半年还本付息一次）。

但我国目前一般不使用这种买方信贷方式。

2）贷款给进口国银行的业务流程。

①进口地银行与出口地银行之间签订贷款总协议，规定提供买方信贷的总金额和总的使用期等等。

②进口商与出口商签订利用买方信贷进口大型或成套资本类商品的贸易合同。这里，进口商须于签约后一定期限内先预付10%～20%的现汇定金之后贸易合同方才生效。

③进口商凭贸易合同与进口地银行签订贷款协议，后者再凭该协议向出口地银行申请具体贷款，有些国家（如法国和意大利）的银行此时还会要求再与进口地银行签订一个具体的贷款协议，以便具体规定该项贷款的金额和使用期等详细内容。这里，进口商除须承担该项贷款的承担费和管理费以外，还须承担信贷担保费或买方信贷保险费（多数国家规定买方信贷保险的费用须由进口商承担）。

④进口商须于签约后一定期限内先预付10%～15%的现汇定金之后贸易合同方才生效。

⑤出口商收到预付定金后根据贸易合同的规定分期向进口商发运货物，进口商在分批验收货物至保证期满期间，再按合同规定分期支付剩余货款。

⑥进口商还须根据贷款协议，分期偿还银行贷款本息（一般为还款期内每半年还本付息一次）。

⑦进口地银行则须根据贷款协议，分期偿还出口地银行贷款本息。这里，不论进口商能否按期还贷，进口地银行均须以其自身的信誉履行按期还贷的义务（当进口商不能还贷时，其债权银行可向信贷担保人或保险人索赔）。

3. 政府贷款

政府贷款（government's loans）是指一国政府利用财政或国库资金向另一国政府提供的优惠性有偿贷款，是具有官方双边经济援助性质的含有一定赠予成分（grant element）的有偿贷款。这里应注意，政府贷款必定含有一定的赠予成分，但又不是完全无偿的，它只是官方双边经济援助的形式之一，后者则包括无偿赠予等其他形式的经济援助。

赠予成分的定义公式如下：

$$\text{赠予成分}=\frac{\text{贷款现值}-\text{偿还总额的现值}}{\text{贷款现值}}\times 100\%$$

按照国际惯例，政府贷款所包含的赠予成分应不少于25%以体现其优惠性。

赠予成分（简记为GE）的计算公式如下：

$$GE=\left(1-\frac{R/A}{D/R}\right)\left[1-\frac{\dfrac{1}{(1+D/A)^{A\cdot G}}-\dfrac{1}{(1+D/A)^{A\cdot M}}}{D\cdot(A\cdot M-A\cdot G)}\right]\times 100\%$$

其中，R为贷款的年利率；A为每年偿还次数；D为年贴现率；G为宽限期，这里将其定义成从允许开始提款到开始还款期间的间隔年数（这是一种把使用期也包括在内的宽限期概念）；M为偿还期，这是从开始还款到最终还清贷款期间的间隔年数。

上述贴现率D在OECD国家曾一度统一按10%计算，但由于不同货币的市场利率实际上是各不相同的，所以OECD自1987年7月起又开始实行区别贴现率DDR（differentiated discount rate）：

$$DDR=\frac{CIRR+10\%}{2}$$

这里的$CIRR$（commercial interest reference rate）为商业利息参考利率。

再后来，从1988年7月起，OECD又进一步将DDR的计算公式改为：

$$DDR=\frac{10\%-CIRR}{4}+CIRR$$

(1) 政府贷款的特点。

1) 政府贷款的限制条件。

①一般限定借款国必须将全部或部分贷款用于向贷款国购买设备、技术、商品和劳务；有时也允许借款国以公开招标的方式从指定的合格货源国进行采购，或者将部分贷款用做贷款项目的当地费用。

②主要用于援助能源、水利、交通等基本建设，特别是跟人民生活密切相关的（如环保、城市基础设施等）有关社会效益方面的项目。

③通常要求借款国结合使用一定比例的买方信贷或卖方信贷。

2) 贷款的货币。

一般为提供贷款国的本国货币，有时也提供美元、日元等其他外汇。

3) 贷款的利息。

无息（如比利时和丹麦等国）或低息（如卢森堡和芬兰等国），一般来说其赠予成分至少不低于25%。

4) 贷款的期限。

期限一般较长，其使用期通常为1～5年，还款期通常为10～30年，最长可达50年（如加拿大政府提供的贷款的还款期就可长达50年）。

5) 贷款的费用。

多数国家提供的政府贷款不再收取费用，但也有一些国家提供的政府贷款要收取少量管理费（不超过1%）及承担费（一般对未提取金额按0.125%～0.25%的年率计收）。

(2) 政府贷款的积极作用。

政府贷款多是由发达国家向发展中国家提供，有着互利的作用。

1) 可以带动发达国家出口信贷的发展，促进其商品出口。政府贷款通常要求结合使用一定比例的其他出口信贷，从而以政府贷款的优惠性来带动贷款国出口信贷的发展，更加有力地促进本国的商品出口。

2) 可以缓解发展中国家资金不足特别是外汇欠缺的矛盾，促进其经济发展。比如我国自改革开放以来积极利用外国政府贷款，在加速能源开发、加快交通设施和通信设备建设、发展原材料工业、发展农牧渔业以及促进我国环保、文教卫生和科研事业的发展等方面取得了良好成绩，同时还为我国培养了一大批对外经济工作的管理人才。

3) 可以增进贷款国与借款国之间的经济合作和友好关系。发展中国家为发展本国的民族经济需要得到科学技术、现代管理和资金等方面的国际援助，而发达国家则须为其过剩的资金和生产能力寻找出路，并需要从发展中国家获取能源、矿产品以及原材料等初级产品，政府贷款具有优惠性，可以促进发达国家和发展中国家在这方面的经济合作和友好关系。

(3) 国外政府贷款的审批和执行机构。

根据其职能的不同可划分为贷款的规划审批机构和具体执行机构两大类，前者负责政府贷款的规划和贷款项目的审批（一般由指定的政府部门管理），后者负责具体贷款协议的签订与执行（多由指定的专业银行代理）。

一些国家的政府贷款是由外交部负责审批（如加拿大、意大利、丹麦等国）；另一些国家则是由财政部负责审批（如法国、奥地利等国）；还有一些国家的政府贷款须由多个部门共同负责审批，比如日本是由外务省、财务省、通产省和经济企划厅共同负责，比利时是由外交部、外贸部和发展合作部共同负责，而英国则是由贸工部、海外开发署和出口信贷担保局共同负责，等等。

一些国家的政府贷款是由专业银行代理执行（如美国的进出口银行、法国的对外贸易银行、英国的皇冠代理银行、比利时的通用银行、意大利的中央中期信贷银行、奥地利的监督银行、德国的出口信贷银行和复兴信贷银行等等）；一些国家则是由专门的非银行金融机构负责执行（如加拿大的经济发展公司、澳大利亚的出口信贷保险公司等等）；一些国家则是由专业银行和非银行金融机构分别执行（如日本就是由输出入银行和海外经济协力基金组织分别执行）；一些国家还有另外专设的担保机构来为出口信贷提供保险（如法国的外贸保险公司、英国的出口信贷担保局、德国的出口信贷保险公司等等）。

（4）我国申请和使用外国政府贷款的业务程序。

我国各基层单位（包括各地方政府的贷款办公室或经贸厅以及中央各部委的计划司和外事司）申请和使用外国政府贷款的业务程序大致如下：

1）申请的报批程序。

可分为国内程序和国外程序两部分：

①国内程序。首先由各基层单位向外经贸部通报情况，包括其初选项目的简要介绍、初步的可行性研究、预期的经济和社会效益、拟向哪国政府申请贷款及贷款金额、采购及咨询计划等等，由外经贸部进行汇总；然后再由外经贸部进行项目初选，并将通过初选的项目通知各基层单位，要求后者提交以下文件进行报批：详细的可行性报告、贷款申请函、计划部门批准立项的批文复印件（对于超出当地政府或部委审批权限的项目，还须提供国家发改委批准立项的批文复印件）以及偿还贷款安排的金融机构和政府保函等。

②国外程序。首先由对外经贸部将经过报批的项目作为贷款备选项目同外国政府进行非正式商谈，对共同感兴趣的项目进行选定和准备工作；然后由贷款国政府对其感兴趣的备选项目以及我国的经济情况进行组团调研和评估；再然后就进入“承诺”阶段，贷款国在其全面调研和评估的基础上对其认可的项目通过外交途径书面换文的形式作出承诺（包括其承诺贷款的项目及总金额）；最后，两国正式商谈具体的贷款条件并签订正式的贷款协议。其中，有的贷款国，如科威特，是采取一次签订一个总的谅解备忘录或一个项目只签订一次贷款协议的签约办法；而有的贷款国，如日本，则是采取既分项又分年的签约办法，对于每一项目，在其建设期内，每年都须重新签订一次年度贷款协议，直至项目完成。

2）贷款项目的执行程序。

可分为采购、贷款的支付和偿还、项目的执行监督、项目的总结和评价四个部分。

①采购。政府贷款项下的采购方式一般有限制性采购、国际竞争性招标或协议性采购三种方式。其中，限制性采购是指被限定只能向贷款国购买的采购部分；国际竞争性招标是指被指定向事先商定的合格货源国招标的采购部分；协议性采购则是指对于不适合招标的一些有特别配套要求的较小的配套设备或较小批量的配件等的采购部分。一般情况下，贷款国常派代表参加招标和评标过程。

②贷款的支付和偿还。贷款的支付是按照议定的金额和期限分期支付，而支付货款时一般采用信用证方式。借款国在还款期内须按期还本付息，若不能按期还贷，要支付过期费。

③项目的执行监督。政府贷款下的建设项目，贷款国的监督活动可以贯穿于项目执行和实施的全过程，既可以派出调查监督团随时进行检查并提出建议和要求，也可以通过要求借款方报送项目进度报告的形式进行监督。

④项目的总结和评价。在项目贷款支付完毕或项目竣工后，借款方应提交项目竣工报告，先行对项目的执行情况进行全面的总结和评价；贷款方则参考借款方提交的报告对贷款项目的执行是否规范，设计、施工质量和投资分布等是否符合协议规定，以及试运行情况等进行全面的总结和评价，看贷款项目是否达到了预期目的。

4. 混合贷款

混合贷款（mixed loans）是指同一融资项目中，政府贷款与买方信贷或卖方信贷按某种形式混合发放的出口信贷。混合贷款有两种不同类型：一种是混合卖方信贷，指政府贷款与卖方信贷混合发放；另一种是混合买方信贷，指政府贷款与买方信贷混合发放。

（1）混合贷款的发放形式。

不同国家对混合贷款的发放形式有所不同，大致有联合发放、混合发放、分成发放和分离发放四种不同形式。

1）联合发放。政府之间签订一个关于混合贷款利率和期限等方面优惠条件的协议，对于具体的贷款项目不再逐笔另签具体的贷款协议，直接利用两国银行之间原有的买方信贷协议与额度在贷款的利率和期限等条件上给予优惠。如加拿大、瑞典和挪威等国就采取这种形式发放混合贷款。

2）混合发放。在两国银行之间原有的买方信贷协议与额度内，由政府授权本国银行与进口国银行逐笔签订具体的贷款协议，提供混合利率的项目贷款（资金由银行提供，政府补贴利差）。如英国和奥地利等国就采取这种形式发放混合贷款。

3）分成发放。政府与银行按照一定的比例分成共同为同一项目提供贷款，逐笔分别签订具体的贷款协议（两个协议同时生效，共同执行），并按不同的利率和不同的还款期不分离地用款和还款。如意大利、法国和西班牙等国则采取这种形式发放混合贷款。

4）分离发放。政府与银行按照一定比例分离地为同一项目提供贷款，逐笔分别签订具体的贷款协议（两个协议同时生效，分离执行），并按不同的利率和不同的还款期分离地用款和还款。如瑞士常采取这种形式发放混合贷款。

一般来说，政府贷款在混合贷款中所占比重常视当时的政治经济情况及借贷对象的不同而不同，并时常调整。

（2）混合贷款的两个业务特点。

混合贷款与其他出口信贷有所不同的两个业务特点是：

1）混合贷款项目须先提出具体的备选项目，经双方政府审定批准后再签订具体的贷款协议；而非混合政府贷款的其他出口信贷的贷款项目一般无须经过政府批准，既可由进、出口地银行之间签订买方信贷总协议，也可由进、出口商凭贸易合同跟有关银行签订具体的贷款协议。

2）混合贷款多半须经由指定银行来办理其贷款项目下的贸易结算；而其他出口信贷

可以由各贷款银行分散办理其贷款项下的贸易结算。

5. 信用限额

信用限额（lines of credit）是出口地银行为促进本国一般消费品以及分散的金额不太大的资本货物或工程建设物资的出口，给予进口地银行一定限额的中期融资便利，由后者向本国分散的进口商分别提供金额不太大的具体贷款，以促成分散的小额贸易的成交。

这里所谓的"中期融资便利"，是指出口地银行给予进口地银行一定的中期贷款限额，然后再按实际需要逐笔安排具体的信贷合同，由进口地银行负责向本国分散的进口商分别发放金额不太大的中期贷款，其还款期一般是2～5年。信用限额可按申请贷款的贸易货物的不同而分为一般信用限额和项目信用限额两大类。

（1）一般信用限额（lines of credit of the general purposes)/购物篮信用限额(lines of credit of the shopping baskets)。

这是出口国银行给进口国银行用于为分散的进口商向该出口国购买一般商品（主要是消费品）时提供融资便利的信用限额。

（2）项目信用限额（lines of credit of the projects)。

这是出口国银行给进口国银行用于为分散的进口商向该出口国购买资本货物或工程建设物资时提供融资便利的信用限额。

此外，除上述五种基本的出口信贷类型以外，还有一些不大常用的出口信贷方式。比如，进口国银行有时还会通过与出口国银行签订"存款协议"的方式来要求后者提供出口信贷：进口国银行与出口国银行签订存款协议，由后者在前者处开立存款账户，并在一定期限内保持不少于规定限额的存款，以供进口国银行为本国进口商向存款国购买资本货物时提供信贷支持。在我国改革开放刚刚起步的1978年，中国银行就曾与英国银行签订过这样的存款协议，供我国利用该项存款从英国进口设备。

二、联合贷款

联合贷款（joint loans）一般有国际商业银行的联合贷款（银团贷款）和国际金融机构的联合贷款（诸如世界银行的联合贷款、亚洲开发银行的联合贷款等等）两大类。

1. 国际商业银行的联合贷款（银团贷款）

国际商业银行贷款（international commercial bank loans）是指一国借款人在国际金融市场上向国际商业银行借入货币资金。银团贷款（syndicated loans）又叫辛迪加贷款，是由一家或几家银行牵头，由多家国际商业银行参加，共同向一国政府或某个融资项目提供金额较大的中长期贷款。这种贷款的用途不像出口信贷那样受到严格限制，可用于向任何国家购买建设项目所需的商品或劳务。在利用国际商业银行贷款时，对于需求金额较大的中长期信贷项目，通常都要使用银团贷款的形式，以便于集中资金和分散风险。

2. 国际金融机构的联合贷款

（1）世界银行的联合贷款。

世界银行（World Bank）常为发展中国家提供中长期贷款来帮助其解决资金不足的问题，但由于世界银行的资金有限，又需要照顾到各个方面，所以在使用世界银行贷款时常被要求联合使用国际商业银行贷款、出口信贷以及东道国政府贷款等，形成所谓"世界银行联合贷款"(joint loans from World Bank)，共同向东道国某个融资项目提供金额较大的中长期贷款。

1）世界银行联合贷款的传统经营方式。

有以下两种传统的经营方式：

ⅰ. 平行式：参加联合贷款的各方共同给世界银行选定的项目提供贷款，但各自的贷款按照各自的规定管理，借款方须按资金来源的不同分别采购。

ⅱ. 混合式：参加联合贷款的各方共同给世界银行选定的项目提供贷款，并且借款方可以根据其实际需要混合使用，而无须按照资金来源的不同分别采购。用于采购大型设备的联合贷款常采用这种经营方式。

2）世界银行的B种贷款。

这是自1983年以来，世界银行开始推行的一种新型的联合贷款方式，对国际商业银行参加联合贷款给予更多的保障或优惠，以鼓励商业银行积极参加世界银行的联合贷款。世界银行的B种贷款有以下三种不同的优惠办法：

ⅰ. 优先归还商业银行的贷款。贷款由世界银行与商业银行共同出资，规定在还款时，先还商业银行的贷款部分，后还世界银行的贷款部分，但这须以商业银行适当延长其贷款期限为交换条件（比如将其贷款期限从原定的8年延长到10～12年）。

ⅱ. 世界银行提供还款担保。贷款全部由商业银行出资，但世界银行为之提供还款担保，必要时世界银行可以将未按期偿还的债权买下来，以确保商业银行的利益。

ⅲ. 世界银行提供利率风险担保。对于商业银行的出资部分，在支付其贷款利息时，如果当时的市场利率高于原先商定的支付利率，则可将超过部分的利息转入未还本金余额内，将来由世界银行代为垫款偿还给商业银行，最后再由借款人定期归还给世界银行，以避免商业银行的利率风险。

（2）亚洲开发银行的联合贷款。

"亚洲开发银行联合贷款"（joint loans from Asian Development Bank）是由亚洲开发银行（Asian Development Bank）为会员国或地区成员提供的联合贷款，主要有以下五种类型：

1）平等融资，是指将项目分成若干个具体的独立部分，由亚洲开发银行和其他经济实体分别提供融资。

2）共同融资，是指亚洲开发银行与其他经济实体按照商定的比例，对某会员国或地区成员的一个项目进行融资。

3）伞形融资或后备融资，这类融资在开始时由亚洲开发银行负责项目的全部外汇费用，但只要找到其联合融资的其他经济实体，亚洲开发银行中相应的部分即取消。

4）窗口融资，是指联合融资中的其他经济实体将其资金通过亚洲开发银行投入有关项目，联合融资的其他经济实体与借款人之间不直接发生关系。

5）参与性融资，是指亚洲开发银行先对项目进行贷款，然后由商业银行购买亚洲开发银行中较早到期的部分。

比如，亚洲开发银行曾与中国进出口银行签署有联合贷款协议，该协议从2009年6月起生效，为期3年，协议二者共同为亚洲发展中国家的一些项目提供至少30亿美元资金。

第三节 出口信用保险

出口信用保险（export credit insurance）是一种由国家财政支持的保险机构对本国出口商和银行在出口收汇和出口信贷等业务中所面临的商业风险和政治风险提供的保险。

这里的商业风险包括买方违约、毁约、重组、无力偿付或破产等等；政治风险则包括战争和动乱、征用和没收、外汇和外贸管制等等。

一、出口信用保险的特征

出口信用保险具有不同于一般商业保险的以下一些重要特征：

1. 风险高，有国家财政支持，属于政策性保险

出口信用保险涉及政治风险，所以风险特别高，一般要有国家财政的支持，以促进本国出口为宗旨，不计亏损地以较高承保比重和较低保险费率开展业务。

2. 管理高度集中化，由政府支持的专门机构直接管理

由于风险高，所以必须采取高度集中化的管理办法，由政府支持的专门机构来办理其保险业务。在我国主要是由中国人民保险公司的财险公司和进出口银行来办理此类业务。

3. 不以营利为目的，其承保决策以信息分析为基础

一般的商业保险是以营利为目的的，其承保决策（如承保金额的比重及保险费率等等）必须以一定的统计分析为基础来保证其盈利性；但由于出口信用保险涉及政治险种，难以按大数法则来测算进口国政治风险的损失概率，而只能以进口商或借贷人的资信以及进口国或借贷国的政治情况等信息的综合分析为基础，结合以往经验来作出承保决策，所以并不能保证其总体上的盈利性，也不能以营利为目的。

4. 只为本国的出口项目及出口信贷提供保险

一般来说，其承保项目所采购商品的国产化成分至少应在50%以上。我国的出口信用保险对于一般商品出口要求其国产化成分在70%以上，但是对于出口船舶的国产化成分可以降低至50%以上。

按照承包期限长短的不同可将出口信用保险分为短期出口信用保险和中长期出口信用保险两大类。

二、短期出口信用保险

短期出口信用保险是指承保期在一年以内的出口信用保险。它适用于金额不是太大的一般性商品（如消费品、原材料和零配件等等）的各种出口贸易。其承保金额，政治风险一般以出口金额的90%为限，商业风险一般以60%为限。

1. 短期出口信用保险的种类

短期出口信用保险按照其保险内容的不同可细分为许多种类，其中较为重要的是：信用证出口信用保险（为出口商的信用证项下出口，因政治风险及/或不能及时收到符合要求的来证等商业风险提供保险）、托收出口信用保险（为出口商的托收项下出口，因政治风险及/或商业风险导致未能实现出口或无法收回部分或全部货款提供保险）、寄售出口信用保险

（为出口商的寄售出口，因开拓新市场而遭遇滞销的风险提供保险）、保理出口信用保险（为出口商的保理出口，因政治风险及/或商业风险导致坏账提供保险）、出口押汇信用保险（为银行对本国出口商的出口押汇等短期信贷，因政治风险及/或商业风险导致未能实现出口或无法收回部分或全部货款所引起的银行无法收回部分或全部贷款本金和利息等信贷风险提供保险）。其他则还有海外存货与仓储保险、海外加工保险、海外广告保险等等。

2. 短期出口信用保险项下的保险责任

（1）政治风险。

短期出口信用保险承保如下政治风险：①买方国家实行外汇管制，禁止或限制汇兑，但在不违反买方所在国法律、法令、命令或条例的前提下，须先由买方按保险公司的要求，在指定的银行或机构存入等于他所欠货款的本国货币；②买方国家实行进口管制；③买方国家撤销已经颁发的进口许可证或不批准进口许可证的展期；④买方所在国或货款须经过的第三国颁布延期付款令；⑤买方所在国或任何有关的第三国发生战争、暴乱或革命；⑥被保险人和买方均无法控制的其他非常事件。

（2）商业风险。

短期出口信用保险承保如下商业风险：①买方破产或无力偿还债务；②买方拖欠货款逾期 4 个月以上；③买方拒收货物并拒付货款，但原因并非保险人违约，且被保险人已经采取了措施，包括在必要时向买方起诉、迫使买方收货付款。

3. 短期出口信用保险的"除外责任"

（1）货物在运输和储存期间发生磨损、破损、耗损、丢失或毁灭引起的损失，或在货物出口时已经或按常规能够由货物运输保险或其他保险承保的损失；

（2）由于汇率变动引起的损失；

（3）被保险人或代表他的任何人违反合同或不遵守法律引起的损失；

（4）在货物交付前，买方已有严重的违约行为，被保险人有权停止发货，但仍向其发货而造成的损失；

（5）在交付货物时由于买方没有遵守所在国的法律、法令、命令或条例，因而未得到各种所需许可证、批准书、授权或进口许可证无法展期致使销售合同无法继续履行引起的损失；

（6）由于被保险人或买方的代理人或承运人破产、欺诈、违约或其他行为引起的损失；

（7）被保险人没有如实、及时申报出口项下发生的损失；

（8）被保险人向在发货前信用限额批复为"零"或信用限额被撤销、失效或不适用被保险人自行掌握信用限额的买方出口造成的损失；

（9）货物交付承运人之日起两年内未向保险公司索赔的损失；

（10）在货物出口前，被保险人已经或应该知道本保单条款所述风险已经发生，或由于买方根本违反销售合同或预期违反销售合同，被保险人放弃其解除或中止履行销售合同的权利，仍继续发货而造成的损失。

4. 短期出口信用保险项下的"买方信用额度"审批制度

保险公司向已投保的出口公司实行"买方信用额度"审批制度，该信用额度将作为保险公司对于被保险人向该买家出口而承担保险责任的最高限额。在以下几种情况下不批准限额：

（1）买方无注册记录或查无此买家；

（2）资信极为不详，且地区风险系数高；

（3）买方财务上已出现困难，发生拖欠；

（4）买方已上“危险买家名单”。

5. 短期出口信用保险项下对损失的赔偿比例

（1）一般情况下，买方拒收所致损失的赔偿比例为80%，保险单责任范围内的其他原因所致损失的赔偿比例为90%。

（2）对于规模较小且管理素质较差的进口购货商拒收拒付的赔偿比例可视情况低于80%，破产和拖欠所致损失的赔偿比例可低于90%。

（3）政治风险项下所致损失的最高赔偿比例为95%。

6. 短期出口信用保险项下的融资业务

短期出口信用保险项下融资是出口地银行基于保险公司短期出口信用保险的一种融资方式，是出口地银行与保险公司合作为出口企业推出的一种新型的贸易融资工具。其融资比例一般不超过保险公司的赔偿比例，还贷的方法、利息收取的方法和计算公式与流动资金贷款类似，还款的来源为出口人收回的货款，或在非正常的情况下，还款来源为出口信用保险项下的赔款或出口企业的利润。在实际业务中，短期出口信用保险有时被作为其他融资方式的额外担保手段。如在承兑交单结算方式下，出口地银行可以按“出口托收押汇”为出口人提供融资，出口人办理的出口信用保险，仅仅是作为额外的融资担保而已。又如在赊销结算方式下，出口地银行也可以凭“出口托收押汇”为出口人提供融资，出口人办理的出口信用保险，也作为额外的融资担保。至于在信用证项下，一般不需要出口人再办理出口信用保险，银行便可以使用“打包贷款”“出口押汇”等方式为出口人提供融资。

（1）短期出口信用保险项下融资业务的操作流程。

①进出口双方达成交易意向。

②向保险公司申请办理出口信用保险。

③进出口双方签订合约（也可在办理保险之前签约）。

④出口方发货装运，向保险公司申报，并缴纳保费。

⑤与出口地签订融资协议（此程序可提前进行）。

⑥出口方与保险公司、出口地银行签订赔款转让协议（赔款转让授权书）。

⑦向出口地银行提交相关单据，申请融资。这些单据包括：出口贸易合同或订单；商业发票；质量合格证明；出口保险保险单；买方额度申请表（由办理出口信用保险的保险公司提供）；出口保险申报单；证明已缴纳保费的凭证；保险赔款授权转让书；海关手册；出口货物报关单、提单或其他运输单据等。

⑧出口地银行在综合考虑出口人的信誉、采用的贸易结算方式、货物的销售情况、提供的担保和抵押品等情况后，决定是否办理融资。

（2）办理短期出口信用保险项下融资业务应注意的事项。

1）出口商应该注意的事项：

①尽可能了解进口人的资信情况，对进口客户有所选择。

②应对出口信用保险的除外责任有足够的了解。

③赔付时间较长，手续较为烦琐。

④出口信用保险项下的融资有追索权。

⑤成本、费用负担较高。

2）出口地银行作为融资银行应该注意的事项：

①了解出口人的资信情况。

②尽可能了解进口人的信用。

③了解货物的质量、市场情况等。

④了解保险公司的信誉、保险协议内容等。

⑤加强融资的后期管理，注意掌握出口人的动态变化，及时采取风险防范措施。

三、中长期出口信用保险

中长期出口信用保险是指承保期在一年以上的出口信用保险。它适用于金额在百万美元以上的资本类商品（如成套设备、电站、船舶等等）的出口贸易。实务中常见的中长期出口信用保险主要有以下几种：

1. 中长期延期付款出口信用保险

为出口商的中长期延期付款出口的商业信贷，因政治风险及/或商业风险导致无法收回部分或全部款项的延期付款信用风险提供保险。中长期延期付款出口信用保险项下的最高赔偿比例为95%。

2. 卖方信贷出口信用保险

为银行对本国出口商的卖方信贷，因政治风险及/或商业风险导致出口商无法收回部分或全部款项所引起的银行无法收回部分或全部贷款本金和利息等信贷风险提供保险。卖方信贷出口信用保险项下的最高赔偿比例为90%。

3. 买方信贷出口信用保险

为银行对外国进口商或进口商银行的买方信贷，因政治风险及/或商业风险导致无法收回部分或全部贷款本金和利息等信贷风险提供保险。买方信贷出口信用保险与其他出口信用保险有一点重要的不同之处，即它一般是无条件的100%赔付。

4. 其他中长期出口信用保险

此外，还有包买票据出口信用保险、海外投资信用保险等等。

四、出口信用保险的积极作用

出口信用保险对于本国的出口有着积极的促进作用，既有利于本国出口商积极开展出口贸易，又有利于本国银行大力开展出口信贷和各种结算服务业务。

1. 对于本国出口商的好处

（1）有利于出口商安全收汇。对于投保了出口信用险的贸易项目，出口信用保险机构在出口商收汇遇到阻碍时，可以发挥自身的威慑力帮助收汇，而且万一收不回货款时，又可给予一定的保险赔偿，这就在最大限度上减轻了出口商的收汇风险。

（2）有利于出口商积极开拓市场。有了出口信用保险作后盾，可以大大减轻收汇风险对于出口商大胆开拓出口业务的束缚，使出口商敢于较为大胆地向具有一定政治风险的地区开展出口业务，或以跟单托收、延期付款等种种优惠的结算方式去抢占市场。

（3）有利于出口商提高融资能力。出口信用保险还可以被出口商利用来提高自身的融资信用等级，争取到出口信贷、保付代理或包买票据等融资便利。

2. 对于本国银行的好处

由于投保了出口信用保险的融资项目可以大大减轻银行的还贷风险，因而银行可以要求申请出口信贷的借款人或者是申请保付代理或包买票据的出口商先予投保出口信用保险，然后再为之提供出口信贷或者其他融资及结算服务，这显然又有利于银行借助出口信用保险的支持而大力开展出口信贷、保付代理或包买票据等业务。

遗憾的是，我国自开展出口信用保险业务以来，一直未能得到大的发展，承保总额占我国出口总额的比重较小，与经济发达国家相比（如日本的50%、英国的45%、韩国的14%等等）尚有很大差距，需要加强这方面知识的普及和宣传，增强我国企业和银行的风险意识及保险意识，更有效益地开展出口贸易活动。

第四节　出口信贷和联合贷款项下的信用证业务

一般来说，国际贷款项下的贸易支付通常要用到信用证支付方式，但其信用证业务在开证、修改以及偿付条款和生效条款等方面与普通信用证业务有所不同。

一、买方信贷项下的信用证业务

这里所说的买方信贷是指先由出口国银行贷款给进口国银行，再由后者转贷给本国进口商的买方信贷方式。这种买方信贷项下的贸易支付一般要用到信用证支付方式，其开证行一般是进口地的转贷行，在贸易总金额中采用信用证方式来支付的金额则须按照两国银行之间贷款协议的规定来执行，并在信用证的偿付条款中加以明确规定。下述仅列举三种可能方案（以下方案中一概假定，贸易金额的85%是利用买方信贷）：

（1）贸易金额的5%为预付定金，以汇款方式支付；10%为买方自有现汇，以议付信用证方式支付；余下的85%为买方信贷，以代付信用证方式支付（指定出口国的提供贷款银行作为付款行）。信用证的总开证金额为其贸易金额的95%，但这里只有10%的现汇须占用申请人的开证信用限额或开证保证金。

（2）贸易金额的5%为预付定金，以汇款方式支付；余下的10%为买方自有现汇，85%为买方信贷，统一以代付信用证方式支付（一般仍是指定出口国的提供贷款银行作为付款行）。信用证的总开证金额也为其贸易金额的95%，但这里也只有10%的现汇须占用申请人的开证信用限额或开证保证金。

（3）贸易金额的15%为预付定金，以汇款方式支付；余下的85%为买方信贷，以代付信用证方式支付（也是指定出口国的提供贷款银行作为付款行）。信用证的开证金额为其贸易金额的85%，因为这里的信用证金额完全是利用买方信贷，所以开证时无须占用申请人的开证信用限额或开证保证金。

二、世界银行贷款项下的信用证业务

对于世界银行贷款项下的采购，进口商必须使用信用证支付方式，而且其信用证业务

在开证、修改以及生效条款等方面均与普通信用证有所不同。

1. 开证

其开证行一般是项目单位（借款人）的账户行；开证申请人一般应是其项目单位，但在我国原先由于有的项目单位没有直接的外贸进口权，所以也可由项目单位的委托进口人作为开证申请人，在信用证中注明申请人系为某项目单位（某账户）申请开证；利用世界银行贷款的信用证，开证时无须缴纳保证金或占用开证信用限额；世界银行贷款项下的信用证多为议付信用证（但其前提是，出口国必须为世界银行的会员国）。

2. 特别承诺书条款

世界银行贷款项下的信用证一般指定世界银行为付款行，并附加有特别的生效条款，规定该信用证须待通知行收到世界银行发出的提款“特别承诺书”（special commitment）之后方才生效。因而世界银行贷款项下的项目单位（借款人）在信用证开立后，还须及时凭信用证副本向世界银行书面申请提款承诺，而其供货单位（信用证的受益人）则须在得到世界银行的承诺通知之后再根据信用证的规定发运货物。

3. 信用证的修改

如果在世界银行已经对开出的信用证发出特别承诺书之后，借款人（也是信用证申请人）又要求修改信用证，则须及时将开证行出具的信用证修改书副本连同其修改申请书一道寄世界银行请求批准（其修改申请书上应特别注明贷款协议的编号、原信用证的编号和原特别承诺书的编号），同时开证行还须将修改书内容通知给原通知行请求受益人的确认。另外，受益人在得到通知行的信用证修改通知之后，也须立即向世界银行申请确认（其确认申请书上亦应注明有关编号）。最后，世界银行在收到信用证的修改书和修改申请之后，则应以书面形式分别通知借款人和受益人，说明修改已获批准，发出特别承诺修改书，或者另发一份新的特别承诺书以取代原特别承诺书。在世界银行对信用证的修改发出书面批准之前，如果信用证的修改涉及金额的增加、货物种类或数量的改变，以及展期超过 6 个月或是超过原特别承诺书规定的期限等重要内容，则世界银行仍将只对原信用证条款及原特别承诺书承担责任；但对于其他一些次要内容的修改则无须经过世界银行的事先批准，通常也可得到其事后的默认。

三、亚洲开发银行贷款项下的信用证业务

亚洲开发银行贷款项下的信用证业务与世界银行贷款项下的信用证业务大致类似，重要的不同之处是，亚洲开发银行有两种不同性质的提款承诺书。一种是普通承诺书，其条款除符合借款人提款申请书的要求之外，又另外加列了一条停止偿付条款，声明亚洲开发银行保留因借款人方面的原因而暂停或取消该项贷款时可以停止其承诺书下的偿付的权利。另一种则是特别承诺书，其条款完全符合借款人提款申请书的要求，而不再加列所谓停止偿付条款，但对于这种特别承诺书，亚洲开发银行要向借款人另外收取一定的特别手续费（在特别承诺书下，亚洲开发银行即使因借款人方面的原因而暂停或取消该项贷款仍然承担其承诺书下的偿付义务）。在一般情况下，亚洲开发银行只出具普通承诺书；而与之不同的是，在世界银行贷款项下的信用证业务中，世界银行通常只出具特别承诺书。

关键术语

出口订单贷款	出口打包贷款	出口押汇	票据信贷
承兑信用额度	汇票担保	贴现	押款
进口押汇	提货担保	开证信用额度	出口信贷
卖方信贷	买方信贷	政府贷款	赠予成分
混合贷款	联合贷款	银团贷款	出口信用保险

思考题

1. 简述信用证出口押汇和托收出口押汇的不同点。
2. 简述信用证进口押汇和托收进口押汇的不同点。
3. 什么是出口信贷？它有哪些基本类型？
4. 什么是混合贷款？它有哪些基本类型？
5. 什么是出口信用保险？简述出口信用保险的特点。

第八章

国际贸易的新型结算—融资业务

学习目标

1. 掌握各类保付代理和追账服务业务；
2. 掌握各类包买票据业务。

重点与难点

重点：保付代理的各种类型；包买票据市场等。

难点：保付代理的经营机制；银行叙做包买风险参与和通常担保业务的不同等。

第一节　保付代理和追账服务

一、保付代理

保付代理（factoring）又称出口保理（export factoring），是一项特殊的国际结算—融资服务方式，由保理商（银行或其他金融机构）经过资信审查，为短期赊销出口供货商提供信用管理、账务管理、坏账担保以及应收账款融资（在一定的信用额度内，用预付款方式向出口供货商购买经过核准的合格应收账款）等一系列国际结算—融资服务业务。

如上所述的现代保理方式的历史还很短，至今不过几十年时间，但其前身或起源则可追溯到几百年前出现的寄售贸易项下的商务代理制，当时由于交通和通信条件的制约，出口商对于进口地的市场情况和进口商资信等难以了解，常采取寄售方式将货物运交进口地的商务代理，由后者负责货物的存仓、推销和收款，并在某些情况下提供坏账担保服务。而现代保理则是由于国际贸易中的激烈竞争，从价格和质量延伸到了支付条件和结算方式，许多出口商不得不放弃传统的信用证支付方式，转而采用灵活多样的非信用证支付方式，以增强自己的竞争能力，迫切要求银行或其他金融机构能为之提供新型的结算—融资服务，于是，现代保理应运而生。

现代的保付代理服务对于有大量经常性短期赊销出口业务的供货商来说是一种非常有益的结算—融资服务业务，但其对于请求保理的出口业务量有一定的起码要求，并且收取的服务费用也比较高，所以对于一些业务量有限的小企业来说又难以享受此项保理服务。

1. 保理债权转让的形式和性质

保理债权的转让有通知转让和隐蔽转让两种不同的债权转让形式，均属于衡平转让并具有过户转让性。前者是将保理商和出口供货商之间的债权转让协议通知债务人的保理债权转让形式，在公开保理项下通常采取这种通知转让方式。不过在通常的保理业务中，保理商在向债务人作保理债权的转让通知时，往往并未实际办理跟供货商之间债权转让的法定登记手续（未按当地法律在有关部门进行登记），只是在保理协议中规定保理商有权在必要时完备这些法律手续；后者则是不将保理商和出口供货商之间的债权转让协议通知给债务人的保理债权转让形式，在隐蔽保理项下一般是作这种隐蔽转让，但隐蔽保理商也常保留其在必要时将债权转让事实通知债务人的权利。

通知转让与隐蔽转让两者间的一个重要不同之处是，通知转让的受让人有权直接以自己的名义向购货商索偿或提起诉讼；而隐蔽转让的受让人则不能直接以自己的名义向购货商索偿或提起诉讼，当与购货商发生债务纠纷时，隐蔽转让的受让人须与转让人联名向债务人提起诉讼。

2. 有关保付代理的国际公约

（1）国际保理商联合会（Factors Chain International）的《国际保理惯例规则》（Code of International Factoring Customs）和《仲裁规则》（Rules of Arbitration）。1968年，国际保理商联合会在荷兰成立，总部设在阿姆斯特丹。它是由120多家银行所属的保理公司组成的世界性联合体，其目的是为会员提供国际保理服务的统一标准、程序、法律依据和技术咨询并负责组织协调和技术培训。目前，国际保理商联合会可向法国、德国、意大利、日本、新加坡、英国、美国、中国香港等近50多个国家和地区提供跨境保理业务。进入20世纪90年代以后，国际保理商联合会一直与我国保持着良好的合作关系。现在，我国的中国银行、交通银行等已经是其会员。1994年5月，国际保理商联合会的所有会员都启用了一种新的EDI（Electronic Data Interchange）通信系统EDIFactoring，它的基础是联合国EDIFACT标准，一种由联合国支持并开发的环球电子数据交换标准。

（2）国际统一私法协会（The International Institute for the Unification of Private Law）的《国际保理公约》（Convention on International Factoring）。国际统一私法协会的理事会设在罗马，目前大约有50个国家提供经费支持。该公约为了能够照顾多数国家的法律（在解决各国之间法律冲突方面发挥积极作用），并避免与其他融资方式相混淆，对保付代理下了一个相对狭窄的定义。但它不是强制性的法律文件，即便是公约签字国的供应商和保理商也可以在保理协议中排除该公约对其保理业务的管辖。

此外，联合国国际贸易委员会为了解决应收账款在不同国家的不确定性问题，于2001年通过了《关于国际贸易中应收账款转让的联合国公约》，但由于种种原因该公约至今尚未生效。

3. 出口保理的基本当事人

（1）保理商（factor）。

即保理业务的被委托人，是直接或间接地为出口供货商（委托人）提供国际保付代理服务的银行或其他金融机构，分为出口保理商（export factor）和进口保理商（import factor）。前者是在出口国的直接为出口供货商提供保付代理服务的保理商，后者是在进口国的直接为出口供货商提供保付代理服务或作为出口保理商在进口国的代理商间接为出口供货商提供保付代理服务的保理商。

（2）出口供货商（export supplier）。

即保理业务的委托人，是向保理商申请出口赊销账款保付代理的供货商，是被保理账款的原债权人。

（3）进口购货商（import buyer）。

是保付代理业务中购买出口供货商赊销货物的进口商，是被保理账款的债务人。

此外，除了上述三个基本当事人以外，有时还会在出口供货商和进口购货商之间派生出一个"进口经销商"（即出口供货商在进口地的销售总代理，参见下文中的"背对背保理机制"）。

4. 出口保理业务内容的三种常见类型

可以从不同角度来对保付代理的方式或类型进行分类，既可以从业务内容不同的角度来划分，又可以从经营机制不同的角度来划分。先从保理业务内容不同的角度来看，在现实中存在着公开综合保理、公开到期保理和隐蔽融资保理三种常见的不同业务类型。

（1）公开综合保理（disclosed and financed factoring）。

这是将债权转让公开通知购货商的公开保理方式之一。公开综合保理的保理商为出口供货商的短期赊销贸易全面提供以下一揽子综合性结算—融资服务。

1）公开综合保理的业务内容。

包括分销账户管理、应收账款催收、信用控制以及贸易融资等。

①应收账款的分销账户管理（management of receivable ledgering）。

保理商可以根据供货方的要求，通过其专业人员和账务管理系统，定期向供货商提供应收账款的回收情况、逾期账款情况、账龄分析等，发送各类对账单，协助供货商完成繁杂的收款和对账工作，以节省出口商的人事成本开销。

②应收账款催收（collection of receivable）。

保理商会安排专业人士在供货商账款到期时，采取有理、有利、有节的手段，协助供货商安全回收账款。

③信用控制（credit control）。

为了减少和避免货款回收的风险，保理商可以利用其广泛的代理网络和各种商务咨询机构，通过其现代化的通信手段，对供货商和购货商的资信进行调查，并对其资信进行合理的核定，从而达到将坏账风险降低到最低程度的目的。

④贸易融资（trade financing）。

综合保理商还可以根据供货商的融资需求，向供货商提供不超过发票金额80%的应收账款融资。但根据综合保理商在提供融资后是否保留追索权，需要将综合保理分为有追索权的综合保理（disclosed financing factoring with recourse）和无追索权的综合保理（disclosed financing factoring without recourse）两种。

在有追索权的综合保理项下，保理商不负责核定供货商及其有关购货人的信用额度，不为供货商提供坏账担保（protection against bad debts），仅为供货商提供有追索权的融资在内的其他保理服务，无论应收账款因何种原因不能收回，保理商都有权向供货商追回已付融资款项。

在无追索权的综合保理（可简称买断保理）项下，保理商不但要负责核定供货商及其有关购货人的信用额度，而且须在其核定的信用额度内承担信用风险责任，为供货商提供坏账担保——保理商须对其核准的信用额度内的应收账款提供100%的坏账担保，如债务人发生信用风险，保理商不能向供货商追索已发放的融资款，并应履行其已经核准了的全部应收账款的保理义务。但是，保理商的坏账担保也是有限定条件的，即保理商是在供货商和采购商未发生基础合同争议的基础上，对于采购商的已核准的信用额度内的应收款，在发票到期日90天后的未付款提供100%的坏账担保。在当前出口保理业务中，占主流地位的是无追索权保理业务。

出口的综合保理业务为出口供货商开辟了又一条获得流动资金的渠道，在不影响出口供货商的银行融资额度的前提下，又多一条融资渠道。

2）在公开综合保理项下出口供货商必须注意的一些事项。

在公开综合保理项下，出口供货商有如下一些必须注意的事项：

①综合保理业务通常有一些限制性规定。在综合保理项下，保理商只对一定信用限额内的应收账款予以保理，对于超额部分可以不予保理或保留追索权；对于供货商违约等引起贸易纠纷而导致的拒付或少付不予保理；供货商一旦使用综合保理，就必须转让其全部的应收账款，而不能自由选择只转让其一部分应收账款；保理商有权只对其核准的合格应收账款予以保理（比如，只对经济发达国家或地区购货商的债务予以保理，而把对某些第三世界国家的应收账款视为不合格账款予以剔除；又如，对于个别金额过大的贸易项目不予保理或要求出口商先予投保出口信用保险）。

②出口供货商即使采用了综合保理，也仍然不能对其账务情况完全撒手不管，而应随时了解和掌握自己的账务情况。因为保理商在综合保理项下经常针对账户债务人资信情况的变化而不断调整甚至取消其信用限额，所以，供货商要想更为有效地利用保理服务，就应当随时掌握账户的债务余额和支付情况，以便适当调控对各债务人的交货时间和交货数量；掌握自己的往来账户和贴现账户的余额情况，以便了解自己的融资能力，适当安排资金计划；掌握自己的不合格账款情况，以便及时调整自己的经营策略等。

综合保理商对于因供货商违约等引起贸易纠纷而产生的不合格账款或超过信用限额的应收账款拥有追索权，还可通知债务人，将那些不合格应收账款再重新转让给供货商，并从核准的应收账款总额中扣除这笔坏账。但由于债权人的反复变更会给债务人的账务管理造成麻烦甚至混乱，债务人不喜欢这种做法，所以在实务中，保理商通常采用另外一种变通的处理办法——不通知债务人变更债权人，而是通知供货商增加对其融资的保留尾款（即缩小融资比例系数），或者通过提留特殊准备金的方式将这部分坏账从合格账款中分离出来。

（2）公开到期保理（disclosed maturity factoring）。

常简称到期保理，又称定期保理，是将债权转让公开通知购货商的公开保理方式之二，保理商为出口供货商的短期赊销贸易提供应收账款管理、收账服务、信用控制等结算服务，但不提供预付款融资和坏账担保的服务。

这种债务到期日才支付发票金额的保理，适用于出口供应商没有融资需求，但希望获得除融资和坏账担保服务以外的其他保理服务的那些短期赊销贸易项目。

（3）隐蔽融资保理（undisclosed financing factoring）。

又可称隐蔽预付保理，常简称隐蔽保理，是一种不将债权转让通知购货商的非公开保理方式，保理商一般只向供货商以预付部分应收账款的方式提供有追索权的短期贸易融资，而不提供其他保理服务。

在隐蔽保理项下，供货商只能有选择地转让部分或全部合格应收账款。隐蔽保理商则通常会保留其对预付款的追索权，而且还常保留其在必要时将债权转让事实通知债务人的权利，并只为出口商贴现不超过80%发票净额的应收账款，对于无论何种原因形成的呆账、坏账和逾期账款则通常采用从下一批预付款中扣除的方式行使追索权。

5. 出口保理经营机制的一些常见类型

再从出口保理经营机制的不同来看，在现实中又存在着双保理机制和单保理机制两大类基本的不同保理机制类型以及一些进一步的细分类型。

（1）双保理机制（two-factor system）。

指出口保理商通过进口保理商共同为出口供货商提供保付代理服务的保理机制。一般来说，双保理机制只适用于公开保理，并且还有标准双保理和非标准双保理之分。

1）标准双保理机制。

所谓标准双保理机制，在进、出口商之间没有进口经销商，而且出口保理商和作为其代理的进口保理商均担负着公开保理的全部责任。事先，各国保理商之间需要签订在一定时期内有效的相互保理总协议（interfactor agreement）；然后是出口商申请出口保理的签约程序：

①出口商向本国保理商申请出口保理额度，须填写《出口保理额度申请书》。

②出口保理商根据出口商的客户分布情况选择进口保理商，并向进口地保理商转交有关进口商的保理信用额度申请。

③各进口保理商分别对有关进口商作资信评估，并在14天内作出答复，发送《出口保理信用额度评估回复书》向出口保理商提出自己的保理条件（包括对各进口商的信用限额）和报价。

④出口保理商在此基础上向出口商提出自己的保理条件和报价，与出口商签订《出口保理协议》。

⑤出口保理商再分别与各进口保理商签订具体的保付代理协议。

⑥出口保理商向出口商发出正式《出口保理信用额度核准通知书》。

再然后是保理协议的执行程序：

①出口商与外国进口商签订具体的出口销售合同，商定以保付代理作为结算方式，并向外国进口商寄送“保理业务介绍信”，将选定的进口保理商介绍给进口商。

②出口商在保理额度内出货，每次发运货物后，将全部单据交给出口保理商。

③出口保理商审核单据无误后，自己留下一份副本发票，在正本发票上加贴有关转让条款并在发票上注明账款的到期日后，寄送给进口保理商。

④如需要融资，出口保理商按协议规定为出口商办理融资。

⑤进口保理商负责按期收取账款，并及时将收妥款项拨付给出口保理商。

⑥出口保理商收到进口保理商支付的款项后将扣除利息、费用后的净额记入出口商账户。

在双保理的实务中，有时还会派生出以下两种非标准双保理机制。

2）（两种）非标准双保理机制。

包括背对背保理机制和一个半保理机制：

①背对背保理机制（back-to-back factor system）：这是一种多了一个进口经销商作为中间销售商的国际贸易方式下的特殊双保理机制。这里的进口保理商不但充任出口保理商在进口地的面对进口经销商的代理保理商，而且通常担当该经销商在当地的面对本国购货商的国内保理商，有着双重保理责任。所谓“背对背”，则是指出口供货商和最终的进口购货商之间隔着一个进口经销商，并不直接交易之意。

②一个半保理机制（one-and-a-half factor system）：这是一种在一定程度上免除了进口保理商或出口保理商的部分服务责任的特殊双保理机制。有两种不同情况：一种是免除了进口保理商向购货商按期收取账款的责任，而只要求其负责提供坏账担保、催收严重逾期账款及协助处理贸易纠纷等服务；另一种则是免除了出口保理商对应收账款的管理、信用销售控制、收账服务及坏账担保等责任，把所有这些责任全都交由进口保理商负责，而只要求出口保理商负责提供业务监督、转账及融资等服务（我国银行早期为我国出口商提供的出口保理服务曾是这种“半保理”服务）。

（2）单保理机制（single-factor system）。

指只有一个出口保理商或进口保理商为出口商提供保付代理服务的保理机制。它又分为直接出口保理机制和直接进口保理机制两种。

1）直接出口保理机制（direct-export-factor system）。

指只有一个出口保理商为出口供货商提供保付代理服务的单保理机制。显然，在这种保理机制下，出口保理商面临着很大风险，所以仅在开展保付代理业务的早期阶段曾得到广泛应用，随着后来双保理机制的产生，现已较少应用。不过，仍有一些出口保理商保留着这种保理方式，但它在提供这种直接出口保理时一般会要求出口商投保出口信用保险（这会增加保理成本，与聘用进口保理商的成本相差无几），或者是只作保留追索权的隐蔽保理。

2）直接进口保理机制（direct-import-factor system）。

指只有一个进口保理商为出口供货商提供保付代理服务的单保理机制。这种直接进口保理机制一般只适用于到期保理，进口保理商一般不会为直接进口保理提供融资或隐蔽保理服务。

出口保理的业务内容和经营机制的分类关系大致如图 8-1 所示。

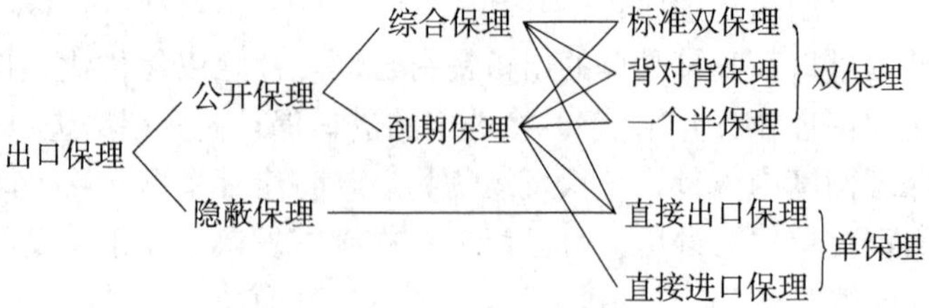

图 8-1 出口保理业务内容和经营机制的分类关系

6. 保理服务协议的基本内容

出口供货商与国际保理商之间的保理服务协议（factoring service agreement），由于保理机制和具体服务项目的不同而内容各异，其主要内容大致如下：

（1）协议的效期条款。

规定保付代理协议的有效期限。通常是自协议签字日起算一年，逾期后协议将自动失效（指逾期后发生的应收账款不再得到保理，但在有效期内发生的未了业务仍将按原协议规定继续办理，直至全部清理完毕为止）。在必要时可于次年转期。

（2）应收账款的核准条款。

规定可得到坏账担保及融资服务的核准条件。一般来说，出口商在协议生效时存在的和保理效期内发生的全部应收账款均须向保理商申请核准，经保理商核准的应收账款成为核准应收账款（可得到坏账担保及融资服务），未得到保理商核准的应收账款就成为未核准应收账款（得不到坏账担保及融资服务）。

这里，保理商可以为出口供货商的每一位客户核定一个相应的信用销售限额，而把出口商在此限额内对该客户的普通应收账款均视为已核准应收账款；同时还可以对某些特殊情况（比如对金额过大或赊账期限过长的特殊应收账款）作出特殊规定，要求出口商必须将此类应收账款逐笔报请保理商特别核准，否则，即便未突破信用销售限额，亦将作为未核准应收账款处理。

（3）债权转让条款。

规定出口商向保理商转让债权的转让性质与要求。通常是规定作通知转让（公开保理），要求由出口供货商自己或经过保理商将所有应收账款债权转让的事实书面通知债务人；并且规定当出口供货商赊销货物产生的应收账款债权转移给保理商后，出口商原来拥有的货权（货物的所有权、停运权和转让权）也同时随之转移给了保理商，而且出口商应当确保该货权不会受到留置权的影响。

（4）收购价格与融资限额条款。

保理商收购应收账款的价格计算方法的规定一般可用下式表示：

收购价格＝出口商转让的全部核准应收账款总额
　　　　　－其中发生贸易纠纷的账款金额
　　　　　－约定贸易条件下给予进口商的回扣
　　　　　－保理商的贴息、佣金和管理费

其中，保理商佣金和管理费的收费结构为：①出口保理商佣金（发票金额的0.1%～0.4%）；②进口保理商佣金（发票金额的0.4%～1%）；③管理费用：30～40美元。

另外，协议中一般还会对出口商规定如下一个融资限额：

融资限额＝收购价格×协议规定的融资比例系数

其中，协议规定的融资比例系数通常为70%～80%。

该融资限额与出口商已支用款项余额的差额，即为出口商当时可支用款项的余额。

（5）出口商的保证条款。

出口商声明其承认、接受和严格遵守保理协议的所有规定和条件，同时还保证：

1）所有转让的应收账款均出自正当交易。

2）出口商对其应收账款已严格履行了有关交易合同规定的全部责任和义务。

3）进口商将会接受出口商所赊销的货物及服务，而不会发生贸易纠纷。

4）进口商不是出口商的附属机构、控股公司或同一集团公司成员。

（6）出口商的附属机构条款。

规定出口商必须确保其所有国内附属机构出口的应收账款亦全部纳入了同一保理协议或以同样条件与同一保理商分别签订了保理协议。

（7）对出口商的限制条款。

规定出口商须接受的限制，通常有：

1）在协议效期内，出口商（含其国内附属机构）不得以任何方式将任何应收账款再抵押给他人，对于协议签订时已存在应收账款的先期抵押，出口商也必须负责予以解除抵押（除非保理商另以书面形式明确表示认可）。

2）在签订保理协议后，出口商（含其国内附属机构）不得再与任何第三者签订类似协议，包括出口商的母公司、子公司和控股公司亦不得再与任何第三者签订类似协议（除非保理商另以书面形式明确表示许可）。

3）保理协议不得转让（除非保理商另以书面形式明确表示同意）。

（8）协议终止条款。

规定发生出口商违约时，保理商有权立即终止协议，将所有未付的应收账款再重新转让给出口商，并保留其所有的正当权益。

这里，一般将出口商违反保理协议规定、自动申请清盘、被迫清盘、被债权人指定的接管人接收了资产、其全部或部分资产因法律诉讼而遭到扣押等，均规定为发生了出口商违约。

7. 出口保理对出口商的积极作用

出口保理对于出口商有许多好处，主要是：

（1）可以为出口商代理其（对于进口商的）信用管理业务。

1）对进口商资信的调查和评估。做好对外国进口商的资信调查是出口贸易业务的首要环节，即便是对于长期合作的老客户，亦应不断了解其近期的经营状况，因为情况总是不断变化的，而对于新客户则更应全面了解它的注册资本、经营作风、资产负债比例等等情况。另外，对于进口商所在国的外汇制度、金融政策和经济政治局势等亦应当有所了解，因为所有这些都是影响安全收汇的重要因素。但要充分做好这些工作对于大多数出口商来说都是一件十分困难的事情，而保理商却可以利用其遍布于世界各地的信息网络和合作伙伴迅捷有效地获得所需要的最新资料，为出口商提供可靠的资信调查和评估服务。

2）对进口商赊销的信用控制。出口商要做到向每一个贸易伙伴都提供一个比较适当的赊销信用是一件相当困难的事情，赊销额小了会影响贸易额，赊销额大了又不安全。而保理商则可凭借其翔实可靠的调研资料和长期的经验，对每一进口商的资信作出较为客观的评估，为出口商提供高效的赊销信用控制和管理服务。

（2）可以为出口商代理其账务管理业务。

对于有大量分散的出口赊销业务的出口商来说，其大量的账务管理工作也是十分烦琐的，不但要消耗大量的人力和费用开支，而且容易出错。如果利用保理商先进的设备和完善的账务管理制度来代理账务管理，则既可以节省自己管理账务的麻烦、人力和费用开支，又可以避免因为管理账务出错而造成损失的可能。

（3）可以为出口商提供收账担保服务。

出口赊销中常会遇到进口商在付款到期时拒绝付款或无力付款的情况，这也是最令出口商头痛的事情。而在公开保理项下，保理商通常为出口商提供坏账担保，对于不是因为出口商自己的商品质量、交货误期或其他失误等问题而造成的坏账，保理商在其核定的信用额度内对合格应收账款承担责任。这样就在极大程度上消除了出口商开展赊销贸易时的收汇风险，这是保理业务的最大优点之一。

(4) 可以为出口商提供短期融资服务。

出口商开展赊销贸易的另一困难是资金周转方面的困难，而在综合保理项下或在隐蔽保理项下，保理商可以为之提供无追索权的预付融资或保留追索权的短期融资，而且手续极为简便。这又为出口商开展赊销贸易提供了极大的融资便利，这也是保理业务的最大优点之一。

但是出口保理的门槛较高，保理的费用成本也较高。出口商可以采取以下一些措施来尽量降低和消化保理成本：①选择资信较好的进口商；②扩大交易量；③相应提高合同单价；④与进口商分摊保理费用。

8. 办理出口保理业务时须注意的问题

(1) 出口商须注意的问题。

1) 进口商的信誉和进口国的政治、经济局势和保理商在该国的网络。

2) 选择合适的贸易结算方式。一般来说，在信用证结算项下无须再做保理业务。

3) 必须在额度内发货。

4) 融资是否有追索权。

5) 必须承担的费用。

6) 纠纷自理。不管出口人是否同意进口人的观点，一旦发生贸易纠纷，保理商对核定的应收账款项下发生的贸易纠纷涉及金额，视为未核准的应收账款，不负责担保赔偿。

7) 付款有时较迟。

(2) 保理商（银行）须注意的问题。

1) 了解出口人情况（信誉、贸易背景、产品销售情况等），以防风险。

2) 了解进口人的信誉情况，提高保理业务的成功率。

3) 加强保理项下的货款催收工作。

4) 正确对待贸易纠纷。

保付代理业务在我国起步较晚。自中国银行于 1992 年开始率先开办保付代理业务以来，迄今已同美国、德国、意大利、瑞典等不少国家和地区的保理公司签署了相互保理协议。我国的保付代理业务网络尚在形成过程中。

9. 出口保理与出口信用保险的比较

出口保理与出口信用保险的比较如表 8-1 所示。

表 8-1　出口保理与出口信用保险的比较

比较项目	出口保理	出口信用保险
最高信用保障（在核准信用额度内）	100%	70%～90%
赔偿时间（从应收账款到期日起算）	90 天后	120～150 天后
索偿/索赔程序	简单	烦琐

续前表

比较项目	出口保理	出口信用保险
进口商信用管理	有	有
财务账目管理	有	无
账款催收	有	无
坏账担保	有	有
以预支方式提供融资	有	无

二、追账服务

国际贸易中的应收账款拖欠问题是困扰着当今全球出口商的一大难题。一方面，激烈的贸易竞争使得各种延期付款和非信用证支付方式日益盛行；另一方面，应收账款的拖欠问题也日显严重，这极大地妨碍了国际贸易的顺利开展。保付代理虽然可以部分地帮助解决这一问题，但由于其业务的诸多局限性，如要求出口供货商必须事先将其全部应收账款纳入保理，而不接受部分保理和事后保理，并且要求较高的业务量和服务费等等，使得它远远不能满足广大出口商所需要的结算服务范畴。于是一种适应新形势或新要求的追账服务业务应运而生，并且在一些国家（比如美国）获得了长足的发展，下面仅对其作一简单介绍。

所谓追账服务，也是一项特殊的国际结算服务业务，由专业追账服务公司为各类出口商提供逾期账款的追讨服务，以及信用管理和账务管理服务等国际结算服务业务。

1. 追账服务业务内容的分类

追账服务也可按照其业务内容的不同而分为事后追账服务和综合追账服务两大类：

（1）事后追账服务。

这是由出口商自行负责其信用管理和账务管理，在出现逾期账款尤其是自己难以收回的逾期账款时，再将其委托给追账公司代理追讨的业务类型。对于此类业务，追账公司在接受追账委托时只收取少量的委托费，讨不回债款不再收费；而一旦讨回债款，则将从讨回金额中再提取一定比例的服务费（一般视其难度和追账过程中的实际费用收取追回金额8%～23%的服务费）。

（2）综合追账服务。

这是出口商将其信用管理、账务管理和追账服务等全面委托给追账公司，由后者先期介入出口商（委托人）的信用管理业务（对有关买家做资信调查和信用销售控制）和账务管理业务（对每笔应收账款不断地同买家进行联系，并按期向委托人提交书面报告，告知到货情况、买家意见和付款情况等），一旦出现逾期30天以上的应收账款，即自动转入追账程序。对于这类综合业务，追账公司除要收取委托费并从被纳入追账程序的追回账款中提取一定比例的服务费以外，还要再视其前期介入业务量的大小收取相应的服务费。

2. 追账服务对出口商的积极作用

追账服务对于出口商有诸多益处，主要是：

（1）可以代理出口商的信用管理业务，包括对进口商的资信调查和评估，以及对进口商的赊销信用控制。

（2）可以代理出口商的账务管理业务。

（3）可以为出口商提供各种逾期账款的追账服务，包括部分委托和事后委托（这是追账服务不同于保付代理的独到之处）。出口商利用追账公司的服务可以避免打官司，打官司不但需要高额费用，需要了解外国法规，耗费大量精力和时间，而且是一种不得已的敌对方式的讨债手段，会导致双方撕破脸皮从此不再来往，影响客户关系。而大型的追账公司则可以以其拥有的遍布全球的代理网络和律师网络为后盾，利用极其专业化的追账方式和追账策略以及灵敏的信息反馈，通过劝说和协商较为妥善地解决债务人和债权人之间的纠纷，最大限度地减少其委托人的收汇风险，积极维护出口商的合法权益。

美国订立有《追账法》，其追账服务业非常发达，全国有 8 000 多家追账服务公司，其中 12 家具有垄断规模，最有名的当数 ABC 公司（American Bureau of Collections，美国追账局），至今已拥有遍布 116 个国家和地区的追账网络，属于老牌的追账高手，曾为各国特别是美国追讨欠账作出了不俗贡献，但美国每年仍有 0.25%～0.5%被拖欠的应收账款成为坏账。我国则每年仅外贸企业被拖欠的应收账款就占贸易额的 5%左右，但迄今尚无追账法规，而国际追账服务也才刚刚起步。上海天承集团于 1997 年开始，作为美国 ABC 公司的中国总代理率先推出此项服务，受到国内企业界的欢迎和关注，但国内的有关立法还需跟上。

第二节　包买票据

包买票据（forfaiting）又称福费廷，是一种特殊的中长期票据融资方式，即包买商（forfaitor，银行或其他金融机构）从本国出口商那里无追索权地买断经过外国进口商银行承兑或担保的中长期汇票、本票或其他应收账款债权凭证的金融交易。

包买票据业务通常都具有正当的融资背景，大多是具有一定贸易背景的所谓“贸易融资型包买票据”（trade-backed forfaiting），但在实务中有些包买商有时也做一些所谓“单纯融资型包买票据”（financial forfaiting）业务，本节则将着重介绍前者。

包买票据业务中所涉及票据的付款期限一般较长，大多在半年至七年（甚至更长）。叙做包买票据业务后，原持票人（出口商）就将所出售债权凭证的一切权益都转让给了包买商，而包买商则放弃对出口商的追索权，出口商在背书转让其作为债权凭证的票据时会加注“无追索权”（without recourse）字样，从而将收取债款的全部风险和责任都转嫁给了包买商。

一、包买票据债权转让的形式和性质

包买票据债权的转让有记名转让和匿名转让两种不同的转让形式，通常（尤其在一级市场上）是做记名转让，但在二级市场上（包买票据业务也有二级市场）有时也做匿名转让（具体来说就是采取“匿名转让—信托代管”的转让方式，详见下文）。汇票或本票的记名转让属于流通转让；发票等其他债权凭证的记名转让以及任何包买票据债权的匿名转让则均属于衡平转让并具有交付转让性。

有时，出口商为保护自身商业利益，会要求初级包买商不得再转让其包买的票据。在这种情况下，当初级包买商出于某种考虑而需要在二级市场上转让其包买的票据时，则会

采取一种变通的转让办法——不作记名转让，而是采取所谓“匿名转让—信托代管”（transfer not recorded the name trust substitute management）的转让办法，即对所转让票据不做实际交割，仍由初级包买商代为保管，并按期代为提示收款和拨付收妥款项。当初级包买商是信誉卓著的大银行时，二级包买商是可以接受这种变通的转让方式的。

二、包买票据债权凭证的种类

1. 已承兑的远期汇票

主要包括银行承兑汇票、有银行保证的商业承兑汇票或有银行独立性保函/备用信用证担保的商业承兑汇票。

2. 远期商业本票

主要包括有银行保证的商业本票或有银行独立性保函/备用信用证担保的商业本票。

3. 发票等其他远期应收账款债权凭证

这些债权凭证一般需有银行独立性保函/备用信用证先予提供担保，必要时还需投保出口信用保险。

三、叙做包买票据的业务流程

在我国，办理包买票据业务目前还主要局限于信用证项下（尤其是卖方远期信用证项下）的票据包买。出口商叙做包买票据的业务流程如下：

（1）出口商在与进口商签订贸易合同前与包买商（银行或其他金融机构）联系询价，将欲达成交易的有关情况，如进口商的详细情况、财务状况、支付能力、预计订立合同的时间、出口商品的名称和数量、预计交货时间、合同金额和币种、延付期限、支付方式、结算票据种类等内容书面告知包买商。

（2）包买商在审查上述资料后，如认为可行，就向出口商提交一个参考的贴现率报价，以便出口商确认对于进口商的最终报价。

（3）出口商在向进口商确认报价后，与进口商签署贸易合同，在合同中明确规定使用福费廷。

（4）出口商填写福费廷业务申请书，与包买商签订福费廷协议。

（5）出口商在发货后，向包买商提交包买票据所需要的所有单据，包括汇票等远期债权凭证（如果是在卖方远期信用证项下叙做包买票据，则出口商可以提交以开证行为付款人的已经承兑了的远期汇票；否则，对于其他远期债权凭证则须事先取得进口地担保银行的票面担保或保证）。

（6）包买商在确认出口商提交的债权凭证真实有效后，将扣除贴现息和承兑费等费用后的应收账款的净额，以结汇或原币入账的方式贷记出口商账户，并出具可供国家外汇管理局核销的进账单或“水单”。

（7）在包买的票据到期后，承兑行或担保行将会把票据的票面金额贷记包买商账户。

四、包买票据的融资成本

从表面上来看，包买票据业务所涉及的费用只有一小部分由进口商直接承担，大部分是由出口商直接承担。

1. 进口商直接承担的费用

进口商直接承担的费用只有一项，即银行承兑费/担保费。但实际上，出口商在贸易报价中早已间接地将其承担的融资费用全部或部分转嫁给了进口商。

2. 出口商直接承担的费用

（1）贴现息。

指包买付款日至票据到期日之间的贴息费。其贴现率的构成通常分为两部分：第一部分是基本利率（basic rate），按与整套票据的平均寿命对应的同业拆借市场利率来计算；第二部分是增幅（margin），它包含包买票据业务蕴涵的特别风险（进口国的外汇短缺风险、利率风险及汇率风险等）费和手续费（包买商的资产管理费用和利润）。

另外，包买票据的贴现率还与承担期的长短有关，一般是承担期越长，贴现率越高。虽然客户对于承担期也需要支付承担费，但由于承担费率远低于贴现率，所以包买商常用适当降低贴现率的办法来鼓励客户尽早贴现，以缩短资金的承担期（闲置期），提高资金的营运效率。

（2）承担费。

这是从包买协议生效可以提款至实际提款期间客户需承担的费用，通常依约定费率（其年率一般为 0.75%～1.5%）按月收取。

（3）选期费。

出口商在商务谈判的初期，从先期得到包买商给予的报价至最终决定是否叙做该项业务之间有一个选择权期（通常不超过一个月），为此要支付选期费，一般按票据面额 1‰～1.5‰的费率一次性支付。

（4）宽限期贴息。

由于不同国家或地区的外汇管制程度、银行办事效率等各不相同，以及时差因素的影响等原因，包买商实际收妥票款的时间往往会不同程度地稍晚于票据的到期日。为避免因此而给自己造成利息损失，包买商往往会事先计收宽限期贴息，通常按 2～3 天计算此项贴息（但对于个别国家或地区也可能长达 10～20 天）。

五、包买票据市场

广义的包买票据市场包括一切从事包买票据交易的场所，但包买票据市场通常是一种无形市场或抽象市场，可分为初级市场（primary market）、二级市场（secondary market）和包买风险参与市场（market for forfaiting risk's participation）。其中，一级市场是出口商和包买商之间进行包买交易的市场，即人们通常所说的狭义包买票据市场；二级市场是不同包买商之间进行包买债权转让交易的市场；包买风险参与市场则是银行为包买商的拟作或已作包买债权的风险提供额外保险服务的交易市场。

1. 包买风险参与

所谓包买风险参与（forfaiting risk's participation）是银行为包买商的包买债权的风险提供额外保险服务，而与此同时，银行在包买票据业务中还常为要包买的票据提供保证或担保服务。银行叙做包买风险参与和银行叙做票据担保业务的重要不同之处在于：

①在包买票据业务中银行叙做票据担保业务，其实质是银行为债务人提供信用保证，必要时可以要求被担保人提供保证金或抵押品；而在包买票据业务中银行叙做包买风险参

与，其实质则是参与银行为包买商提供保险，只收取保险费而不能要求包买商提供任何保证金或抵押品（但包买商必须确保其债权凭证的有效性）。

②在包买票据业务中银行叙做票据担保业务是银行事先为票据债务人提供信用担保；而在包买票据业务中银行叙做包买风险参与则是又有新的银行参加进来为初级包买商提供保险服务，从而使包买商的债权可以得到双重保障。

初级包买商通常是出于以下原因而邀请本国银行进行风险参与：包买商对包买票据的国家风险存在担心，或者是包买商购买的债权金额突破了自己对票据担保银行或进口国核定的信用限额，但又不想或不能投保出口信用保险；邀请银行参与包买风险可以提高初级包买商的债权保障，有利于在二级市场上转让。

2. 包买辛迪加

包买辛迪加（syndicated forfaiting）是一级市场中，当一笔包买交易涉及巨大金额时，包买商出于资金力量和信用额度的限制以及分散风险的考虑，由几家包买商联合起来协议共同提供包买票据融资的方式。

包买辛迪加与通常的辛迪加贷款业务的主要不同在于：前者是买断性质的融资交易，而后者则是有借有还的融资交易。另外，两者的业务操作也有所不同。包买辛迪加业务具有一定的隐蔽性，不需要发布公告，而辛迪加贷款业务则具有必须向社会发布公告的公开性特征。

六、叙做包买票据业务须注意的事项

1. 出口商叙做包买票据业务须注意的事项

（1）必须将信用证项下的单据交由办理福费廷业务的出口地银行（卖方远期信用证指定的付款行）处理。

（2）在开证行所在国政局、经济不稳定或开证行信誉欠佳等情况下，银行一般不叙做福费廷业务。

（3）“无追索权”是相对而言的，在出口商欺诈或开证行因法院禁付令而未能履行信用证项下付款义务等特殊情况下，福费廷业务申请人还需归还原融资款。

（4）必须承受比出口押汇更高的利息支出。

2. 银行叙做包买票据业务须注意的事项

（1）对出口受益人提供的资料进行合规性审核。

（2）信用证项下的单据必须交由本行处理，不得在他行议付。

（3）充分考虑国外开证行及其所在国家或地区的风险，原则上不办理高风险国家或地区债务人的福费廷业务。

（4）认真审核国外开证行或保兑行的承兑通知，对属于开证申请人的商业信用承兑或者是未经加押及有权签字人签字的银行承兑、含义不明的银行承兑等，不得办理福费廷业务。

（5）对于开证行在该出口地银行及其总行的“代理行管理系统”中没有授信额度的，原则上不予以办理福费廷业务。

（6）对于风险较高的国家或地区，为了减轻及避免风险，可考虑邀请一家或数家其他银行跟自己合作叙做包买辛迪加或者是对自己拟做的包买业务提供“风险参与”。

七、包买票据融资方式的利与弊

1. 出口商采用包买票据融资方式的利与弊

(1) 有利方面。

1) 资金周转快；

2) 省去了债款回收的管理工作和费用；

3) 可得到固定利率和无追索权的贸易融资，免除了自己对于进口商提供商业信贷的利率风险、汇率风险、信用风险和国家风险；

4) 可有选择地根据需要叙做包买业务，而不必像做保理业务那样不得不将所有应收账款全部转让；

5) 跟包买商达成包买协议的程序及其协议文件均很简单（主要取决于担保人的资信)，与其他融资方式相比，办理方便、快捷；

6) 交易手续十分简便（没有过多的单据要求)；

7) 包买业务具有保密性，不像银团贷款业务那样具有公开性；

8) 在商务谈判初期即可先期得到包买商的报价，并在一定时期内拥有是否叙做该项业务的选择权，从而可在后期的贸易谈判中设法提高货价以转嫁融资费用或在不利时放弃该项交易。

(2) 不利方面（弊端)。

1) 需进口商同意并能找到高资信的承兑人或担保人，才能叙做包买融资；

2) 出口商必须确保债权凭证的有效性和银行承兑或担保的有效性，才能真正免除包买商的追索权。

2. 进口商同意出口商采用包买票据融资方式的利与弊

(1) 有利方面。

1) 可通过远期付款得到出口商的商业信贷；

2) 需提交的债权单据办理简便。

(2) 不利方面（弊端)。

1) 需要的银行承兑或担保将长期占用其信用额度。

2) 融资成本高，不但需直接负担银行的承兑费或担保费，而且需承担出口商转嫁的融资成本。

3) 本国银行的票据担保，使得进口商不再能因为有关货物或服务的贸易纠纷而拖延或拒绝有关票据的到期付款。为此，在实务中，进口商常采用保留尾款（即“留置金”，一般为合同价款的5%～10%）使之不在包买业务范围之内的办法来保障自身权益。

3. 银行开展包买票据业务的利与弊

(1) 有利方面。

1) 收益率高；

2) 包买债权必要时可以在二级市场上转让；

3) 包买交易协议的程序及其文件均较简单，办理方便、快捷。

（2）不利方面（弊端）。

1）一般无追索权。

2）需承担审核票据有效性、承兑或担保有效性的责任（这要求包买商熟知进口国的有关法规）。

3）需负责审查承兑人或担保人的资信。

4）不能采用“加速还款”（acceleration of payment）法来减轻损失。在分期偿还的普通贷款业务中，如有任何一期未能按期偿还，银行可以采用“加速还款”法要求借款人立即偿还全部欠款；而在包买票据业务中，包买商无此权利。

5）包买商承担了全部的利率、汇率、信用和国家风险，但必要时可以考虑邀请一家或数家其他银行跟自己合作叙做包买辛迪加或者是对自己拟做的包买业务提供“风险参与”。

八、包买票据与保付代理的比较

1. 相似之处

（1）都是与贸易融资相关的金融产品；

（2）都是对应收账款的购买；

（3）都是固定利率融资；

（4）都是出口商将应收账款的风险转嫁给保理商或包买商。

2. 不同之处

包买票据与保付代理不同点的比较如表 8－2 所示。

表 8－2　　包买票据与保付代理不同点的比较

	包买票据	保付代理
①	主要是可流通的票据债权凭证	主要是不可流通的应收账款凭证
②	可得到 100％的货款融资	可得到约 80％的货款融资
③	180 天以上的中长期融资	180 天以内的短期融资
④	可有选择性地叙做	需出售全部合格应收账款
⑤	通常在信用证结算方式下叙做	通常在 O/A 或托收结算方式下叙做
⑥	无追索权	有或无追索权

包买票据业务在第二次世界大战后起源于欧洲，20 世纪 80 年代后开始向亚洲及全世界发展，而我国则长期没有开展起来。直到 1994 年中国进出口银行成立以后，它作为支持我国机电产品出口的政策性银行，于 1995 年开始办理此项业务，首次将包买票据业务引入我国，将其作为出口贸易中长期融资的一种补充方式。这不失为一种有益的尝试，对我国外贸事业的发展起到了很大的促进作用。未来，包买票据业务在我国还有很广阔的发展前景。

关键术语

出口保理　　保理商　　公开保理　　到期保理

综合保理	隐蔽保理	双保理机制	单保理机制
追账服务	包买票据（福费廷）	包买风险参与	包买辛迪加

思考题

1. 什么是出口保理？简述保付代理的分类关系。

2. 什么是追账服务？

3. 什么是包买票据？什么是包买风险参与？包买风险参与和通常的票据担保有何不同？

4. 什么是包买辛迪加？其与通常的辛迪加贷款有何不同？

Chapter 1

Overview of International Settlement

1.1 Introduction of International Settlement

1.1.1 Conception of International Settlement

International settlement is the financial activities conducted among different countries in which payments are effected or funds are transferred form one country to another, in order to settle accounts, debts, claims, etc. It emerges in the course of political, economic or cultural contacts among them. In a word, international settlement refers to money transfer via banks to settle accounts, debts and claims among different countries.

According to the causes of international currency transfer, international settlement can be divided into international trade settlement and international non-trade settlement.

1.1.1.1 International Trade Settlement

International trade settlement refers to the settlement of tangible trade or visible trade.

The settlement of tangible trade (or visible trade) is based on the exchange of commodity and both clear of money and goods. In narrow sense, the international settlement refers to international trade settlement.

1.1.1.2 International Non-Trade Settlement

In a broad sense, the international settlement not only includes trade settlement, but also contains non-trade settlement. Non-trade settlement refers to payments caused by other economic activities such as political activity, culture exchange, service supply, transfer of financial resources and international loan.

To be specific, international non-trade settlement includes the following kinds.

***a*. Invisible Trade Settlement**

It mainly includes the settlement of international travel, overseas studying, labor export service, international technology transfer, international engineering contracting, transportation, communication, cargo insurance and collect accounts.

***b*. Settlement of Financial Transactions**

Settlement of financial transactions mainly includes the settlement activities of international foreign exchange trading, investment abroad and foreign financing.

***c*. Settlement of Unrequited Transfers**

Settlement of unrequited transfers consists of the settlement activities of foreign friends' grants, international donations and immigrants' money.

***d*. Other Settlement**

The content of other settlement includes various settlements except the above actions, such as the settlement of attending international exhibition and sale exhibition.

1.1.2 Discipline of International Trade Settlement

International settlement is a practical economic subject that studies its history, present situation and developing tendency. It contains macro-international settlement and micro-international settlement. The former is to study the total activities of international settlement. And the latter is to study the specific activities of international settlement.

1.1.2.1 Study Objects and Main Topics of Macro-International Settlement

***a*. Study Objects**

Macro-international settlement is to study the relationship between debtors and creditors in international trade, the overall conditions of international settlement and the systems of international settlement.

***b*. Main Topics**

Main topics of macro-international settlement are as follows: (i) international trade scales and reasons why relationship between creditors and debtors happens in international economic exchanges; (ii) function, history and development of international settlement system; (iii) the relationship between international settlement system and international currency system; (iv) the relationship between international settlement systems and international settlement system modes; (v) influences of international settlement system on international payments and international status of a country.

1.1.2.2 Study Objects and Main Topics of Micro-International Settlement

***a*. Study Objects**

Micro-international settlement is to study international instruments and international modes of payment, the relationship between methods of payment and financial services and new financial services.

***b*. Main Topics**

Main topics of micro-international settlement are as follows: (i) safety, efficiency and cost of international settlement; (ii) risks, convenience and costs of financing and credit;

(iii) advantages and disadvantages of financing services.

1.2 The History and Present Situation of International Trade Settlement

1.2.1 Five Developmental Stages of International Trade Settlement

The origins of international settlement can be traced back to early international barter. However, according to the recordation of some materials, the history of international settlement can be divided into five stages excluding the non-monetary barter.

1.2.1.1 Early Cash Payment

Most of international trade belongs to cash payment in early stage. The gold, silver and coins were used in transactions by merchants. However, the defects of danger, inconvenience, inefficiency and high cost of them brought great difficulties for the business. The cash payment was phased out.

1.2.1.2 The Appearance of Payment Bills

By the 12th century, the business was prosperous in the area of Mediterranean Sea. Some commercial notes, such as the bill of exchange issued by some financial firms appeared. Between the 16th century and the 17th century, the styles and transferring formalities of them were perfect comparatively. The notes became a kind of main paying instrument. Thus the notes payment takes the place of cash payment.

1.2.1.3 Emergence of Transaction Documents

After access to the 18th century, banking industry, transportation industry and insurance industry began to become independent industries. The price terms also appeared and developed. Therefore, documents such as bill of lading and insurance policy came into being gradually. Some documents such as bill of lading even have functions of title of property. Thus documents are used widely in international business.

1.2.1.4 Accession of Bank Credit to International Settlement

With the expansion of trade scale, the merchants have demands for funding desirously. The banks become the hub of world trade. With abundant capital and outstanding credit, banks not only benefit to merchants, but also have earned vast profits.

1.2.1.5 Boom of Financing Business

With the formation of buyer's market, the exporters have strong desires of financing. Therefore, financing business, such as international factoring, forfaiting and debt collection service appeared gradually. International settlement has been developed to a new level.

1.2.2 Characteristics of Present International Trade Settlement

With the development of world economy, the international settlement has shown the following features:

- Banks have become the center of international business.
- Trade settlement combines with financing credit.
- The traditional international settlement modes are facing new changes.
- Currency used in international settlement diversifies.
- International settlement has tendencies of electronization and networking.

1.3 International Settlement System

International settlement systems consist of foreign exchange system and international clearing system under certain international currency system.

1.3.1 Foreign Exchange System and International Clearing System

1.3.1.1 Foreign Exchange System

Foreign exchange systems refer to the foreign exchange control system in a country.

***a*. Free Foreign Exchange System**

Under the free foreign exchange system, foreign exchange can be bought and sold freely and international payment is made unrestrictedly.

i. Modern System of Free Foreign Exchange System

It has the following features: (i) Foreign exchange can be bought and sold freely; (ii) Export and import of foreign exchange are unrestricted; (iii) Foreign exchange markets are international.

ii. Restrictive System of Modern Free Foreign Exchange System

It has the following features: (i) Foreign currency can be exchanged under current account; (ii) Foreign currency can be exported or imported under current account; (iii) Foreign exchange markets are international.

***b*. Accounting Foreign Exchange System**

Under accounting foreign exchange system, countries which have signed settlement agreement offset their credits and debts caused by import or export trade through their central banks' accounts mutually.

1.3.1.2 International Clearing System

An international clearing system is an inter-bank settlement way when a futures contract transaction is entered on an international level. It is designed to promote world trade and market efficiency. Generally speaking, international clearing system contains bilateral clearing system and multilateral clearing system.

***a*. Bilateral Clearing System**

It is a system of annual clearing of accounts between two countries, where accounts are settled by the central banks.

***b*. Multilateral Clearing System**

It is a system of settlements of accounts among many countries, where accounts are settled by nominated international bill clearing house and clearing organization.

1.3.2 International Settlement Systems in History

In history, there are many kinds of international settlement systems. They are free multilateral settlement system, controlled bilateral settlement system, controlled multilateral settlement system and limited free multilateral settlement system.

1.3.3 Current Multiplex International Settlement System

Because of the changes of the world's politics and economic structure, the non-monetarization of gold and the continuous weakness of the US dollar, the current international currency system has been evolved into multiplex patterns. On the basis of it, the international settlement system has turned into diversified and mixed systems. That means that limited free multilateral settlement system accompanied with IMF special drawing right is carrying out in the world. In the inward of internal regional groups, free multilateral settlement system or limited free multilateral settlement system is put into practice. Among some countries, controlled bilateral settlement system is implemented. Coexistence of many settlement systems is the present situation of international settlement system.

The basic features of the international settlement are as follows: liberation of exchange coexists with varying degrees of foreign exchange control, and the limited foreign exchange freedom plays a primary role; multilateral settlement coexists with bilateral settlement, and the bilateral settlement is dominated.

1.4 The Concept of International Exchange

1.4.1 Definition of International Exchange

The international exchange is the exchange of one currency for another by domestic and foreign banks in order to settle credit and debt caused by international trade.

1.4.2 Classification of International Exchange

International exchange can be classified into remittance and reverse remittance.

1.4.2.1 Remittance

Remittance is a transfer of funds, usually from a buyer to a foreign buyer through banks. Under remittance, the funds flow is in the same direction to the credit instrument. Remittance includes mail transfer, telegraphic transfer and demand draft.

1.4.2.2 Reverse Remittance

Reverse remittance is a transfer of funds in which the creditor issues the bill and entrusts his bank to use the instrument to get payment from foreign debtor. Its funds flow is in opposite direction to the credit instrument transmitted.

1.4.3 The Relationship between International Exchange and International Settlement

International exchange is the center of international settlement business. It is the part of funds and financial documents business in international settlement and doesn't include commercial documents business in international settlements. The scope of international settlement business is wider than that of international exchange.

Chapter 2

The Instruments in International Settlement

2.1 Overview of Instruments

2.1.1 Conception of Instruments

An instrument is a document guaranteeing the payment of a specific amount of money, either on demand, or at a set time, with the payer named on the document. More specifically, it is a document contemplated by or consisting of a contract which promises the payment of money without condition, which may be paid either on demand or at a future date.

The negotiable instruments include bills of exchange, promissory notes and checks.

2.1.2 The Transferable Nature of Securities' Rights

The transfer of securities' rights consists of equity transfer and negotiable transfer.

2.1.2.1 Equity Transfer

Under equity transfer, the subsequent holder's rights to the instrument shall not exceed those of his prior parties and are influenced by the defects of the prior parties' rights. Equity transfer is also classified into assignment transfer and delivery transfer.

***a*. Assignment Transfer**

Assignment transfer has the following features:

i. Transfers in writing and signs by the transferor.

ii. Notify the original debtor in writing or be registered in debtor's place. Otherwise, the transferee can not gain security's right transferred and make claim or bring an action against any debtor in his own name.

iii. Securities' rights gained by the transferee are influenced by the defects of the prior party's rights.

***b*. Delivery Transfer**

Delivery transfer has the following features:

i. May be transferred through delivery or endorsement.

ii. Needn't notify the original debtor. The transferee may make claim or bring an action against any debtor in his own name.

iii. Securities' rights gained by the transferee are influenced by the defects of the prior parties' rights.

2.1.2.2 Negotiable Transfer

Under negotiable transfer, the subsequent holder's rights to the instrument shall exceed those of his prior parties and are not influenced by the defects of the prior party's rights. Equity transfer has the following features:

i. Can be transferred by endorsement or delivery.

ii. Needn't notify the original debtor. The transferee may make claim or bring an action against any debtor in his own name.

iii. Securities' rights gained by the transferee in due course shall exceed those of his prior parties and are not influenced by the defects of the prior parties' rights.

2.1.3 The Basic Nature of Instruments

The negotiable instruments have some special characteristics which distinguish them from other kinds of instruments. Main characteristics of such instruments are as follows:

2.1.3.1 Monetary Nature

Instruments are monetary securities on which the rights recorded must be shown by the way of money and the ultimate aim is to pay some certain money.

2.1.3.2 Right Setting Securities

Right setting refers to the right of the instruments which is followed by the issuing of the instrument. The right of the instruments arises from the issuing of instruments. Also these instruments confer an absolute and good title on the transferee, who takes it in good faith, for value and without notice of the fact that the transferor has defective title thereto. This is a very important feature of the negotiable instruments.

2.1.3.3 Words Restriction

Words restriction means that all the rights and obligations of instruments are restricted according to the recordation of the instrument. The rights and obligations of concerning parties have nothing to do with any agreement beyond the instrument.

2.1.3.4 Negotiability

The title of instruments can be easily passed from one person to another and the ownership of the property is passed on by mere delivery in case of bearer instruments or endorsement and delivery in case of order instruments.

2.1.3.5 Non-causative Nature

Non-causative nature means when the creditor exercises his rights, he needn't indicate the payer the reason. A negotiable instrument exists independent of commercial relation from which it originated or which occasioned its transfer.

2.1.3.6 Requisite in Form

Requisite in form means a negotiable instrument must be in the form of a document containing required items. Different instruments have different requirements for the forms of a negotiable instrument.

2.1.3.7 Presentment Nature

Presentment means that when the creditor asks the debtor to pay or exercises his right of recourse, he must present the bill to his debtor.

2.1.3.8 Returnability

When the holder of the instrument gets the payment, he must return the instrument to the payer.

2.1.4 The Basic Functions of Instruments

2.1.4.1 Settlement Payment Tools

The major function of a negotiable instrument is to serve as a substitute for money. Although the instrument itself has no value, the parties endow them a function of settlement.

2.1.4.2 Credit Financing Tools

The instruments also have functions of enabling creditors to obtain cash by discounting the bill and encouraging expansion of trade particularly in international trade.

2.1.4.3 Negotiation Tools

Most of instruments have the function of negotiation. They can be transferred to other parties by delivery or endorsement.

2.1.5 Legal Systems Related to International Instruments

There are two legal systems of negotiable instrument which are the Anglo-American legal system and the continental law system.

2.1.5.1 The Anglo-American Legal System

The representative of the Anglo-American legal system is Bills of Exchange Act, 1882. It is a United Kingdom Act of Parliament concerning bills of exchange. The Act was drafted by Sir Mackenzie Chalmers, who later drafted the Sale of Goods Act, 1893 and the Marine Insurance Act, 1906. In fact, this Act includes stipulations concerning both bills of exchange and checks.

America has not independent negotiation instruments act, but there are some provisions in the third part of Uniform Commercial Code, 1952. It is developed on the basis of British Bills of Exchange Act.

2.1.5.2 The Continental Law System

The representatives of the continental law system are Convention Providing a Uniform Law for Bills of Exchange and Promissory Notes signed at Geneva, 1930 and Convention Providing a Uniform Law for Cheques signed at Geneva, 1931, which are commonly referred to collectively as the "Geneva Uniform Law". The purpose of making them is to unify bill acts. But they have failed because England and America refused to accept them. In order to diminish the differences between two legal systems, United Nations Commission on International Trade Law drafted Convention on International Bills of Exchange and International Promissory Notes and Convention on International Cheques. After over ten years' revising, the former was approved in 1988.

2.1.5.3 The Chinese Instruments Law

The first Negotiable Instruments Law of the People's Republic of China was promulgated on January 1, 1996. It was revised on August 28, 2004. The Chinese instruments law learns from the continental law mainly and stipulates some provisions based on domestic actual situation.

2.1.6 The Parties to the Instruments and Holder's Concept

The common important parties to bill of exchange, promissory note and check are as follows:

2.1.6.1 Immediate Parties

a. Drawer

The drawer is a person who gives a promise or order to pay. In case of a promissory note or a check, the drawer is also called the maker.

b. Payee

The person to whom the amount of the bill is payable is called the payee. The payee has the right to ask the drawee to pay.

c. Drawee

The drawee is a person on whom an instrument is drawn and who is directed to pay. In case of a promissory note, the drawee is the drawer himself.

If the instrument is a usance commercial paper, the drawee must accept it and sign on it. Under this condition, the drawee becomes the acceptor and the main debtor.

2.1.6.2 Remote Parties

a. Transferor and Transferee

The transferor is a person who transfers his title of bill to others. The transferee is a person to whom the title of bill is transferred.

***b*. Endorser and Endorsee**

When the holder of a negotiable instrument wants to transfer the instrument, he may sign his name on the back of the instrument as evidence of legal transfer of its ownership. At this time, the holder is called an endorser, and the person to whom the instrument is transferred is called an endorsee.

2.1.6.3 The Concepts about Holders of Instruments

A holder means any person who is legally entitled to the possession of an instrument and to receive or recover the amount due thereon from the parties. He is either the payee or the endorsee.

***a*. Holder for Value**

A holder for value is a holder to whom an instrument is issued or transferred in exchange for something of value. In other words, once value is given for a bill, the holder giving value and all the subsequent holders are holders for value.

***b*. Bona-fide Holder**

A bona-fide holder is a holder of a negotiable instrument who acquired title to the instrument in the ordinary course of business for value before it becomes due without knowledge of any defect in title. A bona-fide holder should meet the following requirements:

i. He must be the transferee of a negotiable instrument or negotiation party;

ii. The instrument gained should be complete, qualified and before maturity;

iii. He must acquire the instrument in good faith.

***c*. Holder in Due Course**

A holder in due course is also called a bona-fide holder. A holder for value may or may not be a holder in due course, but a holder in due course must be a holder for value.

2.2 Bill of Exchange

2.2.1 Definition of Bill of Exchange

2.2.1.1 The Definition in the British Bills of Exchange Act, 1882

A bill of exchange is an unconditional order in writing, addressed by one person to another, signed by the person giving it, requiring the person to whom it is addressed to pay on demand or at a fixed or determinable future time a sum certain in money to or to the order of a specified person, or to bearer.

According to Chinese law, a draft is a bill signed by the drawer, requiring the entrusted payer to make unconditional payment in the fixed amount at the sight of the bill or at a fixed date to the payee or the holder.

2.2.1.2 The Definition in Geneva Uniform Law

In Article 1 of Geneva Convention, it stipulates that a bill of exchange contains: i. The words "bill of exchange"; ii. Unconditional order to pay; iii. Name of drawee; iv. Tenor; v. Issuing place and date; vi. Drawer; vii. Sum certain in money; viii. Payee.

2.2.1.3 The Definition in Chinese Instruments Law

A draft is a bill signed by the drawer, requiring the entrusted payer to make unconditional payment in a fixed amount at the sight of the bill or on a fixed date to the payee or the holder.

2.2.2 Essential Items Required in a Bill of Exchange

The so-called formal essential items are referred to the formal record items, in which some items are essential in the draft, some items may be abbreviated or dispensable. Different instruments laws have different stipulations.①

2.2.2.1 The Word "Exchange"*

The term "Bill of Exchange" or "Exchange" or "Draft" must be inserted in the body of the instrument and expressed in the language employed in drawing up the instrument. Although Geneva Convention, 1930 stipulates that the name of the instrument can be omitted, in practice, the specified name of the bill of exchange is usually shown on it.

2.2.2.2 Place of Issue

The issuing place is important, because whether the bill is valid or not depends on the local law of issuing place. If there is no place of issue in a bill, the place where the drawer resides is considered the place of issue.

2.2.2.3 Date of Issue*

The date of issue of a draft refers to the date of issuing the bill. It is a legal requirement for the draft. It can be used to

i. decide the drawer's capacity;

ii. decide the maturity of a bill;

iii. decide the expiry date of a bill.

2.2.2.4 Tenor (or Time of Payment or Maturity)

Tenor refers to the due date of a bill on which the drawee or acceptor should effect payment. There are many tenors a bill may be made. They are:

i. Payable at sight/on demand/on presentation;

ii. Payable at a fixed period after sight;

iii. Payable at a fixed period after the issuing date;

iv. Payable at a fixed date;

v. Deferred payment.

---

① To sum up, there are five necessary items according to the British Bills of Exchange Act, 1882 (after the addition of **), and Geneva Uniform Law and Chinese instruments law, apart from the above five necessary items, added two necessary items (after the the addition of *).

It can be expressed in a bill as follows:

i. Payable at a fixed period after the date of bill of lading / presentation of documents / other specified date;

ii. Payable at a fixed period after stated date.

2.2.2.5 Unconditional Order to Pay**

A bill of exchange must be an unconditional order to pay in writing (or in printing or in typewriting), without any extra requirement terms.

2.2.2.6 Name of the Payee**

Name of the payee is the title of the draft. The methods of expression are as follows:

***a*. Restrictive Order**

It means that the name of payee is recorded restrictively. The methods of expression are as follows:

i. "Pay to C Co. only";

ii. "Pay to C Co. not transferable/negotiable";

iii. "Pay to C Co.", with other words "not transferable /negotiable" in the front of the bill.

***b*. Demonstrative Order**

It means that the name of payee is recorded by "order" or "to order of" or "specific name". The methods of expression are as follows:

i. "Pay to the order of C Co.";

ii. "Pay to C Co. or order";

iii. "Pay to C Co.", without other words "not transferable /negotiable" in the front of the bill.

***c*. Payee Recorded Bearer or in Blank**

It means that the name of payee is recorded by "payable to bearer" or in blank. The methods of expression are as follows:

i. "Pay to bearer";

ii. "Pay to C Co. or bearer";

iii. Payee in blank.

2.2.2.7 Certain in Money**

The amount on the draft should be clear written fixedly on the draft both in words and in writing. If many sums are shown on the draft, the former should be paid. However, in practice, the smaller amount is usually considered as the amount payable.

2.2.2.8 Place of Payment

The place of payment refers to the place where the holder should present the bill for payment. If there is no such indication on a bill, the location where the drawee resides should be considered the place of payment.

2.2.2.9 Drawee**

Drawee is a party on which an order for the payment of money is drawn. It is also called payer.

For example:

To ABC Co., New York.

2.2.2.10 Signature of the Drawer**

Signature of the drawer serves a function of authenticating a bill of exchange. If the drawer has not signed the bill, the bill is invalid. If the signature is a forged or unauthorized one, the bill also stands void. For example:

"For BCD Co., Paris

Signature

(Manager) "

2.2.3 Other Additional Items of Bill of Exchange

2.2.3.1 Number of Bill

It is compiled by the drawer for the purpose of searching.

2.2.3.2 Drawn Clause

It is a sentence that indicates the reason of the bill of exchange.

For example:

"Drawn under B Bank L/C No. x Dated ..."

2.2.3.3 Clause of "Pay This First Exchange (Second of the same being unpaid) "

For example:

"Pay this First Exchange (Second of the same being unpaid) to ..."

2.2.3.4 Clause of Debited Account

For example:

"To: B Bank, New York.

Pay against this draft, to debit of our No. x account with you. "

2.2.3.5 Clause of the Person Designated as Payer

For example:

"To: B Co. Ltd., New York

Payable by B* Bank, New York".

2.2.3.6 Clause of the Referee in Case of Need

For example:

"To: B Co., 16 xxx Street, London.

In case of need refer to B* Co., 108 yyy Street, London".

2.2.3.7 Value Clause

For example:

"Pay to the order of C* Bank the sum of
say US dollars one thousand only.
For value received".

2.2.3.8 Collection Clause

For example:

"Pay to the order of C* Bank for No. x account of us the sum of
say US dollars one thousand only.
For collection".

2.2.3.9 Clause of the Presentment for Acceptance

For example:

"Acceptance required" or "Acceptance prohibited".

2.2.3.10 Clause of the Limit of Time for Presentment

For example:

"Presentment for acceptance required before 16th April";
"Presentment for acceptance required after 31st May";
"Presentment for payment required before 30 days after the date hereof".

2.2.3.11 Clause of Waived Protest

For example:

"Protest waived " or "Retour sans frais".

2.2.3.12 Clause of Excused Notice of Dishonor

For example:

"Notice of dishonor excused".

2.2.3.13 Clause of without Recourse

For example:

"Without recourse to drawer" or "Without recourse to us".

2.2.3.14 Clause of Not Negotiable / Not Transferable

For example:

"Not negotiable" or "Not transferable".

DOCUMENT'S SAMPLE 1: DOCUMENTARY DRAFT UNDER THE L/C①

2.2.4 Legal Acts Relating to a Bill of Exchange

In a narrow sense, acts of instruments refer to the necessary operation acts for the purpose of

① Document's samples please see the appendix at the end of this book.

taking on debts recorded on the instrument. They include issuance, endorsement for transfer, acceptance, acceptance for honor, guarantee and check certification.

In a broad sense, acts of instruments refer to the necessary operation acts which will cause, change, eliminate and exercise the instrument rights and obligations, besides the acts of transfer of non-endorsement, endorsement for collection, presentment, payment, dishonor, payment for honor, recourse, etc.

In this unit, the acts of bill of exchange will be introduced.

2.2.4.1 Issue

The issue of a draft refers to the act of a drawer to sign and deliver the draft to the payee. The drawer of a draft shall have real authorized payment relations with the payees and have reliable sources of fund to pay the draft amount. It is forbidden to sign drafts without corresponding prices for the purpose of acquiring funds from banks or other parties to the negotiable instrument by deception.

2.2.4.2 Endorsement

An endorsement refers to a record of items concerned on the backside of a draft or on the allonge to the draft with a signature or seal put to the record.

There are following kinds of endorsement:

***a*. Endorsement for Transfer/Negotiation**

It is an endorsement for negotiation. It can be divided into the following kinds.

i. Restrictive Endorsement for Transfer/Negotiation

For example:

"Pay to E Co. only."

"Pay to E Co. not transferable/negotiable."

"Pay to E Co. not to order."

ii. Special Endorsement for Transfer/Negotiation

For example:

"Pay to the order of E Co."

"Pay to E Co. or order."

" Pay to E Co."

iii. Endorsee in Blank for Transfer/Negotiation

It is also known as blank endorsement, referring to the fact that the endorser for endorsement only signs a bill's back, but not to record the name of the transferee (however, according to the Chinese instruments law, blank endorsement is not allowed).

***b*. Endorsement for Collection**

Endorsement for collection has two titles.

i. Endorsee Recorded Name for Collection

For example:

"Pay to the order of A Bank, London for No. x account of us.

For C Co., New York

Signature

(Manager)"

A is the endorsee.

ii. Endorsee in Blank for Collection

For example:

"For collection pay to any bank.

For C Co., New York

Signature

(Manager)"

***c*. Endorsement for Pledge**

The holder endorses on the back of a bill of exchange and indicates his meaning of pledge. Then the bill is delivered to the pledger.

2.2.4.3 Presentation

The presentation is the act of presenting the draft to the payer for payment or acceptance by the holder. It has two types: presentation for payment and presentation for acceptance.

2.2.4.4 Acceptance

Acceptance refers to a promise of a draft payer to pay the actual amount of draft when the draft is due.

There are two kinds of acceptance: general acceptance and qualified acceptance.

***a*. General Acceptance**

A general acceptance means that the acceptor signs on the face of a bill, accepting the drawer's order without qualified payment records.

It usually contains the following items: word "accepted"; date of acceptance; name and signature of the acceptor. For example:

"ACCEPTED

April 4, 2017

For B Bank

Signature

(Manager)"

***b*. Qualified Acceptance**

Also known as restrictive acceptance, it refers to an agreement in which the acceptor signs on the face of a bill, adding words to change the effect after acceptance. There are four kinds of it:

i. Conditional Acceptance

Conditional acceptance is an agreement to pay a draft by the acceptor on the occurrence or nonoccurrence of a particular event. For example:

"ACCEPTED

Payable on delivery of B/L

For B Co. , New York

Signature

(Manager) "

ii. Partial Acceptance

Partial acceptance is an agreement to pay part of the value of a bill of exchange by the acceptor, with other acceptors responsible for paying the rest. For example:

"ACCEPTED

Payable for the amount of US dollars 500. 00 only

For B Co. , New York

Signature

(Manager) "

iii. Local Acceptance

Local acceptance is an agreement to pay the value of a bill of exchange by the acceptor just at a specific place. For example:

"ACCEPTED

Payable at the B bank New York and there only

For B Co. , New York

Signature

(Manager) "

iv. Qualified Acceptance as to Time

Qualified acceptance as to time is an agreement to pay the value of a bill of exchange by the acceptor just according to the changed date. For example:

"ACCEPTED

Payable at 6 months after date

For B Co. , New York

Signature

(Manager) "

2. 2. 4. 5 Payment

Payment of a bill is generally effected by the addressee or acceptor. When a holder of a draft makes presentation for payment, he should do according to the stipulation of concerning laws.

***a*. Payment in Due Course**

Payment in due course means payment in accordance with the apparent tenor of the instrument in good faith and without negligence to any person in possession thereof under circumstances which do not afford a reasonable ground for believing that he is not entitled to receive payment of the amount therein mentioned. In a word, payment in due course is a payment of a negotiable instrument to the holder on or after its due date in good faith by the payer and with no notice of any defect in title.

***b*. Partial Payment**

Under partial payment, the payer just pays less than the due amount of payment to the payee. According to the stipulation of Chinese law, the payer must pay full amount of payment. But other countries' laws have different stipulation about it.

2.2.4.6 Dishonor

When a bill of exchange is duly presented for acceptance or payment but it is not accepted or paid, it is dishonored.

***a*. Forms of Refusing to Accept for Payment**

i. Payer or executive payer states clearly that he refuses to accept or pay the bill or just pay or accept less than due amount of payment.

ii. Payer or executive payer doesn't accept or pay the bill at the tenor of payment.

iii. Payer or executive payer goes bankrupt or loses capacity.

iv. Payer or executive payer doesn't exist or has escaped.

***b*. Protest**

When a bill is dishonored, the holder may, within a reasonable time, have such dishonor to be certified by a notary public. Such a certificate is called a protest. It is an evidence for the holder of a bill to reserve the right of recourse.

As to the protest, different laws have different regulations. Geneva Uniform Law stipulates that a protest is necessary to be made in the event of dishonor. While the British Bills of Exchange Act divides bills into foreign bills and inland bills. For a foreign bill, it is necessary to make a protest when the foreign bill has been dishonored. But for an inland bill, it should be done as the case may be.

Chinese law stipulates that the holder should present a protest as an evidence of dishonor before enforcing his right of recourse.

***c*. Notice of Dishonor**

Once a bill is refused to pay, the holder of the bill or its prior endorser must send a notice of dishonor to his prior party in order to retain his rights of recourse or subrogation. Notice of dishonor should be made in writing.

2.2.4.7 Recourse

Upon a refusal of payment to a draft, the holder may exercise the right of recourse against the endorser, the drawer or other debtors of the draft.

***a*. The Necessary Conditions to Obtaining the Right of Recourse**

If the holder wants to exercise his right of recourse, the following conditions should be met besides qualified instrument.

i. Present for acceptance or payment within the stipulated time.

ii. Make a protest within the stipulated time.

iii. Send a notice of dishonor within the stipulated time.

***b*. The Time Limitation of Reserving the Right of Recourse**

i. According to the stipulation of British Instruments Law, the holder of the bill reserves his right of recourse six years from the date of the establishment of the creditor's rights.

ii. According to the stipulation of Geneva Uniform Law, the holder of the bill reserves his right of recourse to the acceptor for three years from the date of payment and to his prior party or the drawer for 1 year from the date of protesting. The holder of the bill reserves his right of subrogation to his prior party or the drawer for six months from the date of settlement.

iii. According to the stipulation of the Chinese instruments law, the holder of the bill reserves his right of recourse for sight draft or time draft to the drawer and acceptor for two years from the date of issue or payment. The holder of the bill reserves his right of recourse to subordinate the debtor for six months from the date of being dishonored.

The settlement holder reserves his right of recourse to the prior subordinate debtor for three months from the date of settlement or being sued.

***c*. The Objects of Exercising Right of Recourse**

Generally speaking, the holder of bill exercises his right of recourse to the drawer. If it fails, he can exercise his right of recourse to any debtor.

***d*. The Amount of Recourse**

Calculation Method: Amount of bill + Interest due to late payment (−Interest due to early payment) +Fees of protest and notice of payment, etc.

2.2.4.8 Guarantee or Aval

The act of guarantee is usually performed by the third party named guarantor who engages that the bill will be paid on presentment. The guarantee is also called "Aval" which can be written on the bill or on its allonge. The example of acts of guarantee is shown as follows:

"AVAL

For acceptor

July 23, 20××

For F Bank, London."

2.2.4.9 Acceptance for Honor

Acceptance for honor is an undertaking by a third party to accept and pay a bill of exchange that was dishonored, either by non-acceptance or by non-payment by the party on whom it is drawn.

A person desiring to accept for honor must declare that he accepts the protested bill for honor of a particular party.

The example of acceptance for honor is shown as follows:

"Accepted for honor of drawer

On June 9, 20××

For B Bank, New York."

2.2.4.10 Payment for Honor

When a bill of exchange has been noted or protested for non-payment, any person may pay the same for the honor of any party liable to pay the same provided that the person so paying has previously declared before a notary public the party for whose honor he pays, and that such declaration has been recorded by such notary public.

2.2.4.11 Procedures of Preservation for Accidental Loss of a Bill of Exchange

When the bill of exchange is lost due to accident, the holder may take the following measures to preserve his bill rights.

i. Prompt report of loss and stop payment.

ii. Apply to the court or the notary office for public announcement.

iii. If necessary, suit to the court promptly.

2.2.5 Application of a Bill of Exchange in Financing

2.2.5.1 Discount and Rediscount of a Bill

a. Discount of a Bill

Discount of a bill of exchange refers to the purchase of bills of exchange by a bank before the maturity of the bill.

The discounting bank pays less than the nominal value of the bill, deducting a certain percentage for interest. At maturity, the bank collects the full nominal value from the drawee. The discounting of bills expands commercial credit and speeds up a circulation of capital.

b. Rediscount of a Bill

Rediscount is the act of discounting a short-term bill of exchange for a second time. Banks may rediscount these short-term bills of exchange to assist the movement of a market that has a high demand for loans. When there is low liquidity in the market, banks can generate cash by rediscounting short-term securities.

Rediscount is a way of providing financing to a bank or other financial institutions. Generally, the banks may discount bills of exchange through the central bank.

2.2.5.2 Credit Value of Bills of Exchange

a. Depend on debtor's credit standing.

b. Depend on drawing clause.

Generally speaking, a bill drawn under a letter of credit has a higher credit value owing to its normal trading background and bank's acceptance.

2.2.5.3 Financing Means of Bills of Exchange

a. Accommodation of a Bill of Exchange

Accommodation of a bill of exchange means that the drawer of a bill of exchange invites a reputable third party acting as a guarantor to endorse the bill as a favor and without compensation. Accommodation of bills is a method of getting funds for commercial firms.

***b*. Guarantee or Aval**

The bill then can be discounted on the financial strength of the guarantor who bears responsibility until the bill is paid. In this case, the bill is called accommodation bill or accommodation note.

2.2.6 Main Classified Relationships of Bills of Exchange

Bills of exchange are classified on several bases. The main classifications in brief are as follows:

***a*. Straight Bill, Order Bill and Bearer Bill**

It is a classification on the basis of the title of a bill of exchange. If the title of the bill is specific, this bill belongs to a straight bill. If the title of the bill is "To Order", this bill is an order bill. If the title of the bill is "To Bearer" or in blank, this bill belongs to a bearer bill.

***b*. Documentary Bill and Clean Bill**

It is a classification on the basis of whether the shipping documents are attached.

A documentary bill is a bill with shipping documents attached thereto. A clean bill is a bill without shipping documents attached thereto.

***c*. Bank's Bill and Trader's Bill**

It is a classification of bills on the basis of the drawer. If a bill of exchange is drawn by a bank, it is called a bank's draft or a bank's bill. If a bill of exchange is drawn by a company or an entity, it is called a trader's draft or a trader's bill.

***d*. Sight Bill and Time Bill**

It is a classification on the basis of period of time required for payment. A sight bill is a bill payable on demand, at sight, or on presentation while a time bill (usance bill) is a bill payable at a fixed or determinable future time.

***e*. Bank's Acceptance Bill and Trader's Acceptance Bill**

It is a classification on the basis of acceptors. A bank's acceptance bill refers to a bill drawn on a bank and accepted by the drawee bank, while a trader's acceptance bill is an acceptance bill drawn on a trader and accepted by the drawee trader.

2.3 Promissory Note and Check

2.3.1 Promissory Note

2.3.1.1 Definition of Promissory Note

***a*. The Definition in the British Instruments Law**

A promissory note is an unconditional promise in writing, made by one person to another, signed by the maker, engaging to pay on demand or at a fixed or determinable future time a sum certain in money to or to the order of a specified person or to bearer.

***b*. The Definition in the Geneva Uniform Law**

A note is to have the following legal form's items of negotiable instrument:

i. Promissory note the words; ii. Unconditional promise to pay; iii. Payee; iv. Maker; v. Issuing place and date; vi. Tenor; vii. Certain in monetary amount; viii. Paying place.

***c*. The Definition in the Chinese Instruments Law**

A promissory note is an instrument written and issued by a drawer, promising to pay unconditionally a fixed amount of money to a payee or holder at the sight of the instrument.

2. 3. 1. 2 Main Classified Relationships of Promissory Notes

***a*. Straight Note, Order Note and Bearer Note**

It is a classification on the basis of the title of a promissory note. If the title of the note is specific, this note belongs to a straight note. If the title of the note is "To Order", this bill is an order note. If the title of the note is "To Bearer" or in blank, this note belongs to a bearer note.

***b*. Bank's Note and Trader's Note**

According to the differences of the maker, a promissory note can be classified into bank's note and trader's note. If a promissory note is drawn by a bank, it is called a bank's note. If a promissory note is drawn by a company or an entity, it is called a trader's note. In Chinese law, only bank's notes are admitted.

***c*. Sight Note and Time Note**

According to the time of payment, a promissory note can be classified into sight note and time note. A sight note is a note payable on demand, at sight, or on presentation while a time note is a note payable at a fixed or determinable future time. In Chinese law, only sight notes are admitted.

DOCUMENT'S SAMPLE 2: BANK NOTE

2. 3. 1. 3 Differences between Bills of Exchange and Promissory Notes

There are some differences between bills of exchange and promissory notes, please refer to Table 2 - 1.

Table 2 - 1　Differences between Bills of Exchange and Promissory Notes

Bills of Exchange	Promissory Notes
Three basic parties	Two basic parties
An unconditional order to pay	An unconditional promise to pay
Before acceptance, the drawer is the main debtor. After acceptance, the acceptor becomes the main debtor	The drawer is absolute main debtor
The time bill needs to be accepted	Never need to be accepted
Need protesting	Protesting is never needed
A set	One copy
Payment for honor is permitted	Payment for honor is not permitted

2.3.2 Check

2.3.2.1 Definition of Check

a. The Definition in the British Instruments Law

Briefly speaking, a check, also called a cheque, is a bill of exchange drawn on a bank payable on demand. In detail, a check is an unconditional order in writing, addressed by the customer to a bank, signed by that customer, authorizing the bank to pay on demand a sum certain in money to or to the order of a specified person or to bearer.

b. The Definition in the Geneva Uniform Law

A check is to have the following legal form's items: i. Check/Cheque the word; ii. Unconditional order to pay; iii. Paying bank; iv. Drawer; v. Issuing place and date; vi. Sight the word; vii. Certain in monetary amount; viii. Payee.

c. The Definition in the Chinese Instruments Law

A check is a negotiable instrument that is signed and issued by the drawer, who authorizes a bank or other financial institutions handling check deposit to pay unconditionally a sum certain in money to the payer or the bearer at sight.

2.3.2.2 Conditions of Lacked Items and the Validity of Check

a. The Conditions of Lacked Items

If the items of a check are missing, the holder mandated by the drawer may complete it. A check in which the name of the payee is missing may be completed by the drawer's mandate.

b. The Validity of Check

i. Stipulation of the Validity of Check in Geneva Uniform Law

According to the stipulation of Geneva Uniform Law, the holder shall present:

- the domestic check for payment within 8 days from the date of issue.
- Continental check for payment within 20 days from the date of issue.
- International check or payment within 70 days from the date of issue.
- The time for the exercise of the right of recourse: 6 months from above date of maturity.

ii. Stipulation of the Validity of Check in the British Instruments Law

Refer to concerning stipulation of bank's sight draft's maturity.

iii. Stipulation of the Validity of Check in the Chinese Instruments Law

A bearer shall present the check for payment within 10 days from the date of issue. The time limit for presentment for payment of a check used in a place other than the place of issue shall be prescribed separately by the People's Bank of China.

The rights on a negotiable instrument lapse, unless exercised within the limited time of recourse: Same as those of a bill of exchange.

2.3.2.3 Dishonor and the Stopping Payment of Check

a. The Reasonable Dishonor of Check

There are following reasons which may result in the dishonor of check. (i) Rubber check; (ii) Overdue presentation for payment; (iii) In continuous endorsement; (iv) Inconsistent signing or signature; (v) Necessary particulars are not in conformity with the stipulation of the law; (vi) Altered check; (vii) Stop payment according to injunction.

b. The Stop Payment of Check

According to the concerning stipulation of Geneva Uniform Law, stop payment for check is prohibited within the time of presentation. After the time of presentation, stop payment for check is permitted on the basis of law. However, British Instruments Act permits the drawer to stop payment for check within the time of presentation provided that the paying bank should receive notice of dishonor signed by the drawer.

2.3.2.4 The Main Types of Check

a. Straight Check and Bearer Note

It is a classification on the basis of the title of a check. If the title of the note is specific, this check belongs to a straight check. If the title of the note is "To Bearer" or in blank, this note is a bearer note.

b. Bank's Check and Commercial Check

It is a classification on the basis of maker.

Bank's check is a check where the funds are taken directly from the financial institution rather than the individual drawer's account. Its maker is a bank/banker. Commercial check is a check drawn against funds deposited in your personal checking account. Its maker is a person or a commercial firm.

c. Open Check/Uncrossed Check and Crossed Check

It is a classification on the basis of whether the cash can be drawn against it.

An open check, also called an uncrossed check, is a check that is not crossed on the left corner and can be cashed at the drawee bank on presentation of the check.

A crossed check is a check with two parallels on the face which is payable only through a collecting banker and not directly at the counter of the bank. Crossing ensures security to the holder of the check. Crossed check can also be divided into general crossed check and special crossed check.

d. Certified Check

A certified check is a form of check for which the drawee bank verifies that sufficient funds exist in the account to cover the check. Those funds are then set aside in the bank's internal account until the check is cashed or returned by the payee.

DOCUMENT'S SAMPLE 3: US DOLLAR'S CHECK

2.3.2.5 The Main Differences between Checks and Bills

There are differences between checks and bills of exchange, please refer to Table 2-2.

Table 2 - 2 **Differences between Checks and Bills of Exchange**

Checks	Bills of Exchange
The drawee must be a bank.	No special requirement.
Payable on demand.	Payable on demand or at a determinable future time.
Without acceptance.	The time bill must be accepted.
Have crossed check.	No crossed bill.
If checks were presented overdue, they would most likely not be dishonored, and even if the holders were dishonored they are still able to recourse against any forward debtors.	If bills were presented overdue, they would most likely be dishonored, and thus lose the right to recourse against forward sub-debtors.
One copy.	A set.

2.4 Basic Functions of Instruments and Applications of Law to the Instruments Involving Foreign Elements

2.4.1 Basic Functions of Instruments

There are various functions for instruments, please refer to Table 2 - 3.

Table 2 - 3 **Basic Functions of Instruments**

Instruments	Functions
Bank's Draft	settlement; negotiation
Commercial Draft	settlement; negotiation; financing
Bank's Note	settlement; negotiation
Commercial Note	settlement; negotiation; credit
Bank's Check	settlement; negotiation
Commercial Check	settlement; negotiation

2.4.2 Applications of Law to the Instruments Involving Foreign Elements

2.4.2.1 Definition of the Instruments Involving Foreign Elements

The instruments involving foreign elements refer to international instruments which have certain foreign elements.

According to the stipulation of the Chinese instruments law, negotiable instruments involving foreign elements refer to the instruments that are issued, or endorsed, or accepted, or guaranteed, or paid either within or outside the territory of the People's Republic of China.

2. 4. 2. 2 The Applying Principles of Law to the Instruments Involving Foreign Elements

a. Preferential Applying Principle of International Treaty Concluded or Acceded to by China

If any international treaty concluded or acceded to by the People's Republic of China contains provisions differing from those of Chinese law, the provisions of the international treaty shall apply; however, provisions on which the People's Republic of China has announced reservations are excepted.

b. Complementary Applying Principle of International Practices

If no provisions are contained in Chinese law or in any international treaty concluded or acceded to by the People's Republic of China, international practices may be applied to the matters.

2. 4. 2. 3 Specific Stipulation of the Application to the Instruments Involving Foreign Elements

a. Application of Debtor's Capacity for Civil Conduct

As regards the capacity for civil conduct of a person liable for a negotiable instrument, the law of his own country shall apply.

Where a person liable for a negotiable instrument is regarded as one having civil disability or limited civil ability according to the law of his own country, but as one having full civil ability according to the law of the place of his conduct, the law of the place of his conduct shall apply.

b. Application of Instruments Acts

i. As regards the particular concerning the date for the issue of bills of exchange or promissory notes, the law of the place of issue shall apply.

As regards the particular concerning the date for the issue of checks, the law of the place of issue shall apply. However, the law of the place of payment may apply with the agreement of the parties to a check.

ii. As regards the endorsement, acceptance, payment or guaranty in relation to negotiable instruments, the law of the place where it takes place shall apply.

iii. As regards the limitation of time for the exercise of the right of recourse, the law of the place of issue shall apply.

iv. As regards the limitation of time for the presentment of instrument, manner of proof of dishonor and the limitation of time for issue of proof of dishonor, the law of the place of payment shall apply.

v. In the case of loss of a negotiable instrument, the law of the place of payment shall apply to the procedure for application by the person who lost the instrument for preservation of rights on the instrument.

Chapter 3

Documents in International Settlement

3.1 Overview of Documents

3.1.1 Definition of Documents

3.1.1.1 Concept of Documents in a Broad Sense

In a broad sense, concept of documents includes all the documents which contain commerce documents, official certified documents and funds payment evidences.

3.1.1.2 Concept of Documents in a Narrow Sense

In a narrow sense, documents refer to all the commercial documents which consist of basic commercial documents, additional commercial documents and official documents.

***a*. Basic Commercial Documents**

Basic commercial documents refer to all the commercial documents which must be provided in the international settlement, such as basic commercial invoices, basic transport documents and basic insurance documents.

***b*. Additional Commercial Documents**

Additional commercial documents refer to other documents which can be provided to indicate the conditions of goods and the performance of contract, such as packing list, weight/measurement certification, subsidiary commercial invoices, etc.

***c*. Official Documents**

Official documents required by the government refer to documents for export customs declaration, such as customs invoice, consular invoice, certificate of origin, quarantine certificate, etc.

3.1.2 Some Important Provisions about Documents in UCP600

3.1.2.1 Two Rules of Making Documents

According to the stipulation of UCP600, banks deal with documents and not with goods, services or performance to which the documents may relate. It indicates that the documents are crucial in L/C transaction. Therefore, when we make documents, all the documents must constitute a complying presentation. The following rules should be followed strictly.

***a*. Documents Provided Must Comply with the Stipulation of L/C**

First, the kinds of documents presented by the beneficiary must be identical to the stipulation of L/C. Second, the contents of a document must meet the requirements of an L/C. If a document is presented but not required by the credit, the bank will disregard it. Lastly, the copies presented by the beneficiary should also satisfy with the requirements of the L/C.

***b*. Documents Provided Must Comply with Each Other and the Contents in Each Document Must Not Be Conflictive**

The contents of documents presented by the beneficiary and the contents in each document must be consistent with each other in context strictly and need not be identical, but must not be conflictive.

3.1.2.2 Important Provisions of Making the Documents Stipulated by UCP600

***a*. The Provisions about the Signature on the Documents**

According to the stipulation of Article 3 of UCP600, a document may be signed by handwriting, facsimile signature, perforated signature, stamp, symbol or any other mechanical or electronic method of authentication. In the Article 18 of UCP600, it stipulates that commercial invoice needn't be signed. But in practice, the beneficiary should do according to the stipulation of L/C.

***b*. The Provisions about the Originals and Copies of the Documents**

In Article 17, UCP600 stipulates that a bank shall treat as an original any document bearing an apparently original signature, mark, stamp, or label of the issuer of the document, unless the document itself indicates that it is not an original.

Unless a document indicates otherwise, a bank will also accept a document as original if:

i. it appears to be written, typed, perforated or stamped by the document issuer's hand; or ii. it appears to be on the document issuer's original stationery; or iii. it states that it is original, unless the statement appears not to apply to the document presented.

In practice, the originals can be used to take the place of the copies.

If the sentences such as in duplicate, triplicate, quadruplicate are used in the L/C, at least one original of each document stipulated in the credit must be presented.

c. The Provisions about the Issuing Date of the Documents

Generally speaking, the issuing date should be made on all the documents. The date of making documents should be later than the issuing date of the L/C. According to the stipulation of UCP600, a document may be dated prior to the issuing date of the credit, but must not be dated later than its date of presentation.

3.1.2.3 Some Provisions of the Date and Methods of Presentation of Documents in UCP600

In Article 6, UCP stipulates that a credit must state an expiry date for presentation. An expiry date stated for honor or negotiation will be deemed to be an expiry date for presentation.

The place of the bank with which the credit is available is the place for presentation. The place for presentation under a credit available with any bank is that of any bank.

3.2 Invoice

In international trade, there are three kinds of invoices which are basic commercial invoice, additional commercial invoice and official invoice.

3.2.1 Basic Commercial Invoices

A basic invoice is also called a formal invoice or a shipping invoice which is made by the exporter to the importer. It is a detailed list of goods shipped or services rendered, with an account of all costs. Basic commercial invoice is the center of the documents.

3.2.1.1 Functions of the Basic Commercial Invoice

a. Transaction Certificate

A commercial invoice is a comprehensive description of a transaction which is centered by price. The delivery situation by the seller also can be understood through a commercial invoice.

b. Accounting Voucher

A commercial invoice is an accounting voucher for both seller and buyer. The amount is listed on it.

c. Proofs of Customs Declaration and Tariff

A commercial invoice is used as a customs declaration. If the goods belong to taxable items, a commercial invoice is used to calculate tariff on the basis of commercial terms (FOB or CIF).

d. A Substitute for Bills of Exchange

If a bill of exchange is not used in the international trade, the commercial invoices can be used to take the place of bills of exchange as a payment basis.

***e*. Evidence of Claim**

In addition, the invoice can also serve as the customs statistics and the value of proof of insurance claims.

3.2.1.2 The Classified Relationships of Basic Commercial Invoices

There are many kinds of basic commercial invoices. They include receipt invoice, unpaid invoice, general invoice, certified invoice, consular legalized invoice and combined invoice.

***a*. Receipt Invoice and Unpaid Invoice**

A receipt invoice refers to a formal invoice on which there are the sentences such as "Value received ..." .

An unpaid invoice is a formal invoice on which there are not sentences such as "Value received ..." .

***b*. General Invoice, Certified Invoice, Consular Legalized Invoice and Combined Invoice**

A general invoice refers to a formal invoice without special additional record. It is widely used in practice.

A certified invoice is a formal invoice on which the sentences such as "The contents of the invoice are correct and true" are recorded. These certifying sentences are usually added by the exporter, Chamber of Commerce or other national authorities. Some countries require the certifying invoice in their import.

A consular legalized invoice, also called a consular invoice, is an invoice certified by the importing country's consulate located in the exporter's country. It describes the contents of a shipment in detail, and affirms that it does not contain any illegal or questioned items. Customs officials in the import country use this document to determine appropriate tariffs, duties and other fees in association with a shipment.

A combined invoice is a formal invoice whose contents consist of those of insurance policy, packing list, certificate of origin, etc. It has other documents' function. But it is just used in the settlement among Mainland, Hong Kong and Macao.

3.2.1.3 The Format of Basic Commercial Invoices

Although there is no standard format, the basic invoice must include a few specific pieces of information.

DOCUMENT'S SAMPLE 4: COMMERCIAL INVOICE UNDER THE L/C

3.2.2 Additional Commercial Invoices

Additional commercial invoices are also called informal invoices which are all kinds of non-shipping invoices made by exporter.

3.2.2.1 Proforma Invoice

When buyers want to apply for import license and foreign exchange or plan to pay in advance, they usually ask the seller to make a proforma invoice for them.

A proforma invoice is simply a document that declares the seller's commitment to provide the goods or services specified to the buyer at certain prices. And it is not recorded as an account receivable by the seller, nor are they recorded as an account payable by the buyer.

3.2.2.2 Consignment Invoice

When exporter's goods are sold on consignment, the exporter should make an invoice for the agent. So we can say that consignment invoice is an export invoice used when goods are sent to someone who is acting for the owner, and who must either sell them or return them to the owner.

3.2.2.3 Sample Invoice

Sample invoice is a price list for small number of samples sent by the exporter to the importer. It is used for the importer's customs declaration, not used to ask for payment of goods.

3.2.2.4 Manufacturer's Invoice

Manufacturer's invoice is an invoice which is issued by the manufacturer to the exporter to indicate the price of goods in domestic market. Sometimes, the import country asks the exporter to provide such invoice to inspect whether there is exporting dumping.

3.2.3 Official Invoices

Official invoices refer to those invoices which are required by the importers, or exporters' government, such as customs invoice and consular invoice.

3.2.3.1 Customs Invoice

A customs invoice is an invoice for commercial export that customs needs. It has the description, quantity, selling price, freight, insurance and packing cost. The delivery terms and payment are also listed. In order to control imports and exports, some countries require customs invoice.

3.2.3.2 Consular Invoice

In order to control imports and exports and prevent over-dumping, some countries require the exporter to provide consular invoice. If commercial invoices are visaed or signed by the consul of the importing country in the exporting country resident, those commercial invoices would become consular invoices.

3.3 Ocean or Marine Documents

Ocean or marine documents are written documents which are used to prove cargoes transportation conditions.

3.3.1 Ocean or Marine Bill of Lading

An ocean or marine bill of lading is a document issued by a carrier or his agent to a shipper, evidencing that the goods have been shipped on board a vessel and will be transported to a particular destination contracted. It is a document of title. The carrier will release the goods upon receiving the original bill of lading.

3.3.1.1 Functions of Ocean or Marine Bill of Lading

***a*. Evidence of the Contract of Carriage**

The bill of lading will rarely be the contract itself, since the cargo space has been booked previously. It is the evidence of contract of carriage between the carrier and the shipper. When the bill of lading is transferred to the third party, it becomes a contract.

***b*. The Cargo Receipt**

Once the goods have been loaded onto the vessel, the bill of lading is issued as a receipt issued by the carrier. This receipt can be used as a proof of shipment for customs, and also as a commercial proof of completing a contractual obligation. The carrier will only release the goods in exchange for the surrender of the original bill of lading.

***c*. Quasi-negotiable Property Certificate**

In order to prompt goods transfer, the bill of lading is endowed a function of title of property. The owner of bill of lading is the legal owner of the goods. The carrier will only release the goods after receiving one copy of original B/Ls.

3.3.1.2 Basic Parties of Ocean or Marine B/L

***a*. Carrier or His Agent**

The carrier or his agent is a party who transports the goods.

***b*. Shipper/Consignor or His Agent**

The shipper/consignor or his agent is a party who entrusts the carrier to transport the goods. Usually the exporter is the shipper.

***c*. Consignee**

Consignee is a party who has the right to receive the goods from the carrier against bill of lading at the destination. It is also called the title of the bill of lading.

There are three kinds of titles for a bill of lading:

i. Demonstrative Order

It means the title of the B/L is described with the words "To Order". Demonstrative orders includes straight demonstrative order and named demonstrative order. For example:

"To Order of Shipper" or "To Order" only;

"To Order of Issuing Bank";

"To Order of A Co., New York".

ii. Bearer Order

It means the title of the B/L is described with the words "To Bearer" or just in blank. The consignee can transfer this bill of lading to others and needn't endorse on it.

iii. Straight Named Order

The straight named order of B/L is that consignee recorded the name only. The consignee can take delivery of the goods to this B/L. But it can not be transfered to others.

***d*. Transferee or Holder**

A bill of lading is a semi-negotiable document which can be transferred with endorsement and delivery. A transferee is a person to whom the bill of lading is transferred. The transferee has the right to get the goods against the bill of lading. The holder may be the consignee or the transferee.

Then there is a "notify party", but he is an informal party of B/L

3.3.1.3 The International Convention on Ocean/Marine B/L

There are three rules which are Hague Rules, Visby Rules and Hamburg Rules.

***a*. Hague Rules**

Hague Rules is the abbreviation of International Convention for the Unification of Certain Rules Relating to Bills of Lading, effective from June 2, 1931.

The Hague Rules represented the first attempt by the international community to find a workable and uniform means of dealing with the problem of ship-owners regularly excluding themselves from all liability for loss or damage of cargo.

Under the Hague Rules the shippers bear the cost of lost or damaged goods if they cannot prove that the vessel was unseaworthy, improperly manned or unable to safely transport and preserve the cargo, i.e. the carriers can avoid liability for risks resulting from human errors provided they exercise due diligence and their vessel is properly manned and seaworthy. These provisions have frequently been the subject of discussion between ship-owners and cargo interests on whether they provide an appropriate balance in liability. This rule endows B/L with the primary proof value .

The Hague Rules form the basis of national legislation in almost all of the world's major trading nations, and probably cover more than 90 percent of world trade. The Hague Rules have been updated by two protocols, but neither addresses the basic liability provisions, which remain unchanged.

***b*. Visby Rules**

Visby Rules refers to Protocol to Amend the International Convention for the Unification of Certain Rules of Law Relating to Bills of Lading which was signed at Visby on February 23, 1968, effective from June 23, 1977.

Visby Rules enlarges its scope of application and endows the evidence value of B/L. Under the rules, the carrier's duties are not "strict", but require only a reasonable standard of professionalism and care. It endows B/L with final evidence value for the transferee of B/L in good faith fide-bona. The rules increase responsibilities of the carrier comparatively. The premise of the Hague-Visby Rules is that a carrier has far greater bargaining power than a shipper, the law didn't make any other changes for the carrier's unreasonable disclaimer.

***c*. Hamburg Rules**

The Hamburg Rules are a set of rules governing the international shipment of goods, resulting from the United Nations Convention on the Carriage of Goods by Sea adopted in Hamburg on March 31, 1978. The convention was an attempt to form a uniform legal base for the transportation of goods on oceangoing ships. A driving force behind the convention was the attempt of the developing countries' to level the playing field. It came into force on November 1, 1992.

There are many provisions which are stipulated for the purpose of protecting the benefits of the shipper.

Rather than just amending the Hague Rules, the Hamburg Rules adopted a new approach to cargo liability. Under the Hamburg Rules, the carrier is held responsible for the loss of or damage to goods, unless they can prove that all reasonable measures to avoid damage or loss were taken. Carrier liability is extended to reflect the different categories of cargo now carried, new technology and loading methods, and other practical problems incurred by shippers such as losses incurred through delays in delivery.

The Hamburg Rules entered into force on November 1, 1992 when the pre-requisite number of countries acceded to the convention. However, none of the world's major trading nations have acceded to the Hamburg Rules, nor have its provisions been widely incorporated in national legislation, reflecting a general view that the Hamburg Rules have over-compensated in their effort to redress a perceived imbalance in the Hague Rules in favor of ship-owners. The Hamburg Rules probably cover less than 5 percent of world maritime trade.

3. 3. 1. 4 Main Classifications of Ocean or Marine B/L

a. On Board B/L (or Shipped B/L) and Received for Shipment B/L

An on board bill of lading denotes that merchandise has been physically loaded onto a shipping vessel. For on board B/L, there are the words "on board" or "on board in apparent good order and condition". Under L/C business, the documents handed for negotiation must be on board B/L.

A received for shipment bill of lading denotes that merchandise has been received, but is not guaranteed to have already been loaded onto a shipping vessel. Such bills can be converted upon being loaded by adding annotation or change into a new one.

b. Clean B/L and Unclean B/L

A clean bill of lading is a bill of lading issued by a carrier declaring that the goods have been received in an appropriate condition, without the presence of defects. After thoroughly inspecting the packages for any damage, missing quantities or deviations in quality, the clean bill of lading is issued. If there is no any negative recordation for the packages of goods on the bill of lading, it belongs to a clean bill of lading.

An unclean bill of lading, also called a clause bill of lading or a foul bill of lading or a dirty bill of lading, is a bill of lading that shows the goods or packaging are damaged in some way. An unclean bill of lading is issued when the packages of goods received by the carrier are damaged in some way.

c. Direct B/L, Through B/L and Transshipment B/L

A direct B/L is a bill of lading in marine transportation which covers direct shipment from the port of loading to the port of destination.

A through B/L is a bill of lading that covers the specific terms agreed to by a shipper and carrier when more than one type of transportation is being used. Under a through bill of lading, the net work liability system is carried out. Every carrier is responsible for the voyage during which he is in charge of the goods.

A transshipment B/L is a bill of lading under which the goods are discharged from one vessel and loaded onto another vessel.

d. Liner B/L and Charterparty B/L

A liner bill of lading is issued by a carrier when the goods are transported on a fixed route. The charterparty bill of lading is issued by the owner of the ship when the vessel is chartered to transport a large patch of goods.

e. Long Form B/L and Short Form B/L

A long form bill of lading is a bill of lading with the rights, responsibilities and liabilities of the carrier and the shipper printed on its back. The shipper and the carrier are bound by those conditions.

A short form bill of lading is a bill of lading without the rights, responsibilities and liabilities of the carrier and the shipper printed on its back.

f. Freight Prepaid B/L and Freight to Collect B/L

A freight prepaid B/L is a bill of lading that indicates the freight has been paid. There are words "Freight Prepaid" shown on the bill of lading. A freight to collect B/L is a bill of lading that indicates the freight will be paid at the destination. There are words "Freight to Collect" shown on the bill of lading.

g. Carrier's B/L and Forwarder's B/L

A carrier's B/L is a bill of lading which is issued by the carrier. A forwarder's B/L is a bill of lading which is issued by the carrier's agent. Their functions are the same.

h. Non-unitized Cargo B/L and Pallet/Trailer/Container B/L

A non-unitized cargo B/L is a B/L which is issued under the condition of cargo in bulk. A pallet/trailer/container B/L means that the goods are shipped in pallet or trailer or container.

i. Under Deck B/L and On Deck B/L

An under deck B/L refers to a bill of lading having no special indication that the cargo has been shipped. It is also called a quasi deck marine bill of lading. An on deck bill of lading refers to an ocean bill of lading containing the notation that the goods have been loaded on the deck of the vessel. When a cargo is placed on the deck of a ship for delivery, an on deck bill of lading is given to the exporter when the ship leaves port. Unless otherwise stipulation in a credit, banks refuse to accept such bill of lading.

j. Stale B/L, Anti-dated B/L and Advanced B/L

If the B/L reaches the port of destination later than goods transported, this kind of

B/L is called a stale B/L. According to the Uniform Commercial Code, a bill of lading may be rejected if it is presented more than 21 days after the date of arrival of the goods.

An anti-dated bill of lading is a bill of lading in which the date of shipment is earlier than the actual date of shipment. It will render the carrier in a position of "issuing fake documents."

An advanced bill of lading is issued before the goods are loaded on the vessel. It is also risky for the carrier to do so.

3.3.1.5 The Format of Ocean or Marine B/L

Although there are different formats for the bills of lading, their basic contents are the same.

DOCUMENT'S SAMPLE 5: PORT-TO-PORT OR COMBINED TRANSPORT BILL OF LADING

3.3.2 Non-Negotiable Sea Waybill

A non-negotiable sea waybill is a shipping document that is only a receipt of cargo taken on board a vessel and which, unlike a bill of lading, is not a document of title.

In other words, the sea waybill is a document that serves as a proof that the shipper actually received the goods from the shipper and agreed to carry it to a stated destination. In a sense, the sea waybill is similar to the bill of lading, which is the main shipping document.

In practice, sometimes, the sea waybill is used as an alternative for a bill of lading sometimes. The reason why this document is necessary is that the bill of lading might take a much longer time to arrive because of situations such as postal delays and other unforeseen circumstances. In this sense, the sea waybill also serves as an authorization for the goods covered by the document to be released to the consignee named on the document. Without the sea waybill, they might be obliged to wait for the arrival of the various bills of ladings for the different cargoes, which might delay the offloading process.

In fact, it is similar to telex release.

3.3.3 Combined Transport Documents

Combined transport document (CTD), also known as multimodal transport document (MTD), is a door to door multimodal transport document of goods (generally shall contain a shipping), it is issued by the combined transport operator (CTO). It is an evidence of the combined transport contract and the goods have been taken over by CTO, and will be responsible for the entire carriage of combined transport business.

3.3.3.1 International Federation of Freight Forwarders Associations (FIATA) and the International Conventions on CTD (MTD)

a. International Federation of Freight Forwarders Associations (FIATA)

FIATA was founded in Vienna, Austria on May 31, 1926. It is a non-governmental organization, representing approximately 40,000 forwarding and logistics firms in the world. FIATA is recognized as representing the freight forwarding industry by many other governmental organizations, governmental authorities, private international organizations in the field of transport. Sino-trans Group joined FIATA.

***b*. International Conventions on CTD (MTD)**

There are two conventions on combined transport document (or multimodal transport document).

i. Uniform Rules for a Combined Transport Document

The Uniform Rules for a Combined Transport Document was first issued as ICC Publication No. 273 in November 1973. Later, it was revised in 1973 and 1975. 1975 version is the ICC Publication No. 298.

ii. United Nations Convention on International Multimodal Transport of Goods

United Nations Convention on International Multimodal Transport of Goods was adopted by the United Nations on May 24, 1980. According to the stipulation of the convention, this convention will enter into force after being ratified by 30 nations. Although China joined this convention, it hasn't yet been effective till now.

3.3.3.2 Combined Transport B/L (CTB/L) or Multimodal Transport B/L (MTB/L)

A combined transport B/L (CTB/L) or a multimodal transport B/L (MTB/L) refers to a transferable combined transport document which has demonstrative order or bearer order. Its function is the same as that of the bill of lading.

3.3.3.3 Non-Negotiable CTD

A non-negotiable CTD refers to a non-negotiable combined transport document which has straight order. Its function is the same as that of the sea waybill.

3.3.3.4 The Format of CTB/L (or MTB/L)

A CTB/L is usually issued by a powerful container shipping company. Under multimodal transportation, the carrier is responsible for the whole transportation.

See Document's Sample 5 again about CTB/L.

3.4 Other Transport Documents

3.4.1 Air Transport Document

An air transport document is also called an air waybill which is issued by a carrier either directly or through his authorized agent. In practice, it is also called air consignment note. It is a receipt issued by an international airline company for goods and the evidence of the contract of carriage. In nature, it is not a document of title to the goods and is non-negotiable. Hence, the consignee may have access to the goods without presentation of an airway bill.

3.4.1.1 The Functions of Air Transport Documents

Air transport documents all record the consignee's name straightly, are not property right certificates, and are non-negotiable. The air transport document has the following functions:

- Contract of carriage.
- Evidence of receipt of goods.
- Freight bill.
- Basis of inspecting the goods.
- Document of customs declaration for import.
- Function of insurance certificate.

3.4.1.2 The International Organizations Related to Air Transport and the International Conventions on Air Transport Documents

a. The International Organizations Related to Air Transport

There are two international organizations related to air transport.

i. The International Civil Aviation Organization (ICAO)

ICAO is a specialized agency of the United Nation. It codifies the principles and techniques of international air navigation and fosters the planning and development of international air transport to ensure safe and orderly growth. ICA was founded in 1944 and has 150 members. China is one of them.

ii. The International Air Transport Association (IATA)

IATA is a civil aviation organization which was founded in 1945. It supports airline activity and helps formulate industry policies and standards. Its headquarter is in Montreal, Canada. The Civil Aviation Administration of China has attended IATA, but there are many bilateral agreements with its members.

b. Conventions on Air Transport Documents

i. Warsaw Convention

Warsaw Convention was signed in 1929 in Warsaw. The Warsaw Convention is an international convention which regulates liability for international carriage of persons, luggage or goods performed by aircraft for reward.

ii. Hague Protocol

Hague Protocol is an amendment to Warsaw Convention in 1955. It amended the provisions of Warsaw Convention to limit an airline operator's liability in carriage of goods and passenger. Its rules and recommendations are followed by most nations. China has joined this convention in 1958.

3.4.1.3 The Kinds of Air Transport Documents

a. Master Air Waybill (MAWB)

A master air waybill is a waybill which is signed by the airline. It is an evidence of contract of carriage between the freight forwarder and the airline but not a document of title to the goods. After loading the goods on a plane, the airline will issued the MAWB to the forwarder.

***b*. House Air Waybill (HAWB)**

A house air waybill is a waybill issued by the freight forwarder on a basis of consolidation service. It is an evidence of contract of carriage between the freight forwarder and the shipper, but it is not a document of title to the goods. Hence, the HAWB is non-negotiable. There are two reference numbers on HAWB, one is on the top left with eleven digits that is the MAWB number and the other is on the top right that is the HAWB number. HAWB number is always different from one freight forwarder to another without limitation or standard digits. Customer uses this number to trace shipment with freight forwarder.

3. 4. 1. 4 The Format of Air Transport Documents

Generally speaking, an air waybill must contain many items.

DOCUMENT'S SAMPLE 6: HOUSE AIRWAY BILL

3. 4. 2 Rail Waybill (RWB)

A rail waybill is a shipping document for goods shipped by rail carrier. Its nature is similar to that of air waybill. The rail waybill is an evidence of transportation contract between the carrier and the shipper and doesn't represent the goods.

Rail waybills can be classified into international rail waybill and local rail waybill. Because they belong to non-negotiable documents, the consignee may have access to the goods without presentation of a rail waybill.

3. 4. 3 Cargo Receipt (C/R)

A cargo receipt is issued by Sino-trans Group to the exporter. It is the evidence of the carriage and as well a document of foreign exchange verification. This receipt includes transportation of mainland section and Hong Kong section.

The functions of C/R are similar to those of CTD:

i. A cargo receipt with a demonstrative order is a title of document which can be transferred. The carrier is responsible for the whole transportation.

ii. A cargo receipt with a straight order is not the title of property. It can not be transferred. The carrier is also responsible for the whole transportation.

A cargo receipt is usually issued in quadruplicate. The concerning parties, transport details, cargoes' conditions, freight and signature of the carrier are recorded on its face, the transport clauses between the carrier and the shipper are printed on the document's back.

DOCUMENT'S SAMPLE 7: CARGO RECEIPT

3. 4. 4 Post/Courier Receipt

A post/courier receipt is a transport document issued by a freight forwarder when the goods are transported by the post office. It applies to small quantity goods. The post receipt is a receipt of goods and contract for transportation, but it is not a title of property.

It can not be transferred to others.

3.5 Transport Insurance Documents

3.5.1 Overview of Transport Insurance

A cargo transport insurance is a compensatory service transaction under which the insured pays premium to the insurer and will get compensation once his goods are damaged in transit.

According to the differences of transportation modes, transport insurances can be divided into marine cargo transport insurance, air cargo transport insurance, land cargo transport insurance and post/courier cargo transport insurance.

3.5.1.1 Basic Parties to Transport Insurance

***a*. Insurer**

An insurer is a party to an insurance agreement who undertakes to indemnify for losses. There are three kinds of insurers that are insurance company, underwriter and insurance agent.

***b*. Insured or Assured**

The insured or assured is a person whose goods are covered by an insurance policy.

i. Insurance Applicant

An insurance applicant is a party who pays the premium to the insurer and concludes the insurance contract with the insurer. He may be the exporter or the importer.

ii. Insurance Beneficiary

An insurance beneficiary is a party who will get the compensation from the insurer or have the right of claim against the insurer once the subject matter insured is damaged or lost during the insured period.

***c*. Insurance Broker**

An insurance broker, also called an insurance agent, is an independent agent who represents the insured rather than the insurer and tries to find the buyer the best policy or negotiates insurance for compensation.

3.5.1.2 Domestic and Abroad "Insurance Clauses" Concerning the Transport of Goods

***a*. Institute Cargo Clauses**

In the world, there are many kinds of insurance clauses. Among them, Institute Cargo Clauses (ICC) is the most popular one. ICC was first made in 1912. The newly revised London Insurance Institute Cargo Clauses in 1982 include 6 kinds: (i) Institute Cargo Clause A; (ii) Institute Cargo Clause B; (iii) Institute Cargo Clause C; (iv) Institute War Clause—Cargo; (v) Institute Strike Clause—Cargo; (vi) Malicious Damage Clause.

b. China Insurance Clauses

China Insurance Clauses (CIC) was first drafted in 1972 by People's Insurance Company of China (PICC). After being revised twice, CIC came into force on January 1, 1981. It is the most commonly used insurance clauses in China. In accordance with the stipulation of CIC, marine cargo risks can be divided into basic risks and additional risks. The additional risks consist of general additional risks and special additional risks.

3.5.2 Basic Transport Insurance Documents

The basic transport insurance documents refer to the necessary documents which can be used to certify the goods' condition. It is issued by the insurer. Once the goods are damaged in transit, the insurer shall compensate losses to the insured.

3.5.2.1 Functions of Basic Transport Insurance Documents

The basic transport insurance documents are the evidences of insurance contract concluded between the insurer and the insured. They are also the necessary claim documents. Once the insurance documents are controlled by some person, he has the right of claim.

3.5.2.2 Main Classifications of Basic Transport Insurance Documents

According to the situation whether the value of the subject matter is shown on the document, the basic transport insurance documents include value policy and unvalued policy.

a. Valued Policy

A valued policy is a policy under which the insurer agrees in advance the value of the subject matter insured. It shall be conclusively taken as the value of the subject matter when it is damaged.

Valued policies includes named policy and unnamed policy.

i. Named Policy

Named policies refer to all kinds of formal policies under which the conveyance, date of shipment, the route and the goods have been confirmed.

According to the differences of format, named policies can be divided into insurance policy, insurance certificate and combined insurance certificate.

(i) Insurance Policy

Insurance policy is a contract between the insurer and the insured, which determines the claims that the insurer is legally required to pay. On its face, there are some stipulations about the insurer, the insured, the conditions of goods, transportation details and insurance conditions. On its back, there are stipulations about rights and obligations of the insurer and the insured.

(ii) Insurance Certificate

Insurance certificate is an evidence of insurance issued by the insurer stating that the insurance has been covered. It includes the same contents as those of an insurance policy on its face. But on the back, that is just in blank.

Insurance policy and insurance certificate have the same functions. After being endorsed, they can be transferred to others. Insurance policy can be used to take the place of insurance certificate.

(iii) Combined Insurance Certificate

A combined insurance certificate is also called a risk note. It has the same function as that of insurance policy. But it can not be transferred to others and is just used in the settlement between mainland and Hong Kong and under the conditions stipulated in L/C.

ii. Unnamed Policy or Insurer's Cover Note

An unnamed policy belongs to temporary insurance document which is used in the export business. In order to avoid delaying handling insurance formality, under FOB or CFR business, the importer applies to the insurer for an unnamed policy cover note temporarily. After getting shipping advice from the exporter, the importer will apply the insurer to make up the insurance policy.

***b*. Unvalued Policy**

An unvalued policy is a policy which does not specify the value of the subject matter insured, but subject to the limit of the sum insured. It leaves the insurable value to be ascertained by specified means in advance.

Unvalued policies include floating policy, blanket policy and open policy.

i. Floating Policy

A floating policy is a policy that covers loss of damage to specified goods and that is valid continuously until being canceled. In most cases, floating policy is used in partial shipment. After effecting a lot of goods, the insured will notify the insurer of name of vessel, condition of goods, date of shipment, etc., and the insurer will underwrite the goods automatically provided that the risks belong to the scope of coverage, the insurance amount hasn't been used up and the agreement hasn't been canceled. Under floating policy, the insurance period has been confirmed previously.

ii. Blanket Policy

A blanket policy is also called a closed policy which allows the insured to cover many lots of goods with a single policy. The total insurance amount, even the insurance amount per lot of goods, insurance period, insurance rate, name of commodities, route, risks and scope of coverage are stipulated in a blanket policy. After shipping a lot of goods, the insured needn't send shipping advice to the insurer in time. The insured may notify the insurer of the condition of goods later.

iii. Open Policy

An open policy is a form of cargo insurance policy which is used to cover all kinds of shipments undertaken by the insured party. The insured is covered under any situation specified in the terms and conditions of the insurance agreement, as long as those shipments have been properly declared to the company that underwrites the policy. With an open policy, it is important for the insured party to specify the mode of shipment that is used, as well as the locations where shipments will take place. This helps the insurance provider to determine the geographical trade area that will be covered under the terms of the policy, as well as the modes of transportation that must be addressed. It must be followed by the insurance policy or the insurance certificate.

3.5.2.3 The Format of Insurance Policy

DOCUMENT'S SAMPLE 8: CARGO TRANSPORTATION INSURANCE POLICY

3.5.3 Other Transport Insurance Documents

3.5.3.1 Insurance Declaration or Declaration of Shipment

An insurance declaration or declaration of shipment is a declaration which provides basic information about the goods shipped by the insured. It is usually used under floating policy, open policy and cover note.

3.5.3.2 Endorsement of Insurance Policy

After an insurance has been taken out, if the insured wants to replenish or change the contents of the policy, he may apply to the company for the same. After the insurance company agrees to it, another certificate which indicates the relative amendment will be issued. This certificate is called endorsement. An endorsement of insurance policy must be stuck upon the policy and a crossed-page seal should be put to the policy.

3.5.3.3 Premium Receipt

A premium receipt is a receipt given out to a policy holder by the insurer or an agent on behalf of the insurer, which confirms that the payment has been received.

3.5.3.4 Broker's Cover Note

A broker's cover note is a temporary insurance note issued by the insurance broker. It isn't a formal insurance policy and just certifies that the broker is running the insurance policy or certificate for the insured.

3.6 Other Additional Documents

3.6.1 Packing List/Weight List/Measurement List

In international trade practice, there are many kinds of documents that are used to describe the conditions of the packing, weight and measurement of the goods. Those documents can be named as packing list or packing note, weight list, measurement list, packing list/weight list, packing/measurement list, weight list/measurement list, packing list/weight list/measurement list, etc. Among them, the packing list is the most popular one.

Packing list, also called shipping list, packing slip, packing specification, specification list, size or color assortment list, weight list or measurement list, is a shipping document that commonly includes an itemized detail of the package contents and does not include customer pricing. It serves to inform all parties, including transport agencies, government authorities, and customers, about the contents of the package.

DOCUMENT'S SAMPLE 9: PACKING LIST/WEIGHT LIST/MEASUREMENT LIST

3.6.2 Inspection Certificate

A certificate of inspection is a document issued by governing bodies or other authorized party to confirm that commodities have been checked and found to comply with the requirements of a contract or L/C. In China, General Administration of Quality Supervision, Inspection and Quarantine and China Council for the Promotion of International Trade issues certificates of inspection for multiple items. The certificates of inspection usually involve safety requirements and are issued to the owners of the inspected items as proof that guidelines have been met. Besides, some foreign authoritative organizations also have rights to inspect multiple items.

3.6.2.1 Main Functions of Inspection Certificate

i. Used to verify whether the goods are in conformity with the stipulation of the contract.

ii. Used for import and export customs declaration.

iii. Used for claim.

3.6.2.2 Kinds of Inspection Certificate

There are many kinds of inspection certificates. The common used inspection certificates are as follows: inspection certificate of quality, inspection certificate of quantity, inspection certificate of weight, inspection certificate of measurement, inspection certificate of analysis, inspection certificate of temperature, inspection certificate of sanitary, inspection certificate of health, veterinary inspection certificate, plant quarantine certificate, inspection certificate of disinfection, certificate of fumigation, etc.

DOCUMENT'S SAMPLE 10: INSPECTION CERTIFICATE FORM (Issued by CCIQ)

3.6.3 Certificate of Origin

A certificate of origin (C/O) is a document which is used to certify that the products exported are wholly obtained, produced or manufactured in a particular country.

There are following kinds of C/Os which are used in Chinese export.

3.6.3.1 GSP C/O

The generalized system of preferences (known as GSP for short) is a scheme whereby a wide range of industrial and agricultural products originating in certain developing countries are given preferential access to the markets of the developed countries.

If Chinese commodities are exported to the countries giving preference, the GSP Form

A is widely used. However, if the goods are exported to New Zealand and Australia, the GSP Form 59 and Combined Invoice of Certificate of Origin are necessary.

DOCUMENT'S SAMPLE 11: C/O OF GSP FORM A COMBINED INSPECTION CERTIFICATE (Issued by CCIQ)

3.6.3.2 Regional Preferential C/O

***a*. GSP C/O FORM A**

GSP C/O FORM A is used in the export of Chinese goods to India, Korea, Bangladesh, Sri Lanka and Laos.

***b*. GSP C/O FORM E**

GSP C/O FORM E is used in the export of Chinese goods to China-ASEAN Free Trade Area (Brunei, Cambodia, Indonesia, Laos, Malaysia, Burma, Philippines, Singapore, Thailand and Vietnam).

China and Pakistan signed a preferential trade arrangement in 2001. FORM E is also used in the export of Chinese goods to Pakistan.

***c*. GSP C/O FORM F**

GSP C/O FORM F is used in the export of Chinese goods to Chile.

3.6.3.3 General C/O

A general C/O, also called a non-preferential C/O, is issued by the sub-branches of China Council for the Promotion of International Trade, China Chamber of International Commerce and Entry & Exit Inspection and Quarantine Bureau of the People's Republic of China. The main function of general C/O is to verify the origin of Chinese products.

3.6.3.4 Specific C/O in Regard to Some Specific Products (Required by U.S. Officials or European Union Officials)

There are two kinds of commonly used specific C/Os including:

i. Declaration of country of origin in regard to some specific products (required by U.S. officials).

ii. Specific C/O in regard to textile product's quota (required by European Union officials).

3.6.4 Some Other Documents Used in the Export of Textile Goods

In the export of textile goods to the developed countries, the exporter is usually required to provide license, quota and other documents besides C/O. They are as follows:

3.6.4.1 Export License of Textile Products (Quota)

An export license of textile products is an official document which grants the right to export the textile goods to a certain country. By issuing license, the export can be restricted or prohibited in order to meet the demand of domestic market and consumers and protect the national economy.

3.6.4.2 Shipment Certificate of Textile Products (No Quota)

In the export of Chinese textile products without quota, shipment certificate should be issued by Chinese Ministry of Commerce or its branches.

3.6.5 Shipping Company's Certificate

It is a certificate issued by the shipping company to certify some conditions concerning the ship. It includes:

- certificate of registry of the vessel;
- certificate of age of the vessel;
- certificate of grade of the vessel;
- certificate of the vessel blacklist;
- receipt of receiving documents;
- certificate of the shipping line;
- certificate of the transshipment notification.

3.6.6 Beneficiary's Statement

A beneficiary's statement is a document that the exporter declares the obligations of the sales confirmation have been fulfilled and the goods are in good conditions in quality, packing, quantity, etc. It is usually issued by the seller.

Chapter 4

Modes of International Settlement —Remittance and Collection

4.1 Overview of the Modes of International Settlement and the Ways of International Exchange

The modes of international settlement refer to the payment means and payment modes which are used in the international settlement.

4.1.1 Means of Payment in International Settlement

The means of payment refer to the means of funds' payment. If the payment is made by cash, it is cash settlement. If the payment is made by vouches of transfer account, it is non-cash settlement.

Moreover, in non-cash settlement, if the payment is made by free foreign exchange, it is foreign exchange settlement. And if the payment is made by exchange of account, it is an agreement settlement.

4.1.2 Modes of Payment in International Settlement

4.1.2.1 Credit Basis of International Payment Modes

The basis of international payment modes includes commercial credit and bank credit.

The commercial credit of payment mode means that the credit of the importer or the exporter is the basis of payment, the bank just provides the services and doesn't guarantee to pay.

The bank credit of payment mode means that the bank not only provides the services, but guarantees to pay.

4.1.2.2 Operational Modes of International Payment

There are three operational modes of payment: remittance, collection and letter of credit. Besides, there are also additional modes of payment which are letter of guarantee, international factoring and forfaiting. The detailed contents will be introduced in following sections.

4.1.3 Ways of International Exchange

According to the flow direction of funds and payment instrument, international foreign exchange can be divided into remittance and reverse remittance.

4.1.3.1 Remittance

In remittance, also called favorable remittance, the debtor submits the funds to the bank on his initiative, entrusting the bank to pay to the overseas creditor by using a certain instrument. Under remittance, the flow directions of funds and instruments are the same.

4.1.3.2 Reverse Remittance

In reverse remittance, the creditor draws a bill of exchange, entrusting a bank to claim reimbursement from foreign debtor. Its features are that the flow directions of funds and instruments are opposite.

4.1.4 Relations between the Modes of International Settlement and the Ways of International Exchange

The international exchange business is the core business of the modes of international payment business. Different modes of international payment have different ways of international exchange. Remittance belongs to favorable remittance, while collection and letter of credit are regarded reverse remittance.

4.2 Remittance

4.2.1 Definition and the Basic Parties of Remittance

4.2.1.1 Definition of Remittance Settlement

A remittance settlement is a transfer of money from the remitter to the payee among different countries. Frankly, remittance settlement means that the buyer remits money to the seller through a bank on his own initiative.

4.2.1.2 Basic Parties of Remittance

There are four basic parties to the remittance:

***a*. Remitter**

A remitter is also called a payer who requests his bank to remit funds to the payee in a foreign country. In fact, a remitter is the importer under the sales contract.

***b*. Payee/ Beneficiary**

A payee is also called a beneficiary under remittance who is addressed to receive the funds of the remittance. In fact, a payee is the exporter under the sales contract.

***c*. Remitting Bank**

A remitting bank is a bank which transfers funds at the request of a remitter to its correspondent bank or branch in another country and instructs the latter to pay a certain amount of money to the payee. Normally, the remitting bank locates in the buyer's place.

***d*. Paying Bank**

A paying bank is a bank which accepts entrusting from the remitting bank to pay a certain amount of money to the payee. Normally, the paying bank locates in the seller's place.

4.2.2 Types of Remittance and Application for Funds Transfers (Overseas)

According to the differences of transferring funds, remittance can be classified into three types: telegraphic transfer (T/T), mail transfer (M/T) and demand draft (D/D).

4.2.2.1 Telegraphic Transfer (T/T)

A telegraphic transfer is a remittance that at the request of the buyer, the remitting bank sends a trust deed for payment by cable directly to the paying bank at the seller's end and entrusts the paying bank to pay the funds to the payee. It is the most efficient and safest way to transfer funds.

The detailed procedures of T/T are as follows (Please refer to Chinese version Figure 4-2):

① The remitter fills in an application form and submits proceeds and charges to the remitting bank to apply for T/T remittance;

② After receiving the application form, proceeds and relative charges, the remitting bank offers the remitter a receipt;

③ The remitting bank sends a paying order by cable/telex/SWIFT to the paying bank;

④ Upon receipt of the paying order, the paying bank notifies the payee for payment;

⑤ The payee goes to the paying bank and signs on the receipt of payment;

⑥ The paying bank pays to the payee;

⑦ The remitting bank sends a debit advice to the remitting bank.

4.2.2.2 Mail Transfer (M/T)

A mail transfer is a remittance that the remitter gives money to the remitting bank which sends a trust deed for payment to the paying bank at the seller's end by mail and entrusts the paying bank to pay the funds to the seller.

The detailed procedures of M/T are as follows (Please refer to Chinese version Figure 4-3):

① The remitter fills in an application form and submits proceeds and charges to the remitting bank to apply for M/T remittance;

② After receiving the application form, proceeds and relative charges, the remitting bank offers the remitter a receipt;

③ The remitting bank sends a paying order by letter to the paying bank;

④ Upon receipt of the paying order, the paying bank notifies the payee for payment;

⑤ The payee goes to the paying bank and signs on the receipt of payment;

⑥ The paying bank pays to the payee;

⑦ The remitting bank sends a debit advice to the remitting bank.

The procedures of M/T are similar to those of T/T. The differences are that the remitting bank sends the paying order by cable /telex/SWIFT under T/T, while the remitting bank sends the paying order by letter under M/T. The flowing speed of funds under the M/T is slower than that of T/T.

4.2.2.3 Demand Draft (D/D)

A demand draft is a remittance that the remitter buys a draft from a local bank and sends it by mail to the seller. The seller or his appointed person can collect the payment from the paying bank at his end against the draft sent by the buyer.

The detailed procedures of D/D are as follows (Please refer to Chinese version Figure 4-4):

① The remitter fills in an application form and submits proceeds and charges to the remitting bank to apply for a demand draft;

② After receiving the proceeds and charges, the remitting bank issues a demand draft and gives it back to the remitter;

③ The remitting bank airmails the draft stub to the paying bank;

④ The payee presents the draft to the paying bank for payment;

⑤ After checking the authenticity of the draft, the paying bank pays the funds to the payee;

⑥ The paying bank sends a debit advice to the remitting bank indicating that it has released the payment .

4.2.2.4 The Overall Comparison of Three Remittance Tools

Please see Table 4-1 for detail.

Table 4-1 The Overall Comparison of Three Remittance Tools

	To Banks		To Clients	
	Advantages	Disadvantages	Advantages	Disadvantages
T/T	Higher fees.	The bank can't use the client's funds; The remitting bank need to make T/T notice; The paying bank need to inform the payee of withdrawing money.	Safe; Fast; Low risk of exchange rate.	The cost is higher.

Cont.

	To Banks		To Clients	
	Advantages	Disadvantages	Advantages	Disadvantages
M/T	The bank may use the client's funds during remitting period.	Lower fees; The remitting bank need to make M/T notice; The paying bank need to inform the payee of drawing money.	The cost is lower.	Mail may be delayed or lost; Slower; High risk of exchange rate.
D/D	The bank may use the client's funds during negotiation period; The remitting bank doesn't need to make D/D notice; The paying bank doesn't need to inform the payee of drawing money.	Lowest fees.	The cost is lowest; May be transferred or entrusted for collection.	Drafts may be lost or stolen; Slowest; High risk of exchange rate.

4.2.2.5 Application of Overseas Funds Transfers

If the remitter wants to remit the funds to a foreign country, he must fill in an application form for overseas remittance. The items of the form must be filled in strictly, otherwise the remitting bank will not take responsibility for failing or delaying remittance.

DOCUMENT'S SAMPLE 12 : APPLICATION FOR FUNDS TRANSFERS OVERSEAS

4.2.3 Reimbursement of Remittance Cover

Reimbursement of remittance cover means that the funds are transferred from the remitting bank to the paying bank.

On the basis of kinds of currency and the account relation between the remitting bank and the paying bank, there are two basic methods of reimbursement of remittance.

4.2.3.1 Direct Transfer between Accounting Banks

It is the simplest method of reimbursement of remittance cover provided that the currency transferred is the exporter's currency or the importer's currency, and the customers' in two countries have accounts mutually.

According to the differences of accounting relation, reimbursement of remittance cover includes two methods.

***a*. The Remitting Bank Directly Credits the Paying Bank's Account**

When the paying bank has an account in the remitting bank and the currency transferred is the importer country's currency (Refer to Chinese version Figure 4 - 5):

① the remitting bank will indicate in its reimbursement instruction as "In cover, we have credited your account with us" to the paying bank;

② After receiving the paying order, the paying bank will pay to the beneficiary.

***b*. The Paying Bank Is Authorized to Debit the Remitting Bank's Account**

When the remitting bank has an account in the paying bank and the currency transferred is the exporter country's currency (Refer to Chinese version Figure 4 - 6):

① The remitting bank will indicate in its reimbursement instruction as "In cover, please debit our account with you" to the paying bank;

② After receiving the paying order, the paying bank will pay to the beneficiary.

4.2.3.2 Indirect Transfer with the Joint Accounting Bank

It is a more troublesome method of reimbursement of remittance cover. When the remittance currency is the third country's currency or there is no direct account relationship with the remittance between the remitting bank and the paying bank, the allocation and transferring of the funds can only be arranged through an intermediary bank.

According to the differences of accounting relationship, reimbursement of remittance cover includes two methods.

***a*. Indirect Transfer with the Direct Joint Accounting Bank**

If there is no accounting relationship between the remitting bank and the paying bank except joint accounting bank, the reimbursement of cover can be conducted through their direct joint accounting bank (Refer to Chinese version Figure 4 - 7):

① and ①′ When the remitting bank makes a remittance order to the paying bank, it must indicate that remittance cover will be transferred by the joint accounting bank;

② and ②′ Meanwhile, the remitting bank notifies the joint accounting bank on its initiative that the remittance cover should be debited from its account and credited on the paying bank's account;

③ After receiving the payment order from the remitting bank and the credit advice from the joint accounting bank, the paying bank will pay to the beneficiary.

***b*. Indirect Transfer with the Indirect Joint Accounting Bank**

This is the most troublesome method of reimbursement of remittance cover. Its detailed procedures are as follows (Refer to Chinese version Figure 4 - 8) :

① and ①′ The remitting bank makes a remittance commission to the paying bank. Meanwhile, the remitting bank authorizes its accounting bank to transfer of account.

② and ②′ The accounting bank of the remitting bank sends a debit declaration to the remitting bank. Then the accounting bank of the remitting bank authorizes the joint accounting bank to transfer of account.

③ and ③′ The joint accounting bank airmails the debit declaration to the accounting bank of the remitting bank. The joint accounting bank airmails the credit declaration to the accounting bank of the paying bank.

④ The accounting bank of the paying bank credits the account of the paying bank.

⑤ The paying bank airmails the paid note to the remitting bank.

4.2.3.3 Central Draft

A central draft is a bank's demand draft whose paying bank locates in place of face currency settlement center. When the reimbursement relationship is complicated between the remitting bank and the paying bank, the remitting bank may issue a central bank to facilitate the international exchange.

4.2.3.4 Reimbursement of Remittance Cover Under the Payment Agreement

If there is a payment agreement between two countries, the clearing bank and the clearing account are necessary. The accounting foreign exchange must be used in the reimbursement of remittance cover. The remittance cover must be undertaken through the joint accounting bank.

4.2.4 Refund of Remittance

4.2.4.1 Refunds of T/T and M/T

***a*. Refund of the Remitter**

If the remitter wants to apply for refunding payment to the remitting bank, he must provide the remitting receipt. Then the remitting bank notifies the paying bank of refund. If the remittance cover is leased to the payee, the remitting bank should tell the remitter the truth.

***b*. Refund of the Payee**

If the payee refuses to accept the remittance cover or the paying bank can not notify the payee, the paying bank should return the remitting order and the cover back to the remitting bank. Then the remitting bank notifies the remitter to go through the refund formalities.

4.2.4.2 Refund of D/D

***a*. Refund of the Remitter**

If the draft hasn't been airmailed to the payee, the remitter may return the draft to the remitting bank. If the draft has been airmailed to the payee, the remitting bank will refuse to deal with refund.

***b*. Refund of the Payee**

If the payee wants to go through the refund formality, he can return the draft to the remitter. If the draft is lost, the payee should apply to the paying bank for the loss.

4.2.5 Characteristics and Application of Remittance in International Trade

4.2.5.1 Characteristics of Remittance Settlement

i. Depending upon the commercial credit completely, the risk bearing of the two sides of trade is very imbalanced.

ii. Lacking the related financing means, the financial burdens of the two sides of trade are very imbalanced too.

iii. Formalities are simple and cost is lowest.

4.2.5.2 Application of Remittance in International Trade

As a popular payment method in the international trade, remittance has its own advantages and disadvantages. If the buyer and the seller are credible and reliable, remittance is a safe, efficient and timely method of settlement. Remittance can be used under three conditions: remittance in advance, remittance after effecting shipment and remittance after arrival of goods.

***a*. Remittance in Advance**

In order to avoid non-payment, the exporter usually requires the importer to remit some or all of payment ahead of his normal schedule.

According to the usage of the remittance, remittance in advance can be further classified.

i. Deposit Remittance

In order to prevent the importer from breaching of contract, the exporter usually asks the importer to remit a certain percentage of the deposit according to the stipulation of the contract. The deposit takes up a smaller proportion in the payment of the whole lot of goods.

ii. Anticipatory Credit Remittance

In order to guarantee that the exporter has enough funds to produce the goods, the importer will remit certain amount of funds to the seller according to the stipulation of the contract. The anticipatory credit takes up a larger proportion in the payment of the whole lot of goods. The anticipatory credit also has the same function as the deposit.

Generally speaking, payment in advance is in seller's favor, but it is bad for the importer. Therefore, before choosing this payment method, the importer should consider the exporter's credit and financial standing.

***b*. Remittance after Effecting Shipment**

Remittance after effecting shipment is a kind of remittance in which the payment is remitted by the importer at a stipulated time after the goods are shipped.

Under such payment method, although the title of the goods is controlled by the exporter, the goods are in transit to the foreign country. If the importer refuses to pay, he will bring great loss to the exporter.

***c*. Remittance after Arrival of Goods**

Remittance after arrival of goods means that the buyer shall remit after the buyer receives the goods for a stated future date. It is the most dangerous method of payment for the seller.

According to the differences of trade modes, remittance after arrival of goods can be further classified.

i. Open Account Sale (O/A)

An open account sale means that the goods are shipped and delivered before payment is due, the importer will pay at an agreed time. It is consequently the highest risk option for an exporter. If the exporter chooses this transaction, he should be absolutely confident that the importer will accept shipment and pay at an agreed time and that the importing country is commercially and politically secure.

ii. Hire Purchase

A hire purchase is a method of payment in which the importer takes possession of goods but pays for goods in parts or a percentage over a stipulated time, while the exporter retains ownership until the final installment is paid.

iii. Consignment

Consignment is a trading arrangement in which the exporter delivers the goods to the importer who pays only when the goods are sold. The exporter remains the ownership of the goods until they are paid in full or after a certain period. If the goods are not sold, the exporter can take back the unsold goods.

This method of payment is the most dangerous for the exporter. Before using this method, the exporter must have absolute confidence that he will be paid at the agreed date.

4.3 Collection

4.3.1 Definition of Collection and International Practices for Collection

4.3.1.1 Definition of Collection Settlement

According to the stipulation of ICC Uniform Rules for Collections, collection means the handling by banks, on instructions received, of documents, in order to

i. obtain acceptance and/or, as the case may be, payment;

ii. deliver commercial documents against acceptance and/or, as the case may be, against payment;

iii. deliver documents on other terms and conditions.

Obviously, collection belongs to reverse remittance business. It can be used in the settlement of payment for the goods or payment for non-goods.

4.3.1.2 Uniform Rules for Collection

In order to avoid dispute and to facilitate the development of international trade and international settlement, the ICC Uniform Rules for Collections (URC) was first published by the ICC in 1956. From then on, it was revised in 1967, 1978 and 1995 separately.

The present revision was adopted by the Council of the ICC in 1995 as ICC Publication No. 522 (URC522) and was put into force in January 1, 1996.

Nowadays, URC522 has been adopted universally by all the related parties and has promoted the development of international collection business.

4.3.2 Basic Parties of Collection

There are five basic parties to the collection: the consignor principal, the remitting bank, the collecting bank, the presenting bank and the drawee.

4.3.2.1 Consignor Principal

The consignor principal is a person who entrusts the bank to handle a collection. In international trade, the exporter, the seller, the drawer, the consignor or the payee may be the principal.

The principal must undertake the following liabilities: (i) delivering the goods contracted on time; (ii) entrusting the remitting bank to collect the payment and provides documents stipulated in the contract.

4.3.2.2 Remitting Bank

The remitting bank is a bank which the principal has entrusted to handle collection business. It is usually the bank located in the exporter's country.

The remitting bank should take responsibilities and the obligations are as follows: (i) examining application form for collection provided by the principal and checking the documents; (ii) making collection order and sends it to the collecting bank; (iii) dealing with the business according to its normal way and taking liabilities for negligence.

4.3.2.3 Collecting Bank

The collecting bank is a bank which receives the remitting bank's instruction and is involved in processing the collection. Usually, it is the remitting bank's correspondent bank located in the importer's country.

The collection bank's responsibility is just to take the trustee responsibilities under the contract between it and the remitting bank.

4.3.2.4 Presenting Bank

The presenting bank is a bank which makes presentation to the drawee. In practice, it may be the collecting bank itself. Its responsibility is to present the documents or bills to the importer.

The presenting bank just takes the trustee responsibilities under the contract between it and the remitting bank.

4.3.2.5 Drawee

The drawee is the one to whom presentation is to be made in accordance with the collection instruction. It is usually the importer under a sales contract.

The drawee has not any contractual relationship with the banks involving in collection business. If the drawee wouldn't pay, the collection bank can't do anything but presenting documents to the buyer. But there is an underlying contract relationship between the importer and the exporter—the drawee's basic responsibility is to pay according to the stipulation of the contract.

4.3.3 Types of Collection and the Letters of Commission for Collection

Depending on the type of documents involved, there are two types of collections: clean collection and documentary collection.

4.3.3.1 Clean Collection

A clean collection means a collection of financial documents not accompanied by commercial documents. Generally speaking, a clean collection refers to an international settlement method in which the principal submits the financial bill to the remitting bank to entrust it to collect the payment from the drawee.

A clean collection is usually used in collecting the additional charges such as sample fees, commissions, remaining funds, etc.

The procedures of a clean collection are as follows (Refer to Chinese version Figure 4 - 9):

① The exporter, known as the principal, provides a bill of exchange, title of document and a collection application form to the remitting bank and applies for clean collection.

② The remitting bank gives a receipt of collection to the principal.

③ The remitting bank makes a collection order and provides it with a clean bill to the collecting bank for collection.

④ The collecting bank presents the bill to the drawee for payment.

⑤ The drawee pays.

⑥ When the bill is paid, the collecting bank credits it to the remitting bank's account. Then a paid notice is sent to the remitting bank by the collecting bank.

⑦ A foreign exchange settlement is made between the remitting bank and the principal.

4.3.3.2 Documentary Collection

A documentary collection is a process, in which the principal instructs the remitting bank to forward documents related to the export of goods to the collecting bank with a request to present these documents to the drawee for payment.

According to URC522, a documentary collection means collection of: (i) financial documents accompanied by commercial documents; (ii) commercial documents not accompanied by financial documents.

Documentary collection can be classified into documents against payment and documents against acceptance.

***a*. Documents against Payment (D/P)**

D/P means that the documents will be released against payment.

According to the difference of the time of payment, D/P can be sub-classified into documents against payment at sight and documents against payment after sight.

i. D/P at Sight

When the documents or the documents with a sight bill are presented to the importer by the collecting bank, the importer shall pay immediately. Then the documents will be released to the importer.

The procedures of D/P at sight are as follows (Refer to Chinese version Figure 4 - 10):

① After effecting shipment of goods, the principal prepares the documents or the documents with a sight bill, fills in a collection form, and submits them to the remitting bank for collection;

② If the remitting bank agrees to accept the application, it will write a receipt of collection;

③ The remitting bank makes a collection order and provides the documents with collection order to the collecting bank for payment collection;

④ The collecting bank presents the documents to the importer for payment;

⑤ The importer effects the payment;

⑥ The collecting bank transfers the proceeds and sends a paid notice to the remitting bank;

⑦ The remitting bank credits the principal's account with it.

ii. D/P after Sight

D/P after sight refers to the release of documents against payment of tenor draft.

According to the URC 522, if a collection contains a draft payable at a future date, the collection instruction should state whether the commercial documents are to be released to the drawee against acceptance or against payment. Otherwise, the commercial documents will be released only against payment.

The procedures of D/P at sight are as follows (Refer to Chinese version Figure 4 - 11):

① After effecting shipment of goods, the principal prepares the documents, draws a time draft, fills in a collection form, and submits them to the remitting bank for collection;

② If the remitting bank agrees to accept the application, it will write a receipt of collection;

③ The remitting bank makes a collection order and provides the documents with collection order and time draft to the collecting bank for payment collection;

④ The collecting bank presents the time draft to the importer for acceptance;

⑤ The importer accepts the time draft;

⑥ The collecting bank sends an acceptance notice to the remitting bank;

⑦ At the maturity of the draft, the collecting bank notifies the importer to pay for the documents;

⑧ The importer gets the documents after payment;

⑨ The collecting bank transfers the proceeds and sends a paid notice to the remitting bank;

⑩ The remitting bank credits the principal's account with it.

***b*. Documents against Acceptance (D/A)**

It calls for delivery of documents against acceptance of the draft drawn by the exporter. D/A is always after sight, and it makes the importer get hold of shipping documents and take delivery of the goods before payment. So the exporter would have to take great risks.

The procedures of D/A are as follows (Refer to Chinese version Figure 4 - 12):

① After shipment of goods, the principal prepares the documents, draws a time draft, fills in a collection form, and submits them to the remitting bank for collection;

② If the remitting bank agrees to accept the application, it will write a receipt of collection;

③ The remitting bank makes a collection order and provides the documents with collection order and time draft to the collecting bank for payment collection;

④ The collecting bank presents the time draft to the importer for acceptance;

⑤ After accepting the time draft, the importer gets the documents;

⑥ The collecting bank sends an acceptance notice to the remitting bank;

⑦ At the maturity of the draft, the collecting bank notifies the importer to pay;

⑧ The importer pays;

⑨ The collecting bank transfers the proceeds and sends a paid notice to the remitting bank;

⑩ The remitting bank credits the principal's account with it.

Compared with D/A, D/P is safer than D/A; and D/P at sight is safer than D/P after sight.

4.3.3.3 Letters of Commission for Outward Collection

Letters of collection instruction for export includes an application form for collection and collection order. All the documents sent for collection must be accompanied by a collection instruction indicating that the collection is subject to URC522 and giving complete and precise instructions. Banks are only permitted to act upon the instructions given in such collection instruction, and in accordance with URC Rules.

DOCUMENT'S SAMPLE 13: LETTER OF INSTRUCTION FOR OUTWARD COLLECTION

DOCUMENT'S SAMPLE 14: LETTER OF COLLECTION ORDER

4.3.4 Financing against Documentary Collection

4.3.4.1 Financing Provided by the Remitting Bank to the Exporter

***a*. Loan Secured by Documentary Bills**

The loan secured by documentary bill is a financing method for the exporter. After shipment, the exporter may transfer his draft to the remitting bank. If the exporter's credit is sound and the transaction is reliable, the remitting bank chooses to negotiate the draft for 100% or 50%-80% of the invoice value. If the importer refuses to pay at maturity, the remitting bank has the right of recourse to the exporter.

If the remitting bank negotiates for 100% of the invoice value, it belongs to collection bill purchased. And if the remitting bank negotiates for 50%-80% of the invoice value, it is advanced against collection.

***b*. Line of Acceptance Credit for the Exporter**

Under the condition of existence of acceptance credit line agreement between the exporter and the remitting bank, the exporter may get some financing against financing bill of exchange. It is also a method of funds financing for the exporter.

4.3.4.2 Financing Provided by the Remitting Bank or the Exporter to the Importer

***a*. Taking Delivery of the Goods against Trust Receipt**

Under D/P after sight, the importer has no right to take delivery of the goods in advance. In order to get the documents, the importer may issue a trust receipt to the importer. After getting the trust receipt, the collecting bank will release the documents to the importer. It is a kind of financing method for the importer.

Here, a trust receipt (T/R) means a written document between the collecting bank and the importer. It states that the bank will give merchandise to the importer but the bank will still retain the title to the merchandise and can repossess it if the buyer does not uphold the terms in the trust receipt. The importer must keep the merchandise and any profits made from the merchandise separate from normal business expenses, and the importer will return the items or the money made from selling the merchandise.

***b*. Line of Acceptance Credit for the Importer**

Under the condition of existence of acceptance credit line agreement between the importer and the collecting bank, the importer may get some financing against financing bill of exchange. It is also a method of funds financing for the importer.

4.3.5 Characteristics and Application of Collection in International Trade

4.3.5.1 Characteristics of Collection Settlement

i. Collection depends upon the commercial credit mainly and the sellers take greater risks.

ii. Both the importers and the exporters have a number of transaction-based financing means, but the seller's financial burden is heavier than the buyer.

iii. The procedures are more complex and the cost is higher.

4.3.5.2 Application of Collection in International Trade

Under the open account sale, the documentary collection is safer than payment after arrival of goods. Though the exporter can also get financing against the documents, the exporter takes great risks.

In the processing and assembling trade, the trustee (or consignee) adopts D/A to pay for the import of materials and parts and uses D/P to get payment for the export of manufactured products.

It can also be used in the consignment business.

In brief, the collection takes a considerable proportion in the international trade.

Chapter 5

Modes of International Settlement—Letter of Credit

5.1 Overview of Letter of Credit and International Practice for Letter of Credit

5.1.1 Definition of L/C and International Practice for L/C

5.1.1.1 Definition of Letter of Credit Settlement

A letter of credit means any arrangement, however named or described, that is irrevocable and thereby constitutes a definite undertaking of the issuing bank to honor a complying presentation.

5.1.1.2 The International Practice for L/C

The first attempt to codify letter of credit practice can be traced back to 1929 when the ICC, following an earlier American initiative, introduced its Uniform Regulations for Commercial Documentary Credits. Unfortunately these regulations were only limited to Belgium and French banking practices, and whilst these failed to gain wide acceptance, they nevertheless provided a basis for further developments.

In 1933, the ICC issued the Uniform Customs and Practice for Commercial Documentary Credits (ICC Publication No. 82). With the development of international trade practice, it has experienced the versions of 1951, 1962, 1974, 1983, 1993 and 2007. Among them, the most popular one in the world is 2007 version (UCP600).

With the rapid development of e-commerce, electronic documents are used in the international practice. In order to accommodate presentation of electronic records alone or in combination with paper documents, ICC issued The Supplement to the Uniform Customs and Practice for Documentary Credits for Electronic Presentation (eUCP) to supplement the Uniform Customs and Practice for Documentary Credits (2007 Revision ICC Publication No. 600).

These international practices of L/C have powerfully promoted the development of the international trade. UCP600 is mainly introduced in this chapter.

5.1.2 Basic Natures of L/C

5.1.2.1 The Issuing Bank Undertakes the First Responsibility to Pay

A letter of credit is a transaction based on bank's credit. The issuing bank undertakes the first responsibility to pay.

5.1.2.2 An L/C Is an Independent Self-sufficiency Contract

A credit by its nature is a separate transaction from the sale or other contract on which it may be based. Banks are in no way concerned with or bound by such contract, even if any reference whatsoever to it is included in the credit.

5.1.2.3 An L/C Is a Business of Transaction of Documents

Banks deal with documents and not with goods, services or performance to which the documents may relate.

5.2 Related Parties of L/C

There are two kinds of parties to the letter of credit: basic parties and derivative parties.

5.2.1 Basic Parties of L/C

5.2.1.1 Applicant

An applicant means the party on whose request the credit is issued.

In international trade, the applicant enjoys the rights and assumes the obligations under the following contracts. First, it is a contract concluded between the exporter and the applicant. Second, it is a contract concluded between the issuing bank and the applicant.

5.2.1.2 Issuing Bank

An issuing bank, also called an opening bank, means the bank that issues a credit at the request of an applicant or on its own behalf. It usually locates in the importer's place.

In international trade, the issuing bank enjoys the rights and assumes the obligations under the following contracts. On the one hand, it enjoys the rights and assumes the obligations under a contract concluded between the issuing bank and the applicant. On the other hand, it enjoys the rights and assumes the obligations under contracts concluded among the issuing bank and other parties.

5.2.1.3 Beneficiary

A beneficiary means the party in whose favor a credit is issued. It is usually the exporter under the sales contract.

On the one hand, the beneficiary enjoys the rights and assumes the obligations under a contract concluded between the seller and the buyer. On the other hand, the beneficiary enjoys the rights and assumes the obligations under contracts concluded among the issuing bank and other parties.

5.2.2 Derivative Parties of L/C

5.2.2.1 Advising Bank

An advising bank, also called a transmitting bank, is a bank that advises the credit at the request of the issuing bank.

In the international trade, the advising bank is located in the seller's place. It is usually the issuing bank's agent or branch overseas. To certify the apparent authenticity of the credit is the advising bank's duty.

5.2.2.2 Paying Bank

A paying bank is a bank which is nominated or invited by the issuing bank to pay. The paying bank may be the issuing bank itself or another bank. In international trade, the paying bank is usually located in the exporter's place. Sometimes, it acts as an advising bank. The paying bank has some relationship with the issuing bank and the beneficiary.

5.2.2.3 Negotiating Bank

A negotiating bank is usually the beneficiary's bank that agrees to pay the beneficiary by purchasing the drafts or documents.

In international trade, the negotiating bank should assume the obligations of purchasing documents. Also if there is a contract of a loan against L/C, the negotiating bank should assume such obligations.

5.2.2.4 Confirming Bank

A confirming bank means the bank that adds its confirmation to a credit upon the issuing bank's authorization or request.

The confirming bank must be another bank except the issuing bank. Once a bank acts as a confirming bank, it must take the first responsibility to pay.

5.2.2.5 Reimbursing Bank

A reimbursing bank is a bank that, at the request of the issuing bank, is authorized to pay, or accept time draft under a documentary credit.

There are two possible reasons that make a reimbursing bank necessary under a documentary credit transaction. First, there may be no account relationship between the issuing bank and the confirming bank. Second, the confirming bank does not trust the issuing bank. The reimbursing bank takes the responsibility for the issuing bank.

5.2.2.6 Sending Bank

A sending bank means a bank which is not nominated by the issuing bank and airmails the documents to the issuing bank or the confirming bank.

There are some rights and obligations among the sending bank, the sender, the negotiating bank, the paying bank, the confirming bank, etc.

5.3 Types of L/C

5.3.1 Clean L/C and Documentary L/C

According to the situation whether the L/C must be followed by the documents, letters of credit can be divided into clean L/C and documentary L/C.

5.3.1.1 Clean L/C

A clean L/C is a letter of credit with no documentary requirements other than a demand for payment, usually a draft.

In international trade, a clean L/C is seldom used except a standby L/C.

5.3.1.2 Documentary L/C

A documentary L/C is a letter of credit under which payment will be effected against commercial documents or commercial documents with financial documents. It is widely used in international trade.

5.3.2 Confirmed L/C and Unconfirmed L/C

According to the situation whether there is a confirming bank, letters of credit can be divided into confirmed L/C and unconfirmed L/C.

5.3.2.1 Confirmed L/C

A confirmed L/C is an L/C on which another nominated bank adds its confirmation.

A confirmed L/C is typically used when the issuing bank may have questionable creditworthiness and the seller seeks to get a second guarantee to assure payment.

5.3.2.2 Unconfirmed L/C

An unconfirmed L/C is an L/C without confirmation by another nominated bank.

5.3.3 Sight Payment L/C, Deferred Payment L/C, Acceptance L/C and Negotiable L/C

According to the differences of honor means, L/Cs include sight payment L/C, deferred payment L/C, acceptance L/C and negotiable L/C

5.3.3.1 Sight Payment L/C

A sight payment L/C is a letter of credit that the issuing bank or nominated bank pays immediately upon receipt of complying documents.

The procedures of a sight payment L/C are as follows (Refer to Chinese version Figure 5-1):

① The applicant fills in an application form to apply for L/C;

② The issuing bank opens the L/C to its advising bank;

③ The advising bank notifies the beneficiary that the L/C has been issued;

④ After effecting shipment, the beneficiary presents the documents to the paying bank for payment within the validity date of L/C;

⑤ The paying bank gives a receipt of the documents to the beneficiary;

⑥ The paying bank airmails the documents to the issuing bank for reimbursement;

⑦ The issuing bank presents the documents to the beneficiary for reimbursement;

⑧ The beneficiary pays to redeem the documents;

⑧′ The issuing bank notifies the applicant to buy documents;

⑨ The paying bank pays to the beneficiary.

5.3.3.2 Deferred Payment L/C

A deferred payment L/C is a letter of credit that the issuing bank doesn't pay immediately after receiving the documents without bills of exchange. The payment will be effected in the stipulated time.

Like all types of letters of credit, a deferred payment L/C is used to provide assurance that payment will be made for goods ordered by a buyer, allowing the seller to make use of the document to obtain financing in order to manufacture and ship that order.

The procedures of a deferred payment L/C are as follows (Refer to Chinese version Figure 5-2):

① The applicant fills in an application form to apply for L/C;

② The issuing bank opens the L/C to its advising bank;

③ The advising bank notifies the beneficiary that the L/C has been issued;

④ After effecting shipment, the beneficiary presents the documents to the paying bank within the validity date of L/C;

⑤ The paying bank gives a receipt of the documents to the beneficiary;

⑥ The paying bank airmails the documents to the issuing bank;

⑦ The issuing bank presents the documents to the applicant;

⑧ The applicant signs for receiving the documents;

⑨ At the maturity of payment, the applicant pays to the issuing bank;

⑨′ At the maturity of payment, the issuing bank pays to the paying bank;

⑩ At the maturity of payment, the paying bank pays to the beneficiary.

5.3.3.3 Acceptance L/C

An acceptance L/C is a type of letter of credit which is accepted and paid by the accepting bank on or after a specific date.

The acceptance L/C consists of seller's usance L/C and buyer's usance L/C.

***a*. Seller's Usance L/C**

After presenting the documents to the paying bank, the beneficiary can get the accepted draft. The applicant may get the document against letter of pledge or receipt of documents or trust receipt and makes payment on the maturity. A seller's usance L/C is a usance L/C in a real sense.

The procedures of a seller's usance L/C are as follows (Refer to Chinese version Figure 5 - 3a):

① The applicant fills in an application form to apply for L/C;

② The issuing bank opens the L/C to its advising bank;

③ The advising bank notifies the beneficiary that the L/C has been issued;

④ After effecting shipment, the beneficiary presents the documents with a time draft to the paying bank within the validity date of L/C;

⑤ The paying bank gives a receipt of the documents to the beneficiary;

⑥ The paying bank airmails the documents to the issuing bank;

⑦ The issuing bank presents the documents to the applicant;

⑦′ The applicant signs for receiving the documents;

⑧ The issuing bank notifies the paying bank that the bill has been accepted by them;

⑧′ The paying bank notifies the beneficiary that the bill has been accepted by the issuing bank;

⑨ At the maturity of payment, the applicant pays.

⑨′ At the maturity of payment, the issuing bank pays to the paying bank.

⑩ The paying bank pays to the beneficiary.

***b*. Buyer's Usance L/C**

A buyer's usance L/C is a false usance L/C which has a buyer's usance clause. The usance clause stipulates that the seller issues a time bill drawn on the issuing bank and the issuing bank discounts the bill immediately after getting the complying documents. But the acceptance fees and discounting charges are for the buyer's account.

The procedures of a buyer's usance L/C are as follows (Refer to Chinese version Figure 5 - 3b):

① The applicant fills in an application form to apply for a usance L/C;

② The issuing bank opens the usance L/C to its advising bank;

③ The advising bank notifies the beneficiary that the L/C has been issued;

④ After effecting shipment, the beneficiary presents the documents with a time draft to the paying bank within the validity date of L/C;

⑤ The paying bank gives a receipt of the documents to the beneficiary;

⑥ The paying bank airmails the documents to the issuing bank;

⑦ and ⑦′ The issuing bank presents the documents to the applicant and accepts the bill of exchange for applicant;

⑧ and ⑧′ The applicant signs for receiving the documents and applies for discounting the draft and remitting the payment;

⑨ The issuing bank remits the payment to the paying bank;

⑩ The paying bank pays to the beneficiary;

⑪ At the maturity of the bill, the applicant pays to the issuing bank.

5.3.3.4 Negotiable L/C

A negotiable L/C is one under which the beneficiary can negotiate his draft or documents with another bank nominated by the issuing bank.

In different countries, different meanings are given to the negotiation. However, according to the UCP600, negotiation means the purchase by the nominated bank of drafts and/or documents under a complying presentation, by advancing or agreeing to advance funds to the beneficiary on or before the banking day on which reimbursement is due to be paid to the nominated bank.

The procedures of a negotiable L/C are as follows (Refer to Chinese version Figure 5 - 4):

① The applicant fills in an application form to apply for issuing a negotiable L/C;

② The issuing bank opens the negotiable L/C to its advising bank;

③ The advising bank notifies the beneficiary that the L/C has been issued;

④ After effecting shipment, the beneficiary presents the documents or the documents with a draft to the negotiable bank within the validity date of L/C;

⑤ If the documents constitute a complying presentation, the negotiable bank will negotiate the documentary draft;

⑥ After negotiation, the negotiable bank will airmail the documents to the issuing bank for reimbursement;

⑦ The issuing bank presents the documents to the applicant;

⑧ The applicant signs for receiving the documents;

⑨ At the maturity of draft, the applicant pays to the issuing bank;

⑨′ At the maturity of draft, the issuing bank pays to the negotiable bank.

⑩ At the maturity of draft, the negotiable bank pays to the beneficiary.

According to the condition whether the negotiable bank is restricted or not, the negotiable L/Cs can be classified into freely/open negotiable L/C and restricted negotiable L/C.

***a*. Freely/Open Negotiable L/C**

A freely negotiable L/C, also called an open L/C, is one under which the beneficiary can negotiate his documents at any bank freely.

***b*. Restricted Negotiable L/C**

A restricted negotiable L/C is one under which the negotiating bank is nominated by the issuing bank and the beneficiary can just negotiate his documents at this bank.

5.3.3.5 The Comparison among above Four Kinds of L/Cs

Table 5 - 1　　The Comprehensive Comparison among Four Kinds of L/Cs

Kinds of L/Cs	Sight L/C	Deferred L/C	Acceptance L/C	Negotiable L/C
Draft	Yes or No	No	Yes	Yes generally
Tenor of the draft	At sight	——	Usance	At sight or usance

Cont.

Kinds of L/Cs	Sight L/C	Deferred L/C	Acceptance L/C	Negotiable L/C
Banks available with	Paying bank	Paying bank	Paying bank	Negotiating bank
Methods available by	Sight payment	Deferred payment	Usance payment or false usance payment	Negotiation
Right of recourse	No	No	No	Yes

5.3.4 Several Special Types of L/Cs

5.3.4.1 Transferable L/C

A transferable L/C means an L/C that specifically states it is "transferable". A transferable L/C may be made available in whole or in part to another beneficiary ("second beneficiary") at the request of the beneficiary ("first beneficiary").

Credits are made transferable when the original beneficiary is a middleman and does not supply the merchandise, but procures goods from the supplier and arranges them to be sent to the buyer and does not want the buyer and the supplier to know each other.

According to UCP600, a transferable L/C can only be transferred once. If the word "transferrable" is not shown on the L/C, the credit belongs to a non-transferrable L/C.

***a*. Basic Parties to a Transferable L/C**

There are three basic parties to a transferrable L/C: the applicant of the transferrable L/C, the transferring bank and the beneficiary of the transferrable L/C.

i. Applicant of the Transferrable L/C

The applicant of the transferrable L/C, also called the first beneficiary, is one who transfers the L/C. He is the beneficiary of the original L/C and the applicant of the second L/C. In fact, the first beneficiary usually is not the manufacturer or original supplier of the goods, but a middleman.

ii. Transferring Bank of the Transferable L/C

A transferring bank means a nominated bank that transfers the creditor a bank that is specifically authorized by the issuing bank to transfer the credit. The transferring bank may be the negotiating bank under the original L/C or other banks nominated by the L/C such as the paying bank, the accepting bank or the issuing bank itself.

iii. Beneficiary of the Transferrable L/C

A beneficiary of the transferrable L/C, also called the second beneficiary, is the actual supplier under the transferrable L/C. It is the transferee under the transferrable L/C.

***b*. The Nature of the Transferrable L/C**

The transferred L/C is not an isolated L/C. It is just a notice of the transferring L/C.

If the first beneficiary is to present his own invoice and draft, if any, but fails to do so, or if the invoices presented by the first beneficiary create discrepancies that did not exist in the presentation made by the second beneficiary and the first beneficiary fails to correct them, the transferring bank has the right to present the documents as received from the second beneficiary to the issuing bank, without further responsibility to the first beneficiary.

***c*. Procedures of the Transferable L/C**

The procedures of the Transferable L/C are as follows (Refer to Chinese version Figure 5 - 6):

① The applicant fills in an application form to apply for issuing a transferable L/C;

② The issuing bank opens the transferable L/C to its advising bank (also the transferring bank);

③ The advising bank notifies the first beneficiary that the transferable L/C has been issued;

④ The first beneficiary applies to the transferring bank (the advising bank or the negotiating bank) for transferring L/C;

⑤ The transferring bank opens the transferring L/C to its advising bank (also the negotiating bank);

⑥ The advising bank notifies the second beneficiary that the transferring L/C has been issued;

⑦ After effecting shipment, the second beneficiary presents the documents to the negotiating bank for negotiation;

⑧ After negotiating the documents, the negotiating bank airmails the documents to the transferring bank for reimbursement;

⑨ The transferring bank notifies the first beneficiary to substitute the documents;

⑩ The first beneficiary substitutes his own invoice and draft for those of the second beneficiary and negotiates the difference of prices between two L/Cs;

⑪ The transferring bank airmails the documents to the issuing bank for reimbursement;

⑫ The issuing bank notifies the applicant to buy the documents;

⑬ The applicant signs for getting the documents;

⑭ At maturity, the applicant pays to the issuing bank;

⑭′ At maturity, the issuing bank pays to the transferring bank;

⑮ The transferring bank transfers the payment to the negotiating bank.

5.3.4.2 Back to Back L/C

A back to back L/C is an L/C which is issued on the basis of the original letter. Under the back to back L/C, the beneficiary provides the desired goods. A back-to-back L/C is issued to facilitate intermediary trade.

***a*. Procedures of Back to Back L/C**

The procedures of a back to back L/C are as follows (Refer to Chinese version Figure 5-7):

① The original applicant applies for issuing a back to back L/C;

② The original issuing bank opens the original L/C to its advising bank (also the negotiating bank of the original L/C);

③ The original advising bank notifies the original beneficiary that the L/C has been issued;

④ The original beneficiary applies the issuing bank of the back to back L/C (the original advising bank) to issue the back to back L/C;

⑤ The issuing bank of the back to back L/C opens the back to back L/C to its advising bank (also the negotiating bank of the back to back L/C);

⑥ The advising bank of the back to back L/C notifies the beneficiary of the back to back L/C that the L/C has been issued;

⑦ After effecting the shipment, the beneficiary of the back to back L/C provides the documents to the negotiating bank of the back to back L/C for negotiation;

⑧ The negotiating bank of the back to back L/C airmails the documents to the issuing bank of the back to back L/C for reimbursement;

⑨ The issuing bank of the back to back L/C (the negotiating bank of the original L/C) notifies the applicant of the back to back L/C to substitute the documents;

⑩ The applicant of the back to back L/C substitutes his documents to the negotiating bank of the original L/C and negotiates the difference of prices between two L/Cs;

⑪ The negotiating bank of the original L/C (the issuing bank of the back to back L/C) airmails the documents to the original issuing bank for reimbursement;

⑫ The original issuing bank presents the documents to the original applicant;

⑬ The original applicant signs for receiving the documents;

⑭ At maturity, the original applicant pays to the original issuing bank;

⑭′ At maturity, the original issuing bank pays to the issuing bank of the back to back L/C;

⑮ The issuing bank of the back to back L/C transfers the payment to the negotiating bank of the back to back L/C.

***b*. Some Important Business Problems under Back to Back L/C**

i. Generally speaking, the issuing bank under the back to back L/C requires the applicant to provide the original L/C for mortgage. Sometimes, other pledges and collaterals may also be required.

ii. The contents of the back to back L/C must be consistent with those of the original L/C.

iii. Under the back to back L/C, there are two methods for the middleman to arrange the shipment. The beneficiary under the back to back L/C may transport the goods to the middleman, then the middleman arranges for the transportation according to the stipulation of the original L/C. Also the middleman can arrange the transportation directly under FOB term.

iv. Under the back to back L/C, the issuing bank usually asks the applicant to provide the invoice and the draft, if any, to avoid the applicant's delaying substitution for documents.

v. Once the documents can not constitute a complying presentation, the issuing bank under the back to back L/C usually dishonors it directly. It means that the beneficiary under the back to back L/C will take greater risks of dishonor.

5.3.4.3 Reciprocal L/C

A reciprocal L/C includes two copies of L/Cs. The beneficiary of the first L/C is the applicant of the second L/C, and vice versa.

A reciprocal L/C is mostly used in barter trade, compensation trade and processing trade. Two parties will issue the L/C mutually.

5.3.4.4 Shipment and Drawing by Installment L/C

It is a letter of credit which stipulates the quantities and time of shipment for every lot of goods strictly, and the payment can be drawn by installment. If one lot of goods fails to be delivered on time, the L/C will be invalid automatically.

5.3.4.5 Revolving L/C

A revolving L/C is a special type of letter of credit that revolves either in value or in time covering multiple-shipments over a long period of time under single letter of credit.

It is used under the condition that exporters and importers sign a long term sale contract and the shipments are the same commodity on a regular basis

According to the differences of revolving styles, revolving L/Cs can be divided into credit revolving based on time and credit revolving based on value.

***a*. L/C Revolving Based on Time**

An L/C revolving based on time means that a fix amount could be drawn under the L/C within each specific period of time as indicated in the documentary L/C until the L/C expires. It includes cumulative revolving and non-cumulative revolving.

***b*. L/C Revolving Based on Value**

An L/C revolving based on value means that a fixed amount is replenished every time just after it is utilized by the beneficiary within the overall validity of the revolving L/C.

It includes automatic revolving L/C, half-automatic revolving L/C and non-automatic revolving L/C.

5.3.4.6 Anticipatory L/C (or Red Clause L/C)

An anticipatory L/C is an L/C on which the beneficiary can draw in advance of the shipment. The advance payment is drawn against documents other than transport documents. The clause permitting the beneficiary to draw on the L/C in advance is traditionally printed in red. Therefore, an anticipatory L/C is also called a red clause L/C.

5.4 Issuing and Amendment of L/C

5.4.1 Issuing Methods of L/C

There are three ways to issue an L/C according to transmitting methods.

5.4.1.1 L/C Issued by Air Mail

An L/C issued by air mail is also called a mail L/C. It is sent to the advising bank by mail. A mail L/C is often used on the condition that the time of shipment is a long period and the buyer is not urgent for getting the goods.

5.4.1.2 L/C Issued with Brief Advice by Tele-transmission Adds Letter of Conformation

Under a mail L/C, credit with brief advice by tele-transmission and letter of confirmation are used widely. The brief advice by tele-transmission sent by the issuing bank contains partial important contents of L/C, such as date of L/C, amount, the beneficiary, the applicant, the expiry date of L/C, etc. It certifies that the L/C will surely issue an operative credit version (also called letter of confirmation) by mail. After getting the preliminary advice of the issuance of a credit, the beneficiary may prepare the goods for shipment. According to the stipulation of UCP600, an issuing bank that sends a pre-advice is irrevocably committed to issue the operative credit, without delay, but the L/C issues may be inconsistent with the pre-advice in terms. However, a preliminary advice is not an operative credit, the exporter shouldn't ship and deliver the goods until he accepts the operative credit.

5.4.1.3 L/C Issued by Full Cable

An L/C issued by full cable means that the credit version is issued by telegram or telex or SWIFT. At present, the SWIFT L/C is used widely in the world. It is a speed, safe and low-cost method of issuing an L/C.

5.4.2 Forms of Documentary L/C

5.4.2.1 Application Form of Documentary L/C

DOCUMENT'S SAMPLE 15: IRREVOCABLE DOCUMENTARY L/C APPLICATION FOR ISSUE

5.4.2.2 Form of Bank's Letter of Credit

DCUMENT'S SAMPLE 16: DOCUMENTARY LETTER OF CREDIT (Issued by bank) FOR THE ADVISING BANK

5.4.2.3 Form of SWIFT L/C

SWIFT is the abbreviation of Society for Worldwide Interbank Financial Telecommunication. It is a non-profit organization developed by European bankers to provide a secure international communication system between banks. SWIFT is also a system for L/Cs. The SWIFT L/C is widely accepted by banks from Europe, America and Asia.

There are many standard messages under SWIFT. MT7xx represents SWIFT standard message. The common messages are as follows:

***a*. Issuing Bank's SWIFT Model Text**

Full cable L/C to advising bank: MT700/701;

Brief cable of L/C and amendment to L/C to advising bank: MT705 and MT707;

Accept documents and non-payment of documents to negotiating bank: MT732 and MT734;

Authorized payment (debit) and amendment of authorized payment to reimbursing bank: MT740 and MT747.

***b*. Advising Bank's SWIFT Model Text**

The confirmation to advise L/C to issuing bank: MT730;

Advice of L/C to beneficiary: MT710/MT711;

Transfer advice of L/C to second beneficiary: MT720/MT721.

***c*. Negotiating Bank's SWIFT Model Text**

Discrepancy prompted and documents submitted to issuing bank: MT750 and MT751;

Claim for payment to issuing bank or reimbursing bank: MT752.

***d*. Reimbursing Bank's SWIFT Model Text**

Payment (Debit) notice to issuing bank: MT742.

DOCUMENT'S SAMPLE 17: FULL CABLE OF DOCUMENTARY CREDIT (SWIFT MT700/701)

5.4.3 Amendment of L/C

L/C business in its nature is a document deal. Therefore, to provide complying documents is the beneficiary's obligation. Otherwise, he can not get the payment. When the beneficiary accepts the L/C, he should examine it very carefully. If he finds that there are some stipulations with which he can not satisfy, he will ask the buyer to amend it. According to UCP600, a credit can neither be amended nor cancelled without the agreement of the issuing bank, the confirming bank, if any, and the beneficiary. An issuing bank is irrevocably bound by an amendment as of the time it issues the amendment.

5.4.3.1 Procedures of Amending L/C

i. The applicant sends an amending instruction to the issuing bank. The amending instruction must be clear and complete;

ii. The issuing bank amends the L/C and entrusts the original advising bank to advise the L/C;

iii. After receiving the amending L/C, the advising bank identifies its authenticity first and advises the beneficiary;

iv. After accepting the amending L/C, the beneficiary should express clearly if he will accept it.

5.4.3.2 Forms of the Amendment of L/C

***a*. Forms of the Amendment of Letter of Credit**

DOCUMENT'S SAMPLE 18: DOCUMENTARY LETTER OF CREDIT AMENDMENT (Issued by bank) FOR THE ADVISING BANK

***b*. The SWIFT Model Text MT707 of the Amendment of Full Cable of Credit**

DOCUMENT'S SAMPLES 19: FULL CABLE OF DOCUMENTARY LETTER OF CREDIT AMENDMENT (Issued by bank in SWIFT MT707)

5.5 Financing against Documentary L/C

5.5.1 Bank's Financing for Exporters

5.5.1.1 Packing Loan against Documentary L/C

When the exporter is short of funds to purchase the materials to produce goods, he may use the credit to apply for a loan. A packing loan is a short-term financing, which enables the exporter to purchase, prepare the material, produce and trade without difficulty even the self-owned capital is not sufficient.

Packing loans against documentary credit include packing loan against documentary L/C authorized to negotiate and packing loan against non-documentary L/C unauthorized to negotiate.

***a*. Packing Loan against Documentary L/C Authorized to Negotiate**

A packing loan against documentary L/C authorized to negotiate means that the issuing bank opens a documentary L/C and entrusts the seller's bank to provide the packing loan against L/C to the exporter. The risks of financing are born by the issuing bank.

***b*. Packing Loan against Documentary L/C Unauthorized to Negotiate**

A packing loan against documentary L/C unauthorized to negotiate means that the seller's bank provides a packing loan to the exporter against the documentary L/C unauthorized to negotiate. The risks of financing are born by the seller's bank itself.

5.5.1.2 Negotiating against Documentary L/C

It is a financing way under which the negotiating bank of L/C negotiates the documents and draft for the exporter against documentary L/C.

***a*. Authorized Bank's Negotiation**

Authorized bank's negotiation indicates that the negotiating bank is nominated by the issuing bank. The issuing bank will bear the risks of financing.

***b*. Unauthorized Bank's Negotiation**

Unauthorized bank's negotiation indicates that the bank negotiates the document is not nominated by the issuing bank. The risks of financing are born by the unauthorized bank.

5.5.1.3 Accepting and Discounting the Draft under Seller's Usance L/C

It means that under seller's usance L/C, the issuing bank accepts the time draft drawn by the beneficiary to provide financing for the beneficiary and the exporter's bank discounts the beneficiary's accepted bill of exchange.

5.5.2 Bank Financing for Importers

5.5.2.1 Inward Bill Purchasing and Releasing Documents to the Importer against Trust Receipt

It means that the issuing bank makes payment to the beneficiary upon receipt of the complying documents before the applicant actually pays and releases the documents to the applicant against trust receipt. Under this condition, the bank only retains the ownership of the goods. In this method of financing, the issuing bank will take great risks.

5.5.2.2 Accepting and Discounting the Draft under Buyer's Usance L/C

It means that under buyer's usance L/C, the issuing bank accepts and discounts the time draft drawn by the beneficiary to provide financing for the applicant.

5.6 Characteristics and Application of Documentary L/C in International Trade

5.6.1 Characteristics of Documentary L/C Settlement

i. The participation of the banks gives a sense of security to the beneficiary, but the buyer's risks are still relatively higher.

ii. Both the buyers and the sellers have many means of financing. Thus, the financial burdens of the two sides are balanced relatively.

iii. The procedure is most complex and the cost is highest.

5.6.2 Application of Documentary L/C in International Trade

5.6.2.1 The Positive Roles of L/C

i. The L/C resolves the disbelieving problems between the seller and the buyer.

Since the L/C settlement belongs to the bank's credit, the L/C is more acceptable and reliable for two parties. Meanwhile, the banks can guarantee the exporter to get the payment and the importer to take delivery of goods safely.

ii. Both the seller and the buyer have means of accession to finance.

The exporter can get payment in advance by negotiation. And the importer may lighten financial burden by applying for usance L/C.

5. 6. 2. 2 Soft Clauses in L/C

In L/C, some terms and conditions may seem unethical, or even difficult to comply with. These special terms and conditions are commonly known as "soft clauses". Some of them are the brainchild of certain creative bankers who try to help their importer customers upon request.

There are many kinds of soft clauses in L/C.

i. Non-operative Clauses

This kind of L/C has some clauses such as "This credit is non-operative unless the name of the carrying vessel has been approved by the applicant and to be advised by the L/C opening bank in form of an L/C amendment to beneficiary."

ii. Conditional L/C

This kind of L/C often attaches some paying conditions, such as "No payment will be effected under this letter of credit until we receive our principals's advice that goods have been released from customs and are approved by health authorities."

iii. The Goods Must Be Inspected by the Third Party

This kind of clause stipulates that the goods must be inspected by the third party nominated by the applicant or by the applicant himself. It causes uncertainty for the beneficiary's receiving payment.

iv. After Arrival of Goods, the Applicant Will Re-inspect the Goods

This kind of clause stipulates that the re-inspecting results will be the basis of payment for the applicant. It is bad for the beneficiary.

v. Nominated Ship Clause

It stipulates the ship used to transport goods must be nominated by the applicant. If the buyer is complicit with the carrier, the exporter's documents may be sent to the importer without payment.

Chapter 6

Bank's L/G, Standby L/C and Comprehensive Uses of Payment Modes

6.1 Bank's Letter of Guarantee

6.1.1 Overview of Bank's Letter of Guarantee

6.1.1.1 Definition of Bank's Letter of Guarantee

A bank's guarantee, also called a guarantee or payment undertaking, is a written undertaking issued by a guarantor (a bank) at the request of its applicant, guaranteeing that it will undertake irrevocable obligations to the beneficiary for the non-performance of a contract by the applicant.

6.1.1.2 Applicable Rules for L/G

The International Chamber of Commerce (ICC) promulgated Uniform Rules for Contract Guarantees in 1978 (ICC Publication No. 325, URCG325). Because this regulation is too rigid to the beneficiary, it is not world-widely accepted. After a long period of discussion and study, ICC published Uniform Rules for Demand Guarantees in 1992 (ICC Publication No. 458, URDG458). On the basis of URDG458, ICC published URDG758 which took effect on July 1, 2010. The responsibilities and rights of concerning parties are more clear and accurate.

6.1.2 Related Parties of L/G

6.1.2.1 Basic Parties of Bank's L/G

There are three basic parties: the applicant (or the principal), the guarantor and the beneficiary.

***a*. Applicant or Principal**

An applicant, also called a principal, is a party that applies to a bank for letter of guarantee. It is usually the debtor under the underlying contract.

***b*. Guarantor**

A guarantor is a bank which receives the application and issues a letter of guarantee.

***c*. Beneficiary**

A beneficiary is a party in whose favor the guarantee is issued. It is usually the creditor under the underlying contract.

6.1.2.2 Derivative Parties of Bank's L/G

Sometimes, there are other parties under bank's guarantee: the counter guarantor, the transmitting bank and the confirming bank.

***a*. Counter Guarantor**

A counter guarantor is a party that issues a counter-guarantee for the applicant. The counter guarantor may be a bank, a bureau or a government organization. When the beneficiary makes claims against the guarantor, after payment, the guarantor can use counter guarantee to make lodges against the counter guarantor.

***b*. Transmitting Bank**

A transmitting bank, also called an instructing party, is a party that transmits or advises guarantee to the beneficiary. When an L/G is issued, it can be directly sent to the beneficiary or it can be sent to the advising bank for transmitting.

***c*. Confirming Bank**

A confirming bank is a party that confirms the L/G. When the guarantor doesn't perform his responsibilities, the confirming bank compensates the beneficiary.

6.1.3 Business Procedures of L/G

6.1.3.1 The Applicant Applies to Guarantor for Issuing the Letter of Guarantee

The applicant fills out an application form or signs a guarantee agreement with the guarantor and submits deposit or collateral for issuance of a letter of guarantee. And the documents concerning underlying contract are also provided.

6.1.3.2 Examination and Issuance of Letter of Guarantee

The guarantor examines the applicant's qualification, underlying transaction and relevant documents, and confirms the applicant's credit line and other mortgages. If all of them are proper, the guarantor will issue the letter of guarantee.

6.1.3.3 Claims under L/G

There are three possibilities of Claim under L/G.

i. The beneficiary makes a claim against the guarantor against L/G;

ii. After compensation, the guarantor lodges a claim with the counter guarantor against counter guarantee agreement;

iii. After compensation, the guarantor or the counter guarantor makes a claim to the principal.

6.1.3.4 Revocation of L/G

If there are following conditions, an L/G will be revoked.

- Expiry or cancellation;
- The beneficiary returns the original L/G to the guarantor;
- The beneficiary signs a document to give up his rights under the L/G;
- The amount of the L/G has been used up.

6.1.4 Types of Bank's L/G

6.1.4.1 Basic Types of Bank's L/G

***a*. Direct L/G and Indirect L/G**

According to the situation whether there is a counter guarantee, bank's L/Gs include direct L/G and indirect L/G. There is a counter guarantee in the former, but the counter guarantee doesn't exist in the latter.

***b*. Conditional L/G and Unconditional L/G**

According to the situation whether there is a paying condition or compensating condition, bank's L/Gs can be divided into conditional L/G and unconditional L/G.

i. Conditional L/G

A conditional L/G means that the applicant sets some conditions to the right of claim.

ii. Unconditional L/G

An unconditional L/G, also called a demand L/G, means that the applicant doesn't set some conditions to the right of claim.

***c*. Independent L/G and Accessory L/G**

According to the relation between the L/G and the underlying contract, bank's guarantees can be divided into independent L/G and accessory L/G.

i. Independent L/G

An independent L/G is a separate transaction from the contract on which it may be based. The guarantor undertakes the first responsibility to pay no matter whether the applicant is willing to pay.

An independent L/G has the following features:

(i) L/G business is done according to URDG758 and the guarantor takes the first responsibility of compensation.

(ii) The compensation of the guarantor may be conditional or unconditional.

(iii) An L/G is a separate transaction from the contract on which it may be based. The guarantor just deals with the documents concerned and is not concerned with the fact of default.

ii. Accessory L/G

An accessory L/G is an accessory contract on which it may be based. The guarantor undertakes the second responsibility to pay.

An accessory L/G has the following features:

(i) L/G business is done according to URCB524 and the guarantor takes the second responsibility of compensation.

(ii) The compensation of the guarantor must be conditional.

(iii) An L/G depends on its basic contract. Whether the guarantor undertakes the responsibility to compensate or pay depends on the performance condition of the underlying contract.

***d*. Settlement L/G and Credit L/G**

It is a classification on the basis of L/G's function.

i. Settlement L/G

It is a guarantee that is used as a settlement tool and the guarantor takes the first responsibility to pay.

ii. Credit L/G

It is a guarantee that is used as a paying or guaranteeing tool and the guarantor takes the first or second responsibility to pay. A credit L/G belongs to an accessory L/G.

A settlement L/G is only an independent L/G. And the accessory L/G may be an independent L/G or an accessory L/G.

Except above classifications, an L/G can also be classified according to its specific uses.

6.1.4.2 Classification of L/G on the Basis of Its Uses

According to the uses of L/Gs, L/Gs can be divided into importing L/G, exporting L/G, borrowing and loan L/G and other types of L/Gs.

***a*. Importing L/G**

An importing L/G means that the guarantor issues an L/G, at the request of the importer, to the exporter for guaranteeing that when the exporter executes the contract, the importer will pay or honor. It includes six kinds as follows:

i. Payment Guarantee

A payment guarantee is a kind of demand guarantee. Under payment guarantee, the importer guarantees that upon receipt of shipping documents, the importer will make the payment to the beneficiary.

DOCUMENT'S SAMPLE 20: IRREVOCABLE LETTER OF PAYMENT GUARANTEE

ii. Deferred Payment Guarantee

In deferred payment business, the exporter draws time drafts to the importer by installment. If the importer can not pay, the guarantor will guarantee to pay.

iii. Retention Money Guarantee

A retention money guarantee is a non-payment guarantee and represents an irrevocable obligation on a part of the bank to pay a financial sum specified in advance to the customer if the supplier, having received retained money, fails to meet his contractual obligations during the term of the guarantee.

iv. Leasing Guarantee

It refers to the letter of guarantee for lease applied for being opened to the bank by the underwriter when the lessee is importing equipment by means of leasing, which commits to the lessor that when the lessee does not pay the rent before the prescribed time limit as required in the lease agreement, then the bank guarantee shall pay the rent on behalf of the lessee.

v. Guarantee for Compensation Trade

A guarantee for compensation trade is a written document under compensation trade agreement. The exporter exports equipment and the guarantor undertakes the importer to provide qualified goods produced to offset the payment of the introduction of equipment and technology. If the importer cannot use his products to make payment, the guarantor will pay.

vi. Guarantee for Assembling or Processing Trade

A guarantee for assembling or processing trade is a written document under assembling or processing trade. The guarantor guarantees that after the principal provides qualified materials or parts, the processing party will deliver qualified products to the principal according to the stipulation of the contract. If the processing party violates the contract, the guarantor will compensate it.

***b*. Exporting L/G**

An exporting L/G means that the bank issues an L/G, at the request of the exporter, to the importer for guaranteeing that the exporter will fulfill his obligations under tender and bid contract or trade contract. There are four kinds of exporting L/Gs.

i. Tender Guarantee or Bid Bond

A tender guarantee or a bid bond is a written document issued by the guarantor at the request of the tenderee for bids of construction and procurement of project, committing that the tenderer will not withdraw or amend his bid during the validity period of the bid, and will sign the contract or submit performance guarantee within the preset time once winning the bid.

DOCUMENT'S SAMPLE 21: LETTER OF TENDER GUARANTEE

ii. Performance Guarantee

A performance guarantee is a written document issued by the guarantor at the request of the seller to the owner of a contracted project or the buyer of a sales deal, guaranteeing that the seller will strictly perform the contracts. It is usually used in the offer-bid trade.

DOCUMENT'S SAMPLE 22: LETTER OF PERFORMANCE GUARANTEE

iii. Advance Payment Guarantee

An advance payment guarantee, also called an advance refund guarantee or a down payment guarantee, is a written commitment issued by the guarantor to the importer.

Once the exporter is unable to fulfill the contract, the guarantor returns or pays the advance payment to the importer.

DOCUMENT'S SAMPLE 23: LETTER OF ADVANCE PAYMENT GUARANTEE

iv. Quality Guarantee

It is a written guarantee issued by the guarantor to the importer, as requested by the exporter. The guarantor undertakes to pay to the importer the amount specified in the guarantee if the exporter is unable to fulfill the obligation of the contract signed with the importer. It is mostly used in the trade of ship, plane and large or complete sets of equipment.

***c*. Borrowing and Loan L/G**

A borrowing and loan L/G refers to all kinds of L/Gs concerning borrowing and loan relations. It is provided by the debtor for the creditor and guaranteed by a bank. If the debtor refuses to refund the loan, the bank will take on responsibility for the loan.

There are three kinds of borrowing and loan L/Gs:

i. Borrowing L/G

a borrowing L/G, in finance, is a promise by the guarantor to assume the debt obligation of a borrower if that borrower defaults. A guarantee can be limited or unlimited, making the guarantor liable for only a portion or all of the debt.

ii. Overdraft L/G

An overdraft L/G occurs when money is withdrawn from a bank account and the available balance goes below zero. In this situation the account is said to be "overdrawn". An overdraft L/G is issued by the guarantor bank at the request of the institution abroad, for the purpose of opening overdraft accounts in foreign country. If the overdraft is not paid in full at stipulated time, the guarantor bank will pay.

iii. Shipping L/G

A shipping L/G helps the customers to obtain goods before the arrival of the documents of title. The guarantees are issued to shipping companies which thereby agree to forward the bills of lading to the banks. If the customer does not hold a trust receipt, the bank takes 100% cash margin against the value of the goods.

DOCUMENT'S SAMPLE 24: LETTER OF SHIPPING GUARANTEE

***d*. Other Types of L/Gs**

i. Customs Guarantee

Customs Guarantees are avals of a bank. Under it, the guaranteeing bank has an obligation to pay to the customs authorities in case the importer does not pay the necessary customs duties. It is used to avoid the need and inconvenience of cash deposits with the Customs Authorities for impending customs duties. The customs guarantee is usually used in the temporary import trade.

ii. Bail Guarantee

A bail guarantee, also called a bail bond, is used in marine disputes or transportation contracts disputes or trade disputes. When a ship or other goods are detained by the concerning authorities, the guarantor at the request of the ship owner or cargo owner will issued a bail guarantee to the concerning authorities to promise to pay compensation as per the judgment. And the concerning authorities will release the ship or the goods without bail.

6.1.5 Differences between Bank's L/G and Documentary L/C

The differences between bank's L/G and documentary L/C are as follows. Refer to Table 6－1.

Table 6－1 Differences between Bank's L/G and Documentary L/C

Letter of Guarantee	Letter of Credit
L/G applies to various uniform L/G rules. But these rules have few influences on the L/G business and are difficult to carry out.	L/C applies to UCP600 which is widely used in the world.
L/G applies to any kind of economic contract.	L/C applies to trade settlement.
L/G can be divided into independent L/G and accessory L/G. The guarantor is not necessary to take the first responsibility to pay or compensate.	L/C is a separate deal and the issuing bank takes the first responsibility to pay.
The beneficiary is not necessary to give value and is easy to be dishonored under the accessory L/G.	The beneficiary must give value and is not easy to be dishonored with a complying presentation.
The beneficiary can airmail the original shipping document to the applicant directly and the applicant can take delivery of goods before payment. It is good for finding out the authenticity of the documents.	Since the original documents submitted by the beneficiary (the seller) to the applicant (the buyer) must be approved by the bank, it is not easy for the latter to detect whether the beneficiary has provided fake documents as soon as possible.
The guarantor doesn't control title of document and will take great risks. It is necessary for the applicant to provide counter guarantee to avoid risks.	The issuing bank controls title of document. The risks are relatively low for the beneficiary.

6.2 Standby L/C

6.2.1 Standby L/C under UCP

A standby L/C originated in the United States in the 19th century. In 1864, the National Bank Act of the United States prescribed that banks are prevented from undertaking obligations under L/G. In order to compete for L/G business, the U. S. banks developed the standby letter of credit which is similar to the L/G. In 1983, the standby letter of credit was adopted by UCP400. From then on, the standby letter of credit is used widely in the world.

6.2.1.1 Definition of Standby L/C under UCP

A standby L/C, also called a guarantee L/C, is an undertaking by the issuing bank to pay the beneficiary upon the failure of the applicant to perform specified obligations.

6.2.1.2 Basic Nature of Standby L/C under UCP

i. The business of standby L/C applies to UCP. It is based on the bank's credit and the issuing bank takes the first responsibility to pay.

ii. It is a self-sufficient contract that separates from the underlying contract.

iii. Banks deal with documents and not with goods, services or performance to which the documents may relate.

6.2.1.3 Basic Functions of Standby L/C under UCP

A standby L/C is a kind of independent settlement mode that is used to make up for the deficiency of commercial credit. Its functions are similar to those of independent guarantee.

6.2.2 International Standby under ISP98

Because the Customs and Practice for Documentary Letter of Credit mainly applies to commercial credit, many provisions of it can not be applied to the standby L/C. In order to settle commercial disputes of commerce, with the joint efforts of IIF (Institute of International Finance), IIBP (Institute of International Banking Law & Practice) and CBTP (ICC Commission on Banking Technique and Practice), International Standby Practice 1998 (ISP98) took effect on January 1, 1999. It includes preface and body. There are 89 clauses.

6.2.2.1 Definition of Standby L/C under ISP98

A standby L/C is an independent undertaking of the issuing bank to the beneficiary to honor a presentation that appears on its face to comply with the terms and conditions of the standby.

An international standby L/C should include the following contents:

- The number of the standby L/C;
- The full names of all parties;
- The signing date, number and the main contents of the basic contract;
- The scope of responsibility, currency and amount;
- The documents needed in making claims and presenting way;
- Expiry date of the standby L/C;
- Clear statement that the standby is subject to ISP98.

6.2.2.2 Nature of Standbys under ISP98

- The issuing bank takes the first responsibility to pay.

- Standby L/C is independent to the underlying contract.
- Complying presentation is necessary.
- Irrevocable nature bounds strongly.

6.2.3 Types in the Uses of Standby L/C

***a*. Tender Bond Standby L/C**

It supports an obligation of the applicant to execute a contract if the applicant is awarded a bid.

***b*. Performance Standby L/C**

It supports an obligation to perform other than to pay money including for the purpose of covering losses arising from a default of the applicant in completion of the underlying transactions.

***c*. Advance Payment Standby L/C**

It supports an obligation to account for an advance payment made by the beneficiary to the applicant.

***d*. Counter Standby L/C**

It supports the issuance of a separate standby or other undertaking by the beneficiary of the counter standby.

***e*. Financial Standby L/C**

It supports an obligation to pay money, including any instrument evidencing an obligation to repay borrowed money.

***f*. Direct Pay Standby L/C**

It supports payment when due of an underlying payment obligation typically in connection with a financial standby without regard to a default.

***g*. Commercial Standby L/C**

It supports the obligations of an applicant to pay for goods or services in the event of non-payment by other methods.

***h*. Insurance Standby L/C**

It supports an insurance or reinsurance obligation of the applicant.

DOCUMENT'S SAMPLE 25: PERFORMANCE STANDBY L/C UNDER UCP

DOCUMENT'S SAMPLE 26: FINANCIAL STANDBY L/C UNDER ISP98

6.2.4 Differences among Standby L/C, Documentary L/C and Independent Bank's L/G

6.2.4.1 Differences Between Standby L/C and Documentary L/C

Please refer to Table 6 - 2.

Table 6 - 2 Differences Between Standby L/C and Documentary L/C

Standby L/C	Documentary L/C
A standby L/C applies to UCP600 or ISP98.	A documentary L/C applies to UCP600.
Most of the standby L/Cs are used in credit guarantees and their documents are simple.	A documentary L/C is used in trade settlement. The documents are complex.
The examination of documents is simple. The issuing bank doesn't examine the consistence of the documents.	The examination of documents is complex. The inconsistence of the documents belongs to discrepancy.
If the beneficiary wants to get payment, he is not necessary to give value. There is little possibility to be dishonored.	If the beneficiary wants to get payment, he is necessary to give value. If the documents presented can not constitute a complying presentation, the beneficiary will be dishonored.
When a standby L/C is used in trade settlement, the beneficiary can airmail the original shipping documents to the applicant. It is good for the applicant to find out the authenticity of the documents.	When a documentary L/C is used in trade settlement, the documents must be transmitted by the issuing bank. It is not good for the applicant to find out the authenticity of the documents.
The bank doesn't control title of document. There are great risks. The issuing bank needs to sign a control reimbursement agreement with the applicant previously.	The bank controls title of document. The risks are relatively low for the beneficiary.

6.2.4.2 Differences Between Standby L/C and Independent Bank's L/G

Please refer to Table 6 - 3.

Table 6 - 3 Differences between Standby L/C and Independent Bank's L/G

Standby L/C	Independent Bank's L/G
A standby L/C applies to UCP600 and is popular in most countries in the world. Also it is easy to be carried out.	It applies to the part of independent bank's guarantee of URCG325 or URCG758 and has few influences in the world. Also it is not easy to carry out.
When the beneficiary makes claims, he need to present sight bill.	When the beneficiary makes claims, he needn't present sight bill except bill guarantee.

6.3 Choices and Comprehensive Uses of International Trade Payment Modes

6.3.1 Main Considered Factors of Choosing Payment Modes

When trading parties choose payment modes, there are many factors that need to be taken into account.

6.3.1.1 The Credit Standing of the Counterparty

Credit standing is very important to trading parties. If the counterparty's credit standing is not good, the merchant should choose payment modes with low risks. And if the counterparty's credit standing is sound, the merchant should choose payment modes with simple procedures and low cost.

6.3.1.2 Sale Situation of the Goods

The sale situation of the goods is also a very important factor which will influence the international trade. If the goods are salable, the exporter may choose payment modes which are good for him in funds' occupancy. If the goods are unsalable, the importer may choose payment modes which are good for him in funds' occupancy.

6.3.1.3 The Nature of the Trade Terms

The nature of the trade terms has a very deep influence on the choice of payment modes, so the nature of the trade terms should be paid more attention to.

***a*. Physical Delivery and Constructive Delivery**

i. Physical Delivery

A physical delivery only happens when the contract is carried to its delivery date and the goods are delivered to the original buyer specified in the contract. A physical delivery requires the buyer to take delivery of goods against payment. There are some price terms which belong to the physical delivery, such as EXW、FAS、EXS、DAT、DAP and DDP.

ii. Constructive Delivery

A constructive delivery, also called a symbolic delivery, refers to an act amounting to a transfer of title by operation of law when actual transfer is impossible. There are some price terms that belong to constructive delivery, such as FOB, CFR, CIF, etc.

***b*. The Nature of the Trade Terms and the Choice of Payment Modes**

i. Trade Terms and Remittance

Generally speaking, the remittance can be used in any price terms. But some price terms under constructive delivery such as FOB and CFR are unfit for the remittance, because the buyer may refuse to pay due to failure to cover insurance.

ii. Trade Terms and Collection

Generally speaking, collection is usually used in constructive delivery. But some price terms under constructive delivery such as FOB and CFR are unfit for the collection, because the buyer may refuse to pay due to failure to cover insurance.

iii. Trade Terms and L/C

An L/C can be used in all the terms under constructive delivery, because an L/C is a bank's credit.

6.3.1.4 The Nature of the Transport Documents

Transport documents can be divided into title transport documents and non-title transport documents. And they will have very deep influences on the business. Under B/L and multimodal transport B/L, the seller may choose the payment modes boldly. But under some air waybill, land waybill and postal receipt, the seller should choose the payment modes prudently.

6.3.1.5 Other Factors

Except the above factors, there are also some factors that must be considered, such as the amount, commercial customs, etc.

6.3.2 Comprehensive Uses of Payment Modes and Credit Instruments

6.3.2.1 Buyer or Seller's Comprehensive Uses of Remittance and Bank's L/G or Standby L/C

Under remittance, the trading parties may ask the counterparty to provide a bank's L/G or a standby L/C to decrease the risks.

6.3.2.2 The Seller's Comprehensive Uses of Collection and Bank's L/G or Standby L/C

It is a method of reducing trade risks for the seller. Whether it is a documentary collection or a clean collection, the seller may require the buyer to provide a bank's guarantee or a standby L/C to lessen the risks.

6.3.2.3 The Seller's Comprehensive Uses of Documentary Collection and Clean Collection

The seller may use the documentary collection to collect the main payment and use the clean collection to collect the balance.

6.3.2.4 The Seller's Comprehensive Uses of Documentary L/C and Clean Collection

In order to lighten the issuing bank's deposit and charges burden, the seller may use an L/C to collect the main payment and use a clean collection to collect the balance.

6.3.2.5 The Seller's Comprehensive Uses of Documentary L/C and Bank's L/G or Standby L/C

Under deferred L/C, the seller may use a documentary L/C to collect sight payment and use a bank's L/G or a standby L/C to collect the deferred balance.

6.3.2.6 Buyer's Comprehensive Uses of Documentary L/C and Bank's L/G or Standby L/C

Under anticipatory L/C, the buyer may in turn require the seller to provide an advance refund guarantee or a standby L/C, in order to reduce his own risk.

In practice, the trading parties may choose flexible payment modes and credit instruments according to specific conditions.

Chapter 7

Traditional Business of International Trade Financing and Credit

7.1 International Trade Short-Term Credit

International trade short-term credit refers to loans for a year or less in international trade. It can also be divided into short-term commercial credit and short-term bank credit.

A short-term commercial credit refers to a short-term credit between the seller and the buyer. A short-term bank credit means a short-term credit that the banks or other financial institutions provide to the seller or the buyer.

7.1.1 Bank Short-Term Credit to the Exporters

7.1.1.1 Unsecured Order Loan to Export Manufacturers

An unsecured order loan means that the bank provides loan to the exporter which obtains foreign order for his production.

7.1.1.2 Mortgage Loan against Export Goods Reserves

A mortgage loan against export goods reserves means that the exporter's bank provides loan to the exporter against exporter's reserved goods.

7.1.1.3 Packing Loan to the Exporter

A packing loan to the exporter refers to a short-term loan granted by a bank to the exporter against the received for shipment goods or original L/C.

The procedures of packing loans are as follows:

i. The exporter provides the original L/C to the bank for mortgage and applies for packing loan.

Meanwhile, the following documents must be provided. (i) If the exporter applies for the packing loan, he must provide his company's basic materials to the bank; (ii) The exporter fills in an application form for packing loan; (iii) If necessary, the exporter must hand in cash deposit or provide guaranteeing company.

ii. After examining the L/C and the materials provided by the exporter, the bank will sign a packing loan contract with the exporter.

7.1.1.4 Loan Secured by the Documentary Bill to the Exporters

It is a financing way under which the negotiation bank negotiates the documents or the draft for the exporter.

$$\text{Negotiation interest} = \text{principal} \times \text{annual interest rate} \times \text{days}/360$$

***a*. Negotiable against Documentary Credit to the Exporters**

It means that the nominated bank purchases the exporter's documents. For the bank, there are low risks to loan through negotiation. For the exporter, he can get the financing without mortgage, pledge and cash deposit.

***b*. Advance Payment against Documentary Collection**

It means that the remitting bank purchases the principal's documents in advance. There are some risks for the remitting bank to pay in advance. In order to control risks, the remitting bank usually approves the exporter's credit line again.

7.1.1.5 Loan against Foreign Stock Goods (Stock Financing)

It means that the bank locating in the exporter's country provides the loan to the exporter against the exporter's foreign stock goods. That the exporter controls the title of document is the premise of this method.

7.1.1.6 Export Bills Credit

An export bill credit means that the bank provides loans to the exporter against financial documents, including accepting credit line, discounting bills and bills pledge loans.

7.1.2 Bank's Short-Term Credit to the Importers

There are different forms of bank's short-term credit to the importers.

7.1.2.1 Unsecured Loans for Importers' Daily Operation

It is a credit under which the importer's bank provides a loan to the importer for his daily operation without any collateral.

7.1.2.2 Approving Line of Credit for Issuing L/C

Under this financing way, the issuing bank will grant the applicant to the maximal amount of credit line after verifying the buyer's financial situation and relative aspects. As long as the applicant applies to the issuing bank for issuing an L/C, the issuing bank will issue an L/C within the credit line of the applicant. The applicant need not hand in deposit in advance. Line of credit includes general line of credit and one-time line of credit.

7.1.2.3 T/R Credit

Trust receipt is a kind of guaranteeing letter issued by the importer. It can be used in collection or L/C business. If the importer provides T/R to the issuing bank or the collecting bank, the bank will release the documents to him. This is a financing method for the importer.

***a*. T/R against L/C**

It is a financing method under which the issuing bank releases the documents to the applicant in advance and pays to the exporter against complying documents in advance. The title of the goods belongs to the issuing bank. At the due date, the importer must pay to the issuing bank. Under this financing method, the issuing bank must approve the importer's credit line first. If the line of T/R is within the scope of the credit line, the issuing bank will release the documents to the applicant.

***b*. T/R against D/P**

It is a financing method. Under D/P, the importer borrows the documents from the collecting bank against the trust receipt. And the importer will pay to the collecting bank and redeem the trust receipt back at the maturity of the bill.

7. 1. 2. 4 Shipping Guarantee (S/G)

It means taking delivery against a bank's guarantee. In short distance trade, there is such condition under which the goods have already arrived at the destination, while the documents haven't reached yet. In order to reduce the relative charges, the importer goes to his bank to apply for a bank's guarantee and then takes delivery of the goods against it.

7. 1. 2. 5 Import Bill Credit

An import bill credit means that the importer's bank provides loan to the importer against financial documents only, including accepting credit line, bills guarantee and discounting.

7. 2 International Trade Medium-and Long-Term Credit

International trade medium-and long-term credit refers to loans for more than one year in international trade.

It includes export credit and joint loans.

7. 2. 1 Export Credit

An export credit is a loan extended to an exporter or an importer by a bank in the country of the exporter in order to finance an export operation. It is usually used in the capital commodities export trade, especially in the export of medium and large electromechanical device or complete sets of equipment.

There are many kinds of export credits, such as seller credit, buyer credit, government loans, mixed credit and credit line.

7.2.1.1 Seller Credit

A seller credit means that the banks in the exporter's country provides medium-and long-term preferential loans to the exporters in order to support the export of electro-mechanical products and complete sets of equipment that are exported by means of deferred payment.

Business procedures of seller credit are as follows:

i. The exporter and the importer sign a deferred payment contract under which the exporter uses the seller's credit to export electro-mechanical products and complete sets of equipment.

ii. The exporter signs a loan agreement with a local bank. The exporter must cover the seller's credit insurance except bearing commitment fees and management charges.

iii. The contract comes into effect provided that the importer must pay 5%-15% down payment.

iv. The exporter delivers the goods in partial shipment. And the importer pays 10%-15% payment from arrival of goods to the date of commitment.

v. The buyer pays the 70%-85% payment by installment after getting all the goods.

vi. According to the stipulation of the loan contract, the exporter pays the interest by installment.

7.2.1.2 Buyer Credit

A buyer credit is a medium-or long-term credit available to an importer or his bank from overseas banks or other financial institutions for goods they are importing. The overseas banks usually lend the funds to the importer based on a bank guarantee issued by the importer's bank.

Business procedures of a buyer credit are as follows:

***a*. Business Procedures of Direct Loans to Foreign Importers**

i. The exporter and the importer sign a deferred payment contract that the importer uses the buyer's credit to import larger or complete sets of capital goods.

ii. The importer signs a loan agreement with an exporter's bank and gets the loan.

iii. The contract comes into effect provided that the importer must pay 10%-15% cash payment according to the stipulation of the contract.

iv. The exporter delivers the goods in partial shipment to the importer. And the importer pays the balance according to the stipulation of the contract.

v. According to the stipulation of the loan contract, the importer pays the interests by installment.

Generally speaking, merchants in China would not accept this kind of financing method.

***b*. Business Procedures of Loans to Import Place Banks**

i. The exporter's bank and the importer's bank sign a total loan agreement which stipulates the total amount and the expiry date of the buyer's credit.

ii. The importer and the exporter sign a trade agreement under which the buyer imports larger or complete sets of capital goods.

iii. The importer signs a loan agreement with his bank against the trading contract. The importer's bank applies for loan from the exporter's bank.

iv. The contract comes into effect provided that the importer must pay 10%-15% cash payment according to the stipulation of the contract.

v. After receiving cash payment, the exporter delivers the goods in partial shipment. And the importer pays the balance according to the contract.

vi. The importer pays the principals and interests by installment.

vii. The importer's bank pays the principal and interests to the exporter's bank according to the loan agreement.

7.2.1.3 Government Loans

The government loan is a kind of sovereign debt granted by the government from one country to that of another. It contains some donation elements.

Favorable loans granted by a foreign government usually have an interest rate not exceeding 3%. Even there are some governments provide interest-free loans. The loan term is from 10 to 40 years depending on the countries involved.

However, the use of the foreign government loan is usually subject to certain restrictions, such as compulsory procurement of equipment from the lending country, approval by the governments of both lending and borrowing countries and the percentage of the third country equipment and technology not to exceed 10%-30% of the contract value.

7.2.1.4 Mixed Credit

A mixed credit, also called a tie-aid credit, is a series of loans offered to a borrower containing loans with both government loan and seller credit or buyer credit. A mixed credit is an interest-free or low-interest loan, typically with 10-30 years' maturity.

A mixed credit has four lending forms, namely joint lending, mixed lending, portion lending and separate lending.

7.2.1.5 Credit Line (Credit Limit)

In order to promote the export of consumer goods and small amount of capital goods or engineering construction materials, the exporter's bank provides certain amount of medium-term financing to the importer's bank. Then the importer's bank makes loans to local importers.

Credit line here includes general credit line and project credit line.

***a*. General Credit Line**

A general credit line, also called a shopping-basket credit line, means that the exporter's bank provides financing credit limit for the importer's bank. The importer's bank will distribute the lending to the importers for purchasing the exporter's goods.

***b*. Project Credit Line**

A project credit line means that the exporter's bank provides financing credit limit for the importer's bank. The importer's bank will distribute the lending to the importers for purchasing the exporter's capital goods or project materials.

7.2.2 Joint Loans

Generally joint loans can be classified into two categories, including joint loans of international commercial banks (syndicated loans) and joint loans of international financial institutions.

7.2.2.1 Joint Loans of International Commercial Banks (Syndicated Loans)

An international commercial bank loan means that the borrower borrows funds from the international commercial banks in the international financial market. A joint loan of international commercial banks is also called a syndicated loan, is led by one or several banks and attended by many international commercial banks, which together provide the larger amount of long-term loans to the government of a country or a project financing.

7.2.2.2 Joint Loans of International Financial Institutions

An international financial institution loan means that the international institutions grant loans to their members for the purpose of helping them develop resources, develop economy and balance international payment.

These financial institutions include International Monetary Funds, the World Bank, Asian Development Bank, International Development Association, International Agriculture Development Fund and other institutions.

***a*. Joint Loans of the World Bank**

The World Bank Group (WBG) is the largest and most famous development bank in the world. Its activities are focused on developing countries, in fields such as human development, agriculture and rural development, environmental protection, infrastructure and large industrial construction projects. Due to limited funds, the WBG's funds are used together with commercial loans, export credit and host country's government loan. It forms the joint loans of the World Bank.

***b*. Joint Loans of the Asian Development Bank**

The Asian Development Bank (ADB) is a regional development bank. It was modeled closely to the World Bank. ADB mainly provides the joint loans for its members. There are five financing modes. They are equal financing, joint financing, umbrella-type financing, window financing and participation financing. It has two various modes, namely parallel mode and mixed mode.

7.3 Export Credit Insurance

An export credit insurance is an insurance offered by government export credit agencies that want to protect their banks and exporters from the credit risks of importers. It includes commercial risks and political risks. The commercial risks mainly cover buyer's breach of a contract, reconstruction, non-payment, or bankruptcy, etc. Political risks include war, riot, requisition, confiscation and foreign exchange control, etc. This insurance covers some of the possible losses.

7.3.1 Characteristics of the Export Credit Insurance

The export credit insurance has the following features.

i. It is an insurance covering economic risks and political risks. National finance's supporting is the basis of this kind of insurance.

ii. Its management is highly centralized and government export credit agencies or their branches manage it directly.

iii. It is not for profit. The information analysis is the basis of it.

iv. It just offers insurance for national exporting items or export credit.

According to the differences of insurance period, export credit insurance can be classified into short-term export credit insurance and medium-and long-term export credit insurance.

7.3.2 Short-Term Export Credit Insurance

The short-term export credit insurance provides exporters with guarantees for payment risk in doing export or re-export by the way of L/C, D/P, D/A, or OA. The period of insurance is within a year.

7.3.2.1 Types of Short-Term Export Credit Insurance

There are many kinds of short-term export credit insurances, such as L/C export credit insurance, collection export credit insurance, consignment export credit insurance, international factoring export credit insurance, negotiation export credit insurance, overseas stock and storage insurance, overseas processing insurance, overseas advertisement insurance, etc.

7.3.2.2 Insurance Coverage under Short-Term Export Credit Insurance

***a*. Political Risks**

(i) Buyer country's foreign exchange control, prohibition or restriction of remittance; (ii) Buyer country's import control; (iii) Extension of revoked import licenses; (iv) The third country's injunction; (v) Buyer country or the third country's war, riot or revolution; (vi) Other uncontrollable accidents.

***b*. Commercial Risk**

(i) Buyer's bankruptcy or buyer's inability to pay; (ii) Buyer's default payment over 4 months; (iii) Buyer's rejection of goods.

7.3.2.3 Approval System of "Buyers of Lines of Credit"

If the exporter wants to apply for short-term export credit insurance, he must examine and approve "buyer of lines of credit" and take risks within the credit line.

Under the following conditions, the credit line is prohibited.

i. No buyer's registry records or no such person;

ii. Inauspicious credit and high regional risks;

iii. Buyer's financial distress or defaulted payment;

iv. On buyer's blacklist.

7.3.2.4 The Proportion of Compensation for Losses

i. Generally speaking, if the buyer's rejection happens, the insurer will provide 80% coverage of the net contract value. If other losses caused by other reasons happen, the insurer will provide 90% coverage of the net contract value.

ii. If the importer's operation scale is small and the management of the business is poor, the compensation rate may be lower than 80% of the net contract value. Compensation rate for losses caused by bankruptcy or default payment may be lower than 90% of the net contract value.

iii. The highest compensation rate of political risks is not more than 95% of the net contract value.

7.3.2.5 Financing Business under Short-term Export Credit Insurance

The financing business procedures of short-term export credit insurance are as follows:

i. The importer and the exporter conclude a deal intention;

ii. The exporter applies for export credit insurance to the insurance company;

iii. The importer and the exporter conclude a contract;

iv. The exporter effects shipment and pays the premium;

v. The exporter signs a financial agreement with a local bank;

vi. The exporter signs letters of authorization of claim and transfer with insurance company and local bank.

vii. The exporter provides concerning document to the local bank and applies for financing;

viii. After considering the exporter's comprehensive conditions such as credit standing, goods' sale, payment modes, guarantee, etc., the bank in the exporter's place decides whether to provide finance.

7.3.3 Medium-and Long-Term Export Credit Insurance

The medium-and long-term export credit insurance provides exporters with guarantees for payment risk bearing a term of more than one year. It mainly applies to the export of electro-mechanical products featuring high-tech and high added value, and complete plant equipment packages, as well as to contract for overseas projects.

There are following kinds of medium-and long-term export credit insurances.

7.3.3.1 Medium-and Long-term Delayed Payment Insurance

It covers default of payment by the borrower or guarantor under the credit agreement due to certain political and commercial risks. Its highest compensation rate is 95% of the net contract value.

7.3.3.2 Export Credit Insurance for Seller Credits

In international trade, sometimes the exporter can not get all or part of payment due to political or commercial reasons. If the seller covers such insurance, he may get 90% compensation of the contract value.

7.3.3.3 Export Credit Insurance for Buyer Credits

Under the buyer credit, the bank which lends the funds to foreign banks or foreign buyers may have risks of funds. If the lending bank covers such insurance, it may get 100% compensation of the contract value.

7.3.3.4 Other Medium-and Long-term Export Credit Insurances

Besides, there are other kinds of insurances, such as forfaiting export credit insurance, overseas investment insurance, etc.

7.3.4 Active Effects of Export Credit Insurance

One of the greatest benefits for the exporter is its ability to offer or accept multiple forms of payment. The exporter can also explore update and higher risk markets to increase the growth potential now.

7.4 L/C Business against Export Credit and Joint Loans

Generally speaking, the trade payment under international loan is connected with the L/C. But it is different from the ordinary L/C, especially in issuing the L/C, amending the L/C, reimbursement conditions and operative clauses.

7.4.1 L/C Business against Buyer Credit

A buyer credit is a medium-or long-term credit available to an importer or his bank from overseas banks or other financial institutions for goods he is importing. The overseas bank usually lends the funds to the importer's bank which will relend the funds to the importer. An L/C is usually used in this kind of business. The re-loan bank is the issuing bank. The amount of the L/C is that of loan agreement between two banks.

7.4.2 L/C Business against Joint Loans of the World Bank

Purchasing under joint loans of the World Bank must adopt an L/C. But the L/C under joint loans of the World Bank is different from the ordinary L/C, especially in issuing the L/C, amending the L/C, reimbursement conditions and operative clauses.

7.4.2.1 Issuance of L/C

The issuing bank is the project unit's account bank. Usually, the project unit is the applicant except that the project unit has no right to import. Under this condition, the entrusted importer is the applicant. In issuing the L/C connecting with the loans of the World Bank, the applicant needn't render cash deposit.

7.4.2.2 Special Drawing Commitment Clause

The World Bank is the paying bank under the loans of the World Bank. The L/C has a special operative clause which stipulates that the L/C will not be operative until the advising bank receives the special drawing commitment issued by the World Bank. Therefore, the project unit must apply to the World Bank for the special drawing commitment.

7.4.2.3 Amendment of L/C

Once the beneficiary receives the special drawing commitment, the applicant can not amend the L/C randomly. If the applicant wants to amend the L/C, he must airmail the copy of the amendment and the application form for amending L/C to the World Bank. Meanwhile, the issuing bank should advise the advising bank the modifying contents for the beneficiary's confirmation. After getting the amending notice from the advising bank, the beneficiary should apply to the World Bank for confirmation. If the World Bank approves the amendment, the issuing bank has the right to amend the L/C according to the amending application form.

7.4.3 L/C Business against Joint Loans of the Asian Development Bank

The L/C business under joint loans of the Asian Development Bank is similar to those of the L/C business under joint loans of the World Bank. The Asian Development Bank has two kinds of commitment letters. One is common commitment letter. The other is special commitment letter. Under the first one, there is a stopping reimbursement clause which stipulates that the Asian Development Bank reserves the right of cancelling the loan due to the reasons of the debtor. For the second one, it conforms to the borrower's application. As a general rule, the Asian Development Bank just issues the common commitment.

Chapter 8

New Services Business of International Trade Settlement and Financing

8.1 International Factoring and Receivables' Recovery Services

8.1.1 International Factoring

A factoring is a transaction in which a supplier sells or assigns his accounts receivables to a third party, also known as a "factor." The factor will provide at least one of the following services for the exporter: receivable ledgering, collection of receivables or protection against bad debts.

It is said that factoring originated from the ancient Mesopotamian culture, with rules of factoring preserved in the Code of Hammurabi.

Factoring as a fact of business life was underway in England prior to 1400, and it came to America with the Pilgrims, around 1620. It appears to be closely related to early merchant banking activities. By the twentieth century in the United States factoring was still the predominant form of financing working capital for the high growing textile industry.

Till now, the international factoring is extended to the fields of the receivable ledgering, collection of receivables or protection against bad debts. This is the modern factoring in a real sense.

8.1.1.1 Forms and Natures of the Receivables' Transfer

There are two forms of receivables' transfers, advice transfer and unclosed transfer. The advice transfer means that if the exporter wants to transfer his receivables to the factor, he must advise the importer. The unclosed transfer means that if the exporter wants to transfer his receivables to the factor, he needn't advise the importer. According to General Rules for International Factoring, all assignment of receivables must be in writing and the import factor is obliged to inform the export factor of the validity of assignment.

8. 1. 1. 2 International Factoring Rule and Convention

a. General Rules for International Factoring

In 1968, delegations from 15 countries held a meeting in Stockholm, establishing Factors Chain International (FCI). Today, FCI has become the largest international organization providing factoring devices. In order to regulate the business of factoring and promote the development of international trade, FCI issued Code of International Factoring Customs, meanwhile the concerning rule has been issued. They are Rules of Arbitration and Factoring Aided by Computers and Telecommunication System. In order to promote the development of factoring and guarantee the vitality and practicability, FCI issued Code of International Factoring Customs in 2002 and renamed it as General Rules for International Factoring. Again, it was revised in 2010. 2010 version is popular currently.

b. United Nations Convention on the Assignment of Receivables in International Trade

In order to resolve the problems of uncertainties as to the assignment of receivables in different countries, United Nations Commission on International Trade Law in its 25th conference discussed the issue of assignment of receivables. Till 2001, United Nations Convention on the Assignment of Receivables in International Trade was signed. But because of various reasons, it hasn't taken effect.

8. 1. 1. 3 Basic Parties of Export Factoring

a. Factor

Factors include export factor and import factor. Export factor is a party to whom the supplier assigns his receivables in accordance with the factoring contract; import factor is a party to whom the receivables are assigned by the export factor in accordance with these rules.

b. Export Supplier

The supplier, also called the client or the seller, is a party who invoices for the supply of goods or the rendering of services.

c. Import Buyer

The import buyer, also called the debtor or the customer, is a party who is liable for payment of the receivables from the supply of goods or rendering of services.

8. 1. 1. 4 Main Kind I of Export Factoring—from the Contents Perspective

From the contents perspective, export factoring includes comprehensive disclosed factoring, disclosed maturity factoring and undisclosed financing factoring.

a. Comprehensive disclosed Factoring

It is one of the disclosed factorings under which the supplier advises the transfer of receivables to the purchaser openly. Under comprehensive disclosed factoring, the export factor provides comprehensive services for the supplier. The services include management of receivable ledgering, collection of receivables, credit control and trade financing.

The contents of comprehensive disclosed factoring are as follows:

i. Management of Receivable Ledgering

Providing account management is one of the export factor's services. Most of the factors are advanced banks that possess sophisticated computer system. Through the advanced computer, the export factor will provide the services for the exporter such as book keeping, reporting the collection to the exporter, overdue account condition, sending statements, helping the supplier collect the receivables, etc.

ii. Collection of Receivables

The import factor has the right to arrange professionals to collect the receivables from the debtor (importer) for the supplier.

iii. Credit Control

In order to guarantee the receivable's safety, the factor will approve the buyer's credit through its extensive agency network and various commercial consulting institutions.

iv. Trade Financing

If the supplier has a demand for financing, the export factor will provide the advance not more than 80% of the invoice value. According to the situation whether the export factor reserves the right of recourse after financing, disclosed financing factoring includes disclosed financing factoring with recourse and disclosed financing factoring without recourse.

Under disclosed financing factoring with recourse, the export factor reserves the right of recourse. The factor has not the responsibility to approve the credit standing of the seller and the buyer as well as providing protection against bad debts.

Under disclosed financing factoring without recourse, the export factor has not the right of recourse. The factor has the responsibility to approve the credit standing of the seller and the buyer. If no disputes concerning underlying contract happen, the factor will undertake protection against bad debts provided that the debtor refuses to pay after the due date of the invoice for 90 days.

***b*. Disclosed Maturity Factoring**

The disclosed maturity factoring, also called the maturity factoring, is one of the primitive factoring methods. Under disclosed maturity factoring, when the supplier assigns his receivables to the export factor, the supplier can not obtain his proceeds until the documents mature and the buyer makes the payment.

***c*. Undisclosed Financing Factoring**

The undisclosed financing factoring, also called the undisclosed factoring, is a form of factoring under which the supplier doesn't advise the transfer of receivables to the debtor. At the maturity of the receivables, the debtor remits the proceeds to the exporter who will deliver the receivables to the export factor.

8.1.1.5 Main Kind Ⅱ of Export Factoring—from the Operating Mechanism Perspective

***a*. Two-factor System**

A two-factor system means that the import factor and the export factor provide service for the supplier together. Generally speaking, a two-factor system just applies to the disclosed factoring. Also there are standard two-factor system and non-standard two-factor system.

i. Standard Two-Factor System

A standard two-factor system means that there is no dealer between the supplier and the debtor. And both the export factor and the import factor take responsibilities under disclosed factoring.

The applying procedures of standard two-factor system are as follows:

(i) The supplier fills in Export Factor Credit Application Form and applies for the factoring.

(ii) The export factor chooses an import factor and transmits the Export Factor Credit Application Form to the import factor.

(iii) The import factor approves the importer's credit and replies within 14 days. After sending Export Factor Credit Approval Response, the export factor gives its factoring conditions and quotation.

(iv) The export factor gives its factoring conditions and quotation and signs Export Factoring Agreement with the exporter.

(v) The export factor signs a factoring agreement with the import factor.

(vi) The export factor sends Export Factoring Credit Approval Advice.

Then the performing procedures of the international factoring agreement are as follows:

(i) The exporter signs sales contract with the importer and sends Factoring Business Introduction Letter to the importer. Also the exporter should notify the import factor to the importer.

(ii) The exporter effects shipment within credit line. After shipment, the exporter provides the documents for the export factor.

(iii) The export factor airmails the original commercial invoice with transferring clause and maturity of payment to the import factor.

(iv) If the exporter needs financing, the export factor will provide funds for the exporter according to the agreement.

(v) The import factor collects the receivables and transfers it to the export factor.

(vi) After deducting the interests and charges, the export factor credits it to the exporter's account.

ii. Non-Standard Two-Factor System

It includes back-to-back factor system and one-and-a-half factor system.

(i) Back-to-Back Factor System

Compared with standard two-factor system, back-to-back factor system has another importer dealer besides the importer. Back-to-back indicates that there is an importer dealer between the supplier and the importer.

(ii) One-and-a-Half Factor System

It is a factoring under which some responsibilities undertaken by the export factor and the import factor under the two-factor factoring are exempted.

There are two conditions. One condition is that it exempts the responsibilities of the import factor's collection of the receivables from the purchaser and just requires it to provide protection against bad debts, collect the serious overdue receivables and help the exporter settle disputes. The other condition is that it exempts the responsibilities of the export factor such as receivable collection from the purchaser, protection against bad debts and credit control, and just requires the export factor to provide business supervision and financing service.

***b*. Single-Factor System**

It is a factoring under which there is just one factor, the import factor or the export factor. It is also divided into direct-export-factor system and direct-import-factor system.

i. Direct-Export-Factor System

It is a single factoring under which there is just an export factor providing factoring service for the supplier. Because the export factor will take great risks of it, the direct-export-factor system is seldom used.

ii. Direct-Import-Factor System

It is a single factoring under which there is just an import factor providing factoring service for the supplier. Because the import factor wouldn't provide financing services for the exporter, it is just used in maturity factoring.

8.1.1.6 The Main Contents of Factoring Service Agreement

If the supplier wants to use international factoring to make settlement, he must sign a factoring service agreement with the export factor. Generally speaking, it contains the following items: expiry date of the agreement, approving the accounts receivable, transfer of the accounts receivables, purchasing price and financing quota, the exporter's confirmation of the factoring agreement, restriction on the exporter and termination clause.

8.1.1.7 The Benefits of Factoring for the Exporters

There are many benefits for the exporters.

***a*. Control the Buyer's Credit for the Exporter**

i. Investigate and approve the importer's credit;

ii. Control the importer's O/A credit.

***b*. Manage Accounts for the Exporter**

Account management for O/A business is a complicated work which needs lots of manpower and materials. If the factor replaces the exporter to manage account by means of its advanced computer system and perfected management, it will save the exporter's expenses and time.

***c*. Provide Protection against Bad Debts for the Exporter**

Although O/A business can enlarge the seller's business, it is dangerous for the seller under which the conditions of the importer's refusal to pay or inability to pay happen frequently. The factor's guarantee to pay eliminates the exporter's collection risks. This is also one of the great advantages for the factoring business.

***d*. Provide the Short-Term Financing Service for the Exporter**

Under a typical factoring business, after effecting shipment, the exporter can apply for financing upon receipt of the exporter's invoices. The amount of financing is not more than 85% of the invoice value without recourse. This is also the major advantage of international factoring.

8. 1. 1. 8 Comparison of Export Factoring with Export Credit Insurance

Please refer to Table 8 - 1.

Table 8 - 1 Comparison of Export Factoring with Export Credit Insurance

	Export Factoring	Export Credit Insurance
Credit guarantee	100%	70%~90%
Time of compensation (From the maturity of receivable)	After 90 days	After 120~150 days
Claim procedures	Simple	Complicated
Importer's credit management	Yes	Yes
Account management	Yes	No
Collection of receivable	Yes	No
Protection against bad debt	Yes	Yes
Financing	Yes	No

8. 1. 2 Receivables' Recovery Services

In international trade, the default of the receivables is a troublesome problem. On the one hand, the deferred payment and non-L/C payment prevail in intense trade competition. On the other hand, the serious late payment hampers the development of international trade greatly. Although international factoring can solve some problems of delay payment, it can not resolve all the late payment problems. Therefore, receivables' recovery services emerge.

The receivables' recovery service is a special international settlement service. It means that the debt collection agency provides services of debt collection, credit control and account management to the exporter.

8. 1. 2. 1 Kinds of Receivables' Recovery Services

Receivables' recovery services include receivables' recovery services after business and comprehensive receivables' recovery services.

***a*. Receivables' Recovery Services after Business**

It is a kind of simple receivables' recovery services. The debt collection agency just provides service of receivables' collection for the exporter. Once the exporter can not collect the receivables after finishing business, he will entrust a debt collection agency to collect the receivables for him. If the receivables are collected, the debt collection agency will charge 8%~23% service fees of the total amount of the receivables from the exporter. Otherwise, the debt collection agency will not take charges except a small service fee.

***b*. Comprehensive Receivables' Recovery Services**

It is a kind of comprehensive receivables' recovery services. The debt collection agency provides comprehensive services for the exporter. The supplier entrusts the debt collection agency to make an investigation on the buyer's credit previously and manage the receivable account. Once the receivables belong to 30 days' overdue payment, it moves automatically into debt collection procedures. The debt collection agency will take charges according to the proportion of the business amount besides the entrusting and service fees.

8.1.2.2 The Benefits of Receivables' Recovery Services for the Exporters

There are many benefits for the exporter.

i. The debt collection agency can investigate and approve the importer's credit and make a credit control on the importer's credit.

ii. The debt collection agency can manage the receivable account for the exporter.

iii. The debt collection agency can provide all kinds of overdue payment services for the exporter.

8.2 Forfaiting

Forfaiting originated from Switzerland. After the Second World War, West European manufacturers of capital goods were eager to export their machines to East European countries. Forfaiting is a special financing way on medium-and long-term bills of exchange, namely a financial transaction from the exporter's forfaitor without recourse to buy out the creditor's rights of the medium-and long-term bills of exchange, promissory notes or other documents of receivable account after foreign importer's bank's acceptance or guarantee. Thus, non-recourse trade finance was invented by Zurich Bank. Under the forfaiting business, the forfaitor purchases the exporter's receivables from half a year to seven years at a discount by paying cash without recourse. The forfaitor, the purchaser of the receivables, becomes the entity to whom the importer is obliged to pay his debt.

8.2.1 Forms and Nature of the Forfaiting Transfer

The transfer of forfaiting includes the straight transfer and the anonymous transfer. In the first market, the straight transfer is usually used. But in the secondary market, sometimes the anonymous transfer is also used.

8.2.2 The Evidences of Indebtedness under Forfaiting

8.2.2.1 Accepted Usance Draft

It mainly includes accepted bill of exchange, commercial accepted bill of exchange with "Per Aval" words and commercial accepted bill of exchange accompanied by bank's independent guarantee or standby L/C.

8.2.2.2 Commercial Time Promissory Notes

It mainly includes commercial promissory note with "Per Aval" words or commercial promissory note accompanied by bank's independent guarantee or standby L/C.

8.2.2.3 The Invoices and Other Certificates of the Receivables

These debt certificates are usually guaranteed by banks' independent L/Gs or standby L/Cs. If necessary, the exporter may cover export credit insurance.

8.2.3 Business Procedures of Forfaiting

i. The exporter contacts with the forfaitor for quotation and provides the written materials to the forfaitor, such as the importer's financial standing, paying ability, the estimated time of signing contract, commodities, currency, modes of payment, etc.

ii. If the forfaitor thinks it feasible, it will submit a quotation with reference discount rate.

iii. The exporter offers to the importer and signs a tract. In the contract, they stipulate that the forfaiting is adopted.

iv. The exporter applies for forfaiting to the forfaitor and signs a forfaiting agreement with it.

v. After effecting shipment, the exporter submits the documents with usance bill accepted by the issuing bank to the forfaitor.

vi. The forfaitor credits the receivables to the exporter's account after deducting discount interest and commitment fees.

vii. At the maturity of the bill, the acceptance bank or the guaranteeing bank will credit the amount of the bill to the forfaitor's account.

8.2.4 Costs of Forfaiting Finance

On the surface, most fees concerning forfaiting are born by the exporter and just small part of fees are born by the importer.

8.2.4.1 Direct Fees Born by the Importer

The commitment fees or the guarantee fees are born by the importer. In fact, other fees are transferred to the importer through the offer.

8.2.4.2 Direct Fees Born by the Exporter

***a*. Discount Interest**

It refers to the interest from the date of forfaiting to the maturity of the bill. The discount interest includes basic rate and margin. For example, if the borrowing is in pound sterling for two years credit period, then the London Interbank Offered Rate, say 6.625% per annum, will be used to plus a margin, say 0.75% to calculate the interest.

***b*. Commitment Fee**

The commitment fee is a fee charged by a forfaitor to an exporter for covering the forfaitor's risk of interest from the date of signing a forfaiting agreement to the date of actual payment. The rate of commitment fee is usually 0.75%～1.5% of the total invoice value per annum.

***c*. Optional Fee**

If the exporter wants to do forfaiting business, he must let the forfaitor quote at first. An optional period is a period from the time of offer to the time of deciding whether the exporter accepts the offer or not. In general, if the exporter accepts the offer within 24 hours, he needn't pay any fees. If the exporter accepts the offer more than 24 hours, the forfaitor will charge him fees according to 1‰～1.5‰ of the total invoice value. These fees are optional fees.

***d*. Discount During the Days of Grace**

Days of grace mean additional days added to the maturity date by agreement between the seller and the buyer. Because the foreign control, bank's efficiency and time lags are different in different countries and areas, the actual date of collection is usually later than the maturity of the bill. In order to avoid losses, the forfaitor adds 2－3 days of grace to calculate discount.

8.2.5 Forfaiting Markets

Forfaiting markets include the primary market (the first market), the secondary market and the market for risk participation. Among them, the primary market is a dealing market between the exporter and the forfaitor, the secondary market is a dealing market among the forfaitors, and the market for risk participation is a dealing market supplied by banks for the forfaitors' speculation.

8.2.5.1 Forfaiting Risk Participation

The forfaiting risk participation means that the bank provides insurance services for forfaiting business. The bank, as a risk participating bank, bears part or all of the risks under forfaiting finance.

A bank's forfaiting risk participation is different from a bank's bill guarantee.

i. In essence, the business of a bank's bill guarantee provides credit guarantee for the debtor. The guaranteed person needn't provide cash deposit or mortgages. But under the business of a bank's forfaiting risk participation, the bank provides insurance for the forfaitor. The bank charges premium only.

ii. In the business of a bank's bill guarantee, the bank concerned provides credit guarantee previously. But in the business of a bank's forfaiting risk participation, the insurance bank is a new participant. The insurance bank, together with the forfaitor, provides double security for the exporter.

8.2.5.2 Syndicated Forfaiting

The syndicated forfaiting means that some forfaitors provide forfaiting services for the exporter together in a great amount of business.

8.2.6 Advantages and Disadvantages of Forfaiting

8.2.6.1 Advantages and Disadvantages to the Exporters

***a*. Advantages**

i. Quick liquidity of the receivables;

ii. Needn't collect the receivables and save the concerning fees;

iii. Can get financing without recourse and with fixed interest rate, and avoid interest rate risk, exchange rate risk and national risk of commercial credit provided to the importer;

iv. May do the forfaiting business optionally;

v. Both the procedures of concluding the business and the forfaiting agreement are very simple;

vi. The trading formalities are very simple;

vii. The forfaiting is a secret business;

viii. Because the exporter can get the quote from the forfaitor and have the optional right of choosing the forfaiting, the exporter can transfer the fees to the buyer or abandon the business.

***b*. Disadvantages**

i. The forfaiting is done provided that there is an acceptor or a guarantor with sound credit.

ii. The exporter must confirm that his debt certificate or bank's acceptance or guarantee is valid. Only under this condition can the exporter exempt from the recourse from the forfaitor.

8.2.6.2 Advantages and Disadvantages to the Importers

***a*. Advantages**

i. Can get the exporter's commercial credit by time payment;

ii. Can deal with the documents in a simple way.

***b*. Disadvantages**

i. Acceptance or guarantee required will occupy the credit line for a long time;

ii. The financing costs are high;

iii. Because the bank in the importer's country guarantees to pay, the importer daren't delay or refuse to pay even under the condition of disputes.

8.2.6.3 Advantages and Disadvantages to the Banks

***a*. Advantages**

i. High yields;

ii. If necessary, the forfaiting can be transferred in the secondary market;

iii. The procedures of concluding forfaiting agreement and the concerning documents are very simple.

***b*. Disadvantages**

i. Without recourse;

ii. Take responsibility for the validity of the document, acceptance and guarantee;

iii. Examine the acceptor's or guarantor's credit;

iv. Can't use acceleration of payment clause to mitigate the losses;

v. If necessary, the forfaitor may invite other banks to participate in the forfaiting business to spread the risks.

8.2.7 Comparison between Forfaiting and Factoring

8.2.7.1 Similarities

- Both of them belong to financial products related to trade financing;
- Both of them are the purchasing of the receivables;
- Both of them are financings with fixed interest rate;
- Both involve the sellers transfering the risks to the factor or the forfaitor.

8.2.7.2 Differences

Please refer to Table 8 - 2.

Table 8 - 2 Comparison between Forfaiting and Factoring

Forfaiting	Factoring
Mainly negotiable instrument	Mainly non-negotiable instrument
100% financing	80% financing
Medium- and long-term financing over 180 days	Short-term financing within 180 days
Optional to do the forfaiting	Selling all the receivables
Done usually under L/C	Done usually under O/A or collection
Without recourse	With or without recourse

Although the forfaiting originated from Europe, it spread quickly to Asia and other continents. Until the 1990s, the forfaiting began to emerge in China. With the development of Chinese foreign trade, the forfaiting surely enjoys great potential and vast developing prospects.

Appendix

Document Samples

单据示样 1：信用证项下的跟单汇票

DOCUMENT'S SAMPLE 1：DOCUMENTARY DRAFT UNDER THE L/C

BILL OF EXCHANGE

Drawn under CITIBANK NEW YORK ***L/C No.*** 264-510

Dated Nov.30,2010 ***Payable with interest @*** ____ %

No.CS96-061 ***Exchange for*** USD10,000.00 HONG KONG Dec.23, 2010

At forty five days after *Sight of this* ***First*** *of Exchange (Second of Exchange being unpaid)*

Pay to the order of HSBC BANK HONG KONG *the sum of*

SAY US DOLLARS TEN THOUSAND ONLY**************************************

FOR VALUE RECEIVED.

TO: CITIBANK, NEW YORK FOR A COMPANY,HONG KONG

Pay against this draft, to debit of No. *x* account of

B COMPANY,NEW YORK with you. MANAGER: *(signature)*

单据示样 2：银行本票
DOCUMENT'S SAMPLE 2：BANK NOTE

Standard Chartered Bank **渣打银行**

630－636 Nathan Road，Mongkok 旺角弥敦道 630－636 号

日期 月份 年
D/D MM YY

支付或持有人
PAY TO OR BEARER ______

港币（*amount in words*）
HK$ （*amount in figures*）

______
（*Signature*）

单据示样 3：美元支票
DOCUMENT'S SAMPLE 3：US DOLLAR'S CHECK

BANK OF AMERICA

______
Day Month Year
A/C No. ______
Address ______

Pay to OR BEARER

USD（*amount in words*）______

US$ （*amount in figures*）______

Cheque No. ______

______
（*Signature*）

单据示样4：信用证项下的商业发票

DOCUMENT'S SAMPLE 4：COMMERCIAL INVOICE UNDER THE L/C

<table>
<tr><td colspan="2">ISSUER:</td><td colspan="3">COMMERCIAL INVOICE
ORIGINAL</td></tr>
<tr><td colspan="2" rowspan="2">TO:</td><td colspan="2">NO.:</td><td>DATE:</td></tr>
<tr><td colspan="2">S/C NO.:</td><td>L/C NO.:</td></tr>
<tr><td colspan="2">TRANSPORT DETAILS:</td><td colspan="3">TERMS OF PAYMENT:</td></tr>
<tr><td>MARKS & NUMBERS</td><td>NUMBERS AND KIND OF PACKAGE, DESCRIPTION OF GOODS</td><td>QUANTITY</td><td>UNIT PRICE</td><td>AMOUNT</td></tr>
<tr><td></td><td></td><td></td><td></td><td></td></tr>
<tr><td colspan="5">TOTAL:</td></tr>
<tr><td colspan="5">MANAGER: ____(signature)____</td></tr>
</table>

单据示样 5：港至港或联合运输提单

DOCUMENT'S SAMPLE 5：PORT-TO-PORT OR COMBINED TRANSPORT BILL OF LADING

Shipper		B/L No. ××× OCEAN SHIPPING COMPANY Head Office: Telex: Fax: ***ORIGINAL*** **Port–to-port or Combined Transport Bill of Lading** Received in apparent good order and conditions (unless otherwise stated herein) the goods above mentioned from the place of receipt or the port of loading to the port of discharge or the place of delivery, whichever applicable in accordance with the above entries.The goods is to be delivered at the above mentioned port of discharge or the place of delivery, whichever applicable. All the forgoing shall be subject to the exception, limitation, condition and liberties set out on the reversed side, to which the merchant agrees by accepting this Bill of Lading.
Consignee		
Notify party		
Pre-carriage by	Place of receipt	
Ocean vessel	Port of loading	

Port of discharge	Place of delivery	Freight payable at	Number of Original B/L

Marks & Nos Container No./ Seal No.	Quantity	Discription of goods	Gross weight KGS	Measurement

Above particulars furnished by shipper

Freight and charges	Place and date of issue
Note	Signed for or on behalf of the Carrier or CTO

单据示样 6：运输行航空运单
DOCUMENT'S SAMPLE 6：HOUSE AIRWAY BILL

Shipper —Name&Address	**NOT NEGOTIABLE AIRWAY BILL** (*Name of issuing carrier's agent*)
Consignee—Name&Address Issuing carrier's agent —Name&City Agent's IATA code / Account no.	It is agreed that the goods described herein are accepted in apparent good order and condition (except as noted) for carriage subject to the conditions of contract on the reverse hereof. All goods may be carried by any other means, including road or any other carrier unless specific contrary instructions are given hereon by the shipper. The shippers' attention is drawn to the notice concerning carrier's limitation of liability. Shipper may increase such limitation of liability by declaring a higher value of carriage and paying a supplemental charge if required.
Airport of departure (Address of first carrier) and requested routing	Accounting information

To *(First destination)*	By *(First carrier)*	To *(Second destination)*	By *(Second carrier)*	To *(Third destination)*	By *(Third carrier)*	Currency	Declared value for carriage

Airport of destination	Flight//Date	Amount of insurance	Insurance—If carrier offers insurance and such insurance is requested in accordance with the conditions thereof, indicate amount to be insured in figures in box marked "amount of insurance".

Handing Information: (*Notify party*)

No. of pieces	Gross weight	Rate class	Chargeable weight	Rate/Charge	Total	Nature and quantity of goods

Prepaid weight charge collect		Other charges
Valuation charge		
Tax		Shipper certifies that the particulars on the face hereof are correct and that insofar as any part of the consignment contains dangerous goods, such part is properly described by name and is in proper condition for carriage by air according to the applicable dangerous goods regulations. (*Signature of shipper or his agent*)
Total other charges due agent		
Total other charges due carrier		
Total prepaid	Total collect	
Currency conversion rates	CC charges in destination Currency	Executed on ________ at ________ (*Signature of issuing carrrier or as agent*)
For carrier's use only at destination	Charges at destination	Total collect charges / Airway Bill number

单据示样 7：承运货物收据

DOCUMENT'S SAMPLE 7：CARGO RECEIPT

中国对外贸易运输总公司上海分公司
China Rational Foreign Trade Transportation Corporation
Shanghai Branch

承运货物收据
CARGO RECEIPT
第一联（凭提货物）

运编号 No.__________
发票号 No.__________
合同号 No.__________

委托人: Principal	收货人: Consignee 通知: Notify

自 From	经由 Via	至 To
装运日期: Date	车号: Car No.	信用证号: L/C No.

标记 Marks & Nos	件数 Packages	货物名称 Description of Goods	附记 Remarks

运费缴付地点 Freight Payable	请向下列地点接洽提货 For Delivery Apply to

押汇银行签收 Bank's Endorsement	收货人签收 Consignee's Signature	承运人签章 Carrier's Signature

中国对外贸易运输总公司 ××分公司

单据示样 8：货物运输保险单

DOCUMENT'S SAMPLE 8：CARGO TRANSPORTATION INSURANCE POLICY

中国人民保险公司

PICC

The People's Insurance Company of CHINA

总公司设于北京　　一九四九年创立

Head Office: Beijing　　Established in 1949

货物运输保险单

CARGO TRANSPORTATION INSURANCE POLICY

发票号(INVOICE NO.)　　保单号次

合同号(CONTRACT NO.)　　POLICY NO.

信用证号(L/C NO.)

被保险人(INSURED)

中国人民保险公司（以下简称本公司）根据被保险人的要求，由被保险人缴付约定的保险费，按照本保险单承保险别和背面所载条款与下列条款承保下述货物运输保险，特立本保险单。

THIS POLICY OF INSURANCE WITNESSES THAT THE PEOPLE'S INSURANCE COMPANY OF CHINA (HEREINAFTER CALLED "THE COMPANY")AT THE REQUEST OF THE INSURED AND IN CONSIDERATION OF THE AGREED PREMIUM PAID TO THE COMPANY BY THE INSURED, UNDERTAKES TO INSURE THE UNDERMENTIONED GOODS IN TRANSPORTATION SUBJECT TO THE CONDITIONS OF THIS POLICY AS PER THE CLAUSES PRINTED OVERLEAF AND OTHER SPECIAL CLAUSES ATTACHED HEREOF.

标记 MARKS&NOS	包装及数量 QUANTITY	保险货物项目 DESCRIPTION OF GOODS	保险金额 AMOUNT INSURED

总保险金额
TOTAL INSURED: ______________________________

保费　　费率　　装运日期
PREMIUM: __________ RATE: __________ DATE OF CONNENCEMENT: ______________

装载运输工具
PER CONVEYANCE S.S: ______________________

自　　经　　至
FROM ______________ VIA ______________ TO ______________

承保险别
CONDITIONS:

所保货物，如发生保险单项下可能引起索赔的损失或损坏，应立即通知本公司下属代理人查勘。如有索赔，应向本公司提交保险单正本（本保险单共有　份正本）及有关文件。如一份正本已用于索赔，其余正本自动失效。

IN THE EVENT OF LOSS OR DAMAGE WHICH MAY RESULT IN A CLAIM UNDER THIS POLICY, IMMEDIATE NOTICE MUST BE GIVEN TO THE COMPANY'S AGENT AS MENTIONED HEREUNDER. CLAIMS, IF ANY, ONE OF THE ORIGINAL POLICY WHICH HAS BEEN ISSUED IN (　) ORIGINAL(S) TOGETHER WITH THE RELEVANT SHALL BE SURRENDERED TO THE COMPANY. IF ONE OF THE ORIGINAL POLICY HAS BEEN ACCOMPLISHED, THE OTHERS TO BE VOID.

赔款偿付地点　　中国人民保险公司 ×× 分公司

CLAIM PAYABLE AT/IN ______________　　**THE PEOPLE'S INSURANCE CO. OF CHINA**

签发日期　　**×× BRANCH**

ISSUING DATE ______________

地址 (ADDRESS):

电传 (TELEX):　　______________

传真 (FAX):　　(*Authorized Signature*)

电话 (TEL):

单据示样 9：装箱单/重量单/体积或尺码单
DOCUMENT'S SAMPLE 9：PACKING LIST/WEIGHT LIST/MEASUREMENT LIST

(Issuer detailed name and address etc.)

TO:
S/C NO.: L/C NO.:
INVOICE NO.: DATE:

Marks & Nos	Description of goods, number and kind of package	Quantity	Package	G.W.	N.W.	Meas.

(Swear Words of the Issuer)

单据示样 10：CCIQ 出具的检验证书
DOCUMENT'S SAMPLE 10：INSPECTION CERTIFICATE FORM（Issued by CCIQ）

中华人民共和国上海进出口商品检验局
SHANGHAI IMPORT & EXPORT COMMODITY INSPECTION BUREAU 正 本
OF THE PEOPLE'S REPUBLIC OF CHINA **ORIGINAL**

编号：
No.

地址：
Address
电报：
Cable
电话：
Tel

检 验 证 书
INSPECTION CERTIFICATE

日期：
Date

QUALITY

发货人：
Consignor ______________________________

收货人：
Consignee ______________________________

品 名：
Commodity

标记及号码
Mark & No.

检验数量/重量：
Quantity/Weight
Declare ______________________________

检 验 结 果：
RESULTS OF INSPECTION

主任检验员
Chief Inspector ________________
(Signature)

单据示样 11：CCIQ 出具的联合检验证书——普惠制原产地证明书（格式 A）

DOCUMENT'S SAMPLE 11：C/O OF GSP FORM A COMBINED INSPECTION CERTIFICATE（Issued by CCIQ）

<table>
<tr><td colspan="2">1. Exporter (full name and address)</td><td colspan="3" rowspan="3">Certificate No.:
CERTIFICATE OF ORIGIN
OF
THE PEOPLE'S REPUBLIC OF CHINA</td></tr>
<tr><td colspan="2">2. Consignee (full name, address, country)</td></tr>
<tr><td colspan="2">3. Means of transport and route</td></tr>
<tr><td colspan="2">4. Destination port</td><td colspan="3">5.For certifying authority use only</td></tr>
<tr><td>6. Marks and numbers of packages</td><td>7. Description of goods, number and kind of package</td><td>8. H.S. Code</td><td>9. Quantity or weight</td><td>10. Number and date of invoice</td></tr>
<tr><td colspan="2">11. Declaration by the exporter
The undersigned hereby declares that the above details and statements are correct: that all the goods were produced in China and that they comply with the Rules of Origin of the People's Republic of China.

Place and date, signature and stamp of authorized signatory</td><td colspan="3">12. Certification
It is hereby certified that the declaration by the exporter is correct.

Place and date, signature and stamp of certifying authority</td></tr>
</table>

* China council for the promotion of international trade is China Chamber of International Commerce.

单据示样 12：境外汇款申请书

DOCUMENT'S SAMPLE 12：APPLICATION FOR FUNDS TRANSFERS OVERSEAS

境 外 汇 款 申 请 书

APPLICATION FOR FUNDS TRANSFERS (OVERSEAS)

致：
TO：

日期：
DATE：

□电汇 T/T □票汇 D/D □信汇 M/T	发电等级 Priority	□普通 Normal □加急 Urgent

申报号码 BOP Reporting NO.			
20 银行业务编号 Bank Transac.ref.no.		收电行/付款行 Receiver/Drawn on	
32A 汇款币种及金额 Currency & Interbank Settlement Amount		金额大写 Amount in Words	
其中 现汇金额 Amount in FX		账号 Account NO./Credit Card NO.	
其中 购汇金额 Amount of Purchase		账号 Account NO./Credit Card NO.	
其中 其他金额 Amount of Others		账号 Account NO./Credit Card NO.	
50a 汇款人名称及地址 Remitter's Name & Address			
□对公 组织机构代码 Unit Code		□对私	个人身份证件号码 Individual ID No. □中国居民个人 Resident Individual □中国非居民个人 Non-Resident Individual
54/56a 收款银行之代理行名称及地址 Correspondent of Beneficitry's Bank Name & Address			
57a 收款人开户银行名称及地址 Beneticiary's Bank Name & Address	收款人开户银行在其代理行账号 Bene's Bank A/C NO.		
59a 收款人名称及地址 Beneticiary's Name & Address	收款人账号 Bene's A/C NO.		
70 汇款附言 Remittance Information	只限140个字位 Not Exceeding 140 Characters	71A 国内外费用承担 All Bank's Charges if Any Are To Be Borne By	□汇款人 OUR □收款人 BEN □共同 SHA

收款人常驻国家(地区)名称及代码 Resident Country/Region Name & Code	
请选择：□预付货款 Advance Payment □货到付款 Payment Against Delivery □退款 Refund □其他 Other	最迟装运日期

交易编码 BOP Transac Code		相应币种及金额 Currency & Amount		交易附言 Transac.Remark	
是否为进口核销项下付款	□是 □否	合同号		发票号	
外汇局批件/备案表号		报关单经营单位代码			
报关单号		报关单币种及总金额		本次核注金额	
报关单号		报关单币种及总金额		本次核注金额	

银行专用栏 For Bank Use Only		申请人签章 Applicant's Signature	银行签章 Bank's Signature
购汇汇率 Rate		请按照贵行背页所列条款代办以上汇款并进行申报 Please Effect The Upwards Remittance,Subject To The Conditions Overleaf:	
等值人民币 RMB Equivalent			
手续费 Commission			
电报费 Cable Charges			
合计 Total Charges		申请人姓名 Name of Applicant	核准人签字 Authorized Person
支付费方式 In Payment of the Remittance	□现金 by Cash □支票 by Check □账户 from Account	电话 Phone No.	日期 Date
核印 Sig. Ver.		经办 Maker	复核 Checker

填写前请仔细阅读各项背面条款及填报说明

Please read the conditions and instructions overleaf before filling in this application

单据示样 13：出口托收申请书

DOCUMENT'S SAMPLE 13：LETTER OF INSTRUCTION FOR OUTWARD COLLECTION

REMITTING BANK'S
NAME & ADDRESS
TELEX:
FAX:
SWIFT:

LETTER OF INSTRUCTION FOR OUTWARD COLLECTION

When corresponding
please quote our Ref. No.:____________

MAIL TO:

(Collection bank's name and address)

Dear Sirs:
We enclosed the following draft(s)/documents for collection.

DRAWER:

(Drawer's name and address)

DRAWEE:

(Drawee's name and address)

□ Documentary collection □ Clean collection

Deliver documents against	Due date / Tenor
Drawers's Ref. No.	Amount

DOCUMENTS:

Draft	Invoice	B/L	N/N B/L	Airway Bill	Cert. of Origin	GSP Form A	Ins. Policy/ Declar	P/W/M List	Qual. Quan/ WT Cert	Cert. of Insp.	E/L Ship Cert. Visa INV	…	Telex/ Cable/ Fax Copy	Cert. of Bene.
DISPOSAL OF PROCEEDS UPON COLLECTION:														

Collection Instructions are marked with "×" as below:

□ Deliver documents against □ Payment □ Acceptance

□ All your banking charges are for account of □ Drawer □ Drawee

□ Waive banking charges and/or interest if refused by drawee.

□ Do not waive banking charges and/or interest.

□ Advice us acceptance of draft(s) and giving due date by teletransmission.

□ Hold draft(s) and documents pending further instructions from us in case of non-payment/non-acceptance.

□ In case of dishonor, have the goods stored in bond and insured against usual risks when deemed necessary, and advice us immediately to that effect.

□ If payment is delayed collect interest at @____% p.a. for the period of such delay.

□ In case of need, refer to___.

REMARKS:

Yours faithfully,

For

____

AUTHORIZED SIGNATURE(S)

Unless otherwise specified this collection is subject to Uniform Rules for Collections (ICC Brochure No.522).

单据示样 14：银行托收指示书

DOCUMENT'S SAMPLE 14：LETTER OF COLLECTION ORDER

(Remitting bank to collection bank)

REMITTING BANK'S
NAME & ADDRESS
TELEX:
FAX:
SWIFT:

ORIGINAL

COLLECTION ORDER

Date:__________

When corresponding
please quote our Ref. No.:__________

MAIL TO:

(Collection bank's name and address)

Dear Sirs:
We enclosed the following draft(s)/documents for collection.

DRAWER:

(Drawer's name and address)

DRAWEE:

(Drawee's name and address)

□ Documentary collection　□ Clean collection

Deliver documents against	Due date / Tenor
Drawers's Ref. No.	Amount

DOCUMENTS:

Draft	Invoice	B/L	N/N B/L	Airway Bill	Cert. of Origin	GSP Form A	Ins. Policy/ Declar	P/W/M List	Qual. Quan/ WT Cert.	Cert. of Insp.	E/L Ship Cert. Visa INV	…	Telex/ Cable/ Fax Copy	Cert. of Bene.

DISPOSAL OF PROCEEDS UPON COLLECTION:

Collection Instructions are marked with "×" as below:

□ Deliver documents against □ Payment □ Acceptance

□ All your banking charges are for account of □ Drawer □ Drawee

□ Waive banking charges and/or interest if refused by drawee.

□ Do not waive banking charges and/or interest.

□ Advice us acceptance of draft(s) and giving due date by teletransmission.

□ Hold draft(s) and documents pending further instructions from us in case of non-payment/non-acceptance.

□ In case of dishonor, have the goods stored in bond and insured against usual risks when deemed necessary, and advice us immediately to that effect.

□ If payment is delayed collect interest at @____% p.a. for the period of such delay.

□ In case of need, refer to___.

REMARKS:

Yours faithfully,

For

____

AUTHORIZED SIGNATURE(S)

Unless otherwise specified this collection is subject to Uniform Rules for Collections (ICC Brochure No.522).

单据示样 15：跟单信用证开证申请书

DOCUMENT'S SAMPLE 15：IRREVOCABLE DOCUMENTARY L/C APPLICATION FOR ISSUE

TO: DATE:

<table>
<tr><td colspan="2">□ issue by airmail □ issue by express delivery
□ with brief advice by teletransmission
□ issue by teletransmission (which shall be the operative instrument)</td><td>Credit No.:

Expiry Date and Place:</td></tr>
<tr><td colspan="2">Applicant:</td><td>Beneficiary (Full Name and Address):</td></tr>
<tr><td colspan="2">Advising Bank:</td><td>Amount:</td></tr>
<tr><td>Partial Shipments
□ allowed
□ not allowed</td><td>Transshipment
□ allowed
□ not allowed</td><td rowspan="2">Credit available with ____________________
by □ sight payment
□ acceptance
□ negotiation
□ deferred payment
against the documents detailed herein
□ and beneficiary's draft(s) for ___% of invoice value at __________sight drawn on __________.</td></tr>
<tr><td colspan="2">Loading on board/dispatch/taking in charge at/from: ____________________
Not later than:
For Transportation to:
□ FOB □ CFR □ CIF OR □ OTHER TERMS</td></tr>
<tr><td colspan="3">Documents required:(marked with ×)
1.( ) Signed commercial invoice in ______ copies indicating L/C No. __________ and contract No.___________.
2.( ) Set of clean on board bills of lading made out ___________, marked: "freight [ ] to collect / [ ] prepaid [ ] showing freight amount" and notifying____________________________.
( ) Airway bills / cargo receipt / copy of railway bills issued by ______________ showing: "freight [ ] to collect / [ ] prepaid [ ] indicating freight amount" and consigned to ___________.
3.( ) Insurance policy/certificate in _____ copies for ____ % of the invoice value showing claims payable in _________ currency of the draft, blank endorsed, covering ______________________.
4.( ) Packing list/weight memo in _____ copies indicating quantity, gross and weights of each package.
5.( ) Certificate of quantity/weight in _____copies issued by _______________________.
6.( ) Certificate of quantity in ______ copies issued by [ ] manufacturer / [ ] public recognized surveyor ____________________.
7.( ) Certificate of origin in ______ copies issued by ________________________.
8.( ) Beneficiary's certified copy of fax/telex dispatched to the applicant within _____ hours after shipment advising of vessel, date of shipment, name, quantity, weight and value of goods.
Other documents, if any:

Description of goods:

</td></tr>
</table>

单据示样 16：银行信开信用证

DOCUMENT'S SAMPLE 16：DOCUMENTARY LETTER OF CREDIT

(Issued by bank) (FOR THE ADVISING BANK)

<table>
<tr><td colspan="2">Issuing Bank's Name:

Place and Date of Issue:</td><td>Irrevocable
Documentary Credit
Expiry Date and Place for Presentation of Documents:</td><td>Number:</td></tr>
<tr><td colspan="2">Applicant—Name&Address:</td><td colspan="2">Beneficiary—Name&Address:</td></tr>
<tr><td colspan="2">Advising Bank: Reference No.
Name&Address:
Reference No.:</td><td colspan="2">Amount:</td></tr>
<tr><td>Partial Shipments
□ allowed
□ not allowed</td><td>Transshipment
□ allowed
□ not allowed</td><td colspan="2" rowspan="2">Credit Available with Nominated Bank
by □ Sight payment
□ Acceptance
□ Negotiation
□ Deferred payment
Against the documents detailed herein
□ and Beneficiary's draft(s) drawn on:</td></tr>
<tr><td colspan="2">Shipment/Dispatch/taking in charge
From/at:
For Transportation to:
Not later than:</td></tr>
<tr><td colspan="4">(documents required)</td></tr>
<tr><td colspan="4">Documents to be presented within □___days after the date of shipment but within the validity of credit</td></tr>
<tr><td colspan="4">We hereby issue the Irrevocable Documentary Credit as detailed above. It is subject to the Uniform Customs and Practice for Documentary Credits (1993 Revision, International Chamber of Commerce, Paris, France, Publication No.500). We request you to advice the beneficiary:
□ without adding your confirmation
□ adding your confirmation
□ adding your confirmation if you are requested by the beneficiary
Bank to Bank Instructions:

This document consists of □ signed page (s)

____
(Name and signature of the Issuing Bank)</td></tr>
</table>

单据示样17：银行电开信用证（SWIFT标准电文MT700/701）
DOCUMENT'S SAMPLE 17：FULL CABLE OF DOCUMENTARY CREDIT （SWIFT MT700/701）

FROM：JP MORGAN CHASE BANK N. A.，NEW YORK，US
TO：BANK OF COMMUNICATIONS，ZHENGZHOU，CHINA

MT700

27：Sequence of Total
1/2

40A：Form of Documentary Credit
IRREVOCABLE

20：Documentary Credit Number
RRRI－518785

31C：Date of Issue
100628

40E：Applicable Rules
UCP LATEST VERSION

31D：Date and Place of Expiry
100914，GHINA

50：Applicant—Name&Address
EMPIRE RESOURCES INC.
ONE PARKER PLAZA
FORT LEE NJ 07024

59：Beneficiary—Name&Address
ZHENGZHOU MINGTAI INDUSTRY CO.，LTD
NO. 6 CHANGCHUN ROAD
HIGH AND NEW TECHNOLOGY ZONE
ZHENGZHOU，HENAN，CHINA，450001

32B：Currency Code，Amount
Currency：USD
Amount：100，417.00

41D：Available With... By...
Name&Address：ANY BANK
Code：BY NEGOTIATION

42C：Drafts at...
AT SIGHT

42D：Drawee—Name&Address
JP MORGAN CHASE BANK N. A.，NEW YORK，US

43P：Partial Shipments

ALLOWED

43T: Transhipment

NOT ALLOWED

44A: Place of Taking in Charge/of Receipt

TIANJIN

44B: Place of Final Destination/of Delivery

LOS ANGELES, CA.

44C: Latest Date of Shipment

100831

45A: Description of Goods &/or Services

PRIME ALUMINUM COIL

RELEASE ORDER NUMBER R133455

ALLOY AA3003, H-14

QUANTITY: 395,000LB, 179.17MT

PRICE: USD2,500/MT

SHIPMENT TERM: CFR LOS ANGELES, CA (INCOTERMS2000)

46A: Documents Required

+ BENEFICIARY'S SIGNED ORIGINAL COMMERCIAL INVOICE AND 5 COPIES

INDICATING GROSS AND NET WEIGHTS IN POUNDS AND METRIC TONS COVERING PRIME ALUMINUM ALLOY COIL AA3003 H-14 FOB TIANJIN PORT, CHINA AND INDICATING ORIGIN OF GOODS AS CHINA.

+ORIGINAL CERTIFIED PACKING LIST AND 3 COPIES CERTIFYING THAT GROSS AND NET WEIGHTS IN METRIC TONS AND POUNDS CERTIFYING THAT MATERIALS ARE SHIPPED IN EXPORT PACKING GUARANTEED SUITABLE FOR OCEAN TRANSPORT INCLUDING PROPER BLOCKING AND BRACING, AND PROTECTION FROM MOISTURE.

+ORIGINAL CERTIFICATE OF ORIGIN PLUS 1 COPY.

+ ORIGINAL SIGNED AND CERTIFIED MILL TEST/QUALITY CONTROL CERTIFICATE.

+ BENEFICIARY'S SIGNED STATEMENT THAT "WE GUARANTEE THAT SOLID WOOD PACKING MATERIALS ARE TOTALLY FREE OF BARK AND APPARENTLY FREE FROM LIVE PLANT PESTS".

+MATERIAL TO BE SGS INSPECTED AND CERTIFICATION TO BE PROVIDED.

+CERTIFICATION TO BE PROVIDED STATING THAT "ALL FREIGHT HAS BEEN PREPAID AND THERE ARE ABSOLUTELY NO CHARGES OF ANY KIND DUE AT DESTINATION INCLUDING HANDLING, DOCUMENT FEES, THC, DDC, ETC., SPECIFICALLY THERE ARE ZERO CHARGES DUE AND PAYABLE BY RECEIVERS, CONSIGNEES AND/

OR NOTIFY PARTY".
+FULL SET ORIGINAL, CLEAN ON BOARD MARINE BILLS OF LADING PLUS 2 PHOTOCOPIES OF THE ORIGINAL.
CONSIGNED TO ORDER OF JPMORGAN CHASE BANK, N. A.
MARKED NOTIFY:
EMPIRE RESOURCES, INC.
ONE PARKER PLAZA, 14TH FLOOR
FORT LEE, NJ07024－2937
INDICATING OUR LETTER OF CREDIT-NUMBER AND MARKED FREIGHT PREPAID.

48: Period for Presentation
DOCUMENTS MUST BE PRESENTED WITHIN 15 DAYS AFTER SHIPMENT, BUT WITHIN VALIDITY OF THE LETTER OF CREDIT.

49: Confirmation Instructions
WITHOUT

78: Instructions to Paying/Accepting/Negotiating Bank
PLEASE REFER TO OUR REFERENCE NUMBER RRRI－518785 ON ALL COMMUNICATIONS WITH US.

57D: Advise Through Bank—Name&Address
BANK OF COMMUNICATIONS
ZHENGZHOU BRANCH
NO. 11, ZHENGHUA ROAD
ZHENGZHOU, CHINA, 450002

MT701

27: Sequence of Total
2/2

20: Documentary Credit Number
RRRI－518785

47A: Additional Conditions
+PLEASE ADDRESS DOCUMENTS OR ANY CORRESPONDENCE TO THE FOLLOWING ADDRESS:
JPMORGAN CHASE BANK
GLOBAL TRADE SERVICES
2ND FLOOR, MAIL CODE IL1－0236
300S. RIVERSIDE PLAZA
CHICAGO, IL60606
+TOLERANCE IN QUANTITY+10/－10 PERCENT ACCEPTABLE
+INSURANCE TO BE EFFECTED BY BUYER.
+ALL DOCUMENTS MUST BE PRESENTED IN ENGLISH.

+BANKING CHARGES OUTSIDE OF THE UNITED STATES ARE FOR THE BENEFICIARY'S ACCOUNT.

+AS A U. S. FINANCIAL INSTITUTION, NOTWITHSTANDING (ARTICLE 7 OF UCP600), WE RESERVE THE RIGHT AT ANY TIME TO NOT PAY OR PROCESS DOCUMENTS PRESENTED BEARING REFERENCE TO A COUNTRY, ENTITY OR INDIVIDUAL THAT MAY BE THE SUBJECT OF ANY BOYCOTT, SANCTION OR EMBARGO IMPOSED BY ANY LAWS, EXECUTIVE ORDERS OR REGULATIONS OF THE GOVERNMENT AND/OR AUTHORITIES OF THE UNITED STATES OF AMERICA (APPLICABLE RESTRICTIONS). THIS INCLUDES DOCUMENTS EVIDENCING TRANSHIPME NT THROUGH ANY COUNTRY AFFECTED BY ANY APPLICABLE RESTRICTIONS. WE SHALL NOT BE LIABLE FOR ANY DELAY OR FAILURE TO MAKE PAYMENT UNDER THIS (LETTER OF CREDIT) (GUARANTEE) OR DISCLOSURE OF INFORMATION IN CONNECTION WITH SUCH DOCUMENTS OR ANY OTHER CONSEQUENCE THEREOF.

+ ANY FEES ASSOCIATED WITH ADVISE OF REFUSAL, PAYMENT REFUSAL/REJECTION AND/OR PAYMENT WILL BE DEDUCTED FROM THE PROCEEDS.

+THIS STATEMENT IS NOT TO BE CONSTRUED TO MEAN THAT DOCUMENTS WITH DISCREPANCIES WILL BE HONORED BY US.

+IN THE EVENT OF OUR PAYMENT DESPITE DISCREPANCY(IES), IT MUST NOT BE CONSTRUED AS WAIVER OF SIMILAR DISCREPANCY (IES) ON FUTURE DRAWINGS.

+DOCUMENTS MUST BE SENT TO US IN ONE LOT VIA COURIER.

+ UPON RECEIPT OF DOCUMENTS IN COMPLIANCE WITH THE TERMS OF THE LETTER OF CREDIT WE WILL REMIT PROCEEDS WHEN DUE AS INSTRUCTED.

+THIS CREDIT IS SUBJECT TO THE UNIFORM CUSTOMS AND PRACTICE FOR DOCUMENTARY CREDITS, INTERNATIONAL CHAMBER OF COMMERCE PUBLICATION 600.

+IN THE EVENT AN OMINATED BANK HAS FORWARDED DOCUMENTS TO US AND SUCH DOCUMENTS ARE LOST IN TRANSIT AS STATED IN UCP600 ARTICLE 35, WE RESERVE THE RIGHT TO DELAY HONOUR OF THE PRESENTATION UNTIL OUR RECEIPT OF PHOTO COPIES (FRONT AND BACK) OF ALL REQUIRED DOCUMENTS SHOWING SIGNATURES AS ORIGINALLY REQUIRED UNDER THE LETTER OF CREDIT, OR UNTIL RECEIPT OF SIGNED DUPLICATE ORIGINALS PLUS COPIES OF DOCUMENTS, ARE EXAMINED AND FOUND TO BE IN COMPLIANCE WITH THE LETTER OF CREDIT TERMS AND CONDITIONS.

单据示样 18：银行信开信用证修改书

DOCUMENT'S SAMPLE 18：DOCUMENTARY LETTER OF CREDIT AMENDMENT

（Issued by bank） FOR THE ADVISING BANK

<table>
<tr><td>Issuing Bank's Name:

Place and Date of Issue:</td><td>Irrevocable Documentary Credit   Number:
Place and Date of Amendment:</td></tr>
<tr><td>Applicant—Name&Address:</td><td>Beneficiary— Name&Address:</td></tr>
<tr><td>Advising Bank: Reference No.
Name&Address:
Reference No.:</td><td>This amendment is to be considered as part of above-mentioned Credit and must be attached thereto.</td></tr>
<tr><td colspan="2">The above-mentioned Credit is amended as follows:

All other terms and conditions remain unchanged.
The above-mentioned Credit is subject to the Uniform Customs and Practice for Documentary Credits (1993 Revision, International Chamber of Commerce, Paris, France, Publication No.500).</td></tr>
<tr><td>Please advise the beneficiary:</td><td>Advising Bank's notification:</td></tr>
<tr><td>Name and signature of the Issuing Bank:</td><td>Place,date,name,and signature of the Advising Bank:</td></tr>
</table>

单据示样 19：银行电开信用证修改书（SWIFT 标准电文 MT707）

DOCUMENT'S SAMPLE 19：FULL CABLE OF DOCUMENTARY LETTER OF CREDIT AMENDMENT

(Issued by bank in SWIFT MT707)

20：Sender's Reference
LCS/01/002/04938

21：Receiver's Reference
LAZP600201000065

31C：Date of Issue
100430

30：Date of Amendment
100615

26E：Number of Amendment
01

59：Beneficiary (before amendment) —Name & Address
ZHENGZHOU XINGUANGSE FIREPROOF MATERIAL CO. LTD
SONGZHAI VILLAGE, LIUZHAI TOWN, XINMI,
ZHENGZHOU, HENAN, CHINA, 452376

32B：Increase of Doc Credit Amount
Currency： USD
Amount： 3,910.90

34B：New Doc Credit Amount After Amendment
Currency： USD
Amount： 18,721.54

79：Narrative
IN FIELD 45A ADD
REFRACTORY MATERIAL FOR GLASS MELTING FURNACE
ADD FUSED CAST REFRACTORIES
1) DRAIN BLOCK DRAWING NO. 68-129-1,
QTY. 01 PC, SGS MATERIAL AZS0337WST
2) BOTTOM PAVING SIZE 500×300×150,
QTY. 08 PCS, SGS MATERIAL
AZS0317WSP'
QUANTITY, QUALITY AND PRICE AS PER BENEFICIARY'S
PROFORMA INVOICE NO. SGS20100610 DATED 10.06.2010
ALL OTHER TERMS AND CONDITONS REMAIN UNCHANGED.

单据示样 20：付款保函

DOCUMENT'S SAMPLE 20：IRREVOCABLE LETTER OF PAYMENT GUARANTEE

PAYMENT GUARANTEE FOR SUPPLY OF ___*(Name of the goods)*___

TO: ___*(Name of seller)*___ ISSUING DATE: __________

RE: OUR IRREVOCABLE LETTER OF GUARANTEE NO. __________

Dear Sirs:

With reference to contract no. __________ for a total value of __________ (Amount) signed between you (Hereinafter referred to as " the seller") and __________ (hereinafter referred to as "the buyer") concerning the buyer's purchase from the seller of __________ (Description of the goods), we at the request of the buyer, open our Irrevocable Letter of Guarantee No. __________ in favour of the seller to the extent of __________ covering 100% of the total value of the contract and undertake that payment will be effected by the buyer as follows:

1. 90% of the total contract price, VIZ __________ (Amount) shall be paid by the buyer after his having received from the seller the following documents and having found them in order.
2. 5% of total contract price, VIZ __________ (Amount) shall be paid by the buyer after his having received from the seller __________ (Such as one certificate of acceptance of the contract plans).
3. 5% of total contract price, VIZ __________ (Amount) shall be paid by the buyer after expiry of the guarantee period of __________ (Such as contract plans) and his having received from the seller__________ (Such as one certificate of expiry of guarantee period).

In connection with the above, we undertake that if the buyer fails to pay wholly or partially we will within 3 days after the receipt of the seller's written demand pay the seller relevant amount plus simple interest at the rate of 7% per annum for delayed payment, which the buyer is liable under the contract, provided that buyer is unable to submit any proof that the documents presented by the seller are not in conformity with the stipulation of the contract. Our liability under this letter of guarantee shall diminish proportionally with the percentage of amount paid by the buyer. The letter of guarantee shall become effective on the date of issue and shall automatically become null and void after payment made as above stated.

____

(Name and signature and official seal of the Issuing Bank)

单据示样 21：投标保函
DOCUMENT'S SAMPLE 21：LETTER OF TENDER GUARANTEE

TENDER GUARANTEE FOR BID SECURITY

TO: ________*(Beneficiary)*________ ISSUING DATE:____________

BIDDING SECURITY FOR BID NO. ____________

FOR SUPPLY OF ____________________ (Description of the goods)

This guarantee is hereby issued to serve as BID SECURITY of ____________ (Name of bidder, hereafter called the "bidder") for invitation for bid (Bid no. __________) for supply of ____________ (Description of goods) to ____________ (Name of the buyer).

____________ (Name of issuing bank) hereby unconditionally and irrevocablely guarantees and bids itself, its successor and assignees to pay you immediately without recourse the sum of ________ (amount in words) upon receipt of your written notifications stating any of the following:

(A) The bidder has withdrawn his bid after the time and date of the bid and before the expiration of its validity period; or

(B) The bidder has failed to enter into Contract with you within thirty (30) calendar days after the notification of contract award; or

(C) The bidder has failed to establish acceptable performance security within thirty (30) calendar days after the notification of contract award.

It is fully understood that this guarantee takes effect from the date of the bid opening and shall remain valid for a period of ______ calendar days thereafter, and during the period of any extention thereof that may be agreed upon between you and the bidder with notice to us, unless sooner terminated and / or released by you.

____

(Name and signature and official seal of the Issuing Bank)

单据示样 22：履约保函

DOCUMENT'S SAMPLE 22：LETTER OF PERFORMANCE GUARANTEE

PERFORMANCE GUARANTEE OR PERFORMANCE BOND FOR SUPPLY OF

(Name of the goods)
____

TO: ______________ *(Beneficiary)* ______________ ISSUING DATE: ______________

PERFORMANCE BOND NO.: __________

Dear Sirs:

This bond is hereby issued as the performance bond of ______________ (Applicant, hereinafter called the "supplier") for supply of ______________ (Description of goods) under contract no. ___________ to ______________ (Name of the beneficiary).

The ____________ (Name of the guarantor) hereby irrevocable guarantees itself, its successors and assignees to pay you up to the amount of ______________ (Amount of the guaranteed value) representing _______ percent of the contract price and according covenants and agrees as follows.

(A) On the suppllier's failure of faithful performance of the contract (Hereinafter called the failure of performance), we shall immediately, on your demand in a written notification stating the effect of the failure of performance by the supplier, pay you such amount or amounts as required by you not exceeding ______________ (The guaranteed amount) in the manner specified in the said statement.

(B) The covenants herein contained constitute irrevocable and direct obligation of the guarantor, no alternation in the terms of the contract to be performed thereunder and no allowance of time by you or any other act or omission by you, which but for this provision might exonerate or discharge the bank shall in any way release the guarantor from any liability hereunder.

(C) This performance bond shall become effective from issuing date and shall remain valid until ___________ (The date of expiry). Upon expiry, please return this bond to us for cancellation.

____

(Name and signature and official seal of the Issuing Bank)

单据示样 23：预付金保函

DOCUMENT'S SAMPLE 23：LETTER OF ADVANCE PAYMENT GUARANTEE

ADVANCE PAYMENT GUARANTEE FOR SUPPLY OF

________________*(Name of the goods)*________________

TO: __________*(Beneficiary)*__________ ISSUING DATE: __________

GUARANTEE NO.: __________

Dear Sirs:

This guarantee is hereby issued as the advance payment guarantee of __________ (Applicant, hereinafter called the "supplier") for __________ (The name of the contract and its number) to __________ (Name of the beneficiary, hereinafter called the "buyer").

Whereas the buyer has agreed to advance to the supplier an amount of __________ (Say __________ only), whereas the buyer has required the supplier to furnish a guarantee with an amount equal to the above said advance payment for performance of his obligation under the contract, the __________ (The name of the guarantor), at the request of the supplier and in consideration of the buyer's agreeing to make the above said advance to the supplier, has agreed to furnish the above required guarantee.

Now, therefore, the guarantor hereby guarantees that the supplier shall utilize the above said advance for the purpose of the contract and if he fails and commits default in fulfillment of any of his obligation for which the advance payment is made, he shall entitle the buyer to be paid not exceeding the above mentioned amount.

Against demand in writing of any default, which the guarantor should be given by the buyer stating that the supplier has failed to fulfill his obligation to the buyer, and upon such first demand payment shall be made by the guarantor's obligation under this guarantee shall not in any case exceeding the sum of __________ (Say __________ only).

This guarantee shall become effective from the date of receipt of the above said advance by the supplier and valid until __________ (The date of expiry). Upon expiry, please return this guarantee to us for cancellation.

____

(Name and signature and official seal of the Issuing Bank)

单据示样 24：提货保函

DOCUMENT'S SAMPLE 24：LETTER OF SHIPPING GUARANTEE

BANK'S AGREEMENT FOR THE RELEASE OF GOODS IN LIEU OF ORIGINAL NEGOTIABLE BILL OF LADING

DATE: ______________

TO: ____________________________(Shipping company)

Gentlemen:

Re: S/S.______________ Voyage No.: ______________

Port of lading: ______________________________

Port of discharge: ______________________________

Bill of lading No.: ____________________ Date: __________

Description of goods: ___________________________________

Container/seal No.: _____________________________________

Estimated value: ____________________ (Option for banking purposes only)

As the original bill of lading is unavailable, upon payment of all freight and charges, please deliver the above mentioned goods:

To: _____________________________________

For account of : ___________________________

In consideration of your releasing the aforementioned goods to the above, we undertake to indemnity and hold harmless you and/or the above carrier, its owners, charters, masters and agents with respect to any claims, damages, costs and expenses of any nature whatever and to reimburse you for cargo value and any additional claim, damages, costs and expenses in connection therewith.

We further undertake to deliver to you or to arrange for our customer to deliver to you, upon receipt of the original Bill of Lading properly endorsed, and upon delivery to you, this undertaking shall have to effect.Meanwhile please return this indemnity to us accordingly.

____

(Name and signature and official seal of the Issuing Bank)

单据示样 25：UCP 项下的履约备用证
DOCUMENT'S SAMPLE 25：PERFORMANCE STANDBY L/C UNDER UCP

<table>
<tr><td colspan="2">Issuing Bank:
FIRST UNION TRUST BANK OF DALLAS
Date and Place of Issue:
20 JULY,2005, DALLAS, TEXAS</td><td>Irrevocable
Standby Letter of Credit
Number:
Place and Expiry Date:
CAIRO, 30 NOV., 2005</td></tr>
<tr><td colspan="2">Applicant—Name & Address:
EWING OIL COMPANY INC.
2425 JOHN ROSS AVENUE, DALLAS, TEXAS</td><td>Beneficiary— Name & Address:
UNITED ARAB PIPELINES CO.
FAROUK PALACE SQUARE, ALEXANDRIA, EGYPT</td></tr>
<tr><td colspan="2">Advising Bank:
BANK OF THE NILE, CAIRO</td><td>Amount:
USD1,000,000.00 ****************************
SAY US DOLLARS ONE MILLION ONLY.</td></tr>
<tr><td>Partial Shipments
□ allowed
□ not allowed</td><td>Transshipment
□ allowed
□ not allowed</td><td rowspan="2">Credit available with: BANK OF THE NILE, CAIRO
by □ X Sight payment □ Acceptance
□ Negotiation □ Deferred payment
Against presentation of the documents detailed herein
□ X and of beneficiary's draft at sight drawn on
BANK OF THE NILE, CAIRO</td></tr>
<tr><td colspan="2">Shipment/Dispatch / Taking in charge
From/at: ______
For Transportation to: ______
Not later than: ______</td></tr>
<tr><td colspan="3">SIGNED STATEMENT OF UNITED ARAB PIPELINES CO., THAT EWING OIL COMPANY INC., FAILED TO PERFORM ITS CONTRACTUAL OBLIGATIONS UNDER THE AGREEMENT CONCLUDED ON 30 JUNE, 2005 BETWEEN EWING OIL COMPANY INC. AND UNITED ARAB PIPELINES CO. IN WHICH EWING OIL COMPANY INC. WAS THE SUCCESSFUL BIDDER.
SPECIAL CONDITIONS:
IT IS AGREED UPON THAT WE MAY BE RELEASED FROM OUR LIABILITY UNDER THIS LETTER OF CREDIT PRIOR TO THE EXPIRY DATE, ONLY IF WE RECEIVE NOTIFICATION FROM BANK OF NILE BY TESTED TELEX TO THE EFFECT THAT BANK OF THE NILE HAS BEEN DULY ADVISED BY UNITED ARAB PIPELINES CO. THAT THE ABOVE AGREEMENT HAS BEEN COMPLETELY PERFORMED BY THE EWING OIL COMPANY INC. BANK OF THE NILE TO ADVISE THE BENEFICIARY ADDING ITS CONFIRMATION.
WE HEREBY AUTHORIZE BANK OF THE NILE TO DRAW ON US BY MEANS OF TESTED TELEX FOR THE VALUE OF ALL DRAFTS DRAWN UNDER THIS CREDIT, PROVIDED THE TELEX STATES THAT ALL TERMS AND CONDITIONS HAVE BEEN COMPLIED WITH.</td></tr>
<tr><td colspan="3">WE HEREBY ISSUE THIS STANDBY CREDIT IN YOUR FAVOUR. IT IS SUBJECT TO THE UNIFORM CUSTOMS AND PRACTICE FOR DOCUMENTARY CREDITS (ICC PUBLICATION NO.500) AND ENGAGES US IN ACCORDANCE WITH THE TERMS THEREOF.

FOR FIRST UNION TRUST BANK OF DALLAS

____
(Signature)</td></tr>
</table>

单据示样 26：ISP98 项下的融资备用证
DOCUMENT'S SAMPLE 26：FINANCIAL STANDBY L/C UNDER ISP98

THE SANWA BANK LIMITED

Tel: Telex:

Cable: Fax:

From: THE SANWA BANK LTD., XXX BRANCH

Address:

To: THE BANK OF CHINA LTD., YYY BRANCH CREDIT BUSINESS DEPT.

Address:

Issuing date: Jan. 20, 2005

Our ref: 369/147/2582

IRREVOCABLE STANDBY LETTER OF CREDIT

With reference to the Loan agreement no.xxxxxxxx dated and signed on Jan. 18, 2005 by yourselves ZZZ CO. LTD. and The Bank of China YYY Branch, we hereby open our Irrevocable Standby Letter of Credit no.xxxxxxxx in your favour for account of ZZZ CO. LTD. for a sum or sums not exceeding a total amount of USD320,000.00 available by your drafts drawn on ourselves at sight for 100 percent of statement value to be accompanied by the following documents:

Signed document in duplicate issued by you certifying that the amount drawn hereunder represents and covers the unpaid balance of indebtness due to yourselves by ZZZ CO. LTD. under "loan agreement".

All drafts drawn hereunder must be marked "Drawn under The Sanwa Bank Ltd., XXX Branch Irrevocable Standby Letter of Credit no.369/147/2582 dated on Jan. 20, 2005".

This Credit is available as from Jan. 20, 2005.

We engage with drawers that such drafts drawn under and in compliance with terms of this Credit shall be duly honored on due presentation and delivery of the documents as specified above if represented to us for payment on or before DEC. 31, 2005.

This Standby Letter of Credit is subject to The International Standby Practice (Published in 1998, Paris, France, International Chamber of Commerce Publication No.590).

FOR THE SANWA BANK LTD., XXX BRANCH

____

(Signature)

References

[1] 高洁，罗立彬. 国际结算. 北京：中国人民大学出版社，2008.

[2] 蒋琴儿. 国际结算：理论·实务·案例（双语教材）. 2 版. 北京：清华大学出版社，2012.

[3] 李华根. 国际结算与贸易融资实务. 北京：中国海关出版社，2012.

[4] 刘舒年，严思忆. 国际贸易结算与融资. 北京：对外经济贸易大学出版社，1996.

[5] 庞红，尹继红，沈瑞年. 国际结算. 3 版. 北京：中国人民大学出版社，2009.

[6] 庞红. 国际贸易结算. 2 版. 北京：中国人民大学出版社，2011.

[7] 秦定，高蓉蓉. 国际结算（英文版）. 北京：清华大学出版社，2010.

[8] 申松君. 国际贸易结算新编. 杭州：浙江大学出版社，1996.

[9] 石玉川，等. 国际结算惯例及案例. 北京：对外经济贸易大学出版社，1998.

[10] 许南，张雅. 国际结算（英文版）. 北京：中国人民大学出版社，2013.

[11] 杨来科，岳华. 国际结算（双语）. 上海：华东师范大学出版社，2012.

[12] 姚新超. 国际结算与贸易融资. 北京：北京大学出版社，2010.

[13] 赵薇. 国际结算：国际贸易融资支付方法（英文版）. 南京：东南大学出版社，2005.

图书在版编目（CIP）数据

国际贸易结算与融资：双语版/程祖伟，韩玉军，娄钰编著．—北京：中国人民大学出版社，2018.4
新编21世纪国际经济与贸易系列教材
ISBN 978-7-300-25390-9

Ⅰ．①国… Ⅱ．①程… ②韩… ③娄… Ⅲ．①国际贸易-国际结算-教材 ②国际贸易-融资-教材
Ⅳ．①F830.73 ②F831.6

中国版本图书馆CIP数据核字（2018）第007811号

新编21世纪国际经济与贸易系列教材
国际贸易结算与融资（双语版）
程祖伟　韩玉军　娄　钰　编著
Guoji Maoyi Jiesuan yu Rongzi

出版发行	中国人民大学出版社		
社　　址	北京中关村大街31号	**邮政编码**	100080
电　　话	010－62511242（总编室）		010－62511770（质管部）
	010－82501766（邮购部）		010－62514148（门市部）
	010－62515195（发行公司）		010－62515275（盗版举报）
网　　址	http://www.crup.com.cn		
经　　销	新华书店		
印　　刷	固安县铭成印刷有限公司		
开　　本	787 mm×1092 mm　1/16	**版　　次**	2018年4月第1版
印　　张	23.5	**印　　次**	2023年12月第2次印刷
字　　数	564 000	**定　　价**	49.00元